D1730776

Carl Steinweg

Projektkompass
Softwareentwicklung

Zielorientiertes Software Development

Herausgegeben von Stephen Fedtke

Die Reihe bietet Programmierern, Projektleitern, DV-Managern und der Geschäftsleitung wegweisendes Fachwissen.

Die Autoren dieser Reihe sind ausschließlich erfahrene Spezialisten. Der Leser erhält daher gezieltes Know-how aus erster Hand.

Die Zielsetzung umfasst:

- Entwicklungs- und Einführungskosten von Software reduzieren
- Zukunftsweisende Strategien für die Gestaltung der Datenverarbeitung bereitstellen
- Zeit- und Kostenintensive Schulungen verzichtbar werden lassen
- effiziente Lösungswege für Probleme in allen Phasen des Software-Life-Cycles aufzeigen
- durch gezielte Tipps und Hinweise Anwendern einen Erfahrungs- und Wissensvorsprung sichern

Die Bücher sind praktische Wegweiser von Profis für Profis. Für diejenigen, die heute in die Hand nehmen, was morgen Vorteile bringen wird.

Bisher erschienen:

QM-Optimizing der Softwareentwicklung
QM-Handbuch gemäß DIN ISO 9001 und Leitfaden für Best Practices im Unternehmen
von Dieter Burgartz und Thomas Blum

Efficient Software Development with DB2 for OS/390
Organizational and Technical Measures for Performance Optimization
von Jürgen Glag

Projektkompass Softwareentwicklung
Geschäftsorientierte Entwicklung von IT-Systemen
von Carl Steinweg

Vieweg

Carl Steinweg

Projektkompass Softwareentwicklung

**Geschäftsorientierte Entwicklung
von IT-Systemen**

Herausgegeben von Stephen Fedtke

4., überarbeitete und erweiterte Auflage

vieweg

Die Deutsche Bibliothek – CIP-Einheitsaufnahme
Ein Titeldatensatz für diese Publikation ist bei
Der Deutschen Bibliothek erhältlich

1. Auflage 1995
2., überarbeitete Auflage 1999
3., überarbeitete und verbesserte Auflage 2000
4., überarbeitete und erweiterte Auflage März 2002

Die 1. Auflage ist unter dem Titel *Praxis der Anwendungsentwicklung* erschienen.

Der Verlag Vieweg ist ein Unternehmen der Fachverlagsgruppe BertelsmannSpringer.
www.vieweg.de

Konzeption und Layout des Umschlags: Ulrike Weigel, www.CorporateDesignGroup.de
Druck- und buchbinderische Verarbeitung: Lengericher Handelsdruckerei, Lengerich
Gedruckt auf säurefreiem Papier
Printed in Germany

ISBN 3-528-35490-9

Geleitwort

"On time and above the expectations of our valued clients"

Bertelsmann mediaSystems ist das internationale Systemhaus der Bertelsmann AG. Früher "Zentrale Informationsverarbeitung" und 1997 als eigenständige Einheit aus der Konzernzentrale ausgegliedert, zeichnet mediaSystems seit langer Zeit für die strategisch wichtigen IT-Projekte im gesamten Bertelsmann-Konzern verantwortlich. Kundenorientierung und Qualität waren dabei von Anfang an unsere Leitparameter.

Zu unserem Angebot als Full-Service-IT-Dienstleister gehört u.a. die Entwicklung von Individual-Softwaresystemen, welche Kerngeschäftsprozesse unserer Kunden implementieren und somit entscheidenden Einfluß auf deren Geschäftserfolg haben. Zunehmende Globalisierung und das hohe Tempo des Marktes zwingen die Unternehmen, ihre Geschäftsprozesse immer schneller anzupassen, was direkte Implikationen für den Softwareerstellungsprozeß hat: Neben Qualität reift Geschwindigkeit zur Erfolgskomponente. Um sich in diesem Zielsystem - das nebenbei bemerkt divergent ist - erfolgreich bewegen zu können, benötigt man effiziente Vorgehensmodelle, effiziente projektbegleitende Aktivitäten und natürlich eine gehörige Portion Erfahrung. Wir bei mediaSystems haben uns aus diesem Grund schon sehr früh darüber Gedanken gemacht, wie wir unser Wissen über die effiziente Softwareerstellung wiederverwenden können und haben unsere *Best Practices* in einem umfassenden Werk zu diesem Thema zusammengetragen. Das vorliegende Buch, bereits in der vierten Auflage erschienen, ist die Essenz jahrelanger und praxiserprobter Erfahrungen bei der erfolgreichen Entwicklung von Softwaresystemen. Es ist ein wesentlicher Baustein unseres Erfolges und ich darf Sie, lieber Leser, recht herzlich einladen, dieses Wissen mit uns zu teilen.

Gütersloh, im Dezember 2001   Daniel Hartert

Vorwort

Gegenstand dieses Buches *Projektkompass Softwareentwicklung* ist die geschäftsorientierte Entwicklung von IT-Systemen. Die Konstruktion moderner Business-IT-Systeme, die zielgerichtet das jeweilige Geschäft unterstützen sollen, stellt die Softwareentwicklung vor große Herausforderungen. Zentrale Aufgaben liegen hierbei unter anderem in den folgenden Gebieten:

- In der Organisation der IT-Projekte, die komplexe Aufgabenzusammenhänge in bereits existierenden Umgebungen bewältigen müssen.

- In der Nutzung moderner Technologien, die sich durch vielfältige und schnell ändernde Hard- und Softwareplattformen sowie zugehöriger Methoden und Verfahren auszeichnen.

- In der Organisationsentwicklung, die bei einer optimalen Umsetzung des IT-Systems die menschlichen Bedürfnisse der zukünftigen Nutzer zu berücksichtigen hat.

Der *Projektkompass Softwareentwicklung* liefert ein ganzheitliches und vor allem durchgängiges Vorgehensmodell für alle Phasen der Anwendungsentwicklung. Das Modell ist in der Praxis des IT-Dienstleisters *Bertelsmann mediaSystems*, dem Systemhaus der Bertelsmann AG, erprobt und konnte daher mit zahlreichen Hinweisen für die Umsetzung angereichert werden.

Das vorliegende Buch besitzt eine Dreiteilung:

- Das folgende Kapitel stellt die Zielsetzung und den grundsätzlichen Aufbau des Vorgehensmodells vor.

- Darauf folgt die Darstellung des Kernprozesses der Softwareentwicklung, der aus sechs Phasen besteht, die inhaltlich stark verzahnt sind. Jede Phase ist in einem eigenständigen Kapitel detailliert beschrieben.

- Ergänzend gibt es Führungs- und Supportprozesse, die den Kernprozeß begleiten. Auch sie werden in eigenständigen Kapiteln beschrieben.

Die Phasen des Vorgehensmodells sind aufeinander abgestimmt und entfalten im Zusammenspiel ihre volle Blüte. Sie sind andererseits so strukturiert, daß sie auch für sich allein durchgeführt werden können. Daher lohnt sich auch das Studium einzelner Kapitel, um eine Übersicht über das jeweilige Thema zu bekommen.

Das Buch ist *kein* Lehrbuch in dem Sinne, daß konkurrierende Ansätze dargestellt werden. Es fehlt auch eine Auseinandersetzung des propagierten Modells mit anderen bekannten Vorgehensmodellen. Vielmehr wollen wir durch eine geschlossene Darstellung der Anwendungsentwicklung einen echten praktischen Nutzen erbringen.

Das vorgestellte Vorgehensmodell ist optimiert auf die individuelle Anwendungsentwicklung. Gleichwohl sind die grundlegenden Verfahren und Methoden auch für die Entwicklung auf Basis einer Standardsoftware nutzbar.

Der *Projektkompass Softwareentwicklung* richtet sich gleichermaßen an Entwickler, Projektleiter und Führungskräfte, die Verantwortung im IT-Entwicklungsprozeß tragen.

Der Autor Carl Steinweg ist ein Pseudonym. Das Buch ist eine Gemeinschaftsarbeit von Mitarbeiterinnen und Mitarbeitern von *Bertelsmann mediaSystems*. Es ist entstanden im Konsens mit unseren Kunden – als ein Mosaikstein unserer Kundenorientierung. Das vorgestellte Modell spiegelt daher die Erfahrungen von *Bertelsmann mediaSystems* wider und repräsentiert das gemeinsame Wissen aller beteiligten Entwickler, Berater und IT-Führungskräfte. In diesem Sinn ist das Buch auch ein Beitrag zur Sicherung und zum Transfer von Wissen.

Zu dem Buch gibt es einen Online-Service. Unter www.Carl-Steinweg.de finden sich zusätzlich Beispiele und weitere Praxistips.

Über Rückmeldungen, Anregungen und Meinungen freuen wir uns sehr:

Carl.Steinweg@Bertelsmann.de

Inhaltsverzeichnis

Geleitwort..v

Vorwort vi

Inhaltsverzeichnis...ix

Abbildungsverzeichnis xix

Tabellenverzeichnis...xxiii

1   Einleitung 1

   1.1   Charakterisierende Merkmale des Modells...................................2

   1.2   Übersicht über das Modell...3

      1.2.1   Der Kernprozeß 5

      1.2.2   Der Führungsprozeß 8

      1.2.3   Die Supportprozesse..8

   1.3   Zur Verwendung dieses Buches..10

      1.3.1   Aufbau...10

      1.3.2   Zielgruppe 10

2   Geschäftsanalyse 13

   2.1   Orientierung...13

      2.1.1   Ziele..15

      2.1.2   Ergebnisse 15

      2.1.3   Ablauf..16

      2.1.4   Situation 17

   2.2   Anforderungen des Geschäfts aufnehmen...................................18

      2.2.1   Geschäftsfelder aufnehmen: Geschäftsfeldanalyse............18

      2.2.2   Stärken und Schwächen des Geschäfts fokussieren 22

      2.2.3   Geschäftsziele aufnehmen 24

      2.2.4   Geschäftsprozesse mit Leistungsmerkmalen festlegen.......26

2.2.5   Geschäftsstrategie umsetzen mit der Balanced Scorecard..31

2.3 Anforderungen an die Ablauf- und Aufbauorganisation 41

2.3.1   Geschäftsprozesse strukturieren und optimieren 41

2.3.2   Anforderungen an Führungsprozesse festlegen...................44

2.3.3   Anforderungen an Supportprozesse festlegen 46

2.3.4   Grobe Ablauforganisation beschreiben...............................49

2.4 IT-Projekte identifizieren und bewerten 51

2.4.1   IT-Projekte identifizieren und priorisieren 53

2.4.2   IT-Projekte definieren (High Level Requirements)............56

2.4.3   Machbarkeit prüfen...59

2.4.4   Wirtschaftlichkeit darlegen 60

2.5 IT-Strategie ausrichten...62

2.5.1   IT-Strategie definieren..62

2.5.2   IT-Strategie gestalten 64

3   Konzeption 65

3.1 Orientierung..65

3.1.1   Ziele...66

3.1.2   Voraussetzungen 66

3.1.3   Ergebnisse 66

3.1.4   Ablauf...67

3.2 Fachliches Konzept erarbeiten...70

3.2.1   Geschäftsprozesse identifizieren und beschreiben..............71

3.2.2   Prozeßketten und elementare Geschäftsprozesse................73

3.2.3   Use Cases entwerfen...78

3.2.4   Business Objektmodell entwerfen..86

3.2.5   Kontextdiagramm in der Systemsicht..................................89

3.2.6   Anforderungen zusammenstellen...89

3.2.7   Hinweise 94

3.3 IT-Lösung konzipieren..95

3.3.1 Lösungsalternativen ermitteln 95

3.3.2 Lösungsszenarien entwerfen 98

3.3.3 Lösungsszenarien bewerten und entscheiden........................99

3.4 Leistungsumfang und Abnahmekriterien festlegen 101

4 Design..103

4.1 Orientierung..103

4.1.1 Ziele...105

4.1.2 Ergebnisse 105

4.1.3 Voraussetzungen 106

4.1.4 Ablauf...107

4.2 Komponenten und Objekte der Architektur................................110

4.2.1 Die 4-Schichtenarchitektur...110

4.2.2 Objektorientierung im Design 112

4.2.3 Komponenten..118

4.3 Entwurf der Komponentenarchitektur..122

4.3.1 Überarbeitung der Use Cases 123

4.3.2 Entwurf einer logischen Komponentenarchitektur...........124

4.3.3 Abbildung wichtiger Use Cases 125

4.3.4 Komplettierung der Architektur..127

4.4 Entwurf von Komponenten...128

4.4.1 Entwurf eines Klassenmodells einer Komponente...........129

4.4.2 Abbildung der Methoden des Interface-Objekts...............131

4.4.3 Life Cycles von Objekten..132

4.4.4 User Interface-Design 133

4.4.5 Komplettierung des Klassenmodells.....................................135

4.4.6 Komplettierung der gesamten Architektur 136

4.5 Komponentenumsetzung...137

4.5.1 Entwurf der technischen Architektur 138

4.5.2 Abbildung der logischen Komponenten 141

4.6   Zusammenfassung..144

    4.6.1   Design-Prozeß und Design-Ergebnisse..........................144

5   Realisierung...149

  5.1   Orientierung..149

    5.1.1   Ziele...150

    5.1.2   Voraussetzungen 150

    5.1.3   Ergebnisse 151

    5.1.4   Ablauf...152

    5.1.5   Hinweise 153

  5.2   Herstellung Development Readiness 153

    5.2.1   Planung der Realisierung......................................153

    5.2.2   Bereitstellung der Infrastruktur...........................155

  5.3   Implementation der Komponenten 157

    5.3.1   Objektbasierte Programmierung...........................158

    5.3.2   Test der Einzelkomponenten................................160

  5.4   Integration der Komponenten 161

    5.4.1   Basisprozeß der Integration..................................161

    5.4.2   Einbindung existierender Systeme und Komponenten 163

    5.4.3   Bereitstellung in der Integrationsumgebung.......163

    5.4.4   Optimierung der Anwendung...............................164

    5.4.5   Test des Gesamtsystems 165

    5.4.6   Softwareverteilung..165

6   Einführung...169

  6.1   Orientierung..169

    6.1.1   Ziele...171

    6.1.2   Voraussetzungen 171

    6.1.3   Ablauf...172

    6.1.4   Ergebnisse 172

  6.2   Werkabnahme und Übernahme des Systems.......................174

6.3 Pilotbetrieb 178

6.4 Offizielle Abnahme des Systems 179

6.5 Roll Out 180

6.6 Training...182

6.7 Going Live...185

6.8 Hinweise..186

7 Betrieb..187

7.1 Orientierung...187

7.1.1 Ziele..188

7.1.2 Ergebnisse 188

7.1.3 Einbettung in den Gesamtprozeß 189

7.2 Interaktionspartner mit dem Betrieb...191

7.2.1 Interaktionspartner...191

7.3 Die Prozesse innerhalb des Betriebs 193

7.3.1 Beziehungen zwischen den Prozessen....................................194

7.3.2 Service Level Management 196

7.3.3 Service Desk...198

7.3.4 Change Management 200

7.3.5 Problem Management 202

7.3.6 Incident Management..204

7.3.7 Availability Management..206

7.3.8 Service Continuity 208

7.3.9 Capacity Management..209

7.4 Die Phasen des Betriebs...210

7.4.1 Betriebskonzept..211

7.4.2 Aufbau des Produktionsbetriebs 216

7.4.3 Produktionsbetrieb..220

7.4.4 Beendigung des Produktionsbetriebs.....................................223

8 Projektmanagement...225

8.1   Orientierung 225

   8.1.1   Ziele 226

   8.1.2   Ergebnisse 227

   8.1.3   Ablauf 228

8.2   Grundlegende Begriffsbestimmungen 229

   8.2.1   Definition Projekt 229

   8.2.2   Projektprozesse 230

   8.2.3   Projekt-Organisation 231

   8.2.4   Erfolgsfaktoren 233

8.3   Projektmanagement 235

   8.3.1   Ziel 237

   8.3.2   Projektmanagement-Prozeß 238

   8.3.3   Hilfsmittel 240

8.4   Der PM-Prozess 241

   8.4.1   Phase Projektinitialisierung 241

   8.4.2   Phase Projektplanung 245

   8.4.3   Phase Projektdurchführung und -Controlling 249

   8.4.4   Phase Projektabschluß 253

8.5   Der Projektleiter 256

   8.5.1   Aufgaben und Verantwortlichkeiten 256

   8.5.2   Fähigkeiten 259

   8.5.3   Der Projektleiter als Führungskraft und seine Rollen 261

8.6   Projektmanagement im Unternehmen 263

   8.6.1   Projektmanagement im Wertschöpfungsprozeß 263

   8.6.2   Projektorientierte Organisation 263

   8.6.3   Der Projektleiter im Unternehmen 264

8.7   PM Standards und PM Knowledge 266

   8.7.1   Methodische PM-Standards am Markt 266

   8.7.2   PM Community 267

8.7.3   PM Knowledge 267

9   Qualitätsmanagement 269

9.1   Orientierung 269

9.1.1   Ablauf 270

9.1.2   Ergebnisse 272

9.2   Qualitätsmanagement auf Unternehmensebene 272

9.2.1   Balanced Scorecard und IT-Qualitätsmanagement 272

9.2.2   Normen des Qualitätsmanagements 275

9.3   Projekt-Qualitätsplanung 281

9.3.1   Ergebnisse 282

9.3.2   Aufgaben 282

9.4   Projekt-Qualitätssicherung 291

9.4.1   Ergebnisse 291

9.4.2   Aufgaben / Vorgehen 292

9.5   Projekt-Qualitätssteuerung 292

9.5.1   Ergebnisse 293

9.5.2   Aufgaben / Vorgehen 293

9.6   Anhang: Kriterienkataloge zum Qualitätsmanagement 294

Kriterien für die Beurteilung von Software 295

Kriterien für die Beurteilung des IT-Betriebs 296

Kriterien für die Beurteilung von Dokumenten 296

10   Software Configuration Management 297

10.1   Orientierung 297

10.1.1   Aufbau dieses Kapitels 298

10.1.2   Ziele 299

10.1.3   Ergebnisse 301

10.1.4   Struktur von Anfang an 302

10.2   SCM als Unterstützung des Kernprozesses 303

10.2.1   Aufgabenbereiche von SCM 304

10.2.2   Begriffe und Definitionen 307

10.2.3   SCM in den Phasen Konzeption und Design 309

10.2.4   SCM in Realisierung, Einführung und Betrieb 310

10.3   Außensichten auf ein SCM-System.................................315

10.3.1   Forderungen einer betrieblichen Revision....................315

10.3.2   Der Änderungsmanagement-Prozeß 316

10.4   Die Einführung von SCM 320

10.4.1   Komplexität des SCM 322

10.4.2   Initialisierung 323

10.4.3   Design und Einsatzvorbereitung.................................326

10.4.4   Umsetzung und Einführung 330

10.4.5   Beispielarchitektur eines SCM-Systems 332

11   Testen im IT-Projekt...335

11.1   Orientierung..336

11.1.1   Ziele 336

11.1.2   Voraussetzungen...336

11.1.3   Ergebnisse..337

11.1.4   Ablauf 337

11.2   Systematisches Testen..338

11.2.1   Begriffe..338

11.2.2   Der Testprozeß 340

11.2.3   Testinitialisierung...341

11.2.4   Testplanung 345

11.2.5   Testdurchführung...350

11.2.6   Testauswertung 351

11.2.7   Testabschluß..352

11.3   Testen im Entwicklungsprozeß...................................353

11.3.1   Testfälle und Testobjekte im Entwicklungsprozeß.......353

11.3.2   Testaktivitäten im Entwicklungsprozeß......................355

11.3.3   Geschäftsanalysetest 356

11.3.4   Konzeptionstest 356

11.3.5   Designtest 357

11.3.6   Klassentest 358

11.3.7   Komponententest 360

11.3.8   Integrationstest 360

11.3.9   Systemtest 361

11.3.10   Abnahmetest 362

11.3.11   Betriebstest 362

11.4   Organisation des Testens 363

11.4.1   Koordination mit dem Gesamtprojekt 363

11.4.2   Rollen im Testprojekt 365

11.4.3   Testansätze 366

11.4.4   Einsatz von Werkzeugen 368

Glossar 371

Literaturverzeichnis 381

Index 384

Abbildungsverzeichnis

Abb. 1:   IT-Entwicklung im Geschäftskontext...1

Abb. 2:   Prozesse des Vorgehensmodells......................................4

Abb. 3:   Scoping im Kernprozeß...5

Abb. 4:   Business Development Life Cycle...............................14

Abb. 5:   Produktportfolio (Beispiel) 20

Abb. 6:   Zielbaum des Versandhandelsgeschäfts (Beispiel) 25

Abb. 7:   Kontextdiagramm für Geschäftsprozesse (Beispiel)...............27

Abb. 8:   Geschäftsprozeß in Diebold-Notation.......................28

Abb. 9:   Prozeßhierarchie 29

Abb. 10:   Perspektiven und Geschäftsziele 33

Abb. 11:   Perspektiven und Geschäftsziele (Beispiel)...........34

Abb. 12:   Perspektiven und Kennzahlen (Beispiel)................35

Abb. 13:   Scorecards im Unternehmen (Beispiel) 36

Abb. 14:   Berichtswesen bereitstellen.......................................37

Abb. 15:   Geschäftsprozeß in Diebold-Notation (Beispiel) 43

Abb. 16:   Führungsprozeß und Teilprozesse...........................44

Abb. 17:   Der Führungsprozeß (Beispiel)................................46

Abb. 18:   Prozeß als "Kunde" eines Leistungszentrums.....................47

Abb. 19:   Grobe Ablauforganisation (Beispiel)........................50

Abb. 20:   Das richtige Projekt machen 52

Abb. 21:   Priorisierte Projektstruktur (Beispiel)......................54

Abb. 22:   Scope eines Projektes (Beispiel)...............................55

Abb. 23:   Definition IT-Projekt 57

Abb. 24:   Projektziele beim Versandhandelsgeschäft (Beispiel).........58

Abb. 25:   Machbarkeit prüfen..60

Abb. 26: Fachliche Ergebnisse der Phase Konzeption (Übersicht) ..69

Abb. 27: Prozeßhierarchie (Beispiel) 72

Abb. 28: Schematische Darstellung einer Prozeßkette 74

Abb. 29: Prozeßkette mit Verzweigung (Beispiel) 75

Abb. 30: Use Cases und Prozeßketten 79

Abb. 31: Use Case-Diagramm (Beispiel) 81

Abb. 32: Actor-Interaktionsdiagramm (Beispiel) 83

Abb. 33: User Interface zum Use Case „Kunden prüfen" 85

Abb. 34: Elementarer Geschäftsprozeß und Use Case Diagramm ...87

Abb. 35: Business-Objektmodell (Beispiel) 88

Abb. 36: Kontextdiagramm IT-System (Beispiel) 90

Abb. 37: Designkompaß mit verschiedenen Architekturansätzen ..104

Abb. 38: Die fachlichen Vorgaben für das Design 106

Abb. 39: Hauptaktivitäten im Design 107

Abb. 40: Die objektorientierte 4-Schichtenarchitektur (Beispiel) 111

Abb. 41: Möglichkeiten zur Darstellung von Klassen nach UML ...113

Abb. 42: Assoziationen und Kardinalitäten nach UML 114

Abb. 43: Vererbung nach UML 115

Abb. 44: Aggregation und Komposition nach UML 115

Abb. 45: Darstellung von Sequenzdiagrammen nach UML 116

Abb. 46: Zustandsübergangsdiagramm (Beispiel) 117

Abb. 47: Bestandteile einer (Business-)Komponente (Beispiel) 118

Abb. 48: Sequenzdiagramm für einen Use Case (Beispiel) 126

Abb. 49: Klassenmodell einer Business-Komponente (Beispiel).....130

Abb. 50: Sequenzdiagramm für eine Methode (Beispiel) 132

Abb. 51: Einsatzdiagramm nach UML (Beispiel) 139

Abb. 52: Komponentendiagramm nach UML (Beispiel) 142

Abb. 53: Entwurf der Komponentenarchitektur 145

Abb. 54: Komponentenentwurf 146

Abb. 55:   Komponentenumsetzung 147

Abb. 56:   Schritte in der Phase Realisierung..152

Abb. 57:   Umsetzung einer UML-Klasse in eine Java-Klasse 158

Abb. 58:   Der Integrationsprozeß...161

Abb. 59:   Einpassung des Systems in seine Umwelt..........................170

Abb. 60:   Der Einführungsprozeß...172

Abb. 61:   Zeitliche Einordnung Abnahmetests...............................174

Abb. 62:   Phasen des Betriebes 190

Abb. 63:   Interaktion mit dem Betrieb...192

Abb. 64:   Interaktion des Betriebes mit anderen Phasen..................211

Abb. 65:   Projektmanagement und Leistungerbringungsprozeß 231

Abb. 66:   Projektorganisation 232

Abb. 67:   Der Projektrahmen 234

Abb. 68:   Die Projektführung als Regelung......................................235

Abb. 69:   Projektmanagement als System...236

Abb. 70:   Das „magische Dreieck" des Projektmanagements...........237

Abb. 71:   Der Projektprozeß 238

Abb. 72:   Überlappungen der Prozeßphasen 239

Abb. 73:   Zielgerichtete Moderation auf vier Ebenen......................258

Abb. 74:   Qualifikationen des Projektleiters.....................................260

Abb. 75:   Qualitätsaspekte für Unternehmen 270

Abb. 76:   Qualitätsmanagement-Prozeß für IT-Projekte..................271

Abb. 77:   Integration der Führungsprozesse PM und QM................271

Abb. 78:   Perspektiven und Dimensionen der Balanced Scorecard.273

Abb. 79:   Kontinuierlicher Verbesserungsprozeß 274

Abb. 80:   Normen des IT-Qualitätsmanagements 275

Abb. 81:   DIN EN ISO 9001:2000 im Überblick...............................276

Abb. 82:   DIN EN ISO 15504- (SPICE-)Modell...............................278

Abb. 83:   CMMI-Reifegradmodell und Prozeßbereiche 279

Abb. 84: Vorgehensweise bei einem BOOTSTRAP-Assessment...280

Abb. 85: Beispiel für ein Projekt-Qualitätsziel.................................286

Abb. 86: Projekthierarchie...288

Abb. 87: Aufbau dieses Kapitels 299

Abb. 88: Versionierungspflichtige Objekte (Beispiel)......................302

Abb. 89: Ablagestruktur (Beispiel)...303

Abb. 90: Aufgabenbereiche des SCM...304

Abb. 91: Systemmodell am Beispiel Textverarbeitung.....................308

Abb. 92: Konfiguration eines Systems 309

Abb. 93: Unterstützung eines SCM-Szenarios in der Realisierung..312

Abb. 94: Der Änderungsmanagementprozeß (Beispiel)...................317

Abb. 95: Änderungsanforderungen (Beispiel)...................................318

Abb. 96: Die Phasen des Einführungsprozesses von SCM..............320

Abb. 97: SCM Einführung im Kernprozeß..321

Abb. 98: Anforderungsportfolio an SCM (Beispiel) 323

Abb. 99: Systemarchitektur-Einsatzsicht (Beispiel) 332

Abb. 100: Testphasen und –ergebnisse...340

Abb. 101: Was wird gegen was getestet?...354

Abb. 102: Testobjekte und Testaktivitäten im Kernprozeß 355

Abb. 103: Testprozeß am Beispiel des Systemtests............................364

Tabellenverzeichnis

Tab. 1:   Geschäftsfeldmatrix (Beispiel) 19

Tab. 2:   Trends/Geschäftsanteile in der Geschäftsfeldmatrix 20

Tab. 3:   Betrachtung der Stärken (Beispiel) 22

Tab. 4:   Betrachtung der Schwächen (Besipiel) 22

Tab. 5:   Stärken des Versandhandelsgeschäfts (Beispiel) 23

Tab. 6:   Schwächen des Versandhandelsgeschäfts (Beispiel) 23

Tab. 7:   Geschäftsprozeß mit Leistungsmerkmalen (Beispiel)..............28

Tab. 8:   Übersicht Geschäftsprozesse (Beispiel) 30

Tab. 9:   Leistungsbeschreibung der Geschäftsprozesse (Beispiel) 31

Tab. 10:   Kennzahlen für Business Unit End Consumer 37

Tab. 11:   Projektauftrag OE-Projekt (Beispiel) 39

Tab. 12:   Projektauftrag IT-Projekt (Beispiel)..39

Tab. 13:   Optimierungsansätze eines Geschäftsprozesses (Beispiel) 42

Tab. 14:   Der Supportprozeß (Beispiel) 49

Tab. 15:   Nutzenkalkulation auf Basis der Geschäftsziele (Beispiel) 61

Tab. 16:   Beschreibung eines elementaren Geschäftsprozesses..............76

Tab. 17:   Beschreibung eines Use Cases (Beispiel) 82

Tab. 18:   Katalog für funktionale Anforderungen 91

Tab. 19:   Anforderungen an die Systemleistung (Beispiel) 92

Tab. 20:   Aufstellung der möglichen Lösungsszenarien..........................97

Tab. 21:   Bewertete Lösungsszenarien (Beispiel) 97

Tab. 22:   Bewertung Abdeckungsgrad Szenarien (Beispiel) 100

Tab. 23:   Risikocheckliste (Beispiel) 100

Tab. 24:   Show-Stopper (Beispiel) 101

Tab. 25:   Abbildung der logischen auf die technische Architektur 137

Tab. 26: Abbildung des Designs in Visual Basic 159

Tab. 27: Verteilungsstrategien für die Anwendungsarchitektur 166

Tab. 28: Ziele und Ergebnisse im Einführungsprozeß 173

Tab. 29: Aktivitäten im Verlauf einer Systemabnahme 177

Tab. 30 Übersicht über die Trainingsaktivitäten 185

Tab. 31: Maßnahmen und Ergebnisse im Betrieb 222

Tab. 32: Problemsituationen in der Anwendungsentwicklung 311

Tab. 33: Testfallspezifikation (Beispiel) 347

Tab. 34: Testfallmatrix (Beispiel) 350

Tab. 35: Testfälle im Entwicklungsprozeß 353

1 Einleitung

Informationstechnologie (IT) im Unternehmen dient dazu, das Geschäft zu unterstützen. Die entstehenden IT-Systeme realisieren idealerweise den optimalen Einsatz von Technologie als Antwort auf die Herausforderungen des Marktes. Zusätzlich beeinflussen die etablierten Prozesse und die beteiligten Menschen die IT-Entwicklung.

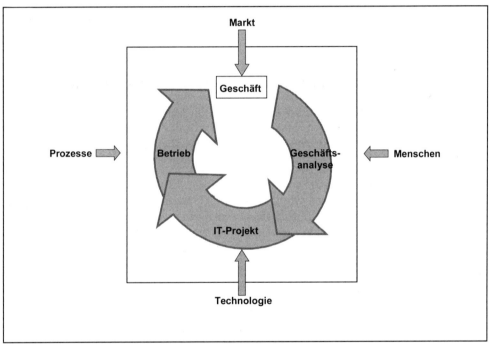

Abb. 1:   **IT-Entwicklung im Geschäftskontext**

Abb. 1 zeigt das Modell für diesen Kontext der geschäftsorientierten Anwendungsentwicklung: Sich ändernde Anforderungen des Marktes und der schnelle technologische Wandel sind die Motoren für einen kontinuierlichen Verbesserungsprozeß, dem sich jedes Geschäft unterwerfen muß.

In der Geschäftsanalyse werden die zur Weiterentwicklung des Geschäfts notwendigen IT-Projekte identifiziert. Sie sind in die IT-Strategie des Unternehmens eingebettet.

IT-Projekte müssen strukturiert werden, um Ordnung und Halt in der Komplexität zu finden. Das Endergebnis ist ein fertiges Produkt, das IT-System, das in eine angepaßte Organisation eingeführt wird.

Das fest definierte Vorgehen bei der Einführung des IT-Systems regelt die Abnahme durch den Auftraggeber oder Kunden. Es ermöglicht den anschließenden Betrieb, in dem sich der Nutzen des IT-Systems prüfen und auch noch verbessern läßt.

Der Markt wirkt direkt auf das Geschäft ein und die aktuelle Technologie beeinflußt unmittelbar die Ausführung des IT-Projekts. Die definierten Prozesse und das Wissen bzw. die Fertigkeiten der beteiligten Menschen zielen dagegen auf den gesamten Zyklus. Die Optimierung dieser Aspekte bewirkt daher eine Verbesserung des gesamten Vorhabens.

1.1 Charakterisierende Merkmale des Modells

Vorgehensmodelle haben das Ziel, den Prozeß der Anwendungsentwicklung zu strukturieren und somit die Grundlage für ein abgestimmtes und optimiertes Vorgehen der Beteiligten zu schaffen.

Der Fokus des hier vorgestellten Modells liegt auf der Entwicklung von Individualsoftware. Gleichzeitig wird die Integration von Standardsoftware berücksichtigt: Einerseits existieren definierte „Ausstiegspunkte" in Richtung Einführungsprojekt für Standardsoftware, andererseits lassen sich Standardsoftwarekomponenten bei dem vorgestellten Vorgehen einfach in hybride Individual-/Standardsoftwaresysteme integrieren.

Die mit dem hier beschriebenen Vorgehen verfolgten Ziele lassen sich wie folgt charakterisieren:

- Geschäftsorientiert
  Die Entwicklung von Individualsoftware wird aus den Anforderungen des Geschäfts gesteuert und am Nutzen für die jeweilige Organisation gemessen.

- Ganzheitlich
  Ausgehend vom Bedarf des Geschäfts werden Anforderungen an die IT abgeleitet, in einem entsprechenden IT-System umgesetzt und in die zugehörige Organisation eingeführt.

- Prozeßorientiert
  Die Entwicklung der IT-Systeme orientiert sich an den Prozessen in der zu unterstützenden Organisation.

- Durchgängig
  Die vorgestellten Prozesse und Ergebnisse sind aufeinander abgestimmt und folgen denselben Paradigmen.

- Objektorientiert
  IT-Systeme werden objektorientiert entwickelt und umgesetzt.

- Komponentenbasiert
  Objekte werden inhaltlich zu Komponenten zusammengefaßt, die als funktionale Einheiten die Basis der Wiederverwendung bilden.

- Standard
  In den definierten Prozessen und Phasen wird soweit wie möglich auf akzeptierte Marktstandards zurückgegriffen.

- Führungsbewußt
  Es gibt definierte Führungsprozesse für die Entwicklung von IT-Systemen, mit denen IT-Projekte geführt und in ihrer Qualität bewertet und gesteuert werden.

- Abgesichert
  Supportprozesse für die Absicherung der Entwicklung von IT-Systemen sind identifiziert und detailliert beschrieben, um den Kernprozeß der Anwendungsentwicklung zu optimieren. Ziele sind hier hohe Effizienz und auch Wiederverwendbarkeit von Wissen und Ergebnissen, z. B. in den Gebieten Methodeneinsatz, Software Configuration Management und Testen.

1.2 Übersicht über das Modell

Vorgehensmodelle für die Entwicklung von IT-Systemen folgen üblicherweise einem grundlegenden Paradigma. [Kneu98] gibt eine Übersicht zu gängigen Vorgehensmodellen für die geschäftsorientierte Anwendungsentwicklung. Bekannte Modelle sind das V-Modell [Bröh93], das Spiralmodell [Boeh88] oder das Wasserfallmodell [Boeh76]. Neuere Ansätze wie bspw. der Rational Unified Process [Kruc00] oder Extreme Programming [Beck00] wollen die dynamischen Aspekte in der modernen Anwendungsentwicklung stärker berücksichtigen.

Das vorgestellte Modell ist phasenorientiert dargestellt. Den phasenorientierten Ansatz zeichnen folgende Eigenschaften aus:

- Er hat sich in vielen geschäftsorientierten Anwendungsentwicklungen nicht zuletzt wegen seiner klaren und überschaubaren Struktur bewährt.

- Er ermöglicht eine methodisch klare Trennung zwischen der Anwendungsentwicklung im engeren Sinn (Softwareengineering), den Führungsprozessen (Projektmanagement etc.) und den unterstützenden Prozessen. Durch die getrennte Darstellung dieser Prozesse wird ein größeres Verständnis ihrer selbst und ihrer Interaktion möglich.

- Obgleich die einzelnen Phasen aufeinander abgestimmt sind, eröffnen sie eine separate Methodendarstellung. Die Bereitstellung eines solchen „Methoden-Baukastens" ergibt eine große Flexibilität, um auf spezifische Projektanforderungen eingehen zu können.

Der phasenorientierte Ansatz stellt eine systematische Darstellung des idealtypischen Ablaufs eines IT-Projekts dar. Er modelliert nicht den realen Prozeßablauf in Projekten. Die Überführung des Modells in die konkrete Projektpraxis ist jeweils erforderlich und führt bspw. zu einem massiv parallelen Working Model [Bran01].

Das Vorgehensmodell besteht aus drei Prozessen: dem Kernprozeß der Anwendungsentwicklung sowie den Führungs- und den Supportprozessen (siehe Abb. 2).

Der Kernprozeß definiert die eigentliche Leistungserbringung in einem IT-Projekt. Dazu ist er in sechs Phasen eingeteilt: Geschäftsanalyse, Konzeption, Design, Realisierung, Einführung und Betrieb.

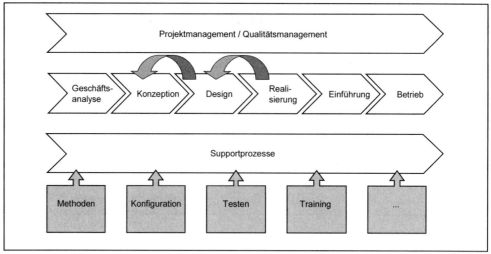

Abb. 2:   **Prozesse des Vorgehensmodells**

Der Führungsprozeß regelt das Management des Kernprozesses, die Integration der Supportleistungen sowie die Qualität von Prozeß und Produkt. Zu den Supportprozessen gehören u.a. eine Methoden- und Verfahrensunterstützung (der Inhalt dieses Buches ist ein Beispiel dafür), das Software Configuration Management, das Testen sowie das Training (das nicht im Kontext dieses Buches behandelt wird).

1.2.1 Der Kernprozeß

Geschäftskontext, IT-Kontext und Filter

Ausgehend von einer breiten Betrachtung des Geschäfts und dessen Zielen werden Soll-Prozesse definiert und IT-Projekte abgeleitet, in denen die Unterstützung für die Soll-Prozesse umgesetzt wird. Ein dedizierter Filter (Filter 1), siehe Abb. 3, sorgt für die korrekte Ausrichtung und Initialisierung des Projekts, z. B. bezüglich der IT-Strategie der jeweiligen Organisationseinheit.

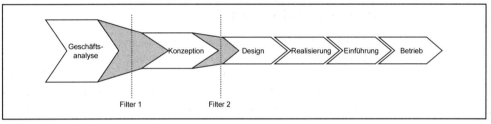

Abb. 3: **Scoping im Kernprozeß**

Aus dem Geschäft wird das IT-Konzept abgeleitet und in einem weiteren Filter (Filter 2) bezüglich definierter Kriterien (z. B. Machbarkeit, Wirtschaftlichkeit) überprüft.

Abb. 3 zeigt die Verengung des Scopes von der Geschäftsanalyse bis hin zum Design. Anschließend wird der Scope, wie er in der Konzeption vereinbart wurde, im Design und der Realisierung umgesetzt, eingeführt und in Betrieb genommen.

Phasen und Phasenergebnisse

Jede Phase des Kernprozesses produziert Ergebnisse, die

1. zur formalen Entscheidung über das weitere Vorgehen im Projekt dienen – insbesondere nach Geschäftsanalyse (Filter 1), Konzeption (Filter 2) und Einführung (Abnahme) – und

2. als Input für die weitere inhaltliche Arbeit in der nächsten Phase herangezogen werden.

Working Model als optimierte Prozeßimplementierung im Projekt

Der Prozeß läßt Iterationen innerhalb einer Phase und Rücksprünge in frühere Phasen zu, wie durch die Pfeile in Abb. 2 angedeutet.

Dieses ist aufgrund von a priori nicht erkennbaren Fragestellungen notwendig, welche erst im Laufe des Projektes auftreten, beispielsweise wenn sich der Scope bzw. die Funktionalität des Systems ändert. Allerdings sind solche Rücksprünge kontrolliert und bewußt vorzunehmen und ihre Berücksichtigung in dem Modell soll das prinzipiell sequentielle Vorgehen nicht in Frage stellen.

Die exakte Ausprägung des Vorgehensmodells für ein konkretes Projekt wird in einem sogenannten Working Model für das jeweilige Projekt festgelegt und zwischen Auftraggeber und Auftragnehmer vereinbart.

Phase Geschäftsanalyse

Aus Sicht der Anwendungsentwicklung ist das Ziel der Geschäftsanalyse die Identifikation der richtigen IT-Projekte. Wichtig ist dazu das Verständnis des Geschäfts und der Problemstellung aus Geschäftssicht. Die Soll-Anforderungen sind zu erheben, die sich aus den Geschäftszielen, den Geschäftsprozessen sowie der Organisation des Geschäfts ableiten lassen.

Als Resultat sind die IT-Projekte identifiziert und bezüglich Scope, Rahmenbedingungen und Strategie, z. B. Individualentwicklung oder Einführung von Standardsoftware, definiert. Aufgrund einer Kosten-/ Nutzen-Bewertung wird in einer IT-Investentscheidung definiert, wann und wie die Projekte initiiert werden.

Phase Konzeption

Die Konzeption dient der Definition und Erarbeitung von Leistungsumfang, weiteren Anforderungen und Wirtschaftlichkeit einer IT-Lösung. Aus einer detaillierten Anforderungsanalyse wird der Leistungsumfang des zu erstellenden Systems in Form von Use Cases abgeleitet. Zusätzlich sind die nichtfunktionalen Anforderungen wie Durchsatz, Datenvolumina etc. bekannt. Ein Konzept für die technische Umsetzung (Systemarchitektur) existiert.

Daraus läßt sich ein Projektplan erstellen, in welchem die anfallenden Aufwände detailliert aufgelistet sind. Anschließend erfolgt zum zweitenmal eine Prüfung der Wirtschaftlichkeit (Filter 2), unter Berücksichtigung der nun vorliegenden detaillierteren Kenntnisse über Aufwände und Nutzen. Bei positiver Entscheidung wird mit der Umsetzung (Design und Realisierung) begonnen.

Phase Design

Ziel des Designs ist es, eine Softwarearchitektur (Komponentenarchitektur und Komponentenentwurf) des IT-Systems zu erstellen, sowie die anschließende Realisierung zu planen (Komponentenumsetzung).

Grundlage des Designs ist eine prinzipielle Architektur, die in diesem Buch vorgestellt wird. Hierbei handelt es sich um eine komponentenbasierte Schichtenarchitektur, welche die Anforderungen Wiederverwendbarkeit und Portabilität nach dem Stand der Technik optimal miteinander verbindet.

Aus den Use Cases werden die notwendigen Komponenten abgeleitet und in vier Schichten angeordnet. Für einzelne Komponenten kann entschieden werden, ob existierende Software (Standards, Legacy Systems) eingesetzt oder neue Komponenten individuell entwickelt werden. Für die individuell zu entwickelnden Komponenten werden Klassendiagramme in UML entworfen. Die Realisierung und Verteilung der Komponenten wird definiert.

Phase Realisierung

Das Ziel der Realisierung ist die technische Umsetzung des Designs in einem ablauffähigen IT-System. Dazu gehört die Implementierung individuell zu erstellender Komponenten in der vorgesehenen Umgebung.

Weiterhin sind die Realisierung von Schnittstellen (Wrapper) für Fremdsysteme sowie die Bereitstellung der Infrastruktur, z. B. Datenbanken und Middleware notwendig. Die Integration und der Test des Gesamtsystems bilden den Abschluß der Realisierung.

Phase Einführung

Ziel der Einführung ist das Roll Out der IT-Lösung, einschließlich der notwendigen organisatorischen Einbindung und der Trainingsmaßnahmen, sowie die Abnahme des Gesamtsystems durch den Kunden. Dazu ist das organisatorische Soll des Geschäfts zu prüfen und anzupassen, der Trainingsbedarf festzustellen. Die Trainings sind durchzuführen, sowie die Begleitung der Anwender in der Einführungsphase sicherzustellen.

Phase Betrieb

In der Betriebsphase geht es zunächst um die Sicherstellung eines ordnungsgemäßen Betriebs der Anwendung, der die Vorgaben zur Verfügbarkeit und zur Fehlerfreiheit erfüllt.

Darüber hinaus ergibt sich die Aufgabe der Optimierung des Systems hinsichtlich der Geschäftsanforderungen und den Systemressourcen.

1.2.2 Der Führungsprozeß

Zum Führungsprozeß in Projekten gehört die Abwicklung des Projektes durch das Projektmanagement, das die Teilaufgaben Projektinitialisierung, Projektplanung, Projektführung und –steuerung und den Projektabschluß enthält. Die Projektinitialisierung legt den Rahmen des Projekts fest, z. B. Ziele, Organisation und Meilensteine. Auf dieser Basis wird die Regelung des Projekts vorgenommen, in der Projektplanung, Initialisierung von Aktivitäten, Überprüfung der Ergebnisse und die anschließende Neuplanung einen Regelkreislauf bilden.

Das Projektmanagement wird vom Qualitätsmanagement begleitet, in dem die wesentlichen Qualitätsziele definiert und überwacht werden. Das Qualitätsmanagement stellt innerhalb des Führungsprozesses Hilfsmittel für die Überprüfung des Prozeßverlaufs und der erzielten Ergebnisse zur Verfügung. Dazu gehört die Definition der Qualität sowie die Vorgabe der Methoden zur Überprüfung der Qualität, etwa von Dokumenten durch Reviews und Programmen durch Tests. Ein wesentlicher Aspekt ist die Sicherstellung der Qualität des Gesamtprozesses, so daß Kern- und Führungs- und Supportprozesse vordefinierten Qualitätskriterien genügen.

1.2.3 Die Supportprozesse

Supportprozesse sind unterstützende Tätigkeiten in den jeweiligen Projekten, für die meist von außerhalb der Projektorganisation Ressourcen zur Verfügung gestellt werden (z. B. externes Know-How aus entsprechenden Kompetenzzentren). Eine Vielfalt von externer Kompetenz steht in der eigenen Organisation oder am Markt zur Verfügung und kann nach Bedarf des Projekts eingesetzt werden. Beispiele finden sich in den Bereichen Methoden und Werkzeuge, Software Configuration Management, Testen, Training etc..

Methoden- und Werkzeugunterstützung

Innerhalb des Projekts soll ein einheitliches Vorgehen bei allen Beteiligten verankert sein. Hier bietet sich vor jeder Phase eine Methodenüberprüfung und gegebenenfalls ein Methodentraining an. Weiterhin ist das Vorgehensmodell an die konkrete Aufgabenstellung anzupassen, z. B. durch Auswahl der Tätigkeiten, zusätzliche, detaillierte Vorgaben für Ergebnistypen etc.. Dadurch wird das konkrete Working Model des jeweiligen Projekts bzw. von Projektabschnitten festgelegt.

Software Configuration Management

Insbesondere im Bereich der komponentenbasierten Anwendungsentwicklung liegen die einzelnen Bausteine in diversen Versionen vor und werden im Projekt zu unterschiedlichen Versionen und Varianten weiterentwickelt.

Das Software Configuration Management wird um so wichtiger, je weiter man mit einem Projekt voranschreitet. Spätestens im Betrieb ist in den meisten Fällen eine Unterstützung für die Verwaltung der unterschiedlichen Varianten auf den diversen Plattformen unumgänglich.

Testen

In enger Verzahnung mit dem Führungsprozeß ist das Testen im Projekt zu etablieren, da hierdurch nicht nur die inhaltliche Qualität sondern auch die formalen Abnahmen gesteuert werden.

Training der Anwender

Das Ziel dieses Supportprozesses ist die Definition eines Trainingskonzepts, der Trainingsorganisation und der Trainingsinhalte. Dazu bedarf es einer intensiven Untersuchung der existierenden Situation und der Information über die zukünftige Ausgestaltung der Geschäftsprozesse.

In enger Verzahnung mit dem Kernprozeß ist das Training zu etablieren, jedoch nicht notwendigerweise im IT-Projekt. Eine eigenständige, vom Auftraggeber beauftragte, Trainingsorganisation erleichtert die Bedarfsermittlung und kann die Akzeptanz des mit Training verbundenen Aufwandes erhöhen. Evtl. kann die Trainingsorganisation des Auftraggebers den Supportprozeß ausgestalten.

1.3 Zur Verwendung dieses Buches

Die meisten Bausteine aus Abb. 2 bilden jeweils ein Kapitel dieses Buches. Nicht berücksichtigt sind die Bausteine Methoden und Training, um den Rahmen des Buches nicht zu sprengen.

1.3.1 Aufbau

Nach dieser Einleitung folgen die Kapitel zur Beschreibung des Kernprozesses: Die Kapitel 2 „Geschäftsanalyse", 3 „Konzeption", 4 „Design", 5 „Realisierung", 6 „Einführung" und 7 „Betrieb".

Die Kapitel 8 und 9 beschreiben die Führungsprozesse „Projektmanagement" respektive „Qualitätsmanagement". Die Supportprozesse „Software Configuration Management" und „Testen" bilden die Inhalte der Kapitel 10 beziehungsweise 11.

Die Kapitel „Geschäftsanalyse" und „Betrieb" sowie die Kapitel zu den Führungs- und Supportprozessen („Projektmanagement", „Qualitätsmanagement", „Software Configuration Management" und „Testen") sind relativ unabhängig voneinander in ihren Inhalten und können auf der Basis des in diesem Kapitel präsentierten Gesamtverständnisses als eigenständige Abschnitte vom Leser nachvollzogen werden.

Demgegenüber sind die Kapitel zu den Phasen eines IT-Entwicklungsprozesses stark inhaltlich verzahnt. Kapitel 4 („Konzeption") bildet den Anfang dieser Phasenkette – und kann somit noch unabhängig von den anderen Kapiteln verstanden werden – jedoch bauen alle folgenden Kapitel auf den jeweils im vorherigen Kapitel beschriebenen Ergebnissen auf. Daher sollten diese Kapitel („Konzeption", „Design", „Realisierung" und „Einführung") im Zusammenhang gelesen werden.

1.3.2 Zielgruppe

Dieses Buch richtet sich an alle, die an der Entwicklung von IT-Systemen beteiligt sind. Der Schwerpunkt liegt auf der ganzheitlichen, geschlossenen Darstellung. Daraus ergibt sich naturgemäß ein gewisses Abstraktionsniveau, das an einigen Stellen durch tiefergehende Darstellungen, z. B. durch Programmierleitfäden, zu ergänzen ist. Für Programmierer, Endbenutzer etc. bietet das Buch eine wertvolle Hilfe zur Erfassung des Projektumfeldes, in dem sie sich bewegen.

In erster Linie wendet sich dieses Buch an Projektleiter, Analytiker, Designer, Business-Experten und Entscheider. Es erklärt detailliert die Inhalte für Geschäftsanalyse, Konzeption und Design sowie Einführung. Dadurch liefert es konkrete Vorgaben und unterstützt die formale und inhaltliche Projektführung und Qualitätssicherung. Zusätzlich sind wesentliche Supportprozesse bezüglich Inhalt und Leistung definiert und beschrieben.

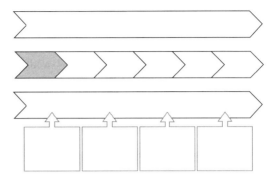

2 Geschäftsanalyse

Die Geschäftsleitung eines Unternehmens initiiert in regelmäßigen Abständen eine Geschäftsanalyse zur Identifikation von Entwicklungspotentialen für das eigene Geschäft. Aufgrund aktueller Geschäftsprobleme, der beobachteten Marktentwicklung oder auf Basis konkreter Projektideen kann ebenfalls eine Geschäftsanalyse notwendig werden.

In jedem Fall bestimmt diese Analyse die Prozesse des zukünftigen Geschäfts und deren Einbindung in die Organisation. Dieses geschieht in zwei aufeinander aufbauenden Schritten. Zuerst sind die künftigen Geschäftsfelder mit ihren Trends zu identifizieren. Anschließend werden die notwendigen Geschäftsprozesse (Sollprozesse mit ihren Leistungsmerkmalen) definiert.

Für die Praxis der Anwendungsentwicklung ist es wichtig, daß aus der Geschäftsanalyse eine IT-Strategie abgeleitet wird. Ausgehend von den Geschäftsprozessen, für die eine IT-Unterstützung vorgesehen ist, werden IT-Projekte identifiziert, die das sogenannte IT-Projektportfolio bestimmen. Die IT-Strategie wird daraus durch Priorisierung der IT-Projekte und Festlegung der zugehörigen IT-Plattformen entwickelt.

2.1 Orientierung

Zur Definition einer IT-Strategie ist die Analyse der Ablauf- und Aufbauorganisation notwendig. Die Geschäftsanalyse geht von dem in Abb. 4 dargestellten Modell des Business Development Life Cycle (Geschäftszyklus) aus.

Der Life Cycle stellt einen idealisierten Durchlauf dar und muß vollständig und vom Geschäft ausgehend in einer Richtung durchlaufen werden.

Aus den Anforderungen des Geschäftes müssen die Prinzipien der Organisation klar abgeleitet werden. Im wesentlichen umfaßt dies die Strukturierung der Geschäftsprozesse in Teilprozesse, deren Optimierung und die daraus resultierende Ablauf- und Aufbauorganisation.

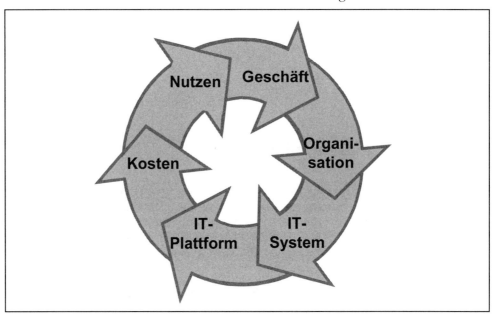

Abb. 4:   **Business Development Life Cycle**

Für die Anwendungsentwicklung ist es wesentlich, daß aus den Anforderungen des Geschäftes heraus die IT-Strategie festgelegt wird, die durch IT-Projekte, in denen IT-Systeme entwickelt werden, umgesetzt wird. Es muß klar sein, welche Geschäftsfelder und Geschäftsprozesse durch die IT-Systeme unterstützt werden sollen und welches die Erfolgskriterien dafür sind.

Auf der Basis einer klaren Geschäftsdefinition und Organisationsoptimierung lassen sich Umfang und Ziele für ein IT-System definieren, welche das Geschäft und die Organisation sinnvoll unterstützen und auf Basis der definierten IT-Plattform zu realisieren sind. Insgesamt können die Kosten dargestellt werden. Der Nutzen des Systems ergibt sich dann aus den Konsequenzen für das Geschäft, als Beitrag des Systems zur Erreichung der quantifizierten Geschäftsziele.

2.1.1 Ziele

Vier wesentliche Ziele sind mit der Geschäftsanalyse verbunden:

1. Das Geschäft einschließlich Ablauf- und Aufbauorganisation ist definiert, strukturiert und optimiert.

2. Art und Umfang der Unterstützung der Ablauf- und Aufbauorganisation sind in der IT-Strategie in Form von geplanten IT-Projekten (IT-Projektportfolio) festgelegt.

3. Eine Bewertung hinsichtlich Wirtschaftlichkeit und strategischer Bedeutung liegt für jedes IT-Projekt des Projektportfolios vor.

4. Eine Auswahl der IT-Plattformen für das Unternehmen ist erfolgt und als Teil der IT-Strategie festgelegt.

Diese Ziele werden üblicherweise bei den regelmäßigen und problembezogenen Geschäftsanalysen fortgeschrieben, so daß hier nicht auf der grünen Wiese operiert wird.

2.1.2 Ergebnisse

Während der Geschäftsanalyse werden folgende Ergebnisse erarbeitet:

Zu den Anforderungen an das Geschäft

* Geschäftsfeldmatrix

* SWOT-Analyse

* Zielbaum

* Liste der Geschäftsprozesse mit Leistungsmerkmalen

* Kontextdiagramm

Zu den Anforderungen an die Ablauf- und Aufbauorganisation

* Geschäftsprozesshierarchiediagramme

* Liste der identifizierten Führungsprozesse

* Liste der identifizierten Supportprozesse

* Beschreibung der Ablauforganisation

Zur Identifikation und Priorisierung der IT-Projeke

* Liste der identifizierten IT-Projekte inkl. einer Priorisierung

- Machbarkeitsprüfung für die Projekte
- Wirtschaftlichkeitsprüfung für die Projekte

Zur strategischen IT-Ausrichtung

- Definition der IT-Strategie
- Ausgestaltung der IT-Strategie

2.1.3 Ablauf

Die Aktivitäten der Geschäftsanalyse werden von der Geschäftsleitung veranlaßt und verantwortlich durchgeführt. In der Regel werden weitere Personen (Geschäftsexperten, z. B. interne oder externe Berater) hinzugezogen. Die Geschäftsanalyse besteht zu einem großen Teil aus moderierten Sitzungen der IT-Experten mit den Geschäftsexperten.

Die Phase Geschäftsanalyse gliedert sich in vier Hauptaktivitäten:

1. Anforderungen des Geschäfts aufnehmen

Ziel dieses Schrittes ist die Definition des Geschäftskontextes. Alle für spätere Systementwicklungen wesentlichen Informationen zum Geschäft und zur Geschäftsentwicklung liegen vor.

Ein Ist-/Soll-Abgleich für die Themen Geschäftsfeldanalyse und grobe Geschäftsprozeßanalyse wird durchgeführt. Eine Stärken-/Schwächenbetrachtung im Kontext der festzulegenden Geschäftsziele hilft bei der Festlegung der Leistungsmerkmale der Prozesse bzw. bei der Identifikation von Problemen (z. B. Geschäft falsch ausgerichtet; Organisation funktioniert nicht; Technik funktioniert nicht).

2. Anforderungen an die Ablauf- und Aufbauorganisation aufnehmen

Ziel dieses Schrittes ist ein Ist-/Soll-Abgleich der Abläufe der im ersten Schritt bestimmten Geschäftsprozesse einschließlich der zugehörigen Aufbauorganisation. Der Schwerpunkt liegt auf dem *Prozeßkontext*, d. h. auf der Abfolge einzelner Geschäftsaktivitäten im Kontext des jeweiligen Prozesses.

Dazu werden die Leistungs-, Führungs- und Supportprozesse identifiziert, strukturiert und optimiert. Auf Basis abgeleiteter Anforderungen wird die grobe Ablauf- und Aufbauorganisation im Soll definiert.

3. IT-Projekte identifizieren und priorisieren

Auf Basis der zu optimierenden Geschäftsfelder bzw. betroffener Geschäftsprozesse werden IT-Projektthemen abgegrenzt. Dazu werden potentielle Teilsysteme identifiziert. Anhand konkreter Ziele und Rahmenbedingungen werden Lösungsszenarien entworfen und Kosten-/Nutzenbetrachtungen unterworfen.

4. IT-Strategie ausrichten

Die IT-Projekte werden priorisiert (Filter 1) und bilden das jeweils aktuelle Projektportfolio. Sie bestimmen - mitsamt dem vereinbarten Rahmen für die Realisierungsplattformen - die IT-Strategie. Die Geschäftsleitung initiiert aufgrund dieser IT-Strategie die IT-Projekte und delegiert die weitere Durchführung an entsprechende Projektgremien.

Hinweis

Das Aufnehmen der Anforderungen (Schritte 1 und 2) ist unabhängig von der Definition der IT-Strategie und kann z. B. auch Basis einer Strategie für eine Organisationsentwicklung sein.

Im folgenden wird das Präfix „IT-" für IT-Systeme, -Projekte und -Portfolio nur noch bei Bedarf benutzt.

2.1.4   Situation

Einige Methoden der Geschäftsanalyse werden durch ein Beispiel veranschaulicht. Stellen wir uns einen *Versandhandel* vor, der neben CD's noch Bücher, Videos und Spiele vertreibt. Bisher erfolgt   das Geschäft schwerpunktmäßig mit einigen wenigen Großhändlern; direkter Endkundenkontakt ist die Ausnahme. Das Angebot ist auf einige, eher wenige „Bestseller" konzentriert. Die Angebotsunterbreitung erfolgt auf Basis von Katalogen, die über einen Außendienst verbreitet werden.

Das Handelsgeschäft stabilisiert sich, hohe Umsatzsprünge sind hier aufgrund des starken Wettbewerbs nicht zu erwarten. Das *Endkundengeschäft* soll nun durch das Anbieten innovativer Produkte wie Music on Demand und durch Nutzung neuer Vertriebswege angekurbelt werden. Insbesondere soll die größere Nähe zum Endkunden Bedarf kurzfristig erkennen lassen und so das Produktangebot verbessern.

2.2 Anforderungen des Geschäfts aufnehmen

Ziel dieses Schrittes ist es, die wesentlichen Informationen zum Geschäft und zur Geschäftsentwicklung aufzunehmen und darüber ein gemeinsames Verständnis innerhalb der Geschäftsleitung zu erzielen. Die wesentlichen Ergebnisse sind:

1. Darstellung der *Geschäftsfelder* heute und zukünftig

2. Formulierung der *Hauptstärken* und *Hauptschwächen* des Geschäfts

3. Formulierung und Strukturierung der *Geschäftsziele* und *Trends*

4. Identifikation der *Geschäftsprozesse* und ihrer *Leistungsmerkmale*

Diese Ergebnisse bilden einen wichtigen Meilenstein.

2.2.1 Geschäftsfelder aufnehmen: Geschäftsfeldanalyse

Ein *Geschäftsfeld* ist charakterisiert durch:

- Einen Markt bzw. einen Kunden / eine Kundengruppe und

- ein Produkt bzw. einen Service für diesen Markt bzw. diesen Kunden oder eine Kundengruppe.

Ein *Kunde* gibt Leistungen in Auftrag bzw. bestellt Produkte und bezahlt.

Ein *Markt* ist eine Menge von Kunden, die noch nicht namentlich identifiziert sind.

Ein *Produkt* ist ein Erzeugnis, das nach fest vorgegebenem Muster erstellt wird.

Ein *Service* ist eine Menge von Tätigkeiten, die nach einem bekannten Verfahren auf Abruf erbracht werden.

Ergebnisse

Das Ergebnis dieses Schrittes ist eine Übersicht über Kunden und Märkte sowie Produkte und Services, die in Form einer *Geschäftsfeldmatrix* einschließlich erkannter Trends, zusammengestellt werden.

Für die Geschäftsfeldmatrix ist es wichtig als Dimensionen *Kategorien* von Märkten bzw. Kunden und Produkten bzw. Services zu nehmen, die möglichst zeitlich unabhängig Gültigkeit haben. In die Felder der Matrix werden dann konkrete Ausprägungen von Produkten bzw. Services eingetragen.Tab. 1 zeigt beispielhaft eine Geschäftsfeldmatrix für das Versandhandelsgeschäft.

Neben der Einordnung der konkreten Produkte und Services in eine Geschäftsfeldmatrix ist es wichtig, deren Markttrend zu ermitteln. Hier ist
es sinnvoll, separat das jeweilige Produkt bzw. den jeweiligen Service in
Bezug auf seine Position im Markt zu bewerten und daraus den Trend
abzuleiten. Dies kann durch die Einordnung in ein Produktportfolio geschehen.

Kunden/Märkte Produkte/Dienstleistungen	Endkunde	Handel
Musikprodukte	CD MC [Trend ⇧] Musikpaket	CD MC [Trend ⇨] Musikpaket
Buchprodukte	Musikbuch Künstlerbiographie	./.
Event-Service	Musikveranstaltungen Kartenservice	./.

Tab. 1:   Geschäftsfeldmatrix (Beispiel)

Das Produktportfolio beurteilt die identifizierten Produkte bzw. Produktkategorien durch ihre Einordnung in eine zweidimensionale Ebene
mit den Achsen relativer Marktanteil und Marktwachstum, die jeweils
mit klein / groß bewertet werden. Dadurch entstehen vier Quadrate mit
folgender Bedeutung:

- question marks: Produkte, über deren Marktentwicklung (noch) keine
  Aussagen gemacht werden können (meist neue Produkte).

- stars: Produkte, über die sich das Unternehmen aktuell identifiziert
  und evtl. schon neu ausgerichtet hat.

- cash cows: Produkte, die sich seit längerem am Markt rentieren.

- poor dogs: Produkte, die keine Zukunft haben.

Der Produktlebenszyklus stellt sich im Produktportfolio ausgehend von
den question marks über die stars, cash cows zu den poor dogs dar. Dadurch lassen sich potentielle Trends für Produkte ableiten: Aus question
marks werden stars, aus stars cash cows und aus cash cows poor dogs.

Anhand des ausgefüllten Produktportfolios kann erkannt werden, ob es
ausgewogen ist. Als Faustregel für ein ausgewogenes Portfolio gilt:
- cash cows ca. 40 %
- Stars ca. 40 %
- question marks > 10 %

- poor dogs < 10 %

Abb. 5 zeigt das Produktportfolio aus dem Beispiel Versandhandel.

Zusätzlich kann die Erstellung des Produktportfolios zu einer Wettbewerbsanalyse benutzt werden: Wer sind unsere Wettbewerber am Markt, wie positionieren sich die Produkte des Wettbewerbs im Portfolio, wie verteilen sich die Marktanteile?

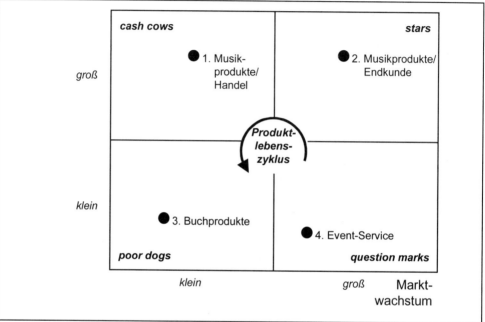

Abb. 5: **Produktportfolio (Beispiel)**

Kunden/Märkte Produkte/Dienstleistungen	Endkunde (20%)	Handel (80%)
Musikprodukte (75%)	CD MC　　　　　[Trend ⇑] Musikpaket	CD MC　　　　　[Trend ⇨] Musikpaket
Buchprodukte (10%)	Musikprodukte Künstlerbiographie　[Trend ⇨]	%
Event-Service (15%)	Musikveranstaltungen Kartenservice　　[Trend ⇑]	%

Tab. 2: **Trends/Geschäftsanteile in der Geschäftsfeldmatrix**

Trends und (in Prozent) quantifizierte Geschäftsanteile der Produkte / Produktkategorien ergänzen anschließend die Geschäftsfeldmatrix. Das Ergebnis dieses Schrittes ist in Tab. 2 exemplarisch für das Versandhandelsgeschäft dargestellt. Geschäftsfelder sind durch ihren hohen Geschäftsanteil charakterisiert. In Tab. 2 sind die im Beispiel erkannten Geschäftsfelder grau hinterlegt.

Aufgaben/Vorgehen

Folgende Vorgehensweise für die Ausarbeitung der Geschäftsfelder hat sich bewährt:

- Bestimmung der Kunden bzw. Märkte (Kategorien) und ihrer Bedürfnisse.

- Bestimmung der Produkte bzw. Services (Kategorien).

- Darstellung als Geschäftsfeldmatrix: Je Geschäftsfeld Eintrag der konkreten Produkte / Services.

- Darstellung des Produktportfolios.

- Je Produkt / Produktkategorie Eintrag in das Produktportfolio.

- Gewichtung der Geschäftsfelder im Ist (z. B. durch Zuordnung Umsatz- und Ergebnisanteil); daraus Bestimmung des heutigen Geschäfts.

- Gewichten der Geschäftsfelder im Trend (z. B. durch Zuordnung von Trends in der Umsatz- und Ergebnisentwicklung); daraus Bestimmung des künftigen Geschäfts.

Hinweise

- In moderierten Sitzungen mit der Geschäftsleitung und den Geschäftsexperten werden Geschäftsfeldmatrix und Produktportfolio entwickelt und anschließend abgenommen.

- Die Geschäftsfeldmatrix sollte unbedingt gemeinsam mit der Geschäftsführung erarbeitet werden und muß letztendlich von ihr getragen werden.

- Für die Ermittlung der Kategorien für Kunden, Märkte, Produkte und Dienstleistungen sind möglichst marktgängige Begriffe zu wählen. Dafür können gebräuchliche Kategorien der Marktforschung verwendet werden.

2.2.2 Stärken und Schwächen des Geschäfts fokussieren

Unter einer *Stärke* des Geschäfts verstehen wir eine Eigenschaft, die einen Vorteil am Markt (in Bezug auf den Absatz, gegenüber Mitbewerbern usw.) oder eine Verbesserung der Geschäftsbeziehung bewirkt.

Eine *Schwäche* ist eine Eigenschaft, die zu einem Nachteil am Markt (in Bezug auf den Absatz, gegenüber Mitbewerbern usw.) oder zu einer Verschlechterung der Geschäftsbeziehung führt.

Stärken	Marktvorteil / Verbesserung der Geschäftsbeziehung
Konzentration auf wenige Produkte mit hohem Umsatz (Cash Cows)	• solide wirtschaftliche Basis

Tab. 3: **Betrachtung der Stärken (Beispiel)**

Schwächen	Marktnachteil / Verschlechterung der Geschäftsbeziehung
Konzentration auf wenige Produkte mit hohem Umsatz (Cash Cows)	• wenig Flexibilität und Innovation
	• nicht ausgewogenes Produktportfolio

Tab. 4: **Betrachtung der Schwächen (Besipiel)**

Das Beispiel in Tab. 3 und Tab. 4 zeigt, daß je nach Kontext eine Eigenschaft gleichzeitig eine Stärke und eine Schwäche sein kann. Stärken und Schwächen sollten deshalb als Wenn-dann-Satz formuliert werden. Beispiele:

- „Wenn wir uns (konsequent) auf wenige Produkte mit hohem Umsatzanteil und Ergebnisanteil konzentrieren, dann stellen wir kurzfristig eine solide wirtschaftliche Basis sicher."

- „Wenn wir uns (nur) auf wenige Produkte mit hohem Umsatzanteil / Ergebnisanteil konzentrieren, dann schreiben wir ein nicht ausgewogenes Produktportfolio fort und gefährden unsere Marktposition durch Inflexibilität und mangelnde Innovation."

Ergebnisse

Das Ergebnis dieses Schrittes ist die Identifikation der drei wichtigsten Stärken und Schwächen des Geschäftes.

Ein Beispiel hierzu zeigen die folgenden Tabellen exemplarisch für das Versandhandelsgeschäft:

Die drei Hauptstärken
Wenn wir über ein exquisites Repertoire in unserem Schwerpunktgebiet verfügen, sind wir gefragter Partner des Handels.
Wenn wir über exzellente Geschäftsbeziehungen zum Handel verfügen, ist ein Basisabsatz stabil abgesichert.
Wenn wir langjährige Kooperationen mit anderen Medienhäusern pflegen, können wir auf vielfältige Weise neue Produkte und Vertriebswege erschließen und nutzen.

Tab. 5:   **Stärken des Versandhandelsgeschäfts (Beispiel)**

Die drei Hauptschwächen
Wenn wir uns stark spezialisieren im Repertoire, decken wir zu wenig Produkte ab, insbesondere im Bereich internationale Top Acts.
Wenn wir uns stark an wenige Handelsketten binden, besteht die Gefahr der Abhängigkeit und einseitigen Ausrichtung unserer Produktpalette.
Wenn wir uns relativ fern vom Endkundengeschäft positionieren, besteht die Gefahr, Trends am Consumer-Markt nicht rechtzeitig zu erkennen und umzusetzen.

Tab. 6:   **Schwächen des Versandhandelsgeschäfts (Beispiel)**

Aufgaben/Vorgehen

Folgende *Vorgehensweise* für die Ausarbeitung von Stärken und Schwächen hat sich bewährt:

- Sammeln der Stärken bzw. Schwächen.

- Priorisieren und Entscheiden der drei wichtigsten Stärken bzw. Schwächen.

- Ausformulieren der drei wichtigsten Stärken und Schwächen in kommunizierbare Form (z. B. Wenn-dann-Sätze).

Hinweise

- Die Erarbeitung der zu beschreibenden Stärken und Schwächen des Geschäftes kann unabhängig in mehreren Gruppen durchgeführt werden. Die Ergebnisse können dann durch Delegierte im Fish-bowl-Verfahren[1] zusammengeführt werden.

---

[1] Fish-Bowl-Verfahren: hier: Die Mitglieder der beteiligten Gruppen sitzen als aktive Zuschauer im Halbkreis um den Kreis der Delegierten, welche die Ergebnisse zusammentragen.

- Die Erfahrung hat gelehrt, daß es nicht sinnvoll ist, lange Stärken-/ Schwächenkataloge zu machen. Es ist sinnvoller, um die drei wesentlichen Stärken und Schwächen zu ringen und diese in ihrer Formulierung und Kausalität auf den Punkt zu bringen.

2.2.3 Geschäftsziele aufnehmen

Ein *Geschäftsziel* beschreibt einen Zustand des Geschäftes, der zu einem bestimmten Zeitpunkt eingetreten sein soll. Es ist in einer überprüfbaren Form zu formulieren.

Beispiel:

- In zwei Jahren machen wir 40 % des Umsatzes mit Endkunden.

- Ab dem 1. Januar des kommenden Jahres wird jede Bestellung des Endkunden bis zum nächsten Tag 10.00 Uhr ausgeliefert.

Ergebnisse

Alle Geschäftsziele werden in der strukturierten Form eines Zielbaums dargelegt. Ein Beispiel ist der in Abb. 6 exemplarisch dargestellte Zielbaum für das Versandhandelsgeschäft.

Der Zielbaum ist besonders empfehlenswert, weil er nicht nur die Ziele sondern auch Abhängigkeiten zwischen den Zielen aufzeigt.

Ausgehend von einem konkreten Ziel findet man:

- Oberziele durch die Frage: *Warum* ist das Ziel wichtig?

- Unterziele durch die Frage: *Wodurch* oder *Wie* ist das Ziel zu erreichen?

Auf diese Weise ist eine Konsistenz- und Vollständigkeitsüberprüfung möglich.

Aufgaben/Vorgehen

Geschäftsziele werden in Form einer Cluster-Darstellung oder eines Zielbaumes strukturiert zusammengestellt.

Folgende *Vorgehensweise* hat sich bewährt:

- Geschäftsziele sammeln.

- Geschäftsziele überprüfbar formulieren.

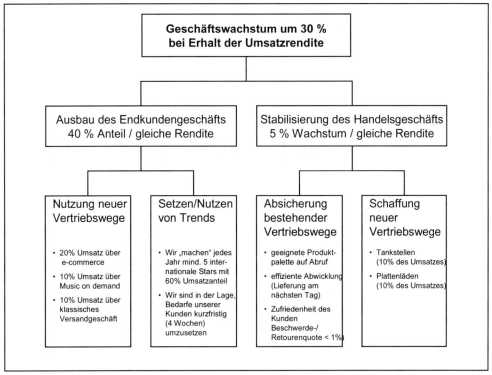

Abb. 6:   Zielbaum des Versandhandelsgeschäfts (Beispiel)

- Geschäftsziele strukturieren und Oberziele finden.

- ggf. die so gefundene Zielstruktur um weitere Geschäftsziele ergänzen.

Hinweise

- Geschäftsziele werden in moderierten Sitzungen (z. B. mit Hilfe von Metaplankarten) mit der Geschäftsleitung erarbeitet und strukturiert.

- Die Ziele müssen letztendlich von der Geschäftsleitung getragen werden.

- Geschäftsziele können für das Gesamtgeschäft aber auch auf der E-bene von Geschäftsfeldern formuliert werden.

- Geschäftsziele lassen sich oft aus den erkennbaren Trends der Geschäftsfelder bzw. den Stärken und Schwächen ableiten (Trends erkennen, Stärken nutzen, Schwächen abstellen).

- Auf saubere sprachliche Formulierung der Ziele in ganzen Sätzen achten.

- Präzise Formulierungen wählen, die auch nach längerer Zeit verstanden und geprüft werden können („Ist das Ziel erreicht worden?").

- Die unterste Ebene in einem Zielbaum (Blätter) führt oft zu Anforderungen an die Leistung der Organisation des Geschäfts. (siehe folgenden Abschnitt)

2.2.4 Geschäftsprozesse mit Leistungsmerkmalen festlegen

Auf Basis der bisher erarbeiteten und bewerteten Geschäftsfelder, Stärken und Schwächen sowie Geschäftsziele werden die wesentlichen Geschäftsprozesse erfaßt. Ein Geschäftsprozeß ist ein Bündel von Aktivitäten in einem Geschäft mit folgenden Eigenschaften:

1. Der Geschäftsprozeß erbringt eine *Leistung* oder ein *Ergebnis* und damit einen Nutzen für das Geschäft bzw. den Kunden.

2. Der Geschäftsprozeß wird durch einen *Auslöser* (auslösendes Ereignis) in Gang gesetzt.

3. Dem Geschäftsprozeß können *Leistungsmerkmale* zugeordnet werden, anhand derer seine Leistung gemessen werden kann. Im allgemeinen treten drei Kategorien von Leistungsmerkmalen auf:
   - Zeit
   - Kosten
   - Qualität

Für einen konkreten Geschäftsprozeß werden Zeit und Kosten quantifiziert und die Qualität durch in der Regel mehrere Qualitätsmerkmale detailliert beschrieben. Durch die konkreten Ausprägungen der Leistungsmerkmale kann die Leistung des Geschäftsprozesses im Ist und im Soll genau festgelegt werden (siehe Abb. 8).

Ergebnisse

Ergebnisse dieses Schrittes sind Darstellungen der Geschäftsprozesse als Kontextdiagramm, in Prozeßnotation und in einer Prozeßhierarchie. Abschließend wird in diesem Schritt die gewonnene Information in einer Prozeßtabelle zusammengefaßt.

1. Ein *Kontextdiagramm* dient dem Finden und Einordnen der Geschäftsprozesse (Kunde-Kunde oder Firma-Firma).

2. Die *Diebold-Notation* und Beschreibung dient der Identifikation der Prozesse und der wichtigsten Parameter (Außensicht).

3. Die *Prozeßhierarchie* stellt alle Prozesse in organisierter Form zusammen ggf. mit Oberbegriffen.

Ein Geschäftsprozeß ist dadurch charakterisiert, daß er beim Kunden beginnt und beim Kunden endet (Kunde-Kunde-Prozeß) oder bei der Firma beginnt und über den Kunden bei der Firma endet (Firma-Firma-Prozeß). Geschäftsprozesse beschreiben somit die Leistungen des Unternehmens in Richtung Markt, hinsichtlich *Marktbedienung* (Kunde - Kunde) und *Marktreaktion* (Firma -Firma).

Beispiel für einen Firma-Firma-Prozeß ist ein Mailing, in dem einem (zukünftigen) Kunden ein Brief mit einem konkreten Angebot mit dem Ziel geschickt wird, daß der Kunde reagiert und eine entsprechende Antwort zurücksendet. Entsprechend ist eine Bestellung des Kunden, auf welche das Geschäft mit einer Lieferung reagiert, ein Kunde-Kunde-Prozeß.

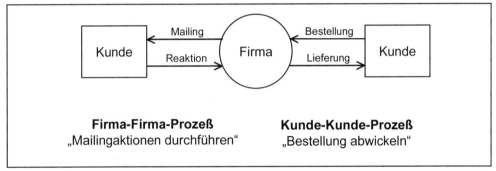

Abb. 7:   **Kontextdiagramm für Geschäftsprozesse (Beispiel)**

Mittels eines Kontextdiagramms Geschäft-Kunde kann man diese Zusammenhänge identifizieren und veranschaulichen, siehe Abb. 7. Das Kontextdiagramm stellt den Fokus des Interesses – hier das Geschäft – in einem Kreis dar, während alle damit interagierenden Einheiten durch benannte Rechtecke repräsentiert werden. Die Beziehungen zwischen den Rechtecken und dem Kreis zeigen dann die Geschäftsbeziehungen – im wesentlichen in Form von Auslöser und Ergebnis – auf.

Die Prozeßnotation sieht vor, daß Auslöser und Ergebnis sowie der benannte Geschäftsprozeß durch seine Leistungsmerkmale grafisch beschrieben werden. In Abb. 8 findet sich eine derartige grafische Darstellung in Diebold-Notation (für Managementebene: High Level). Ein Beispiel findet sich in Abb. 15 auf S. 43.

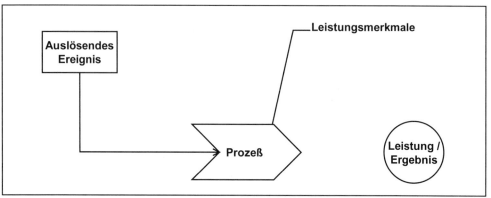

Abb. 8:   **Geschäftsprozeß in Diebold-Notation**

Zur Moderation kann die Diebold-Notation in Tabellen zusammengefaßt werden (siehe Tab. 7).

Geschäftsprozeß:	Auftragsabwicklung
Auslöser:	Bestellung / Auftrag liegt vor
Leistung / Ergebnis:	Ware ist beim Kunden
Leistungsmerkmale:	
• **Zeit:**	24 h Durchlaufzeit für 80 % der Bestellmenge
	48 h maximale Durchlaufzeit
• **Kosten:**	5,60 DM Stückkosten / Bestellung
• **Qualität:**	Produkt, Verpackung, Adresse o.k.
	Retouren / Beschwerden < 1 %

Tab. 7:   **Geschäftsprozeß mit Leistungsmerkmalen (Beispiel)**

Die identifizierten Geschäftsprozesse sind mittels einer Prozeßhierarchie zu strukturieren. Die Wurzel der Prozeßhierarchie ist das analysierte Geschäft, das auf der darunterliegenden Ebene in die Geschäftsfelder verzweigt.

Jedem Geschäftsfeld lassen sich dann die einzelnen Geschäftsprozesse zuordnen, die weiter hierarchisch strukturiert werden können, siehe Abb. 9.

Abschließend empfiehlt es sich, die einzelnen Geschäftsprozesse in einer Prozeßtabelle zusammenzustellen. Tab. 8 zeigt abschließend und exemplarisch für das Versandhandelsgeschäft die Zusammenfassung der Informationen in einer Prozeßtabelle.

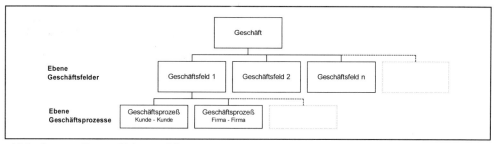

Abb. 9:   **Prozeßhierarchie**

Aufgaben/Vorgehen

Folgendes *Vorgehen* für die Identifikation und Beschreibung der Geschäftsprozesse hat sich bewährt:

1. Beschreibung des Kontextes des Geschäfts (Geschäft, Externe Partner, Austausch von Informationen oder Leistungen).

2. Festlegen der zu betrachtenden Geschäftsfelder bzw. Geschäftsszenarien

3. Bestimmung der Geschäftsprozesse je Geschäftsfeld
    -   Name des Geschäftsprozesses
    -   Typ (Kunde - Kunde oder Firma - Firma)
    -   Auslöser
    -   Leistung oder Ergebnis

4. Zusammenstellung der Prozeßtabelle und Prozeßhierarchie gegebenenfalls mit entsprechenden Vereinfachungen oder Verallgemeinerungen

5. Ergänzen um die geschäftsrelevanten Leistungsmerkmale und gegebenenfalls Leistungsgrößen bzw. Leistungsziele je Merkmal (im Ist und/oder Soll)

Geschäftsprozeß Name	Geschäftsfeld/ Szenario	Prozeßtyp	Auslöser	Leistung/ Ergebnis
Kundengewinnung	Endkunde	Fa-Fa	Marketing-entscheidung	Abo-Vertrag
	Handel	Fa-Fa	Vertriebs-entscheidung	Vertrag
Programm- und Angebotserstellung	Endkunde	Fa-Fa	Termin/Produktidee	Reaktion/Bestellung
	Handel	Fa-Fa	Termin/Produktidee	Reaktion/Bestellung
persönliche Angebotserstellung	Endkunde	Kd-Kd	Interesse/Anfrage	Angebot beim Kunden
	Handel	Kd-Kd	Interesse/Anfrage	Angebot beim Kunden
Kundenbelieferung	Endkunde	Kd-Kd	Bestellung	Ware beim Kunden
	Handel	Kd-Kd	Bestellung	Ware im Handel

Tab. 8:   Übersicht Geschäftsprozesse (Beispiel)

Die Ergänzung um geschäftsrelevante Leistungsmerkmale ist in der Tabelle Tab. 9 exemplarisch für das Versandhandelsgeschäft dargestellt.

Hinweise

• Die Tabelle Tab. 8 kann bereits gut als eine erste Prüfung für die Eignung einer Standardsoftware benutzt werden.

• Die sorgfältige Analyse der Geschäftsprozesse ist die Basis für das Verständnis des Geschäftes und die späteren Leistungsanforderungen an die Organisation und das unterstützende IT-System.

• Nach der Erarbeitung der Geschäftsprozesse sollten nochmals alle Ergebnisse, die zu den Anforderungen des Geschäfts in den vier Schritten erarbeitet wurden, synchronisiert werden:
  - Stimmen die erarbeiteten Geschäftsfelder aus der Geschäftsfeldanalyse noch oder müssen Ergänzungen vorgenommen werden?
  - Werden die Geschäftsziele erreicht, wenn die Geschäftsprozesse mit der definierten Leistungsfähigkeit zur Verfügung stehen?
  - Werden die Stärken geeignet genutzt und die Schwächen kompensiert bzw. welche Chancen / Risiken für die Leistungserbringung der Geschäftsprozesse ergeben sich?

Geschäftsprozeß Name	Geschäftsfeld/ Szenario	Zeit	Kosten	Qualität
Kundengewinnung	Endkunde	4 Wochen	ROI nach 1 Jahr	• Rücklaufquote 10 % • Erfolgsquote 5 %
	Handel	4 Wochen	ROI nach 3 Monaten	• Erfolgsquote 20 %
Programm- und Angebots- erstellung	Endkunde	2 Wochen	max. 10 % des Umsatzes	• treffgenau • verbindlich • sicher
	Handel	2 Wochen	max. 10 % des Umsatzes	• treffgenau • verbindlich • sicher
Persönliche Angebots- erstellung	Endkunde	nächster Tag	max. 10 % des Umsatzes	• treffgenau ansprechend • Kunde fühlt sich verstanden • zielgruppenorientiert • Erfolgsquote 50 %
	Handel	2 Tage	max. 10 % des Umsatzes	• treffgenau • verbindlich • sicher
Kundenbelieferung	Endkunde	nächster Tag	5,60/Lieferung	• minimale Retouren • minimale Beschwerden • Kunde kauft wieder
	Handel	Erstlieferung auf Termin Nachlieferung über Nacht	max.10 % des Umsatzes	• minimale Retouren • minimale Beschwerden • Kunde kauft wieder

Tab. 9:   Leistungsbeschreibung der Geschäftsprozesse (Beispiel)

2.2.5 Geschäftsstrategie umsetzen mit der Balanced Scorecard

Mit Hilfe der Methode „Balanced Scorecard" ist es möglich, Geschäftsziele und Anforderungen an das Geschäft zu strukturieren, zu kommunizieren, zu überprüfen und in Form meßbarer Kennzahlen umzusetzen.

Die Balanced Scorecard wird benutzt, um die Umsetzung der Geschäftsziele und Anforderungen kontinuierlich zu überprüfen und zu gewährleisten. Besonders wichtig ist dabei, daß bei den Geschäftszielen nicht nur finanzielle Ziele im Vordergrund stehen, sondern gleichermaßen mitarbeiter-, prozeß- und kundenbezogene Ziele berücksichtigt werden.

Im Kontext der Softwareentwicklung ermöglicht die Balanced Scorecard von Beginn an die Identifikation und Verfolgung des zugrundeliegenden Geschäftsausschnittes sowie die Wirkung der IT-Lösung auf den Geschäftsnutzen.

Die wesentlichen Ergebnisse dieser Phase sind:

- Darstellung der strategischen Geschäftsziele in den Perspektiven der Balanced Scorecard

- Balanced Scorecard mit Kennzahlen inklusive ihrer Soll-Werte und Beschreibung

- Identifikation strategischer Maßnahmen zur Sicherstellung der Zielerreichung.

Einführung in die Balanced Scorecard

Die Balanced Scorecard wurde zu Beginn der 90-er Jahre von Kaplan / Norton entwickelt [Kapl97] und versorgt das Management mit dem für den Wettbewerbserfolg notwendigen Instrumentarium. Zunehmend dient es auch als unternehmensinterne Kommunikationsbasis, um die Organisation konsequent an den strategischen Zielen auszurichten.

Ausgangspunkt einer Balanced Scorecard ist die klar formulierte Vision eines Unternehmens. Diese Vision wird in Form von strategischen Zielen konkretisiert. Dadurch wird die Ausrichtung der gesamten Organisation auf die strategischen Ziele ermöglicht.

Die strategischen Ziele werden in vier Perspektiven strukturiert. Diese Perspektiven spiegeln die unterschiedlichen Sichten wider, aus denen das Unternehmen zu betrachten ist. In der finanzwirtschaftlichen Perspektive befinden sich die klassischen finanziellen Ziele, die jedoch nur im nachhinein aufzeigen können, ob sich der Unternehmenserfolg eingestellt hat oder nicht (Spätindikatoren). In der Kundenperspektive werden alle Ziele eingeordnet, die den Kunden oder die Marktsituation betreffen. Die interne Prozeßperspektive stellt die interne Organisation mit ihren Prozessen in den Vordergrund. Die Lern- und Entwicklungsperspektive stellt die Mitarbeiter der Organisation in den Mittelpunkt.

Für jedes einzelne Ziel wird mindestens eine Kennzahl definiert, welche den Stand der Zielerreichung messen soll. Darüberhinaus können strategische Maßnahmen aufgesetzt werden, welche die Erreichung der Ziele fördern bzw. sicherstellen sollen.

Die Balanced Scorecard eines Unternehmens wird auf die einzelnen Bereiche "heruntergebrochen", wobei sowohl Ziele wegfallen, als auch neue Ziele hinzukommen können. Dies ist deshalb notwendig, weil der Beitrag der verschiedenen Einheiten zu den einzelnen Zielen völlig unterschiedlich sein kann. Dabei wird für jede Scorecard ein Inhaber (Scorecard Owner) festgelegt, welcher für die Erreichung der Ziele auf der entsprechenden Ebene verantwortlich ist.

Analog zur Ownership auf Scorecard-Ebene werden für die Kennzahlen Owner bestimmt, welche für die Definition, Umsetzung und Beurteilung der Kennzahlen verantwortlich sind. Auch für die strategischen Maßnahmen werden Owner definiert, die für die Durchführung der Maßnahme verantwortlich zeichnen.

Balanced Scorecard entwickeln

Im Abschnitt 2.2.3 wurden die Geschäftsziele in Form eines Zielbaumes dargestellt.

Die Form, die wir jetzt für das folgende Beispiel wählen, strukturiert die Ziele in die vier Perspektiven Finance (finanzwirtschaftliche Perspektive), Customer & Markets (Kundenperspektive), Processes (interne Prozeßperspektive) und People (Lern- und Entwicklungsperspektive). Je Perspektive werden Geschäftsziele und Kennzahlen definiert.

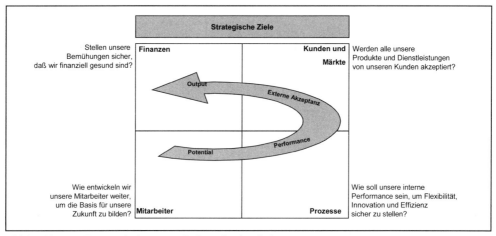

Abb. 10:   Perspektiven und Geschäftsziele

Dabei ist die Erreichung der Finanzziele ein Effekt der Zielerreichung in den Perspektiven People, Processes und Customer & Markets. Somit stellt die Methode der Balanced Scorecard auch ein „Frühwarnsystem" dar. Abb. 10 stellt diesen Zusammenhang dar.

Wie die Geschäftsziele aus 2.2.3 in den Perspektiven der Balanced Scorecard dargestellt werden können, wird in Abb. 11 dargestellt. Dies ist nicht nur ein schematischer Akt, sondern auch eine Überprüfung der Geschäftsziele aus den vier genannten Perspektiven hinsichtlich Vollständigkeit, Konsistenz und Kommunizierbarkeit.

Finance	**Customers & Markets**

• Der Umsatz unserer Geschäfte wächst um 30%
 • Die Umsatzrendite von 10% bleibt erhalten
 • Der Umsatz verteilt sich angemessen auf Endkunden- und Handelsgeschäft
 –Endkunde 40%
 –Handelsgeschäft 60%
	• Ausbau Endkundengeschäft
	  – Nutzen / Setzen von Trends
	  – Nutzen neuer Vertriebswege
	 • Stabilisierung Handelsgeschäft
	  – Absicherung existierender Vertriebswege
	  – Schaffung neuer Vertriebswege

People	**Processes**
• Unsere Mitarbeiter sind unser wertvollstes Kapital • Unsere Mitarbeiter sind optimal qualifiziert • Unsere Mitarbeiter haben eine hohe Kunden- und Serviceorientierung und ein hohes Qualitätsbewußtsein	• Bedarfe unserer Endkunden werden zeitnah in geeignete Angebote umgesetzt • Unsere Kunden werden zeitnah, effizient und korrekt beliefert (Lieferung am nächsten Tag) • Minimale Anzahl an Beschwerden und Retouren

Abb. 11: **Perspektiven und Geschäftsziele (Beispiel)**

Im Zielbaum im Abschnitt 2.2.3 wurde bereits darauf hingewiesen, daß elementare Ziele überprüfbar bzw. meßbar formuliert werden müssen. Mit der Balanced Scorecard läßt sich dieser Gedanke nun konsequent und systematisch umsetzen.

Die Kennzahlen (Meßgrößen) geben Aufschluß über die Erreichung des zugehörigen Unternehmensziels. Dazu muß klar sein, in welcher Periode die Messung durchgeführt werden soll, welches die Soll-Werte je Periode sind, wie Abweichungen bewertet werden sollen (Ampelfunktion) und wie die Messungen korrekt durchzuführen sind.

Das Schema in Abb. 11 zeigt am Beispiel unseres Handelsgeschäftes eine mögliche Umsetzung der Geschäftsziele in eine Balanced Scorecard: Dies sind 11 Kennzahlen, die auf die vier Perspektiven People, Processes, Customers & Markets sowie Finance aufgeteilt sind.

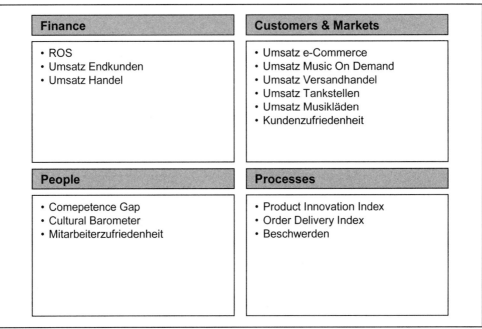

Finance
- ROS
- Umsatz Endkunden
- Umsatz Handel

Customers & Markets
- Umsatz e-Commerce
- Umsatz Music On Demand
- Umsatz Versandhandel
- Umsatz Tankstellen
- Umsatz Musikläden
- Kundenzufriedenheit

People
- Comepetence Gap
- Cultural Barometer
- Mitarbeiterzufriedenheit

Processes
- Product Innovation Index
- Order Delivery Index
- Beschwerden

Abb. 12:   Perspektiven und Kennzahlen (Beispiel)

Es ist klar, daß die Kennzahlen nicht für alle Zeiten konstant sind, sondern daß sowohl Kennzahlen als auch Soll-Werte z.B. im Zuge der Geschäftsjahresplanung angepaßt werden müssen. Gründe dafür können z.B. sein:

- Die strategischen Ziele ändern sich

- Eine Neuorganisation wird durchgeführt

- Erfahrungen mit der Kennzahl begründen ihre Überarbeitung

In unserem Beispielunternehmen (Abb. 12) gibt es für jede Führungskraft der oberen drei Ebenen eine Scorecard (Scorecard Owner): Geschäftsführung (Master Scorecard), Vice Presidents (Geschäftsbereichs Scorecard) und Directors bzw. Senior Managers (Teilgeschäftsbereich Scorecard). Mit diesen Scorecards wird das Geschäft gemessen und gesteuert.

Aus diesem Grund sind die Kennzahlen auch nicht für alle Bereiche im Unternehmen gleichermaßen anwendbar, da z.B. Human Ressources einen völlig anderen Beitrag zu leisten hat als die Business Unit Retail.

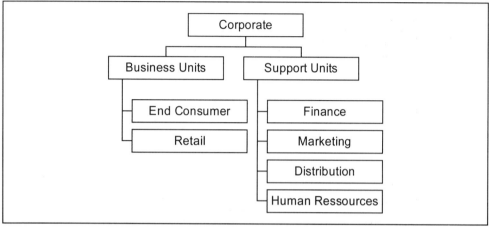

Abb. 13: **Scorecards im Unternehmen (Beispiel)**

Balanced Scorecard in Aktion

Ergänzend zu der eben dargestellten Aufbaustruktur der Balanced Scorecards des Unternehmens muß festgelegt werden, wie der Prozeß der Unternehmenssteuerung mit der Balanced Scorecard ablaufen soll. Dies geschieht durch Einbettung der Balanced Scorecard in die folgenden drei Prozesse:

*   Planung - zur Festlegung der spezifisch anwendbaren Ziele und Kennzahlen sowie deren Soll-Werte.

*   Erhebung und Bereitstellung der Berichtswerte - zum Aufbau eines adäquaten Informationssystems.

*   Analyse und Steuerung - zur Reaktion auf auftretende Soll- / Ist-Abweichungen.

Planung

Im Rahmen des Planungsprozesses werden die Soll-Werte der einzelnen Kennzahlen festgelegt und die Scorecard-Owner in den Zielsetzungsgesprächen auf diese Werte verpflichtet. Hierüber besteht dann auch die Möglichkeit, entsprechende Boni an die Zielerreichung zu knüpfen. Eine spezifische Scorecard für den Teilgeschäftsbereich End Consumer ist in der folgenden Tabelle dargestellt:

Perspektive	Ziel	Kennzahl	Soll-Wert
Fincance	Umsatz Endkundengeschäft 40 % vom Gesamtumsatz	Umsatz Endkunden (Mio)	80
	Umsatzrendite von 10 % bleibt erhalten	ROS	10 %
Customers & Markets	Neuer Vertriebsweg e-Commerce	Umsatz e-Commerce (Mio)	40
	Neuer Vertriebsweg Music on demand	Umsatz Music on demand (Mio)	20
	Klassischer Versandhandel	Umsatz Versandhandel (Mio)	20
Processes	Bedarfe zeitnah umsetzen	Product Innovation Index	< 2,5
	Zeitnahe, effiziente und korrekte Belieferung	Order Delivery Index	95 %
	Minimale Anzahl Beschwerden und Retouren	Retouren	< 1 %
		Beschwerden	< 0,5 %
People	Optimale Qualifikation	Competence Gap	< 10 %
	Hohe Kunden- und Serviceorientierung und hohes Qualitätätsbewußtsein	Cultural Barometer	< 2,0

Tab. 10:   **Kennzahlen für Business Unit End Consumer**

Erhebung und Bereitstellung der Berichtswerte

Die Ist-Werte der Kennzahlen werden periodisch erfaßt und in den verschiedenen Scorecards visualisiert (Soll-/Ist-Vergleich) und beurteilt. Die Kennzahlen werden je nach Periodizität jeweils jährlich, halbjährlich, quartalsweise oder monatlich gemessen.

Für die rechtzeitige Bereitstellung und Beurteilung der Mess- und Ampelwerte sind die Kennzahl Owner verantwortlich. Diese Beurteilung geht in die Scorecards der jeweiligen Scorecard Owner ein.

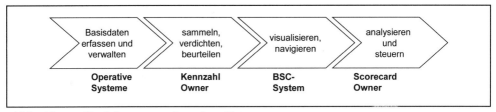

Abb. 14:   Berichtswesen bereitstellen

Der Grad der Zielerreichung der Planwerte für die einzelnen Kennzahlen wird durch die Ampelwerte (grün, gelb, rot) visualisiert und in den jeweiligen Scorecards dargestellt. Jede Scorecard ergibt sich in der Regel als Verdichtung der untergeordneten Scorecards.

Abb. 14 zeigt diesen Zusammenhang.

Analyse und Steuerung

Zur effizienten Unterstützung des BSC-Controllings (Steuerung, Drill down, Kommunikation) kann ein BSC-System gesetzt werden. Dies stellt den Verantwortlichen kontinuierlich den Status der Kennzahlen dar und gibt ihnen somit die Möglichkeit, frühzeitig auf mögliche Zielabweichungen zu reagieren und gegenzusteuern. Dieser Prozeß kann wie folgt ablaufen:

Die Scorecard Owner analysieren ihre Scorecards und kommentieren Auffälligkeiten. Im monatlichen Rhythmus werden die Scorecards in den Führungsmeetings besprochen (bottom up). Dabei entstehen zusätzliche Kommentare. Bei Abweichungen wird gemeinsam überlegt, welche strategischen Maßnahmen aufgesetzt werden sollen. Darüberhinaus wird natürlich auch der Status der bereits angelaufenen strategischen Maßnahmen berichtet und kommentiert.

Die Kommentare der Scorecard des jeweiligen Führungsteamleiters und die gemeinsamen strategischen Maßnhamen werden auf der nächsten Führungsebene berichtet.

Strategische Maßnahmen ableiten

An der Balanced Scorecard kann abgelesen werden, inwieweit bzw. wie schnell sich eine Organisation in Richtung der strategischen Geschäftsziele entwickelt. Diese Entwicklung kann durch strategische Maßnahmen unterstützt werden.

Eine strategische Maßnahme ist gekennzeichnet durch einen klaren Projektauftrag. Dieser beinhaltet die Verantwortlichkeiten für diese Maßnahme, deren Laufzeit und Zielsetzung, sowie evtl. Rahmenbedingungen und Szenarien.

Dieser Projektauftrag kann sich nun auf ein Organisationsentwicklungsprojekt (OE-Projekt) und / oder auf ein IT-Projekt beziehen (siehe Tab. 11 und Tab. 12). Für ein OE-Projekt entstehen damit aus der strategischen Maßnahme Anforderungen an die Organisation und ihre Prozesse, deren Umsetzung im folgenden Abschnitt (1.3) näher erläutert wird.

Geschäftsziel	Unsere Kunden werden zeitnah, effizient und korrekt beliefert
Kennzahl	Order Delivery Index
Strategische Maßnahme	Optimierung der Auftragsabwicklung
Owner	Leiter Business Unit End Consumer
Zielsetzung	98 % der Aufträge sind am Folgetag vollständig beim Kunden und sind vom Kunden akzeptiert
Projektleiter	Leiter Distribution
Laufzeit	Februar – August
Meilensteine	Konzept für Optimierung Auftragsabwicklungsprozeß ist erstellt
	Machbarkeit ist geprüft
	Dienstleister sind ausgewählt (Carrier, Lieferanten)
	Lieferanten und Beschaffung optimiert
Rahmenbedingungen	Kosten je Lieferung < x % des Warenwertes
	Lagerumschlagsquote > y

Tab. 11:   **Projektauftrag OE-Projekt (Beispiel)**

Geschäftsziel	Neuer Vertriebsweg e-Commerce
Kennzahl	Umsatz e-Commerce
Strategische Maßnahme	Aufbau eines e-Commerce Auftrittes
Owner	Leiter Business Unit End Consumer
Zielsetzung	Abwicklung von 2 Mio. Bestellungen / Jahr
	dynamischer Produktkatalog (insbesondere für Resteverkauf)
Projektleiter	Leiter IT-Services
Laufzeit	Februar - Oktober
Meilensteine	Konzept erstellt
	Basisfunktionalität implementiert
	Pilot erprobt
Rahmenbedingungen	Integration der Auftragsabwicklung
	Berücksichtigung / Erweiterung der Standard IT-Architektur

Tab. 12:   **Projektauftrag IT-Projekt (Beispiel)**

Auch für ein IT-Projekt gibt es Anforderungen aus der strategischen Maßnahme. Im IT-Projekt müssen aber auch noch Anforderungen der Aufbau- und Ablauforganisation und der IT-Strategie (Absch. 2.5) berücksichtigt werden.

Nun kann der Business Benefit anhand der Erreichung der angestrebten Scorecard Soll-Werte gemessen werden und (zu einem zu definierenden Teil) einem im Rahmen der strategischen Maßnahme aufgesetzten IT-Projekt zugeschrieben werden. Im allgemeinen ermöglicht dies sogar eine Quantifizierung des Nutzens in Geld.

Hält man nun die Kosten der Maßnahme bzw. des IT-Projektes dagegen, so kann man sehr transparente Aussagen über die voraussichtliche Wirtschaftlichkeit einer Lösung treffen und diese vor allem gezielt beobachten und steuern.

Des weiteren ist man über den Umkehrschluß auch in der Lage, die Investitionsgenehmigung direkt an die Unterstützung der strategischen Ziele zu knüpfen. Dies bedeutet konkret, daß ein Projekt, welches kein strategisches Ziel unterstützt, nicht oder nur mit geringer Priorität durchgeführt wird.

Damit wird die Fokussierung der gesamten Organisation mit ihren Aktivitäten und Projekten auf die strategischen Ziele hin sichergestellt. Des weiteren ist für alle Beteiligten (Management und Mitarbeiter) transparent, was zum Unternehmenserfolg beiträgt.

Hinweis

Zur Qualitätssicherung empfiehlt sich eine Überprüfung der Balanced Scorecard im Hinblick auf:

- Abgleich der Geschäftsziele in Zielbaumdarstellung und Balanced Scorecard-Darstellung

- Abgleich der Balanced Scorecard-Kennzahlen und der Leistungsmerkmale der Prozesse
  - Wirkt jede Prozeßleistung auf eine BSC-Kennzahl?
  - Gibt es zu jeder BSC-Kennzahl einen Prozeß, der sich auf die Verbesserung oder entsprechenden Messwerte auswirkt?
  - Welche BSC-Kennzahlen haben welche Priorität (A/B/C) für die Geschäftsentwicklung und wie überträgt sich diese Priorisierung auf die Prozesse?

2.3 Anforderungen an die Ablauf- und Aufbauorganisation

Ziel dieses Schrittes ist, die wesentlichen Anforderungen an die Organisation (Geschäftsprozesse und die Ablauforganisation) festzulegen und darüber ein gemeinsames Verständnis innerhalb der Geschäftsleitung zu erzielen. Dieser Schritt kann für das Ist und das beabsichtigte Soll durchgeführt werden. Er kann sowohl als Redesign der Organisation, als auch im Sinne einer kontinuierlichen Verbesserung gestaltet werden.

Die wesentlichen Ergebnisse dieses Schrittes sind:

- Strukturierung der Geschäftsprozesse in *Teilprozesse* und Optimierung des Geschäftsprozesses durch Optimierung der Teilprozesse.

- Gestaltung der *Führungsprozesse*.

- Identifikation der *Leistungszentren* und Gestaltung der *Supportprozesse*.

- Beschreibung der groben *Ablauforganisation* und der Prinzipien einer *Aufbauorganisation*.

Sie bilden einen weiteren wichtigen Meilenstein als Basis für eine spätere Organisationsentwicklung bzw. Systementwicklung und sind, von den Verantwortlichen für das operative Geschäft bzw. der Geschäftsleitung, abzunehmen.

2.3.1 Geschäftsprozesse strukturieren und optimieren

Ziel ist es, die Geschäftsprozesse in sinnvolle Teilprozesse zu zerlegen und diese hinsichtlich ihrer Leistungsmerkmale zu optimieren.

Ergebnisse

Ein Geschäftsprozeß mit einem auslösenden Ereignis und einer Leistung oder einem Ergebnis kann in mehrere Teilprozesse zerfallen. Diese Zerlegung kann man dann in einer Prozeßkette darstellen. Das Ergebnis dieses Schrittes ist in Tab. 13 für das Beispiel Versandhandelsgeschäft exemplarisch für den Geschäftsprozeß „Persönliches Angebot erstellen" dargestellt.

Aufgaben/Vorgehen

Es ist wichtig, die richtigen Teilprozeßgrenzen zu finden. Sie sollten möglichst nur von der zu erbringenden Leistung und nicht von organisatorischen Zufälligkeiten abhängen. Ebenso sollte an dieser Stelle die Granularität nicht zu fein gewählt werden: Faustregel drei bis sieben Teilprozesse. Kriterien für die richtigen Teilprozeßgrenzen sind:

- Charakter von Meilensteinen

- Synchronisationspunkte Kunde - Geschäft

- Entscheidungspunkt Management / Kunde

- Haltepunkt / Roll Back-Zustand

- Qualitative Änderung des Prozeßobjektes

Merkmale / Teilprozeß	Zeit (Ist)	Kosten (Ist) 75 DM/ 60 Min	Zeit (Soll)	Kosten (Soll) 75 DM/ 60 Min	Voraussetzungen für Optimierung
Interessen klären, Kundenprofil zusammenstellen	30 Min.	37,50 DM	5 Min.	6,25 DM	• Kunden-DB mit Profil, Historie • Profilschema
Produktvorschläge kundenbedarfs-orientiert ableiten	15 Min.	18,75 DM	5 Min.	6,25 DM	• Standardkundenprofile, Statistiken, Standard–E-Commerce Profile • Marketing Regeln • Produkt-DB
Konditionen und Preise bestimmen	10 Min.	12,50 DM	sofort	0,00 DM	• Preislisten, Konditionen • Regeln zur Preisgestaltung • Vertragsinformationen • Lieferanteninformationen
Produktempfehlungen zielgruppengerecht präsentieren, Angebotsunterlage erstellen	15 Min.	18,75 DM	5 Min.	6,25 DM	• Präsentationsstandards • Standardangebote
Σ	70 Min.	87,50 DM	15 Min.	18,75 DM	

Tab. 13: **Optimierungsansätze eines Geschäftsprozesses (Beispiel)**

Das Beispiel in Abb. 15 zeigt die Zerlegung des Prozesses „Bestellung bearbeiten und Ware versenden" in Diebold-Notation.

Jeder Teilprozeß hat eine Leistung oder ein Ergebnis mit den entsprechenden Leistungsmerkmalen und einen Auslöser oder eine Voraussetzung (entweder das Ergebnis des Vorgängerprozesses oder einen zusätzlichen Auslöser). Die Leistungsmerkmale der Teilprozesse sind so zu bestimmen, daß der Gesamtprozeß die geforderten Leistungsmerkmale erbringt. Die Gesamtleistung wird oft durch Markt-Benchmarks ermittelt.

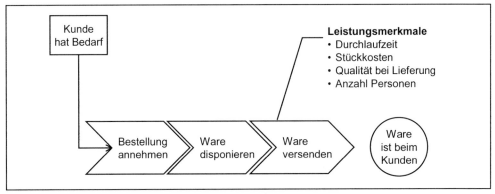

Abb. 15: **Geschäftsprozeß in Diebold-Notation (Beispiel)**

Die Prozeßoptimierung kann nun dadurch erfolgen, daß man die Soll-Leistungsmerkmale der Teilprozesse ermittelt, um durch Optimierung der Leistungsmerkmale der Teilprozesse die geforderte Gesamtleistung im Soll zu erreichen. Dabei ist es notwendig festzuhalten, unter welchen Voraussetzungen die Verbesserungen erreichbar sind. Dies liefert für die Konzeption eines unterstützenden IT-Systems erste Anhaltspunkte.

Folgendes Vorgehen hat sich für diesen Schritt bewährt:

- Zerlegen jedes Geschäftsprozesses in Teilprozesse (Kriterium: Meilenstein).

- Abschätzen der Leistungsmerkmale je Teilprozeß (Zeit, Kosten und ggf. Qualität) im Ist.

- Festlegen der Soll-Leistungsmerkmale für die Teilprozesse. (Frage: Welche Leistungsmerkmale müssen die Teilprozesse haben, damit der Geschäftsprozeß die definierten Soll-Leistungsmerkmale erreicht?)

- Festlegung der Maßnahmen je Teilprozeß, die für eine Optimierung notwendig sind.

- Beschreibung der einzelnen Teilprozesse in Form von:
  - Leistung
  - ggf. Auslöser
  - Leistungsmerkmale
  - Grobe Beschreibung

43

Hinweise

Wichtig für das Finden von Teilprozeßgrenzen ist ein ganzheitliches Vorgehen „aus der Mitte" anhand der Frage: Was sind die wichtigsten drei bis fünf Meilensteine im Prozeßablauf?

2.3.2 Anforderungen an Führungsprozesse festlegen

Ziel und Aufgabe des Führungsprozesses ist es, sicherzustellen, daß die zu führenden Geschäftsprozesse das leisten, was sie leisten sollen (entsprechend dem Auslöser wird eine Leistung erbracht, die den Leistungsmerkmalen des Geschäftsprozesses entspricht).

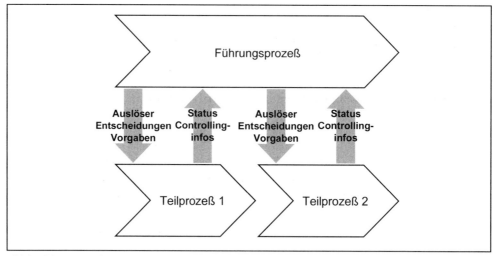

Abb. 16: **Führungsprozeß und Teilprozesse**

In einem Führungsprozeß werden dazu Führungs-Services, welche für (einen oder mehrere) Geschäftsprozesse notwendig sind, zusammengefaßt. Typische Services sind:

- Entscheidungen, insbesondere zwischen Abschluß eines Teilprozesses (Meilenstein) und Start des nächsten Teilprozesses (Go/No-Go-Entscheidung, Erzeugung des Startereignisses für den nächsten Teilprozeß).

- Vorgaben für die Steuerung des Ablaufs der Teilprozesse.

- Überprüfung der Leistungsmerkmale (Zeit, Kosten, Qualität) im Soll/Ist und daraus Ableitung von Maßnahmen zur kontinuierlichen Prozeßverbesserung.

Ergebnisse

Die Ergebnisse dieses Schrittes können wie folgt zusammengefaßt werden:

- Anforderungen an den Führungsprozeß (je Geschäftsprozeß) mit folgenden Angaben sind definiert:
    - Teilprozeßübergang (nach ... bzw. vor ...)
    - Input in den Führungsprozeß (Status bzw. Controlling-Informationen)
    - Output vom Führungsprozeß (Auslöser bzw. Vorgaben)
    - Leistungsmerkmale des Führungsprozesses (Zeit, Kosten, Qualität)

- Struktur des Führungsprozesses ist definiert.

- Die Prozeßoptimierung ist überarbeitet.

Ein Beispiel hierzu aus dem Versandhandelsgeschäft ist in Abb. 19 exemplarisch am Geschäftsprozeß „Persönliches Angebot erstellen" dargestellt.

Aufgaben/Vorgehen

Folgendes Vorgehen für die Erarbeitung der Führungsprozesse hat sich bewährt:

- Identifikation der Entscheidungen, die der Führungsprozeß zu treffen hat und Berücksichtigung dieser im Geschäftsprozeß.

- Identifikation der Vorgaben aus dem Führungsprozeß für die Teilprozesse und Berücksichtigung dieser im Geschäftsprozeß.

- Festlegung der Informationen, die der Führungsprozeß zwecks Prozeß-Controlling vom Geschäftsprozeß braucht und Abgleich dieser mit den Leistungsmerkmalen der Teilprozesse und den Prozeßbeschreibungen.

- Strukturierung des Führungsprozesses aus Sicht des jeweiligen Geschäftsprozesses.

- Festlegung der notwendigen oder erwünschten Zeiten für den Übergang zwischen den Teilprozessen des Geschäftsprozesses (Wartezeiten für Entscheidungen) und damit der Zeitanforderungen für die Leistungen des Führungsprozesses.

- Überarbeitung der Prozeßoptimierung gemäß Abschnitt 2.3.1.

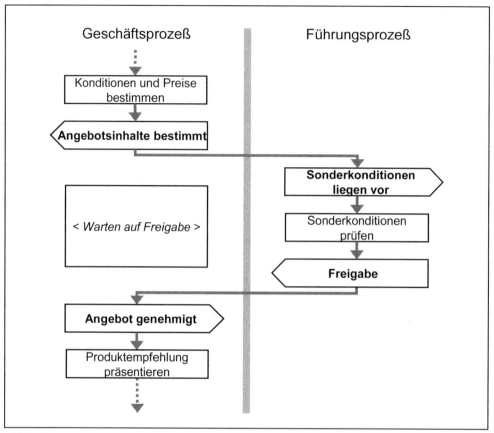

Abb. 17: Der Führungsprozeß (Beispiel)

Hinweise

- In diesem Schritt sollten auch bereits erste Definitionen getroffen werden, wie die übergreifende Führung mehrerer Geschäftsprozesse gestaltet sein soll und synchronisiert werden kann.

- Viele der Anforderungen an die Führungsprozesse können aus den für die (Optimierung der) Geschäftsprozesse erarbeiteten Voraussetzungen abgeleitet werden.

2.3.3 Anforderungen an Supportprozesse festlegen

In einer rein prozeßorientierten Organisation könnte man die Betrachtung der Ablauforganisation mit Schritt 2.3.2 abschließen. In sehr kleinen Organisationen ist das oft möglich. Generell gilt das für vollständig projektorientiert arbeitenden Unternehmen. Das würde bedeuten, daß jeder Geschäftsprozeß „autark" ist und in diesem Sinne über die kompletten benötigten Ressourcen verfügt bzw. sie sich unabhängig und eigenverantwortlich beschafft.

Dieses Konzept führt jedoch oft zu einer hohen Redundanz und wenig Synergien in der Leistungserbringung. Viele Teilleistungen würden in verschiedenen Teilprozessen mehrfach erarbeitet bzw. Ressourcen würden redundant beschafft. Ein anderer Anhaltspunkt ist die Optimierung der Prozesse: Ergebnis von Schritt 2.3.1 ist, daß eine (meist erhebliche) Steigerung der Leistungsfähigkeit der Prozesse möglich ist, wenn nur bestimmte Voraussetzungen erfüllt sind. Diese Voraussetzungen betreffen:

- Leistungsvoraussetzungen an den Führungsprozeß.

- Verfügbarkeit von bestimmten Services, die mit vorgegebenen Leistungsparametern abgerufen werden.

Den ersten Aspekt haben wir im Abschnitt 2.3.2 Führungsprozesse abgehandelt. Der zweite Aspekt führt uns zum Begriff Leistungszentrum. Ein *Leistungszentrum* ist eine prozeßübergreifende Organisationseinheit von welcher, auf der Basis von Geschäftsregeln, Leistungen (Produkte / Services) bezogen werden können. Diese Leistungen sind in einem *Leistungskatalog* zusammengestellt.

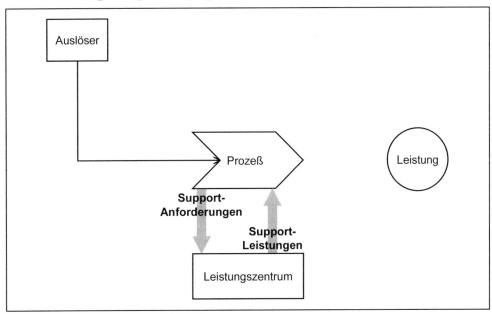

Abb. 18: **Prozeß als "Kunde" eines Leistungszentrums**

Für jede Leistung sind Leistungsumfang, Voraussetzung für den Bezug der Leistung sowie Konditionen (Zeit, Kosten, Qualitätsstufen) beschrieben. Eine Leistung / ein Leistungskatalog kann standardmäßig angebotene Leistungen umfassen aber auch auf einer Vereinbarung mit einem / mehreren Kunden beruhen.

Ein Prozeß kann nun auch „Kunde" eines Leistungszentrums sein und von diesem Supportleistungen beziehen, um seine Gesamtleistung zu erbringen, siehe Abb. 18.

Ergebnisse

Demnach ist das Ergebnis dieses Schrittes, alle für die Geschäftsprozesse benötigten Supportleistungen zu identifizieren, die zugehörigen Auslöser, Prozesse und Leistungsmerkmale zu definieren, und diese den potentiellen Leistungszentren zuzuordnen.

Hauptergebnis ist letztendlich ein Anforderungskatalog an (bestehende oder neue) Leistungszentren. Ein Beispiel hierzu aus dem Versandhandelsgeschäft ist in Tab. 14 exemplarisch am Geschäftsprozeß „Persönliches Angebot erstellen" dargestellt.

Aufgaben/Vorgehen

Folgende Vorgehensweise für die Ermittlung von Supportleistungen und der Leistungszentren hat sich bewährt:

- Sammeln der Supportleistungen (je Teilprozeß des Geschäftsprozesses) auf Basis der strukturierten und optimierten Geschäftsprozesse Abschnitt 2.3.1

- Strukturierung und Abgleich der verschiedenen Supportleistungen

- Identifikation der zu den Supportleistungen erforderlichen Prozesse und ihrer Auslöser

- Identifikation der potentiellen Leistungszentren

- Bestimmung der Leistungsmerkmale für die Erbringung der Supportleistungen als Ableitung aus dem Geschäftsprozeß

- Gegebenenfalls Überarbeitung der Prozeßoptimierung (2.3.1) und des Führungsprozesses (2.3.2)

Hinweise

Folgende Regeln / Hinweise sind dabei zu beachten:

* Neben der Festlegung der Supportleistungen und Leistungszentren ist dieser Schritt eine wichtige Qualitätssicherung für den Schritt Strukturierung und Optimierung der Geschäftsprozesse im Hinblick auf das Kriterium „Machbarkeit der Optimierung".

* In diesen Schritt können bereits die existierenden Leistungszentren einbezogen werden.

Teilprozeß	Benötigte Support-Leistung	Erstellender Prozeß für Supportleistung	Auslöser	Verantwortliches Leistungs-zentrum
Interessen klären, Kundenprofil zusammenstellen	Kunden-informationen	Kunden verwalten	Kundenanfrage	Kunden-Info-System
	Vertrags-informationen	Verträge verwalten	Vertragsanfrage	Vertrags-Info-System
	Bestell-informationen	Bestellungen abwickeln	Bestellanfrage	Auftrags-Datenbank
Produktvorschläge kundenbedarfs-orientiert ableiten	Produkt-informationen	Produkte verwalten	Produktanfrage	Produkt-Datenbank
	Verdichtete Kunden-informationen	Kunden verwalten	Standard-Kundenprofil-anfrage	Kunden-Info-System
	E-Commerce-Verhaltens-informationen	Statistik	Standardverhalten-anfrage	Marketing
...	...	...	...	...

Tab. 14: **Der Supportprozeß (Beispiel)**

2.3.4 Grobe Ablauforganisation beschreiben

In diesem Schritt, der in der Praxis parallel zu 2.3.1, 2.3.2 und 2.3.3 erfolgt, wird die grobe Ablauforganisation je Geschäftsprozeß übersichtlich zusammengefaßt und dargestellt.

Dabei erfolgt nochmals eine Synchronisierung zwischen dem Geschäftsprozeß und seinen Teilprozessen, Führungsprozeß, Supportleistungen und Leistungszentrum.

Ergebnisse

Ergebnis ist eine Darstellung der Ablauforganisation, die (konsistent und übersichtlich) als Managementvorlage präsentiert, diskutiert und entschieden werden kann und eine stabile Basis für die spätere Identifikation von IT-Projekten bzw. Organisationsentwicklungsprojekten ist.

Ein Beispiel hierzu aus dem Versandhandelsgeschäft ist in Abb. 19 exemplarisch am Geschäftsprozeß „Persönliches Angebot erstellen" dargestellt.

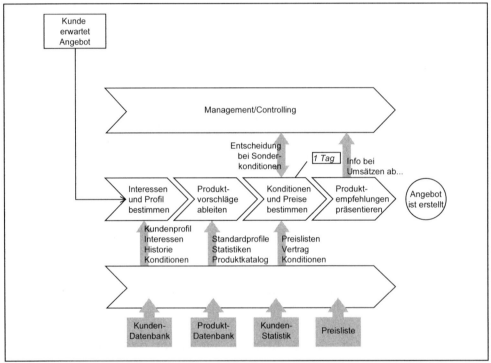

Abb. 19:   **Grobe Ablauforganisation (Beispiel)**

Aufgaben/Vorgehen

Folgende Vorgehensweise hat sich bewährt:

- Geschäftsprozeß darstellen, gegliedert in Teilprozesse mit Ergebnis und Auslöser.

- Leistungsmerkmale je Teilprozeß erfassen.

- Führungsprozeß ergänzen und Informations- bzw. Entscheidungsfluß zwischen Führungsprozeß und Geschäftsprozeß eintragen.

- ggf. Zusammenfassung mehrerer Geschäftsprozesse mit einem Führungsprozeß und gemeinsamen Support (z. B. je Geschäftsszenario).

Hinweis

- Die bisher beschriebenen Hauptaktivitäten 2.2 und 2.3 konzentrieren sich auf das Geschäft und dessen Organisation. Hieraus lassen sich konkrete Aktivitäten zur Ausschöpfung der gefundenen Entwicklungspotentiale ableiten, z. B. auch für Geschäftsausrichtung und Organisationsentwicklung. Für die Praxis der Anwendungsentwicklung sind hierzu ausschließlich IT-Projekte und IT-Strategie relevant, die nachfolgend behandelt werden.

2.4 IT-Projekte identifizieren und bewerten

IT-Projekte müssen immer im Kontext des Geschäftszyklus – siehe Abb. 4 auf S. 14 – betrachtet werden. Das Erfolgsrezept lautet *„Das richtige Projekt machen“*.

Ein IT-System ist so zu entwickeln, daß das Geschäft optimal unterstützt und der Prozeß der Entwicklung des IT-Systems mit vorgegebener Qualität im geplanten Zeitraum und mit dem vorgesehenen Aufwand durchgeführt wird.

Die Abb. 20 zeigt das Zusammenspiel zwischen einem Projekt und dem Geschäft, für das ein neues IT-System produziert und eingeführt wird. Das Geschäft besitzt Geschäftsfelder, in denen es mittels der dazugehörigen Geschäftsprozesse aktiv ist. IT unterstützt das Geschäft durch Systeme, Technik und Strategie. Aufgrund von Auslösern – z. B. Erlöse, Image, Nachfrage – wird ein IT-Projekt initiiert.

Das IT-Projekt produziert in der Dreiecksbeziehung Projektorganisation – Ausstattung – Menschen das konkrete IT-System, das dann in das Geschäft eingeführt wird. IT-Projekt und Geschäft stehen – neben der vertraglichen – in einer Sinn-Mission-Beziehung. Für die Individualsoftwareentwicklung kann dieses z. B. sein: „Unterstützung und Optimierung des Kundengeschäfts mit einer maßgeschneiderten Lösung".

Ziel dieses Schrittes ist es, das IT-Projektportfolio für das Geschäft zu bestimmen.

Ausgehend von den bisher erzielten Ergebnissen der Geschäftsanalyse werden IT-Projekte identifiziert und anschließend durch eine detailliertere Ausgestaltung von Scope und Lösungsidee definiert.

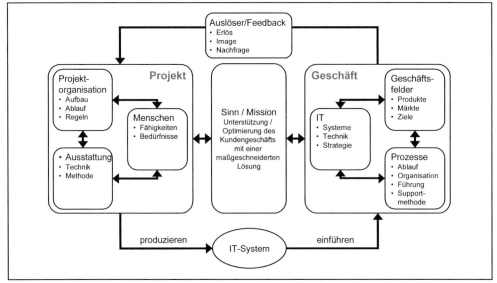

Abb. 20:   Das richtige Projekt machen

Bei IT-Projekten handelt es sich im allgemeinen um Großinvestitionen eines Geschäftes. Deshalb muß vor dem Start einer solchen IT-Investition ihre Sinnhaftigkeit geprüft werden. Maßstab dafür ist die Machbarkeit und der Nutzen für das Geschäft. Die wesentlichen Ergebnisse dieses Schrittes sind:

1. Die IT-Projekte zur Unterstützung des Geschäfts sind identifiziert.

2. Die identifizierten IT-Projekte sind bezüglich ihres Scopes und ihres Lösungsansatzes definiert.

3. Die Machbarkeit der IT-Projekte ist grob geprüft.

4. Die Wirtschaftlichkeit der Projekte ist grob dargelegt.

Diese Ergebnisse bilden einen wesentlichen Meilenstein, indem sie den Inhalt des IT-Projektportfolios festlegen und sind von der Geschäftsleitung abzunehmen. Sie bilden zusammen mit den bisher erarbeiteten Ergebnissen der Geschäftsanalyse die Basis für die Ausgestaltung der IT-Strategie im vierten Schritt.

2.4.1 IT-Projekte identifizieren und priorisieren

Ziel dieses Schrittes ist die Ableitung von präzise definierten IT-Projekten aus den in den Schritten 2.2 und 2.3 erarbeiteten geschäftlichen und organisatorischen Anforderungen. Dabei heißt „präzise" insbesondere die richtige Festlegung des Projekt-Scopes sowie der geschäftlichen und organisatorischen Anforderungen an die IT-Lösung aus Sicht folgender Fragen:

• Welche Geschäftsfelder berührt das Projekt?

• Welche Geschäftsziele sollen unterstützt werden?

• Welche Geschäftsprozesse sollen unterstützt werden?

• Welche Teilbereiche der Ablauforganisation sollen unterstützt werden (Teilprozesse der Geschäftsprozesse, Führungsprozesse, Supportleistungen/Leistungszentren)?

Kriterium für das Aufsetzen eines IT-Projekts ist die Frage: Wo leistet die IT einen bedeutenden Beitrag zur Optimierung der Geschäftsprozesse bzw. ist Voraussetzung für eine derartige Optimierung? Falls man in diesem Schritt bereits konkrete Lösungen im Auge hat (z. B. eine bestimmte Standardsoftware) ist dies bei der Definition des Projekts (Scoping und Lösungsidee) zu berücksichtigen.

Ergebnisse

Der Schritt hat im wesentlichen folgende Ergebnisse:

• Struktur der IT-Projekte, z. B. als eine „Überlagerung" der Ablauforganisation durch Teilsysteme.

• Beschreibung des Scopes für jedes Projekt.

Eine Projektstruktur ist in Abb. 21 exemplarisch für das Versandhandelsgeschäft dargestellt. Die Struktur der IT-Projekte orientiert sich an den identifizierten Geschäftsprozessen, z. B. für Firmenpräsentation, Kundeninformationsservice etc.. Für jedes IT-Projekt ist angegeben, ob es die Priorität „A" oder „B" hat.

Zusätzlich ist das „Internet" als „verbindende" Technologie schon in die Projektstruktur eingearbeitet. Über das Internet haben Kunden und Kundenberater Zugriff auf die im System verwalteten Informationen. Somit wurde zur Projektidentifikation auch schon eine erste Lösungsidee „Internet-Anbindung" eingesetzt.

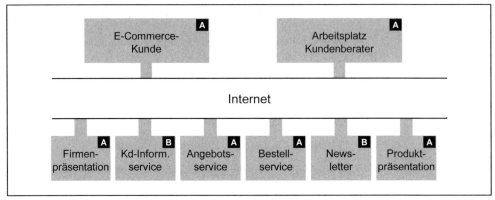

Abb. 21: **Priorisierte Projektstruktur (Beispiel)**

Die Abb. 21 stellt beispielhaft den Gesamt-Scope des E-Commerce/ Versandhandelssystems als Kontextdiagramm dar. Das System fokussiert auf den im Kreis dargestellten Bereich – hier das gesamte System zur Unterstützung des Geschäfts. Alle relevanten Partner/externen Systeme sind als Rechtecke um diesen Fokus angesiedelt und durch Kanten verbunden, welche die Schnittstellen für den Informationsaustausch darstellen. Diese Kanten sind mit den relevanten Funktionen oder Informationsobjekten beschriftet.

Aufgaben/Vorgehen

Folgende *Vorgehensweise* hat sich bewährt:

1. Identifikation der relevanten Geschäftsfelder, die unterstützt werden sollen („Szenarien").

2. Identifikation der Geschäftsprozesse, Führungsprozesse, Supportleistungen/Leistungszentren

3. Identifikation von potentiellen Teilsystemen, welche die Unterstützung liefern können, unterschieden in:
   - Standardsysteme
   - Altsysteme
   - Neuentwicklungen

4. Daraus Identifikation der einzelnen Realisierungsstufen und Beschreibung des genauen Scopes der einzelnen Stufen, z. B. in Form eines Kontextdiagramms des zugehörigen IT-Systems, das Informationsfluß und Schnittstellen darstellt.

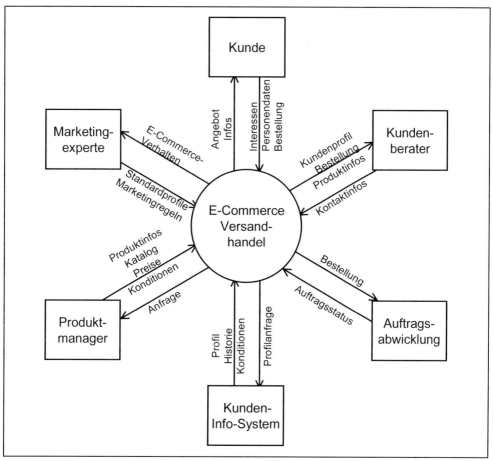

Abb. 22:   Scope eines Projektes (Beispiel)

Hinweise

- Die Identifikation der zu unterstützenden Prozesse ergibt sich aus dem Beitrag der IT für die Prozeßoptimierung in 2.3.1.

- Die Zusammenfassung der zu unterstützenden Prozesse zu Teilsystemen ergibt sich aus:
  - Struktur von verfügbaren IT-Lösungen (Standardsoftware, Altsysteme/Basissysteme für verschiedene Applikationsschichten z. B. DBMS, Workflow, Arbeitsplätze).
  - Durchgängigkeit der Prozeßabläufe und Informationsflüsse.

- In diesem Schritt ist die IT-Seite intensiv einzubeziehen, ebenso Hersteller von Standardsoftware bzw. Systemhäuser, die zu Standardsoftware beraten. Hier geschieht bereits ein High Level-Abgleich mit Standardsoftware (Ebene Prozeßhierarchie, Geschäftsprozesse, Prozeßkette grob).

- Das Ganze kann die Ablauforganisation ändern und ist als iterativer Schritt zu Schritt 2.3 zu sehen.

2.4.2 IT-Projekte definieren (High Level Requirements)

Ziel dieses Schrittes ist es, jedes identifizierte IT-Projekt zu definieren.

Ergebnisse

Ergebnisse sind für jedes IT-Projekt:

- Projektziele und Rahmenbedingungen

- Projekt-Scope

- Prozesse und Leistungsmerkmale

- Lösungsansatz Systemkonfiguration evtl. Stufenkonzept

- Projektorganisation (grob)

- Vorgehen und Meilensteine (grob)

Die Ergebnisstruktur für die Definition eines IT-Projekts ist in Abb. 23 dargestellt.

Das Ergebnis dieses Schrittes ist die Voraussetzung für eine Bewertung des Projekts hinsichtlich Machbarkeit und Wirtschaftlichkeit. Dieser Schritt ist notwendig für die Initialisierung eines IT-Projekts oder einer Anfrage bei einem externen Anbieter (Dienstleister bzw. Systemhaus). Ebenso bildet die Projektdefinition die Basis für den inhaltlichen Teil einer IT-Investitionsentscheidung (Sinnhaftigkeit, grundsätzliche Lösung, Standards).

Das Ergebnis dieses Schrittes ist nachfolgend exemplarisch für die Projektziele am Beispiel Versandhandelsgeschäft dargestellt, siehe Abb. 24.

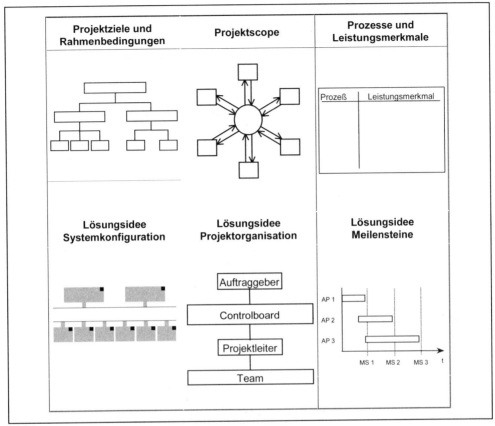

Abb. 23: **Definition IT-Projekt**

Aufgaben/Vorgehen

Folgende *Vorgehensweise* hat sich bewährt (je Projekt):

- Ableiten der Projektziele und Rahmenbedingungen für das IT-Projekt aus den vorherigen Schritten sowie anschließende Überprüfung und Präzisierung.

- Zusammenfassung der Prozesse und Leistungsmerkmale für das IT-Projekt sowie anschließendes Überprüfen und Präzisieren.

- Abschließende Überprüfung und Präzisierung des Scopes.

- Zusammenstellung der Lösungsansätze auf Basis der Plattformstandards der IT-Strategie[1].

- Erarbeitung einer groben Projektorganisation.

- Erarbeitung von groben Arbeitspaketen und Meilensteinen.

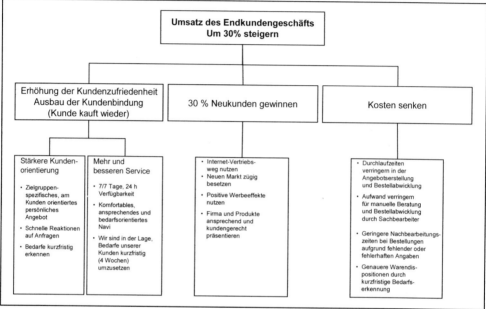

Abb. 24: **Projektziele beim Versandhandelsgeschäft (Beispiel)**

Hinweise

- Die meisten Ergebnisse liegen inhaltlich aus den vorhergehenden Schritten bereits auf der Hand; in diesem Schritt ist es wichtig, daß all dies zu einem schlüssigen, kommunizierbaren und entscheidbaren Konzept für jedes Projekt zusammengeführt wird.

- Deshalb ist zu empfehlen, daß diese Zusammenführung gemeinsam in einem Workshop aller Beteiligter erfolgt bzw. ausführlich präsentiert und abgenommen wird.

---

[1] Hier kann davon ausgegangen werden, daß eine entsprechende IT-Strategie existiert. Im nächsten Schritt – siehe 2.5 – wird diese überprüft und ergänzt bzw. zum ersten Mal definiert.

2.4.3 Machbarkeit prüfen

Ziel dieses Schrittes ist die Prüfung der Machbarkeit und Angemessenheit des jeweiligen Lösungsansatzes unter den Aspekten:

- Prüfung gegen IT-Strategie und Erfahrungen (Marktstandards, Unternehmensstandards, Erfahrungen im Unternehmen und am Markt).

- Sammlung der für die Machbarkeit zu erfüllenden / nötigen Voraussetzungen.

- Aufzeigen von Referenzen, insbesondere auf vergleichbare, bereits umgesetzte Aufgabenstellungen.

- Einholen von (ggf. bedingten) Commitments von den in der groben Projektorganisation aufgeführten beteiligten Personen / Organisationseinheiten.

- Zusammenstellung der wesentlichen Erfolgsfaktoren für das jeweilige Projekt.

Ergebnisse

Das Ergebnis dieses Schrittes ist in der in Abb. 25 dargestellten Mind-Map[1] zusammengefaßt.

Aufgaben/Vorgehen

Folgendes *Vorgehen* hat sich bewährt:

- Überprüfen jedes Projektvorschlages mit Experten des Hauses bzw. externen Anbietern auf
  - Stand der Technik
  - Einhaltung von Unternehmensstandards / Marktstandards
  - Erfahrungen in vergleichbaren Projekten

- Ermitteln und prüfen von Referenzen: Wo wurde die Lösung schon einmal umgesetzt? Wie waren die Erfahrungen?

- Sammlung der Voraussetzung für die Machbarkeit
  - Wann ist die Lösung umsetzbar?
  - Wann ist die Lösung (bzw. Teile davon) nicht umsetzbar?

---

[1] Eine Mind-Map organisiert die zu einem Thema gehörenden Begriffe in einer hierarchischen, dynamisch ergänzbaren Struktur.

- Welche Konsequenzen hat eine Nicht-Umsetzbarkeit der Lösung (ganz oder in Teilen)? Welche Fall Back-Strategie gibt es?

- Gibt es Personen bzw. Organisationen die ein Commitment abgeben zur Entwicklung und Einführung der Lösung und unter welchen Rahmenbedingungen?

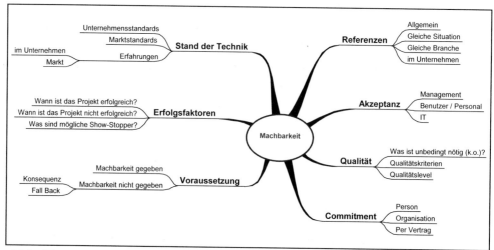

Abb. 25: **Machbarkeit prüfen**

2.4.4 Wirtschaftlichkeit darlegen

In diesem Schritt wird die Wirtschaftlichkeit der Lösung für das Unternehmen hinsichtlich Kostenersparnis bzw. Nutzen dargelegt (Business Case). Das Ziel der Wirtschaftlichkeitsanalyse muß es sein, Kosten, Nutzen und Risiken so weit wie möglich in Geld bewertbaren Größen meßbar zu machen.

Ergebnisse

Dazu werden dargestellt:

- Kostensituation Ist gegenüber Soll (über die Zeit).

- Quantifizierter Nutzen aus dem besseren Erreichen der Geschäftsziele bzw. der Verbesserung der Prozesse.

Das Ergebnis diesen Schrittes ist exemplarisch für das *Versandhandelsgeschäft* auf Basis der Geschäftsziele in Tab. 15 dargestellt.

Geschäftsziel	Kriterium	Erwarteter Nutzen
Ausbau des Endkundengeschäfts, Umsatzsteigerung um 30 %	• 30 % Neukundengewinnung • Steigerung des pro Kopf Umsatzes um 20 % • jeder 2. Kunde kauft erneut innerhalb eines halben Jahres	2 Mio. DM pro Jahr
Kosten senken	• Bearbeitungszeiten der Sachbearbeiter in Angebotserstellung und Bestellabwicklung verringern bei E-Commerce Kunden um 80 % • beim traditionellen Kunden um 40 %	500.000 DM pro Jahr (Nutzen im Vergleich zur Bearbeitung ohne neue IT-Unterstützung)

Tab. 15:   Nutzenkalkulation auf Basis der Geschäftsziele (Beispiel)

Aufgaben/Vorgehen

Folgendes Vorgehen hat sich dabei bewährt:

* Darstellung der Kostenentwicklung für das System: (jeweils Vollkostenrechnung für Investitionen und laufenden Betrieb)
  - bei Beibehaltung des Status Quo,
  - bei Einführung des neuen Systems,

* Darstellung des Nutzens durch eine Verbesserung der Geschäftsprozesse (und dadurch erreichte Ersparnis).

* Darstellung des Nutzens durch eine verbesserte Erreichung der Geschäftsziele (und dadurch ermöglichte zusätzliche Erlöse).

* Durchführung einer Risikoabschätzung.

* Durchführung eines Kosten-/Nutzenvergleiches.

Hinweise

Der Nutzen kann wie oben als Verbesserung gegenüber dem Ist dargestellt werden. Alternativ kann auch der Nachteil dargestellt werden, der entsteht, wenn das System nicht eingeführt wird, verbunden mit der Frage, ob das Unternehmen dann noch wettbewerbsfähig ist.

Die Nutzenargumentation kann auf Basis eines Ist/Soll Kostenvergleichs in der Prozeßtabelle abgeleitet werden.

2.5 IT-Strategie ausrichten

Dieser Schritt definiert das strategische IT-Controlling. Er besteht aus zwei Teilen:

- der Definition der IT-Strategie und

- der Ausgestaltung der IT-Strategie.

Ziel des ersten Schrittes ist ein priorisiertes IT-Projektportfolio und eine Liste der strategischen IT-Plattformen.

Der zweite Schritt wird üblicherweise durch einen kontinuierlichen Prozeß der konkreten Projektinitialisierung und Ergebnisprüfung implementiert, z. B. durch periodische Sitzungen eines entsprechenden Lenkungskreises.

2.5.1 IT-Strategie definieren

Zuerst erfolgt eine Priorisierung aller definierten Projekte, z. B. in die Klassen (A/B/C) nach Nutzen/Dringlichkeit.

Die mit A klassifizierten Projekte werden genauer untersucht. Jedes Projektvorhaben aus der Klasse „A" ist einer Prüfung auf Sinnhaftigkeit aus Geschäftssicht zu unterziehen.

Dementsprechend werden folgende Fragen geprüft:

Übersicht:

- Was ist die Motivation für die IT-Investition?

- Um welche Art von Investition handelt es sich?

Einordnung in das Geschäft:

- Was sind die Ziele dieser IT-Investition?

- Welchen Sinn hat die IT-Investition für das Geschäft?

- Wie wird das Geschäft heute abgewickelt?

- Wie soll das Geschäft mit Hilfe der IT-Investition abgewickelt werden?

- Was ist anders als heute?

- Welche Alternativen sind betrachtet worden?

- Wurde Outsourcing von Dienstleistungen betrachtet?

Wirtschaftlichkeit:

- Was ist das Gesamtvolumen der IT-Investition?

- Was ist das Nutzenpotential der IT-Investition und der Nutzen über die Zeit?

- Was ist das Risiko der IT-Investition?

Nutzung von Standardsoftware/Standardlösungen:

- Welche Standardsoftware wurde untersucht?

- Warum konnte keine Lösung mit Standardsoftware gewählt werden?

- Welche der drei Varianten werden gewählt bei Standardsoftware?
  - Standardeinführung
  - Hybride Lösung
  - Business Process Reengineering

Angemessenheit der Projektabwicklung:

- Wer ist der Auftraggeber?

- Wer ist der Auftragnehmer?

- Wer ist der Projektleiter?

- Was sind die Steuergremien (Aufgaben und Verantwortlichkeiten; Projektkommunikation)?

- Wie sieht die Zeit- und Kapazitätsplanung aus?

- Was könnte den Projekterfolg gefährden?

- Was muß getan werden, um den Projekterfolg sicherzustellen?

- Auf welchen Methoden und Vorgehensweisen beruht die Projektabwicklung?

- Gibt es eine dem Projekt angemessene Dokumentation? Wie sieht diese aus?

Technologie und Konfiguration:

- Was sind die Anforderungen an die Technologie, die sich aus dem Geschäft ergeben?

- Für welche Technologie/Konfiguration hat man sich entschieden?

- Welche Kriterien liegen dieser Entscheidung zugrunde?

Die Antworten auf diese Fragen werden für alle zu entscheidenden Projekte festgehalten und vom IT-Controlling überprüft (Filter 1). Dadurch wird entschieden, welche Projekte in welcher Reihenfolge weiter zu verfolgen sind.

Gleichzeitig berücksichtigen diese Fragen die zum jeweiligen Projekt definierten IT-Plattformen. Als Ergebnis wird die IT-Plattformstrategie fortgeschrieben.

2.5.2 IT-Strategie gestalten

Die Gestaltung der IT-Strategie ist ein kontinuierlicher Prozeß, in dem IT-Projekte gemäß ihrer Priorität initialisiert, überprüft und bezüglich ihrer Ergebnisse bewertet werden. Es werden konkrete Aufträge für das jeweilige Projekt definiert und an entsprechende Dienstleister / Systemhäuser erteilt. Ein derartiger Auftrag kann die Phase Konzeption oder auch den gesamten Kernprozeß der Anwendungsentwicklung von der Konzeption über Design und Realisierung bis zur Einführung umfassen.

In jedem Fall resultiert aus der Geschäftsanalyse ein Projektrahmen, in dem die Sinnhaftigkeit der Projekte, aus der Geschäftssicht, dokumentiert sind.

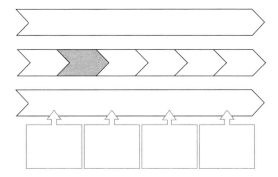

3 Konzeption

Auf Grundlage der Geschäftsanalyse erfolgt die Konzeption des IT-Systems. Die Anforderungen an das System werden aus Geschäftssicht beschrieben und in eine Systemsicht überführt. Unter diesem Blickwinkel stellt die Konzeptionsphase das zentrale Bindeglied zwischen dem Geschäft und dem zu realisierenden System dar.

3.1 Orientierung

In der Konzeption werden die fachlichen Anforderungen an ein IT-System detailliert erarbeitet, z. B. welche Leistungen das IT-System für die im Scope des Projektes liegenden Geschäftsprozesse bieten soll. Lösungsszenarien beschreiben anschließend die unterschiedlichen Möglichkeiten zur Umsetzung dieser Anforderungen. Eine Bewertung hinsichtlich Machbarkeit und Wirtschaftlichkeit führt zu dem in den nachfolgenden Phasen weiter zu bearbeitenden Lösungsszenario. Diese Informationen werden in einem entsprechenden Umsetzungsangebot festgehalten.

Die Konzeption kann als eigenständiges Projekt oder als Teil eines umfassenderen Projekts, z. B. eines kompletten Entwicklungsprojektes, beauftragt werden. In dem zugehörigen Projektauftrag ist das IT-Projekt bezüglich der Ziele, des Scopes, der Rahmenbedingungen, der Meilensteine etc. definiert, z. B. durch eine IT-Projektdefinition, die in einer Geschäftsanalyse erstellt und in der Projektinitialisierung verfeinert wurde.

In der Phase Konzeption werden grundsätzlich nur die Soll-Geschäftsprozesse betrachtet.

3.1.1 Ziele

Ziel der Phase Konzeption ist es, den Kundenanforderungen entsprechend eine wirtschaftliche IT-Lösung zu konzipieren. Es werden

- der Leistungsumfang des zu erstellenden Systems festgelegt,

- Lösungsalternativen erarbeitet und bewertet,

- die Wirtschaftlichkeit der gewählten Lösung dargestellt,

- ein Umsetzungsangebot erstellt.

Das Ende dieser Phase stellt das Sign-Off des Leistungsumfangs des Projektauftrages dar.

3.1.2 Voraussetzungen

Voraussetzung für die Durchführung dieser Phase ist ein definiertes IT-Projekt. Diese Definition ist in der Geschäftsanalyse erarbeitet und in der nachfolgenden Projektinitialisierung – siehe Kapitel 8 – gegebenenfalls ergänzt, verändert oder verfeinert worden. Daher liegen zu Beginn der Konzeptionsphase folgende Informationen vor:

- Ziele und Rahmenbedingungen sind vereinbart.

- Scope des IT-Projekts aus Geschäftssicht ist definiert (Was ist drin, was ist draußen).

- Existierende Vorstellungen und Vorgaben für die Systemkonfiguration sind dargestellt.

3.1.3 Ergebnisse

Zur Konzeption des Systems werden folgende wichtige Ergebnisse erarbeitet:

Fachliches Konzept

- Überarbeitete Geschäftsprozeßhierarchiediagramme

- Prozeßkettendiagramme

- Beschreibungen von elementaren Geschäftsprozessen

- Use Case Diagramme

- Beschreibungen von Use Case

- Kontextdiagramme aus Systemsicht

- Ggf. Actor-Interaktionsdiagramme

IT Lösung

- Lösungsszenarien

- Lösungsvorschlag

- Machbarkeit

- Wirtschaftlichkeit

Leistungsumfang und Abnahmekriterien

- Anforderungskatalog

- Abnahmekriterien

3.1.4 Ablauf

Die Aufgaben in der Konzeption können in drei Schritte gegliedert werden, die im weiteren Verlauf dieses einführenden Abschnitts vorgestellt werden:

1. Zunächst wird ein fachliches Konzept erstellt, das die erwartete Systemunterstützung beschreibt. Auf dieser Basis wird in einem Anforderungskatalog der Leistungsumfang des zu erstellenden Systems beschrieben und mit dem Auftraggeber abgestimmt.

2. Weiterhin werden auf Basis des Anforderungskataloges IT Lösungen konzipiert, indem verschiedene Lösungsszenarien entworfen und erarbeitet werden, die im Anschluß einschließlich der sich ergebenden organisatorischen Konsequenzen zu bewerten sind.

3. Nach Abschätzung der Wirtschaftlichkeit und Machbarkeit wird unter Berücksichtigung des IT Controlling eine Entscheidung über die umzusetzende Lösung herbeigeführt und ein Projektauftrag erteilt.

Fachliches Konzept erarbeiten

Ausgehend von den in der Phase Geschäftsanalyse erarbeiteten groben Prozeßbeschreibungen werden in diesem Schritt die Geschäftsprozesse, die im Scope des IT-Projekts liegen, definiert und detailliert in einer Prozeßhierarchie beschrieben. Der Fokus liegt auf der zu erbringenden Leistung, unabhängig von organisatorischen Strukturen.

Es erfolgt eine Ergänzung und Erweiterung dieser fachlichen Beschreibung durch Prozeßketten, die Abhängigkeiten zwischen sogenannten elementaren Geschäftsprozessen dokumentieren. Dabei wird der Soll-Zustand zugrunde gelegt, so daß die beschriebenen Geschäftsprozesse als Referenzprozesse für das zukünftige Geschäft dienen.

Durch Analyse der Geschäftsprozesse werden die Systemanforderungen aus Endbenutzersicht ermittelt, die zur Unterstützung des Geschäfts notwendig sind. Die erwarteten Systemfunktionen, mit denen das System die Benutzer bei ihren Tätigkeiten unterstützen soll, werden aufgabenbezogen zusammengefaßt und mittels Use Cases beschrieben, die den jeweiligen Anwendungsfall abstrakt darstellen.

Für die wesentlichen Geschäftprozesse werden Prozeßketten identifiziert, welche sie in elementare Geschäftsprozesse gliedern. Den elementaren Geschäftsprozessen wiederum werden Use Cases zugeordnet, welche die Unterstützung der Prozesse durch das IT-System repräsentieren.

Während der Analyse der Geschäftsprozesse und der Identifikation unterstützender Use Cases werden viele Informationen über den Informationshaushalt des zukünftigen IT-Systems erarbeitet. Diese werden als „first cut" Objektmodell in einem Klassendiagramm dargestellt.

Zur Unterstützung des Analyseprozesses in der Konzeptionsphase haben sich die Hilfsmittel Actor-Interaktionsdiagramm und Kontextdiagramm bewährt. Abb. 26 veranschaulicht die Ergebnistypen des fachlichen Konzepts.

Das in einem Anforderungskatalog zusammengefaßte fachliche Konzept wird durch nichtfunktionale Anforderungen wie z. B. hinsichtlich Verfügbarkeit, Bedienbarkeit und Performance des Anwendungssystems ergänzt.

Der Anforderungskatalog ist die Grundlage für die Erarbeitung und Bewertung von Lösungsalternativen auf der Grundlage existierender IT-Standards (siehe IT-Strategie in Kapitel 2).

An dieser Stelle kann bereits eine erste Ausschreibung zu einer Vorauswahl von Dienstleistern und groben Lösungsalternativen führen.

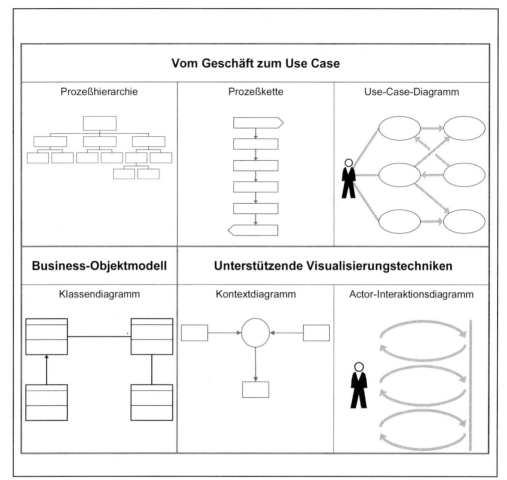

Abb. 26: Fachliche Ergebnisse der Phase Konzeption (Übersicht)

IT-Lösung konzipieren

Auf der Grundlage von vorliegenden Angeboten bzw. hausinternen Alternativen (Standards) werden nun Lösungsalternativen vorgeschlagen. Auf Basis einer Vorauswahl erfolgt die Ausarbeitung von wenigen Lösungsszenarien. Sie werden in Bezug auf ihren fachlichen Leistungsumfang sowie ihre technische Umsetzung und organisatorische Auswirkungen beschrieben. Nach dieser ersten Eingrenzung kann eine weitere Ausschreibung an die in Frage kommenden Anbieter erfolgen oder die Umsetzung des Lösungsszenarios selbst ausgearbeitet werden.

Die eingehenden Angebote bzw. das selbst entwickelte Umsetzungskonzept enthalten detaillierte Aussagen über Leistungsumfang, Machbarkeit, Kosten und organisatorische Einbettung der Lösung.

Zur Beurteilung der Wirtschaftlichkeit und Machbarkeit gehört ein Abgleich des Anforderungskataloges mit den Eigenschaften der angebotenen Lösungen. Hierbei ist die Verbindung von Anforderungen und Leistungsmerkmalen des Systems wichtig. Auf dieser Basis wird die Wirtschaftlichkeit anhand des Erfüllungsgrades der Leistungsmerkmale nachgeprüft. Es wird eine Entscheidungsgrundlage für das weitere Vorgehen im Projekt erstellt.

Leistungsumfang und Abnahmekriterien festlegen

Die exakte Definition der zu erbringenden Leistung und die Erarbeitung und Fixierung von Abnahmekriterien (Abnahmetests) sind die wesentlichen Ziele dieser Hauptaktivität.

Die Teilphase wird abgeschlossen durch eine Auswahl der weiter zu betrachtenden Lösungsszenarien. Es erfolgt ein abschließendes IT Controlling (z. B. in Form eines zu prüfenden und genehmigenden IT-Investitionsantrages), das zu einem Projektauftrag an den ausgewählten Dienstleister führt.

3.2 Fachliches Konzept erarbeiten

Ziel dieses Phasenabschnitts ist ein abgestimmter Anforderungskatalog als Basis für die Erarbeitung einer IT-Lösung. Dabei sollen die Anforderungen an eine Systemunterstützung optimal auf die Soll-Prozesse des Geschäfts abgestimmt sein. Deshalb wird im ersten Schritt des fachlichen Konzeptes bewußt eine Geschäftssicht eingenommen. Erst danach wird die Sicht zusätzlich auf das unterstützende IT-System gelenkt.

Es ist in der Regel eine Iteration dieser beiden Schritte notwendig, um die richtige Granularität in der Analyse der Geschäftsprozesse zu erreichen und mit der Beschreibung der Systemunterstützung zu verbinden. Unterstützt wird dies durch den Einsatz verschiedener Methoden, die unterschiedliche Sichten auf den Problemraum bieten und der jeweiligen Situation des Auftraggebers angepaßt werden können.

Wichtig ist es in dieser Phase, den Zusammenhang zwischen den Anforderungen an die Geschäftsprozesse und der dafür nötigen Systemunterstützung nachvollziehbar darzustellen. Nur diese koordinierte Darstellung erlaubt eine Abschätzung und Verfolgung der Wirtschaftlichkeit,

z. B. bei unterschiedlichen Ausprägungen des Leistungsumfangs des Systems in den später erarbeiteten Lösungsszenarien.

3.2.1 Geschäftsprozesse identifizieren und beschreiben

In diesem Schritt werden die Geschäftsprozesse innerhalb des Scopes des IT-Projekts aus Geschäftssicht identifiziert, beschrieben, klassifiziert und in einem *Prozeßhierarchiediagramm (PHD)* strukturiert. Es wird eine deutlich detailliertere Sicht auf die Soll-Prozesse eingenommen als in der Phase Geschäftsanalyse: Neben den bereits in Kapitel 2 beschriebenen geschäftsrelevanten Eigenschaften eines Geschäftsprozesses (Leistung, Auslöser, Ergebnis, Leistungs- und Qualitätsmerkmale) ist hier eine tiefergehende Analyse notwendig, um eine vollständige und konsistente Darstellung der Geschäftsprozesse und beteiligten Akteure zu erhalten, die im Scope des IT-Projektes liegen.

Ein Geschäftsprozeß ist die Beschreibung aller Geschäftsaktivitäten, IT gestützt und manuell durchgeführt, die zur Bearbeitung einer Aufgabe notwendig sind. Er umfaßt normalerweise alle Aktivitäten, die von einem externen oder internen Geschäftsereignis ausgelöst werden und die daraufhin das gewünschte Ergebnis zurückliefern.

Komplexe Geschäftsfelder oder -prozesse werden in Teilprozesse zerlegt. Die höchste Granularität, die bei dieser Analyse betrachtet wird, sind unabhängige Geschäftsprozesse, welche die unterste Ebene des Hierarchiediagramms bilden. Das bedeutet, daß keine zwingend sequentiellen Abhängigkeiten existieren, etwa in der Form „Geschäftsprozeß B wird immer nach Geschäftsprozeß A durchgeführt". Derartige Abhängigkeiten werden in einem weiteren Schritt in den Prozeßketten (siehe folgenden Abschnitt 3.2.2) erarbeitet.

Ziele

Dieser Schritt hat folgende Ziele:

- Die wesentlichen Prozesse des Geschäfts innerhalb des Scopes des IT-Projekts sind identifiziert.

- Die Prozesse sind aus Geschäftssicht hierarchisch strukturiert und beschrieben.

Ergebnisse

Es werden folgende Ergebnisse erarbeitet:

- Eine Liste, die alle Prozesse enthält.

- Ein Prozeßhierarchiediagramm, das bei Bedarf zur besseren Übersicht in mehrere Diagramme aufgeteilt werden kann.

Abb. 27 zeigt eine derartige Geschäftsprozeßhierarchie, exemplarisch an dem Beispiel Versandhandel mit einer gegenüber der Geschäftsanalyse konkreteren Ausprägung im Bereich Kundenmarketing. Die Kanten drücken eine „besteht aus"-Beziehung zwischen den Ebenen der Hierarchie aus.

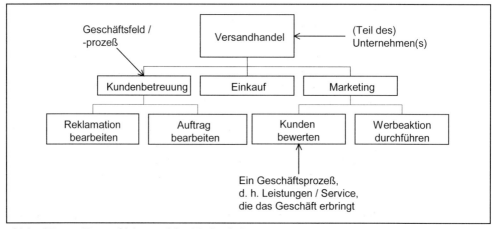

Abb. 27:   Prozeßhierarchie (Beispiel)

Aufgaben/Vorgehen

1. Identifikation und Benennen der Geschäftsprozesse auf Basis der Ergebnisse der Phase Geschäftsanalyse
   - Kunde - Kunde - Prozesse
   - Firma - Firma - Prozesse
   - Führungsprozesse
   - Supportprozesse

2. Strukturieren (Gruppieren und Zergliedern) der Prozesse

3. Einordnen in eine Hierarchie

4. Beschreiben der Prozesse, wie sie im Soll verwirklicht werden sollen
   - Name
   - Ziel, Zweck und Beschreibung
   - Leistungsmerkmale
   - Geforderte Ausprägung der Leistungsmerkmale (Soll-/Ist-Kennzahlen)

Die vier Schritte werden ggf. iterativ durchgeführt.

Ausgehend von den Ergebnissen der Geschäftsanalyse sind bei diesen Schritten alle Geschäftsfelder und externen Geschäftsereignisse abzudecken, die in der vorherigen Phase analysiert wurden und Teil des Projekt-Scopes sind. Hinweise hierfür finden sich in der Geschäftsfeldmatrix, in der Prozeßübersicht und im Kontextdiagramm der IT-Projektdefinition (siehe Kapitel 2).

Hinweise

Ausgangspunkt der Analyse ist die Geschäftsprozeßhierarchie aus der Definition des IT-Projekts aus der Geschäftsanalyse bzw. Projektinitialisierung, die entsprechend nachgearbeitet wird.

Durch die nachfolgenden Hauptaktivitäten der Konzeptionsphase werden im Sinne eines zyklischen Vorgehens weitere Ergänzungen und Veränderungen an der Geschäftsprozeßhierarchie vorgenommen.

Die Geschäftsprozeßhierarchie hat für das weitere Vorgehen den Charakter eines Prozeßverzeichnisses nach systematischen Gesichtspunkten.

Abhängigkeiten der Geschäftsprozesse innerhalb einer Ebene kommen hier nicht zum Ausdruck und sind bei Bedarf separat zu modellieren.

3.2.2 Prozeßketten und elementare Geschäftsprozesse

Die unterste Ebene der Prozeßhierarchie stellt unabhängige Prozesse dar, die mit einem Ereignis starten und in einem Ergebnis enden. Sie werden in diesem Schritt weiter unterteilt, indem sie durch Prozeßketten aus *elementaren Geschäftsprozessen* mit ihren *Abhängigkeiten* detailliert beschrieben werden.

Elementare Geschäftsprozesse (engl.: Elementary Business Process, EBP) orientieren sich an logischen Arbeitseinheiten in einer organisatorischen Einheit.

Eine organisatorische Einheit ist je nach Granularität der Betrachtung ein Sachbearbeiter, eine Abteilung oder eine ganze Firma. Im folgenden wird eine derartige organisatorische Einheit immer als *Actor* bezeichnet und entspricht damit einer Rolle, die von konkreten Personen ausgefüllt werden kann.

Logische Arbeitseinheiten können IT gestützt oder manuell durchgeführt werden. Eine logische Arbeitseinheit beinhaltet in der Regel *eine Aufgabe*, die von *einem Mitarbeiter* an *einem Ort* in *einem zusammenhängenden Zeitraum* erledigt wird. Ein zwischenzeitlicher Abbruch der Tätigkeit hat zur Folge, daß keine Wertschöpfung für das Geschäft entsteht („Ganz oder gar nicht" Prinzip).

Ziele

Es werden folgende Ziele erreicht:

- Für die Prozesse der untersten Ebene der Geschäftsprozeßhierarchie sind die Prozeßketten identifiziert und beschrieben.

- Alle elementaren Geschäftsprozesse, die auslösenden Ereignisse und die Ergebnisse in den Prozeßketten sind beschrieben.

Ergebnisse

Als Ergebnisse liegen nach diesem Schritt vor:

- Prozeßkettendiagramme zu den Prozessen der untersten Ebene der Geschäftsprozeßhierarchie

- Beschreibungen für die elementaren Geschäftsprozesse

- Beschreibungen der auslösenden Ereignisse

- Beschreibungen der Ergebnisse

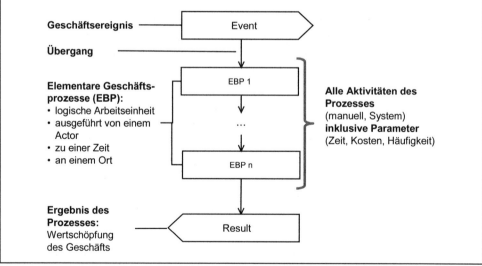

Abb. 28: **Schematische Darstellung einer Prozeßkette**

In Abb. 28 ist ein einfaches Prozeßkettendiagramm (engl.: Process Thread Diagram, PTD) schematisch dargestellt. Jede Kette beginnt mit einem Geschäftsereignis (*Event*), das die Kette mit dem Übergang in den ersten elementaren Geschäftsprozeß auslöst. Der Abschluß eines EBPs löst den Übergang zum nächsten EBP aus. Schließlich sind alle Aktivitäten dieses Prozesse abgearbeitet und das Ergebnis (*Result*) der Prozeßkette liegt vor.

In vielen Fällen sind weitere Kontrollstrukturen in Prozeßketten sinnvoll, wie sie in Abb. 29 exemplarisch für den Prozeß „Auftrag bearbeiten" aus der Abb. 27 aufgezeigt sind. Eine Prozeßverzweigung unter einer bestimmten Bedingung kann ebenso wie eine Prozeßunterbrechung modelliert werden. Sollen Prozesse parallel ablaufen, werden sie in einer entsprechenden Box zusammengefaßt. Analog kann auch die Iteration eines Prozesses mit einer Abbruchbedingung dargestellt werden.

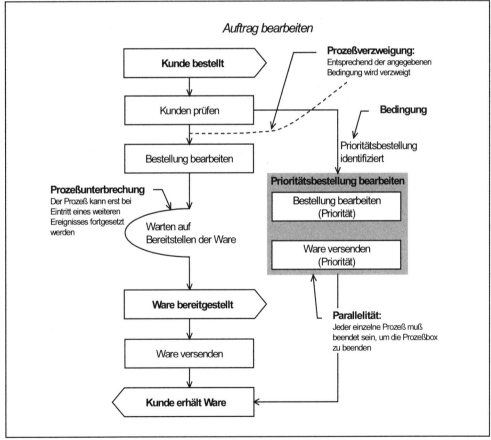

Abb. 29:   **Prozeßkette mit Verzweigung (Beispiel)**

Jeder elementare Geschäftsprozeß wird beschrieben durch:

- Name

- Ziel/Zweck (Objective)

- Beschreibung der Prozeßschritte (Description)

- Actor (Name, Funktion)

- Kennzahlen und Leistungsmerkmale (Volumetrics)

Tab. 16 zeigt die Beschreibung für den elementaren Geschäftsprozeß „Kunden prüfen" aus dem Beispiel in Abb. 29. Die Beschreibung der Prozeßschritte kann in Form von freiem oder strukturiertem Text beschrieben werden.

Name	Kunden prüfen
Objective	Die Daten eines Kunden sind sind geprüft und aktualisiert. Die Bonität eines Kunden ist überprüft.
Description	1. Falls der Kunde neu ist: Kundendaten erfassen 2. Relevante Daten ändern 3. Adresse prüfen 4. Bonität überprüfen
Actor	Kundenbetreuer
Volumetrics	Zehn Kunden pro Stunde

Tab. 16: **Beschreibung eines elementaren Geschäftsprozesses**

Aufgaben/Vorgehen

1. Festlegen der Prozeßgrenzen des Geschäftsprozesses:
   - Auslösendes Ereignis
   - Ergebnis
   - Kennzahlen

   Zunächst wird der Prozeß durch die Beschreibung der auslösenden Ereignisse und durch die zu produzierenden Ergebnisse eingegrenzt. Zusätzlich werden die Leistungsmerkmale (Kennzahlen) des Prozesses beschrieben, etwa wie oft der Prozeß ausgeführt wird (Frequenz) und welche Steigerungsrate in welchem Zeitraum erwartet wird (Wachstum).

2. Identifikation und Benennen der elementaren Geschäftsprozesse auf Basis der Kriterien:
   - Ein Bearbeiter (Actor)
   - Eine logische Arbeitseinheit

- Ein Zeitraum
- Ein Ort

Dann wird der Prozeß als Kette voneinander abhängender elementarer Geschäftsprozesse dargestellt. Die genannten Kriterien werden aus Geschäftssicht betrachtet, d. h. ob aus der Gestaltung des Geschäfts heraus eine Unterteilung z. B. nach Zeitraum oder Actor notwendig ist. Bei Bedarf können verschiedene Konstrukte wie Verzweigungen, parallele Verarbeitung und Prozeßunterbrechungen entsprechend der Geschäftsabläufe genutzt werden. Allerdings gilt: zuerst sollte der einfachste Standardablauf beschrieben werden, um der Gefahr des Verzettelns in Spezialsituationen zu begegnen.

3. Beschreiben der elementaren Geschäftsprozesse nach der oben beschriebenen Struktur

   Hierbei ist eine möglichst vollständige Darstellung der notwendigen Aktivitäten und optionalen Ergänzungen aus Sicht des Geschäfts notwendig. Die Beschreibung hat zum Ziel, den Prozeß fachlich-inhaltlich zu verstehen und zu vermitteln. Später wird aus dieser Beschreibung die notwendige Systemunterstützung abgeleitet. Die Vollständigkeit und Konsistenz der Beschreibung aus Geschäftssicht ist notwendig innerhalb einer Prozeßkette und auch bezüglich aller Prozeßketten zusammen.

4. Ggf. Ergänzung um alternative Abläufe

   Nachdem der Standardablauf beschrieben ist, können ggf. noch alternative oder Spezialabläufe mit den zur Verfügung stehenden Elementen wie Prozeßunterbrechung, Verzweigung usw. dargestellt werden.

Hinweise

Üblicherweise wird die Erarbeitung der Geschäftsprozesse in den obigen Schritten 1 bis 4 nicht in einem Durchgang erfolgen, sondern iterativ. Die abschließende Darstellung ist vom Auftraggeber abzunehmen.

In der Beschreibung der elementaren Geschäftsprozesse sind alle Aktivitäten aufzuführen und zu beschreiben, d. h. sowohl manuelle als auch IT-gestützte Aktivitäten.

Der Zuschnitt und der inhaltliche Ablauf der elementaren Prozesse hängt u.U. von vielen Faktoren (z.B. organisatorische Rahmenbedingungen, bereits bestehende Systemstruktur) ab und bereitet häufig Schwierigkeiten. Er sollte daher nach Durchführung des nächsten Schrittes – der Use Case-Analyse – überarbeitet werden, um zu einer guten Basis für den Anforderungskatalog zu kommen. Denn mit der Use Case-Analyse entstehen häufig neue Informationen über den Prozeß, und es kommen ggf. neue Rahmenbedingungen hinzu.

3.2.3 Use Cases entwerfen

In diesem Schritt wechseln wir von der *Geschäftssicht* hin zur *Systemsicht*. Während bisher das Geschäft im Soll mit den Business-Experten analysiert wurde, muß nun in einem konstruktiven Schritt die geeignete Systemunterstützung für das analysierte Geschäft gefunden und dokumentiert werden.

Für jeden elementaren Geschäftsprozeß einer Prozeßkette muß über die benötigte Systemunterstützung entschieden werden. Jedem elementaren Geschäftsprozeß, der vom IT-System unterstützt werden soll, werden Systemfunktionen in der Form von Use Cases zugeordnet. Use Cases beschreiben die erwartete Systemunterstützung für die Aufgaben, die im Elementarprozeß beschrieben worden sind. Dieses kann z. B. ein Dialogablauf oder ein Batch sein.

Für die Beschreibung und Dokumentation dieser Systemunterstützung wird die Unified Modeling Language UML (siehe [Booc99], [Oest01]) genutzt. Die UML ist eine graphische Beschreibungssprache. Sie spezifiziert eine Vielzahl von Elementen sowie eine Reihe von Diagrammarten von denen in der Phase Konzeption nur *Use Case Diagramme* und *Class Diagramme* genutzt werden. Ein herausragendes Merkmal der UML ist die Verbindung von graphischen Beschreibungselementen mit zusätzlichen textuellen Beschreibungen.

Das erste eingesetzte Element der UML ist der *Use Case*. Er wird als einfaches Oval graphisch dargestellt.

Ein Use Case ist die Zusammenfassung einer Reihe von zusammengehörigen Interaktionen, die ein Actor mit dem System durchführt, d. h. er stellt das von außen wahrnehmbare Systemverhalten zur Unterstützung einer konkreten Aufgabe eines Nutzers dar. Use Cases werden durch Ereignisse ausgelöst. Diese können sowohl extern (z. B. Benutzerinteraktion) als auch intern (z. B. system- oder zeitgesteuert) sein.

Use Cases sind den elementaren Geschäftsprozessen zugeordnet, für die sie eine Systemunterstützung bereitstellen: Damit ist die in Use Cases beschriebene Systemfunktionalität in den Geschäftserfordernissen begründet.

Pro elementarem Geschäftsprozeß, für den eine Systemunterstützung bereitgestellt wird, erhält man im Mittel ein bis drei Use Cases (Faustregel). Ein Use Case kann wiederum mehreren elementaren Geschäftsprozessen zugeordnet sein. Abb. 30 zeigt derartige Zuordnungsmöglichkeiten: Von keiner Zuordnung eines Use Cases für EBP 2 – die entsprechende Aufgabe muß vom Actor manuell erledigt werden – bis zu drei Use Cases (UC 3, UC 4 und UC 5) für EBP 3.

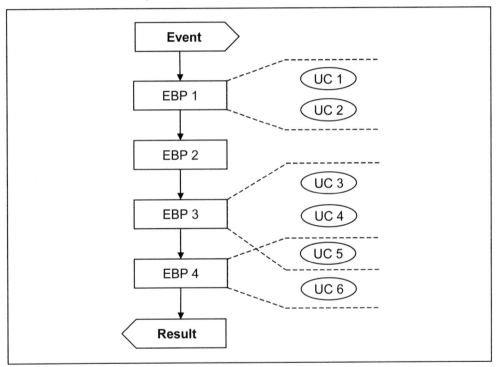

Abb. 30:   Use Cases und Prozeßketten

Ein Use Case ist eine in sich abgeschlossene Sequenz von Arbeitsschritten mit dem System ohne geschäftsbedingte Zeitunterbrechungen. In diesem Sinn stellen Use Cases Services dar, welche das System dem Benutzer (Actor) zur Verfügung stellt. Ziel bei der Nutzung eines Use Cases durch den Actor ist es, ein aus Geschäftssicht meßbares Resultat zu erhalten. Use Cases, die nicht von einem Ereignis ausgelöst werden oder nicht zu einem wahrnehmbaren Ergebnis führen, sind nicht vollständig oder falsch.

Use Cases werden mit einem Actor in Verbindung gebracht und in Use Case Diagrammen dargestellt.

Ziele

Dieser Schritt hat folgende Ziele:

- Die Use Cases als die Systemunterstützung der elementaren Geschäftsprozesse sind identifiziert.

- Die Use Cases sind als die Systemunterstützung für die Prozesse dargestellt.

- Die Use Cases sind als die Systemunterstützung für die Actors dargestellt.

- Alle Use Cases sind detailliert beschrieben.

Ergebnisse

Die Ziele werden durch die Erarbeitung folgender Ergebnisse ausgedrückt:

- Liste der Actors

- Liste aller Use Cases

- Darstellung der Beziehungen zwischen Use Cases und Actors in Use Case Diagrammen

- Beschreibung aller Use Cases und Actors

Aufgaben/Vorgehen

Die Ergebnisse können in folgenden Schritten erarbeitet werden, die in der Regel mehrfach zyklisch wiederholt werden:

1. Die Use Case Diagramme entwerfen

2. Die Use Case beschreiben

3. Hilfstechniken einsetzen

4. Ggf. User Interface entwerfen

Use Case Diagramme entwerfen

Ein Use Case Diagramm stellt thematisch zusammengehörige Use Cases dar. Dabei gibt zwei natürliche Kriterien für die Zusammengehörigkeit:

- Prozeßbezogen
  Es werden diejenigen Use Case in einem Diagramm dargestellt, die zu einem Geschäftsprozeß oder elementaren Geschäftsprozeß gehören. Es kann somit überprüft werden, ob die Prozeßunterstützung vollständig ist.

- Actorbezogen
  Es werden alle Use Case, die einem Actor zur Verfügung stehen sollen, dargestellt. Damit kann gemeinsam mit späteren Nutzern überprüft werden, ob das System ihren Anforderungen entspricht.

Im Sinne eines durchgängigen Verfahrens empfiehlt es sich, mit einer prozeßbezogenen Darstellung zu beginnen und den elementaren Geschäftsprozessen und deren Actors Use Cases als IT-Unterstützung zuzuordnen.

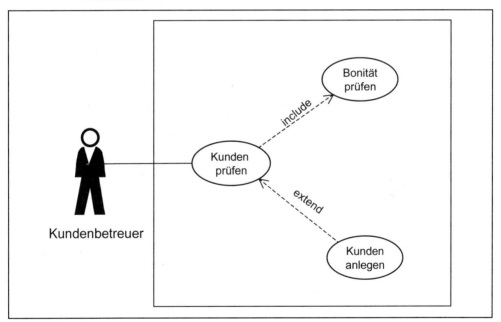

Abb. 31:   **Use Case-Diagramm (Beispiel)**

In Abb. 31 ist für den elementaren Geschäftsprozeß „Kunden prüfen" (siehe Abb. 30) ein Use Case-Diagramm dargestellt. Es ordnet dem Kundenbetreuer (Actor) den Use Case „Kunden prüfen" zu – in diesem

Beispiel gibt es also eine 1:1-Beziehung zwischen dem elementaren Geschäftsprozeß und dem Use Case. Der dem Actor direkt zugängliche Use Case wird durch zwei weitere Use Cases ergänzt, die ausgelagerte, wiederverwendbare Funktionen beinhalten (Stichwort Modularisierung):

- „Bonität prüfen" wird immer von den Use Cases „Kunden prüfen" genutzt (*include*-Beziehung) während

- „Kunden anlegen" den Use Case „Kunden prüfen" optional ergänzt (*extend*-Beziehung).

Use Cases beschreiben

Für jeden Use Case existiert eine detaillierte Beschreibung nach dem in Tab. 17 dargestellten Muster für den Use Case „Kunden prüfen". Aus dem zugehörigen elementaren Geschäftsprozeß werden Ziel/Zweck (Intent) und eine detaillierte Beschreibung der Systemunterstützung für einen üblichen Anwendungsfall (Main Course) als Abfolge von Aktionen dargelegt (Description). Diese Beschreibung stellt ausführlich die angebotene Systemunterstützung dar und ist inhaltliche Basis des Anforderungskataloges und des Designs.

Name	Kunden prüfen
Intent	Ein Kunde ist geprüft.
Description	1. Kunden anhand der Kd.-Nr. oder des Namens identifizieren
	2. Falls der Kunde ein Neukunde ist: Kunden anlegen (siehe Use Case „Kunden anlegen")
	3. Informationen zum Kunden aktualisieren
	4. Adresse prüfen
	5. Bonität überprüfen (siehe Use Case „Bonität prüfen")
Precondition	Bestandskunden bekannt
Postcondition	Die Kundendaten sind geprüft und die Bonität ist gesichert
Alternate Courses	- Kundendaten unvollständig
	- Adressprüfung nicht verfügbar
	- Bonitätsprüfung nicht verfügbar

Tab. 17:   **Beschreibung eines Use Cases (Beispiel)**

Weiterhin sind Vorbedingungen (Preconditions), die vor Ausführung des Use Cases erfüllt sein müssen, und Nachbedingungen (Postconditions), die durch Ausführung des Use Cases garantiert werden, zu dokumentieren. Eine möglichst vollständige Auflistung aller Ausnahmen und Fehlersituationen (Alternate Courses), die bei der Geschäftsaktivität während der Nutzung des Systems auftreten können, ergänzt die Beschreibung eines Use Cases.

Auf diese Weise erhält man die Menge der Use Cases, die aus fachlicher Sicht die Anforderungen an das System darstellt.

Hilfstechniken einsetzen

Das Finden der richtigen Use Cases – insbesondere hinsichtlich ihrer Granularität – ist oft nicht einfach. Deshalb ist es in diesen Fällen sinnvoll, als Hilfsmethode ein zusätzliches Modell einzusetzen, das zur Ausarbeitung der gewünschten Systemunterstützung mit den Business-Experten dient.

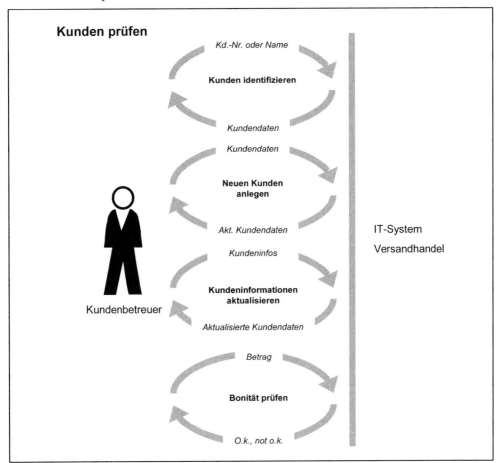

Abb. 32:   **Actor-Interaktionsdiagramm (Beispiel)**

Typischerweise benötigt der Actor zur Bewältigung seiner Aufgabe mehrere Interaktionen mit dem System. Das Actor-Interaktionsdiagramm, siehe Abb. 32, stellt die einzelnen Schritte dar, mit denen der Actor das System nutzt. Dazu werden der Actor und das System als „Black Box" graphisch dargestellt.

Der normale Ablauf wird vom ersten bis zum letzten Schritt in Form von Aktions/Reaktionszyklen dargestellt und mit Namen und Parametern beschrieben. Daraus können die Arbeitseinheiten ermittelt werden, die der Benutzer im Zusammenhang durchführen wird, und somit als Basis für die Identifikation von Use Cases dienen.

Die Analyse der Schritte zwischen Actor und System hilft bei der richtigen Identifikation von Use Cases und ist gleichzeitig ein Review auf die Struktur der Prozeßkette, der Granularität der elementaren Geschäftsprozesse sowie eine darauf abgestimmte Beschreibung der elementaren Geschäftsprozesse.

Das Actor-Interaktionsdiagramm ist jedoch eine reine Hilfsmethode für das Finden von Use Cases und dient später dem Verständnis für die gewählte Use Case Struktur, sowie für die fachlichen Inhalte der Use Cases. Es wird nicht in die weiterführenden Modelle integriert (Konsistenz), dient allerdings als gute, zusätzliche Informationsquelle.

User Interface

Use Cases, die durch Personen ausgeführt werden, benötigen ein User Interface. Dies kann in Form von Masken oder Formularen (Screens) an dieser Stelle bereits beschrieben werden (siehe Beispiel Abb. 33). Die wichtigsten Screens tragen wesentlich zum Verständnis der Systemunterstützung bei. Sie können parallel zur Anforderungsanalyse in einem horizontalen Prototyp entwickelt werden. Das endgültige Dialogdesign findet nach Abschluß der Anforderungsanalyse in der Phase Design statt.

Die Use Case-Beschreibungen inklusive der Screens sind die Basis für das Benutzerhandbuch.

Hinweise

Use Cases beschreiben die Funktionalität eines Systems, die einem Actor für die Ausführung einer Aufgabe zur Verfügung steht. Sie spielen damit in der Anforderungsanalyse eine zentrale Rolle:

*   Die Liste aller Use Cases repräsentiert die vollständige Liste aller fachlichen Anforderungen an das IT-System.

- Use Cases sind eine gute Grundlage für die Erstellung repräsentativer Testfälle für funktionale Tests und für Abnahmetests.

- Use Cases beschreiben über die zugeordneten Actors die organisatorische Einbettung des Systems in das Geschäft. Sie spezifizieren eine Benutzerrolle aus der Systemsicht.

- Use Cases bilden Basis und Ausgangspunkt für das Design des IT-Systems.

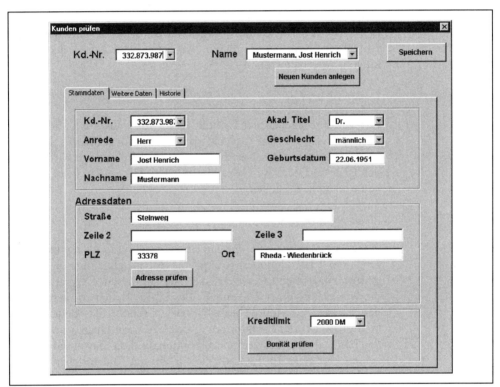

Abb. 33: **User Interface zum Use Case „Kunden prüfen"**

Use Case Beschreibungen

Ein guter Ansatz zur Beschreibung von Use Cases ist es, das System zunächst als eine „Black Box" zu betrachten, von welchem Services erwartet werden. So beginnt die Beschreibung eines Use Cases mit einer Zieldefinition, was erreicht werden soll.

Es folgt strukturierter Text, der die Abfolge von Aktionen für den üblichen Ablauf (Main Course) mit dem System möglichst detailliert beschreibt. Hier können Verweise auf konkrete Ausprägungen der Benutzungsoberfläche ebenso integriert werden wie eine erste Charakterisierung der genutzten Objekte, z. B. durch Name und Attribute.

80:20 Regel

Die Beschreibung eines Use Cases orientiert sich zunächst an dem normalen Ablauf (Main Course) des unterstützten Teils des elementaren Geschäftsprozesses. Dieser soll detailliert und ausführlich beschrieben werden (80% des Aufwandes). Ergänzt wird diese Beschreibung durch die Aufzählung von Nebenpfaden, Ausnahmen und fehlerhaften Abwicklungen (Alternate Courses, 20% des Aufwands).

Iteratives Vorgehen

Der gesamte Prozeß der Definition von Prozeßketten, „Schneiden" der richtigen elementaren Geschäftsprozesse und „Finden" der passenden Use Cases ist iterativ. Durch ein oder zwei Iterationen wird die Struktur der EBP und der Use Cases abgeglichen. Hierdurch steigt die Genauigkeit und Vollständigkeit.

Abhängigkeiten zwischen Use Cases und Prozeßketten

Abb. 34 zeigt, wie sich die einzelnen Ergebnisse idealtypisch beeinflussen: dem EBP „Kunden prüfen" ist ein gleichnamiges Use Case Diagramm zugeordnet. Einzelne Use Cases in diesem Diagramm stehen für die Umsetzung einer Teilaufgabe des EBPs. Bei einem iterativen Vorgehen ist die Zuordnung bidirektional zu sehen. Das bedeutet, daß Erkenntnisse bei der Strukturierung des Use Case Diagramms die Struktur des EBPs als Ganzes verändern können, und die Beschreibung eines einzelnen Use Case Einfluß auf die Inhalte der Teilaufgaben in dem EBP haben kann.

3.2.4 Business Objektmodell entwerfen

Die Use Cases charakterisieren die vom IT-System bereitzustellende Funktionalität. Zusätzlich sind Anforderungen an die vom IT-System zu verwaltenden Informationen und Daten aufzunehmen, die als *Business-Objekte* modelliert werden.

Business-Objekte beschreiben ganzheitlich einen Begriff, der durch sein Informationsgehalt (Wissen/Eigenschaften) und seine Methoden (Können) im IT-System abgebildet werden soll. Sie dienen zum besseren Verständnis dieser Begriffe und liefern eine erste „first cut" Vorlage für ein objektorientiertes Design.

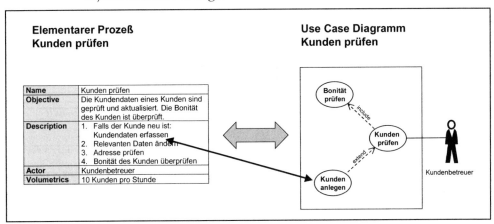

Abb. 34: **Elementarer Geschäftsprozeß und Use Case Diagramm**

Objektmodelle werden als Klassendiagramme nach UML [Booc99] dargestellt. Jedes Objekt wird durch seinen Namen, die Attribute und die Methoden definiert. Attribute beschreiben die Eigenschaften eines Objekts, Methoden charakterisieren das Können eines Objektes.

Ziele

In diesem Schritt werden folgende Ziele angestrebt:

- Alle wesentlichen Objekte, auf deren Datenhaushalt die zu unterstützenden Prozesse zugreifen, sind identifiziert.

- Zu jedem Objekt sind die wichtigsten Attribute und Methoden identifiziert und beschrieben.

- Die Objekte sind zueinander in Beziehung gesetzt.

Ergebnisse

Es liegen folgende Ergebnisse vor:

- Business-Objektmodell als grobes UML-Klassenmodell mit den wesentlichen Objekten und ihren Beziehungen untereinander

- Objektbeschreibungen der wichtigsten Objekte durch die Angabe ihres Namens, ihrer Attribute und Methoden

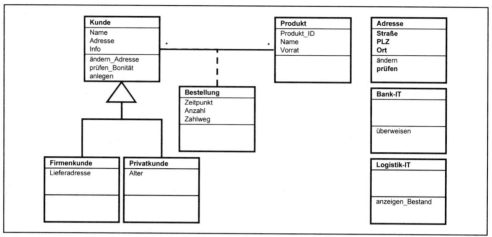

Abb. 35:   **Business-Objektmodell (Beispiel)**

In Abb. 35 ist ein Klassendiagramm dargestellt, daß Business-Objekte aus dem Versandhandel-Beispiel wie Kunde, Produkt und Bestellung darstellt. Kunden sind zusätzlich in Firmen- und Privatkunden speziali-siert, so daß die Firmenkunden neben den Eigenschaften von Kunden eine zusätzliche Lieferadresse haben, während Privatkunden um ihr Alter ergänzt werden. Die Beziehung zwischen einem Produkt und Kunden werden als Bestellungen genauer beschrieben. Weitere Objekte (Bank-IT, Logistik-IT) repräsentieren die Schnittstellen zu externen Systemen. In Kapitel 4 „Design" werden die syntaktischen Elemente eines UML-Klassendiagramms und das objektorientierte Paradigma näher vorge-stellt.

Aufgaben/Vorgehen

In folgenden Schritten, die u.U. mehrmals iterativ durchlaufen werden müssen, gewinnt man ein Business-Objektmodell:

1. Je Prozeß und Use Case alle Objekte und Informationen über sie, d.h. ihre Attribute und Methoden, sammeln.

2. Objekte zu einem Klassendiagramm mit Beziehungen kombinieren..

3. Attribute und Methoden abgleichen und zuordnen.

4. Modell entlang der Prozesse bzw. Use Cases verifizieren.

Hinweise

Der Detaillierungsgrad des Business-Objektmodells hängt auch von der Art des Systems ab. Für Systeme, deren Schwerpunkt auf der Unterstützung von komplexen Prozeßabläufen liegt, genügt u.U. eine grobe logische Modellierung. Bei Informationssystemen ist tendenziell eine höhere Detaillierung in der Darstellung notwendig, denn hier liegt der Hauptbeitrag des IT-Systems bei der Unterstützung der Geschäftsprozesse häufig in der Verwaltung von Objekten.

Allerdings birgt eine zu detaillierte Daten-/Objektanalyse an dieser Stelle die Gefahr der Doppelarbeit, da sich in der nachfolgenden Phase Design durch dort erarbeitete Randbedingungen die Strukturen noch ändern können.

3.2.5 Kontextdiagramm in der Systemsicht

Mit dem Wechsel zur Systemsicht stellt sich die Frage nach der Umgebung des IT-Systems: welche Schnittstellen zu anderen externen Partnern müssen realisiert werden? Welche Informationen werden mit diesen Partnern ausgetauscht? Zur Klärung dieser Fragen hat sich das in Kapitel 2 eingeführte Kontextdiagramm bewährt, mit dem der Scope des IT-Systems dargestellt wird und aus dem die Schnittstellenobjekte abgeleitet werden. Im Unterschied zum Einsatz dieser Methode in der Phase Geschäftsanalyse wird nun aber eine Systemsicht eingenommen.

Die Informationen zu den Business-Objekten ergeben sich aus den Beschreibungen der elementaren Geschäftsprozesse und Use Cases. Demgegenüber sind Schnittstellenobjekte nur aus der Kenntnis der geplanten Systemarchitektur ableitbar.

Die Beschriftungen der Kanten zwischen dem Fokus (IT-System) und den externen Systemen im Kontextdiagramm geben Hinweise auf die benötigten Schnittstellenobjekte sowie ihre Attribute und Methoden. In Abb. 36 ist dieses beispielhaft für das IT-System Versandhandel dargestellt

3.2.6 Anforderungen zusammenstellen

Zu den Systemanforderungen, die sich aus der Abwicklung des Geschäfts durch den Endbenutzer ergeben, sind zusätzliche Systemanforderungen zu formulieren, die sich auf nichtfunktionale Kriterien beziehen. Diese können sich auf die IT Strategie oder den Hersteller beziehen oder auf Leistungsmerkmale des Systems wie Performance und Verfügbarkeit.

Ebenso können diese Anforderungen aus einem ersten technischen Modell für die Umsetzung des Systems hervorgehen..

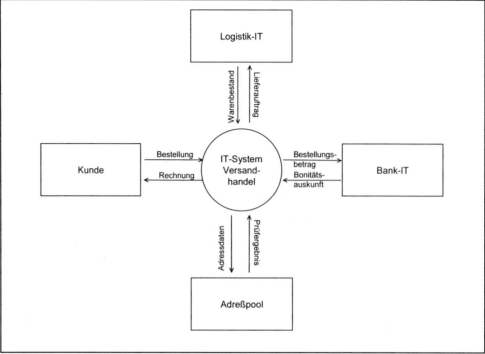

Abb. 36: **Kontextdiagramm IT-System (Beispiel)**

Alle Anforderungen können abschließend in einem strukturierten Anforderungskatalog zusammengefaßt werden. Er stellt die Basis für die Erarbeitung und Bewertung von Lösungsszenarien dar und dient zur Erstellung von Ausschreibungen. Durch die Nutzung vorgefertigter Checklisten kann an dieser Stelle auch die Vollständigkeit der Anforderungsanalyse formal überprüft werden.

Ziele

Das Zusammenstellen der Anforderungen verfolgt die Ziele:

- Ein strukturierter Anforderungskatalog ist erarbeitet.

- Die Anforderungen sind gemäß ihrer Bedeutung priorisiert.

- Die funktionalen und nichtfunktionalen Anforderungen sind zusammengeführt.

Ergebnis

Im Ergebnis liegt ein strukturierter Anforderungskatalog vor, der die priorisierten funktionalen und die nichtfunktionalen Anforderungen enthält.

Aufgaben/Vorgehen

1. Zusammenfassung der funktionalen Anforderungen und der nichtfunktionalen Anforderungen in einem Anforderungskatalog.

2. Überarbeitung und Priorisierung sowie Verifikation der Anforderungen mit einer Priorisierung durch Business-Experten (fachliche Anforderungen), IT-Management (nichtfunktionale Anforderungen) und Business Management (strategische und organisatorische Anforderungen, Wirtschaftlichkeit).

3. Abnahme des Anforderungskataloges durch die Projektentscheidungsgremien. Die Entscheidung erfolgt entweder ohne Bedingungen oder bedingt (z. B. weitere Präzisierung erforderlich).

Zunächst werden die funktionalen Anforderungen an das System aufgenommen, die durch die Liste aller Use Cases repräsentiert werden. Die Use Cases werden nach Geschäftsfeldern bzw. Gruppen von Prozessen strukturiert. Hier stellt die Prozeßhierarchie eine Hilfe dar. Für das gemeinsame Verständnis über den Leistungsumfang des zu erstellenden Systems sind auch detaillierte Anforderungen zu den Alternate Courses aufzunehmen, z. B. durch explizite Benennung der im IT-System zu unterstützenden Alternate Courses oder in einer Vereinbarung, daß alle Alternate Courses zum Leistungsumfang gehören.

Prozesse / elementare Prozesse	Bedeutung (wichtig, dringlich)	Use Cases	Bedeutung (wichtig, dringlich)	Erfüllungsgrad
Auftragsbearbeitung	A	Kunden prüfen	A	
		Bonität prüfen	A	
		Kunden anlegen	A	
		...		
Kundenbewertung	B	Bewertungsfunktion anlegen	B	
...		...		

Tab. 18: **Katalog für funktionale Anforderungen**

Die Geschäftsfelder bzw. Prozeßgruppen können gemäß ihrer Bedeutung für das Geschäft gewichtet werden, um später die Kosten-/Nutzen-analyse für das System zu erleichtern. Die Granularität der Priorisierung ist abhängig vom Umfang des Projekts und vom Zweck der Priorisierung (Kosten-/Nutzenbetrachtung, Planung einer inkrementellen Implementierung).

Der Anforderungskatalog wird abschließend von den Business-Experten und den Kontrollgremien des Projektes abgenommen. Tab. 18 zeigt die Struktur eines derartigen Anforderungskatalogs.

Die bisherige Anforderungsanalyse bezieht sich auf die fachlichen Anforderungen, die aus Geschäftssicht an das System gestellt werden. Darüber hinaus müssen von einem künftigen System auch nichtfunktionale Anforderungen erfüllt werden, siehe Tab. 19.

Aspekt (=Typ der Anforderungstyp	Bedeutung (wichtig, dringlich)	Anforderung (=Beschreibung der nichtfunktionalen Anf.)	Bedeutung (wichtig, dringlich)	Erfüllungsgrad
Verfügbarkeit	A	24 h online Verfügbarkeit/Tag 365 Tage/Jahr	A	
		Parallele Verarbeitung von Massendaten	B	
		...		
Systembelast-barkeit	A	Antwortzeit bei Betreuungs-dialogen < 1 sec		
		...		
...				

Tab. 19: **Anforderungen an die Systemleistung (Beispiel)**

Jeder Aspekt muß wie die fachlichen Anforderungen hinsichtlich Wichtigkeit und Dringlichkeit priorisiert und durch exakte Beschreibung der konkreten Anforderung spezifiziert werden. Auch hier ist eine Gewichtung der einzelnen Anforderungen möglich. In der letzten Spalte wird dann (später) der Erfüllungsgrad des jeweiligen Szenarios eingearbeitet.

Je Anforderung kann hier schon festgelegt werden, wie die Erfüllung dieser Anforderung gemessen bzw. überprüft werden kann nach dem Motto „wenn ... erfüllt ist", dann ist die Anforderung erfüllt. Diese „Fälle", um deren Erfüllung es geht, sind Kandidaten für Testfälle.

Entsprechend der Darstellung in Tab. 19 sind die unten aufgeführten Anforderungen in gleichartige Tabellen einzutragen, was die Kategorisierung der Anforderungen erleichtert und zu einem systematischen Überblick verhilft.

- IT strategische Ausrichtung

- Berücksichtigung von Standards (Standardsoftware plus Plattform) siehe „Konzernstandards"
  - Internationaler Einsatz
  - Skalierbarkeit
  - Einbettung in die künftige IT-Landschaft des Konzerns/des Unternehmens

- Anforderungen an die Systemleistung
  - Verfügbarkeit
  - Systembelastbarkeit
  - Datenhaltung/Volumina/Mengengerüst
  - Ausfallsicherheit
  - Kommunikationsschnittstellen
  - Performance
  - Durchsatz
  - Anzahl Benutzer

- Anforderungen an die Pflegbarkeit und Weiterentwickelbarkeit des Systems
  - SW-Architektur
  - Offenheit
  - Entwicklungstools
  - Release-Konzept
  - Versions- und Konfigurationsmanagement
  - Wartungs- und Weiterentwicklungskonzept
  - Verständlichkeit und Systemdokumentation

- Anforderungen an die Unterstützung durch den Systemanbieter
  - Systemanbieter
  - Supportkonzept
  - Verfügbarkeit
  - Generalunternehmerschaft
  - Kooperation/Prognose

- Anforderungen an die Benutzbarkeit des Systems
  - Benutzergruppe/Rollenkonzept/Rechteverwaltung
  - Trainingskonzept
  - Benutzerdokumentation
  - Ergonomie/Arbeitsplatzgestaltung

- Architekturanforderung
  - Integration in bestehende DV Landschaft
  - Einordnung der Systemplattform in IV Strategie
  - Hardware
  - Software
  - Telekommunikationsmöglichkeiten/Internet

- Anforderungen an die Wirtschaftlichkeit

- Anforderungen an den Datenschutz /die Netzwerksicherheit
  - Service Level Agreement
  - Hotline
  - Wiederherstellbarkeit
  - Reaktionszeit

- Anforderungen an die Datensicherheit

- Anforderungen zur Unterstützung der Nutzer (Hotline)

- Kulturelle und politisch-juristische Anforderungen
  - Firmenpolitische Rahmenbedingungen
  - Copyrights

Eine gut strukturierte Übersicht über nichtfunktionale Anforderungen findet sich in [Robe00].

Hinweise

Der Anforderungskatalog ist die wichtigste Basis für eine Ausschreibung des Projektes an einen IT-Lieferanten bzw. die Abnahme der späteren Projektergebnisse. Deshalb muß dieser von den Projektentscheidungsgremien inklusive der Priorisierung abgenommen werden.

Über den Detaillierungsgrad der einzelnen Anforderungen und deren Priorisierung muß ein gemeinsames Verständnis zwischen dem Auftraggeber und dem Auftragnehmer hergestellt werden.

Bei der Konzeption eines IT-Systems ist es auch wichtig, die Anforderungen bzgl. Betrieb, Wartung und Benutzerservice zu berücksichtigen.

3.2.7 Hinweise

Die Anforderungsanalyse innerhalb der Konzeptionsphase besteht zu einem großen Teil aus Sitzungen von Geschäftsexperten und IT-Fachleuten. Zu diesen Sitzungen sind die Anwender je nach Bedarf hinzuzuziehen. Verschiedene Moderationstechniken können hier verwendet werden, um alle relevanten Informationen aufzunehmen (z. B. Metaplan oder Flipchart). Wichtige Aspekte sind:

- Themenorientierte Teams bilden.

- Themenzentriertes Arbeiten verankern.

- Klare Verantwortlichkeiten beim Auftraggeber und -nehmer definieren.

- Ownership für Prozesse und Use Cases auf Seiten des Auftraggebers und des Teams klären und festlegen.

- Die richtige Mischung von Geschäftsexperten und Systemexperten je Thema in den Teams sicherstellen.

- Identifikation der Business-Experten mit den Anforderungen und Lösungsansätzen und deren Vertretung in der Kundenorganisation absichern.

- Eine gemeinsame Sprache mit allen Beteiligten finden, damit ein gleichartiges Verständnis der Sachverhalte erreicht wird.

3.3 IT-Lösung konzipieren

Auf Basis des Anforderungskatalogs wird nun eine IT-Lösung konzipiert. Hierzu werden zunächst einige wenige grobe Lösungsalternativen in Form von Szenarien ermittelt (z. B. Neuentwicklung, Weiterentwicklung, Einsatz von Standardsoftware).

Dazu werden Marktanalysen bei vergleichbaren Anwendern und Anbietern entsprechender Lösungen durchgeführt, gegebenenfalls werden bereits Angebote zu ersten Ausschreibungen ausgewertet.

Als Ergebnis sollten zwei bis drei Szenarien vorliegen, die weiter ausgearbeitet, verglichen und bewertet werden. Schließlich wird eine Entscheidung für ein Szenario gefällt. Allein dieses Szenario wird in der nächsten Phase weiter verfolgt.

3.3.1 Lösungsalternativen ermitteln

Ziel dieses Schrittes ist es, eine möglichst kleine Anzahl passender Lösungsszenarien aus den Lösungsalternativen in möglichst kurzer Zeit zu erstellen, die grob bewertet werden können.

Ergebnisse

- Die grundsätzlichen Lösungsalternativen sind identifiziert und beschrieben.

- Eine Vorauswahl von wenigen – zwei bis drei – Lösungsalternativen ist durchgeführt.

Aufgaben/Vorgehen

- Ermitteln von groben Lösungsalternativen

- Vergleichende Beschreibung der Lösungsalternativen

- Grobbewertung und Auswahl der passenden Lösungsalternativen

In den meisten Fällen ist es gut, auf den Standards bzw. den „Best Practises" des Unternehmens oder anderer Unternehmen mit ähnlicher Situation aufzusetzen und zunächst zu prüfen, ob die dort ableitbaren Lösungsalternativen anwendbar sind. Erst danach sollte man für ein operatives und zeitkritisches Projekt Neuland betreten. Im Regelfall werden die Lösungstypen irgendwo bereits ausgeprägt sein, und es werden bewährte Referenzen und Geschäftsbeziehungen zu den Anbietern existieren. Die Vorgehensweise zum Finden der Lösungsalternativen ist nun folgende:

Zunächst wird die Frage beantwortet, welche Alternativen von Anwendungssystemen und Systemplattformen sich als zentrales Trägersystem für das zu entwickelnde Anwendungssystem eignen. Hierbei ist sowohl die grobe Abdeckung des Scopes auf Basis der zu unterstützenden Geschäftsprozesse zu beachten als auch das Umfeld im Unternehmen, für welches das System eingesetzt werden soll: Wo ist bereits Standardsoftware eingesetzt, mit welchen Systemen soll bzw. muß erfahrungsgemäß das neue System integriert werden?

Danach wird geprüft, welche Funktionalität das zentrale Trägersystem bereits abdeckt bzw. abzudecken in der Lage ist. Dies geschieht auf Basis des Anforderungskataloges. Schließlich werden die Komponenten ergänzt, die notwendig sind, um die gesamte Funktionalität abzudecken. Dabei sollte möglichst von Standardszenarien ausgegangen werden, die im Unternehmen, bei den Anbietern oder den Referenzanwendern zur Verfügung stehen.

Im Regelfall stehen im Unternehmen prinzipielle Grundszenarien zur Verfügung. Diese können nun dargestellt bzw. gemäß den Anforderungen erweitert werden, falls notwendig (siehe Tab. 20).

Hierbei kann man sich bereits auf die Alternativen beschränken, die in der Phase Geschäftsanalyse ins Auge gefaßt wurden.

Lösungstyp	Beschreibung
SAP-Standard-Lösung	SAP HR Standardfunktionalität + Customizing
SAP-Hybrid-Lösung	SAP HR Standardfunktionalität mit Add ons und enhancements (ABAP – Programmierung, Zusatzkomponenten)
QuickSoft-Standard-Lösung	QuickSoft mit Microsoft/SQL Server
Eigenentwicklung	Eigenentwicklung auf Basis der Microsoft Produkte mit Internet Front End

Tab. 20:   Aufstellung der möglichen Lösungsszenarien

Szenario / Anforderung	SAP-Standard-Lösung	SAP-Hybrid-Lösung	QuickSoft-Standard-Lösung	Eigenentwicklung
Strategische Ausrichtung	++	+	--	O
Unterstützung der Prozesse	O	++	++	+
Technische Beherrschung	O	O	++	+
Time to Market	++	-	++	O
Hersteller Commitment	+	-	++	+
Wirtschaftlichkeit	+	-	++	O
Integrierbarkeit	+	+	-	+

Tab. 21:   Bewertete Lösungsszenarien (Beispiel)

Nach Tab. 21 lautet das Ergebnis für das Beispiel: Es bleiben die SAP-basierte Standard-Lösung und die QuickSoft Standard Lösung übrig.

Die Lösungsszenarien werden nun auf Basis der Anforderungen bewertet (siehe Tab. 21). In diesem Schritt empfiehlt es sich, mit der Bewertung nicht zu stark ins Detail zu gehen, sondern sie anhand eines Kataloges von Schlüsselkriterien (K.O's.) vorzunehmen. Die hier ausgewählten Anforderungen sind typische Schlüsselkriterien. Diese erlauben eine vergleichende Bewertung der verschiedenen Szenarien für eine Vorauswahl. Meistens bleiben nach der Bewertung max. zwei bis drei Alternativen übrig. Eine davon sollte eine *bekannte Lösung als Rückfallposition* sein.

Hinweise

Meist geschieht die Auswahl in einer Kombination aus hausinternen Überlegungen und Einbeziehung von externen Anwendern, die eine vergleichbare Problemstellung schon gelöst haben und externen Anbietern entsprechender Lösungen. Oft steht die grundsätzliche Lösungsalternative auch schon am Ende der Geschäftsanalyse fest. An dieser Stelle sollte mit groben Rastern und Kategorien gearbeitet werden, um kurzfristig Ergebnisse erzielen zu können.

3.3.2 Lösungsszenarien entwerfen

Jedes der verbliebenen Lösungsszenarien wird nunmehr in kompakter Form dargestellt, um zu einer endgültigen Entscheidung zu kommen.

Ergebnisse

Im wesentlichen kann dieser Schritt als Überprüfung bzw. Verfeinerung des korrespondierenden Schrittes der Geschäftsanalyse angesehen werden, siehe auch Kapitel 2. Die Hauptergebnisse sind:

- Der Scope des IT-Systems und die fachliche Abdeckung der Anforderungen ist dargestellt.

- Der Grad der organisatorischen Abdeckung ist dargestellt, einschließlich notwendiger organisatorischer Randbedingungen.

- Die Technologieplattform ist detailliert beschrieben.

- Machbarkeit und Aufwand der Lösung ist detailliert dargestellt.

Aufgaben/Vorgehen

1. Die Funktionalität und die Unterstützungsmöglichkeit der Geschäftsprozesse durch Use Cases wird grob dargestellt (Scope-Abdeckung). Das auf Basis der Lösung noch zu realisierende Delta wird identifiziert und beschrieben. Die Abdeckung der nichtfunktionalen Anforderungen wird analysiert.

2. Es wird dargestellt, inwieweit die Lösung die verschiedenen Arbeitsplatztypen abdeckt und der Aufbau- und Ablauforganisation des Unternehmens Rechnung trägt bzw. ob die Voraussetzungen, von denen die jeweilige Lösungsalternative ausgeht, erfüllbar sind.

3. Die erforderliche Systemarchitektur bzw. Plattformarchitektur wird dargestellt.

4. Die Machbarkeit wird aus dem Verhältnis von Anforderungen, Unternehmenssituation und Vergleichsfällen (Referenzen) abgeschätzt. Erste Aussagen über Aufwände (Vergleichssituationen) werden gemacht.

Diese Darstellungen münden in eine Präsentation, in der noch einmal überprüft werden kann, ob die Festlegung auf die Szenarien richtig war. Ein erstes Gefühl über Sinnhaftigkeit und Machbarkeit der Lösungsszenarien wird hergestellt.

Dieser Schritt kann auch gut im Rahmen einer Ausschreibung an einen Dienstleister vorgenommen werden.

Hinweise

Bei Lösungsszenarien, zu denen im eigenen Unternehmen keine eigenen Erfahrungen existieren, empfiehlt sich der Besuch von Referenzkunden. Hier kann in kurzer Zeit ein Eindruck gewonnen werden zur Machbarkeit und Beherrschbarkeit der Lösung bzw. der zugrundeliegenden Technologien.

Bestandteil des Lösungsszenarios sollten auch Überlegungen zum Betrieb des IT-Systems sein. Diese bilden die erste Grundlage für ein umfassendes Betriebskonzept (zur Gestaltung des Betriebskonzeptes siehe Kapitel 7).

3.3.3 Lösungsszenarien bewerten und entscheiden

Je Lösungsszenario (Angebot) wird der Leistungsumfang, die Machbarkeit und der Aufwand bewertet. Schließlich wird eine Entscheidung über das weitere Vorgehen im Projekt herbeigeführt.

Ergebnisse

- Bewerteter Anforderungskatalog

- Machbarkeitsanalyse

- Wirtschaftlichkeitsdarstellung

Aufgaben / Vorgehen

1. Die angebotenen Lösungsszenarien werden auf Basis des Anforderungskatalogs und der Anforderungsabdeckung bewertet.

2. Die Machbarkeit der einzelnen Lösungen wird bewertet.

3. Das Kosten-/Nutzenverhältnis wird analysiert.

4. Eine Lösung wird ausgewählt und das weitere Projektvorgehen festgelegt.

Die einzelnen Anforderungen an das IT-System und ihre spezifische Bedeutung werden mit den angebotenen Lösungen verglichen, und der Erfüllungsgrad der Lösung wird bewertet.

Die Ergebnisse können, wie in Tab. 22 dargestellt, in tabellarischer Form strukturiert werden, was eine Bewertung des Gesamtabdeckungsgrades der Lösungen erleichtert.

Anforderung	Bedeutung	Abdeckung SZ1	Abdeckung SZ2	...
Kunden prüfen	A	++	+	
24h/365D/Y	A	+	++	
...				

Tab. 22: **Bewertung Abdeckungsgrad Szenarien (Beispiel)**

Ebenso wird je Szenario die Machbarkeit untersucht. Dies kann auf Basis von Risikochecklisten bzw. Show-Stoppern geschehen (s. Tab. 23 und Tab. 24).

Risiko	Auswirkung/Ausprägung
Komponente nicht verfügbar	Erhöhter Aufwand durch Eigenentwicklung
Bisher kein vergleichbares Projekt durchgeführt	Unsicherheit in der Aufwandsabschätzung

Tab. 23: **Risikocheckliste (Beispiel)**

Ein Show-Stopper ist ein Ereignis, dessen Eintreten den Projekterfolg ernsthaft gefährdet. Man kann sich auf eine handvoll Show-Stopper einigen, die erfahrungsgemäß die größte Problematik beinhalten, und genau definieren, wann diese eintreten bzw. einzutreten drohen und festlegen, welches Vorgehen beim Auftreten angemessen ist.

Show-Stopper	Indikator
Verfügbarkeit nicht gesichert	Systemausfälle im Referenzsystem
Performanz der IT-Lösung nicht genügend	Proof of Infrastructure (POI) negativ

Tab. 24: Show-Stopper (Beispiel)

Beim Auftreten eines Show-Stoppers wird es notwendig, den Aufwand für die Projektabwicklung nochmals zu verifizieren. Die Kosten-/Nutzenaufstellung aus der Phase Geschäftsanalyse wird ebenfalls verifiziert und verfeinert. Unter Umständen kann es dann sogar zur Entscheidung kommen, auf die Backup-Lösung zurückzugreifen.

Auf dieser Basis wird nunmehr von den Projektgremien sowie der Geschäftsleitung des Kunden entschieden, welche Lösung umgesetzt werden soll.

3.4 Leistungsumfang und Abnahmekriterien festlegen

In diesem Schritt wird eine Lösung ausgewählt und die Fortsetzung des Projektes geprüft und entschieden.

Ergebnisse

Der Auftraggeber hat ein Lösungsszenario ausgewählt. Der exakte Leistungsumfang des Systems und die Abnahmekriterien sind definiert und fixiert. Der Auftraggeber entscheidet, ob das Projekt auf Basis der ausgewählten Lösung fortgesetzt wird.

Aufgaben

1. Das ausgewählte Lösungsszenario und die mit diesem Szenario abgedeckten funktionalen und nichtfunktionalen Anforderungen werden aus den existierenden Anforderungskatalogen abgeleitet und zu der Beschreibung des Leistungsumfangs der IT-Lösung zusammengestellt.

2. Abnahmekriterien werden definiert, siehe dazu Kapitel 6 „Einführung" und Kapitel 11 „Testen", in denen dieses Thema detailliert behandelt wird.

3. Leistungsumfang und Abnahmekriterien werden zwischen Auftraggeber und Auftragnehmer vereinbart.

4. Dem Projektleiter wird – bei einem positiven Entscheid über das weitere Vorgehen – der vereinbarte Leistungsumfang, die definierten Abnahmekriterien und alle weiteren Ergebnisse der Konzeptionsphase zur weiteren Abwicklung des Projekts in der Designphase übergeben.

Hinweise

Für das weitere Vorgehen im Projekt ist ein konkreter Auftrag für die folgenden Phasen notwendig. Je nach Vorgehen bei der Abwicklung des Gesamtprojekts ist hier eventuell ein neuer Auftrag notwendig, siehe auch das Kapitel 8 „Projektmanagement".

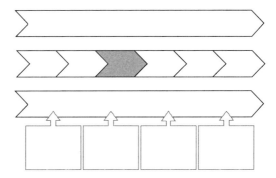

4 Design

Die Phase Design ist das Bindeglied zwischen der Konzeption und der Realisierung. Sie hat zum Ziel, aufbauend auf den Ergebnissen der Konzeptionsphase, exakte Vorgaben für die Realisierung zu erarbeiten. Dazu gehört insbesondere die Ausarbeitung einer Software und Hardwarearchitektur und die konkrete Ausgestaltung der Softwarebausteine, etwa durch Komponenten und Objekte einschließlich ihrer Schnittstellen und internen Algorithmen.

4.1 Orientierung

Während in der Konzeptionsphase der Schwerpunkt der Betrachtung auf den Systemanforderungen liegt – *was* soll das System machen – ,wird in der Designphase aus Sicht des Systems beschrieben, *wie* die Anforderungen umgesetzt und z. B. in Programmen implementiert werden.

Es können prinzipiell verschiedene Architekturansätze verfolgt werden, siehe den Designkompaß in Abb. 37. Als wichtige Kriterien für ein gutes Design sind dort Wiederverwendbarkeit und Plattformunabhängigkeit genannt. Während die monolithischen IT-Systeme diese Kriterien unzureichend erfüllen, fokussieren objektorientierte Systeme auf Wiederverwendbarkeit und Schichtenarchitekturen auf Plattformunabhängigkeit.

Je nach Zielsetzung des zu erstellenden Systems ist ein adäquater Architekturansatz zu verfolgen. Soll bspw. ein Programm zur komplexen Datenübernahme geschrieben werden, das nur einmalig ausgeführt werden wird, kann eine – eigentlich unmoderne – monolithe Architektur durchaus angebracht sein. Grundlage des im folgenden dargestellten Designs ist die komponentenbasierte 4-Schichten Architektur unter Nutzung objektorientierter Methoden.

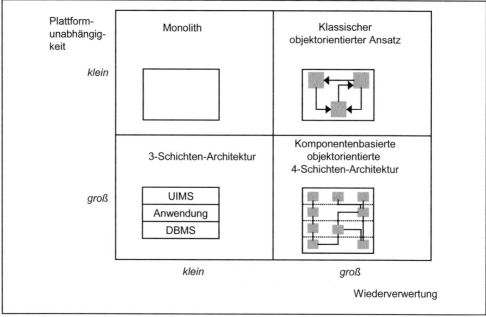

Abb. 37: **Designkompaß mit verschiedenen Architekturansätzen**

Diese komponentenbasierte objektorientierte 4-Schichten Architektur verbindet die Vorteile einer 3-Schichten Architektur mit dem Nutzen der objektorientierten Vorgehensweise:

- Durch die Verwendung von Komponenten erhält man ein von der Zielplattform weitgehend unabhängiges logisches Design, so daß innerhalb eines zu entwickelnden IT-Systems der Einsatz von heterogenen Zielplattformen möglich wird.

- Durch die Kapselung von Daten und Funktionalität in Komponenten wird ein hohes Maß an Flexibilität, Wiederverwendbarkeit und Wartbarkeit erzielt.

- Durch die vier Schichten ergibt sich eine aufgabenbezogene Strukturierung der Komponenten des IT-Systems und folglich eine bessere Unterstüzung von Portabiltät.

- Die Einbindung von eigenentwickelten Komponenten oder am Markt erhältlichen Standardpaketen wird möglich (Wiederverwendung).

4.1.1 Ziele

Ziel des Designs ist der detaillierte Entwurf der Hard- und Softwarearchitektur des IT-Systems. Dieses Ziel gliedert sich in folgende Unterziele:

- Die Komponentenarchitektur ist entworfen

- Die zu realisierenden Komponenten sind beschrieben

- Die Komponentenumsetzung ist definiert

4.1.2 Ergebnisse

Folgende Ergebnisse werden im Design erarbeitet, gegliedert nach den Hauptschritten:

- Zur Komponentenarchitektur:
  - Komponentenarchitektur
  - Beschreibung der Services und Schnittstellen der Komponenten
  - Vollständige Beschreibung der Use Cases
  - Sequenzdiagramme für die Use Cases mit der Identifikation der benötigten visuellen Objekte sowie der Prozeß- und Schnittstellenobjekte

- Zu jeder einzelnen zu realisierenden Komponente:
  - Komponentenarchitektur
  - Klassenmodell der Komponente mit Attributen, Methoden und Assoziationen
  - Sequenzdiagramme zu den Methoden der Schnittstellen der Komponente
  - Ggf. Lebenszyklen von komplexen Objekten in Form von Zustandsübergangsdiagrammen
  - Ggf. User Interfcae Design

- Zur Komponentenumsetzung:
  - Technische Architektur in Form von Einsatzdiagrammen
  - Physisches Komponentendiagramm
  - Logisches Datenmodell
  - Physisches Datenmodell
  - Realisierungskonzept

4.1.3 Voraussetzungen

Grundlage der Erstellung des Designs sind die in der Konzeption erarbeiteten fachlichen Anforderungen, die in den Use Case-Diagrammen und -Beschreibungen, dem Business-Objektmodell und dem Kontextdiagramm festgehalten sind, siehe Abb. 38. Diese Diagramme und Modelle müssen vollständig und konsistent vorliegen

Die Use Cases sind der Startpunkt des Systemdesigns, strukturieren das Vorgehen und erlauben eine Verfolgung der Anforderungen in das Systemdesign hinein. Aufgrund dieser zentralen Bedeutung werden die Use Cases zu Beginn der Design Phase überarbeitet, komplettiert und gegebenenfalls detaillierter spezifiziert. Die Use Cases sind damit die Minimalvoraussetzung für den Einstieg in das Design.

Das Kontextdiagramm spezifiziert alle Schnittstellen, die das zu entwerfende IT-System mit externen Systemen hat. Alle Schnittstellen, die in den Use Case-Beschreibungen aufgeführt sind, finden sich im Kontextdiagramm wieder.

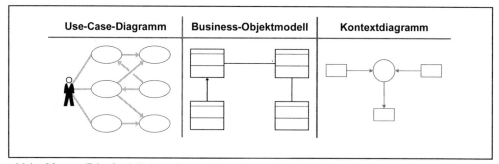

Abb. 38:   **Die fachlichen Vorgaben für das Design**

Das Business-Objektmodell liefert die Beschreibung der aus Business-Sicht im IT-System vorzuhaltenden Informationen. Jedes Informationselement, das in den Use Case-Beschreibungen benannt ist, findet sich ebenso in dem Business-Objektmodell wieder wie die Beschreibung der Daten, die an den Schnittstellen zu den externen Systemen anfallen.

Abb. 38 zeigt die prinzipiellen Darstellungen dieser Diagramme und Modelle, die als Voraussetzung für ein Design existieren müssen.

Bei bereits festgelegter Zielplattform können damit verbundene Randbedingungen frühzeitig in der Architektur berücksichtigt werden. Es ist aber darauf zu achten, daß eine zu nahe Orientierung an der Zielplattform vermieden wird, um die Vorteile eines unabhängigen logischen Designs –

etwa Wiederverwendbarkeit und Plattformunabhängigkeit – nicht zu unterlaufen.

4.1.4 Ablauf

Das Design gliedert sich im wesentlichen in drei Hauptaktivitäten, dem Entwurf der Komponentenarchitektur, dem Entwurf von Komponenten, die individuell für das IT-System zu entwickeln sind, und der Festlegung der Komponentenumsetzung, siehe Abb. 39.

Der Entwurf der Komponentenarchitektur und auch der Entwurf einzelner Komponenten beinhaltet jeweils eine dynamische und eine statische Sicht.

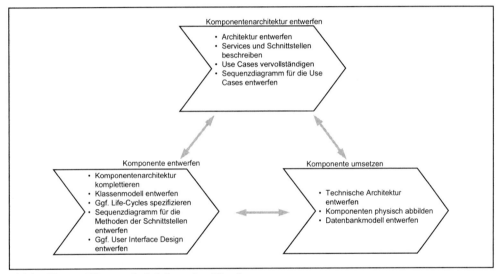

Abb. 39:   Hauptaktivitäten im Design

So ergeben sich aus dem Ablauf im Use Case (das ist die wesentliche dynamische Vorgabe aus der Konzeption) die notwendigen Bausteine der Komponentenarchitektur (statische Sicht). Entsprechend folgt aus der exakten Beschreibung der Abläufe in der Komponente die zugehörige Klassenarchitektur dieser Komponente.

Das Vorgehen garantiert die Durchgängigkeit vom Geschäftsprozeß über den Use Case zur Systemfunktion. Die dynamischen und statischen Strukturen – Komponenten, Klassen, Objekte – sind aus den Anforderungen des Geschäfts abgeleitet und somit begründet.

Komponentenarchitektur des Systems entwerfen

Ergebnis ist eine komponentenbasierte Anwendungsarchitektur, welche die Komponenten mit ihren Schnittstellen und Wechselwirkungen beschreibt. Hierbei sollte möglichst auf existierende Komponenten zurückgegriffen werden (Wiederverwendung). Das Ergebnis ist der Grobentwurf des IT-Systems.

Voraussetzung ist das Vorliegen der vollständigen Menge der Use Cases, die in sich ein konsistentes Bild der Anforderungen an das IT-System ergeben, für das gemäß Auftrag das Design durchgeführt werden soll. Gegebenenfalls sind diese Use Cases noch zu überarbeiten, zu ergänzen und erneut mit den Fachabteilungen abzustimmen.

Die Implementierung aller Use Cases über Sequenzdiagramme legt dann die Struktur der Schichtenarchitektur und die Funktionalität einer jeden Komponenten (Schnittstelle) in der Gesamtarchitektur fest.

Einzelne Komponente entwerfen

Ergebnis dieser Hauptaktivität ist der objektorientierte Feinentwurf für jede individuell zu entwickelnde Komponente. Nachdem die Schnittstelle überarbeitet und im Projekt vereinbart ist, werden über Sequenzdiagramme die Methoden der Schnittstelle auf Methoden der Klassen abgebildet.

Insgesamt erhält man je betrachteter Komponente das zugehörige Klassenmodell (Klassen, Methoden, Attribute, Relationen zwischen Klassen) und für Objekte der Klassen eine Spezifikation des Life Cycles.

Bereits existierende Komponenten werden gegebenenfalls angepaßt bzw. erweitert. Die User Interface-Beschreibung (Masken, Navigation) ist Teil der Klassenbeschreibung für die visuellen Objekte.

Technische Umsetzung je Komponente festlegen

Ergebnis ist die Abbildung des logischen Entwurfs in die gewählten Zielumgebungen. Auf Basis des technischen Modells wird je Komponente die Realisierungstechnologie (Programmiersprache bzw. die Abbildung auf das Standardpaket) festgelegt.

Desweiteren wird die Kommunikation definiert (z. B. Verwendung von Middleware) und im Falle der Verwendung von relationalen Datenbanken ist ein logisches und physisches Datenmodell zu erzeugen.

Hinweise

Mit dem Wechsel der Sichtweise in dieser Phase (von den Anforderungen zur Umsetzung in ein IT-System) ist auch eine Erweiterung der Teamstruktur mit den entsprechenden Verantwortlichkeiten verbunden, um eine effiziente und den Aufgaben angepaßte Arbeitsweise zu erreichen.

In dieser Phase gibt es zwei prinzipiell unterschiedliche Verantwortlichkeiten:

- Aus *Systemsicht* soll ein optimales Design der einzelnen Systemkomponenten erreicht werden, so daß ein stabiles, wartungsfreundliches und performantes Gesamtsystem entsteht. Ausgangspunkt ist ein architekturzentrierter Ansatz für die Systementwicklung. Dieses wird erreicht, indem die Verantwortung je Systemkomponente festgelegt wird. Hierbei steht die Komponentenentwicklung, z. B. mit dem Ziel der Wiederverwendbarkeit im Vordergrund.

- Aus *Geschäftssicht* muß in der Designphase sichergestellt werden, daß die Use Cases entsprechend ihrer Beschreibung implementiert werden und daß im Falle von geänderten oder fortgeschriebenen Anforderungen Abstimmungen mit den Business-Experten erfolgen. Dieses wird erreicht, indem die Verantwortung je Use Case festgelegt wird. Hierbei handelt es sich um einen anwendungsgetriebenen Ansatz.

Generell sind Designregeln zu beachten bzw. zu vereinbaren, welche die Qualität des Ergebnisses insbesondere auch im Hinblick auf Realisierung und Wartung des erstellten IT-Systems beeinflussen. Dazu gehören:

- Möglichst wenig Abhängigkeiten zwischen Komponenten bzw. Objekten: Durch Vermeidung einer zu starker Verzahnung zwischen den Bausteinen des IT-Systems lassen sich unabhängige Teile separat realisieren. Außerdem erhält man keine unerwünschten Abhängigkeiten, die bei der Wartung des Systems zu Problemen führen können, etwa durch Nebeneffekte in anderen Teilen des IT-Systems, wenn Korrekturen oder Ergänzungen der Funktionalität einer Komponente vorgenommen werden.

- Geeignete Parametrisierung des Systems bzw. von Teilen des Systems: Damit lassen sich Anpassungen des Systems – z. B. bezüglich Mandanten, Geschäftsregeln, externer Schnittstellen, Plattformen – unabhängig von einer Änderung des Designs bzw. der Implementierung vornehmen.

- Einheitlichkeit in der Ausgestaltung von Schnittstellen: Dieses betrifft sowohl das „Look and Feel" der Benutzungsoberfläche als auch die Homogenität der Nutzung von Infrastrukturen, etwa von Datenbanken und Kommunikationssystemen. Die einheitliche Nutzung im Design erleichtert das gemeinsame Vorgehen sowohl im Design als auch in Realisierung und Wartung.

4.2 Komponenten und Objekte der Architektur

Das Design von IT-Systemen gestaltet sich aufgrund der enormen Größe des prinzipiellen Lösungsraumes als eine komplexe, schwer beherrschbare Aufgabe. Die objektorientierte 4-Schichten-Komponentenarchitektur reduziert durch die zugehörigen Designregeln diese Komplexität und gibt Hinweise auf sinnvolle, technisch hochwertige Softwarearchitekturen, die auf Komponenten basieren.

Neben den bekannten Vorteilen objektorientierter Designprinzipien (z. B. Kapselung, Wiederverwendbarkeit) hat die 4-Schichtenarchitektur eine weitere, wesentliche Stärke, die bessere Unterstützung von Plattformunabhängigkeit. Damit lassen sich moderne multi-tier Architekturen realisieren, die z. B. zwischen Client, Application Server und Datenbank-Server unterscheiden, von denen es viele, verteilt vorgehaltene Instanzen gibt.

4.2.1 Die 4-Schichtenarchitektur

Das Grundgerüst der Architektur besteht aus vier Schichten, die aus Komponenten mit verschiedenen Aufgaben bestehen. Eine Komponente faßt eine Gruppe von inhaltlich stark zusammenhängenden Objekten zusammen und kapselt diese Struktur nach außen über ein Schnittstelle, die durch ein entsprechend ausgezeichnetes Interface-Objekt (IO) definiert ist.

Die Komponenten eines IT-Systems lassen sich in dieser Architektur in drei Kategorien einteilen:

- Business-Komponenten bilden den Kern betrieblicher IT-Systeme. Sie realisieren eine geschäftsspezifische, wichtige Funktionalität, z. B. Kundenverwaltung oder Auftragsverwaltung.

- Infrastrukturkomponenten liefern Dienste, die an unterschiedlichen Stellen in der Gesamtarchitektur benötigt werden, z. B. Persistenz (Datenbank) oder Transaktionen (Transaktionsmonitor). Weiterhin sind alle externen Systeme als Infrastrukturen dargestellt.

- Anwendungskontrollkomponenten sorgen für die Interaktion mit den Nutzern des IT-Systems, und beinhalten dazu visuelle Objekte, die z. B. graphische Benutzungsschnittstellen darstellen, und Prozeßobjekte, mit denen geschäftsbedingte Abläufe – z. B. für einen Use Case – umgesetzt werden.

In Abb. 40 sind diese Zusammenhänge schematisch dargestellt. Die Infrastrukturkomponenten (IC) bilden die Basis, d. h. die unterste Schicht. Darüber liegt die Schicht der Business-Komponenten. Anwendungskontrollkomponenten werden in zwei Schichten zerlegt: Die visuellen Objekte in der obersten Schicht und Prozeßobjekte in der darunter liegenden Schicht.

Die Pfeile in der 4-Schichtenarchitektur stellen „benutzt"-Beziehungen dar, d. h. von Komponente A geht ein Pfeil zur Komponente B, wenn A Dienste von B in Anspruch nimmt, d. h. einen Service dieser Komponente nutzt.

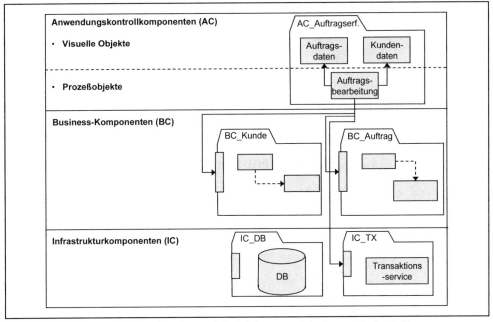

Abb. 40: **Die objektorientierte 4-Schichtenarchitektur (Beispiel)**

Hinweise

Die Plattformunabhängigkeit hängt stark von der Verzahnung der Komponenten untereinander ab. Je weniger Kanten die 4-

Schichtenarchitektur enthält, desto höher ist die Plattformunabhängigkeit, die z.B. eine leichtere Umsetzung auf ein anderes Datenbanksystem ermöglicht.

Benutzt-Kanten können prinzipiell beliebig zwischen Objekten der Anwendungkontrollkomponenten, Business-Komponenten und Infrastrukturkomponenten existieren. Durch eine Schicht muß die darunterliegende Funktionalität nicht gekapselt sein. Allerdings helfen hier Designregeln, zu gut nutzbaren Architekturen zu gelangen. Zu empfehlen ist z. B. das folgendene Verbot:

Keine Business-Komponente benutzt ein Prozeßobjekt.

Dadurch wird sichergestellt, daß die Prozeßobjekte alle Abläufe steuern und somit die visuellen Objekte und Businesskomponeneten koordinieren. Prozeßobjekte können gemäß dieser Regel sowohl Business-Objekte als auch Infrastrukturobjekte nutzen. Mit Einhaltung dieser Regel können die Businesskomponenten flexibler in andere Prozesse eingebunden werden und erreichen somit eine höhere Wiederverwendbarkeit.

Das vollständige Design kann nur durch einen iterativen Prozeß gewonnen werden, indem mehrfach die drei Hauptaktivitäten „Entwurf der Komponentenarchitektur", „Komponentenentwurf" und „Komponentenumsetzung" durchlaufen wurden. Nur dadurch lassen sich die gegenseitigen Abhängigkeiten zwischen Komponentenanordnung auf vier Schichten, interner Komponentenstruktur, zu nutzenden Diensten und existierenden Systemen in einem Gesamtsystem berücksichtigen.

4.2.2 Objektorientierung im Design

Die Objektorientierung als Methode zur Spezifikation von Systemen hat sich in den letzten Jahren zunehmend durchgesetzt, da sie eine hohe Durchgängigkeit von der fachlichen Beschreibung bis zur technischen Umsetzung bietet. Kern hierbei sind die Objekte, die die Elemente des fachlichen Lebens repräsentieren.

Dabei werden alle gleichartigen Objekte durch Klassen beschrieben, z. B. Kunden, Aufträge, Produkte etc.. Die statischen Eigenschaften einer Klasse werden mit Attributen dargestellt. Das Verhalten der Objekte einer Klasse wird in den Methoden der Klasse definiert. Die Prinzipien der Objektorientierung bilden die Basis des Designs. Das objektorientierte Design bietet meist graphische Sprachmittel zur Repräsentation der gewünschten Sachverhalte. Die im folgenden genutzten, aus der Standardsprache *Unified Modeling Language* (UML) [Booc99] übernommenen Sprachmittel sind Klassendiagramme, Sequenzdiagramme und Zustandsübergangsdiagramme. Natürlich gehören auch die in der Konzeption genutzten Use Case-Diagramme zur UML.

Klassendiagramme

Klassendiagramme stellen die einzelnen Klassen mit Namen, Attributen (Wissen) und Methoden[1] (Verhalten) sowie die existierenden Beziehungen zwischen den Klassen dar.

Im Sinne einer vollständigen Kapselung kann auf ein Objekt der Klasse nur über Methoden zugegriffen werden, d. h. die Attribute können nicht außerhalb der Klasse direkt genutzt werden.

Eine Klasse wird graphisch durch ein 3-fach unterteiltes Rechteck dargestellt, indem oben der Klassenname, in der Mitte die Attribute und unten die Methoden aufgelistet sind, siehe Abb. 41. Bei Bedarf kann die Darstellung auf den jeweils relevanten Teil reduziert werden, z. B. nur der Klassenname in einem Rechteck.

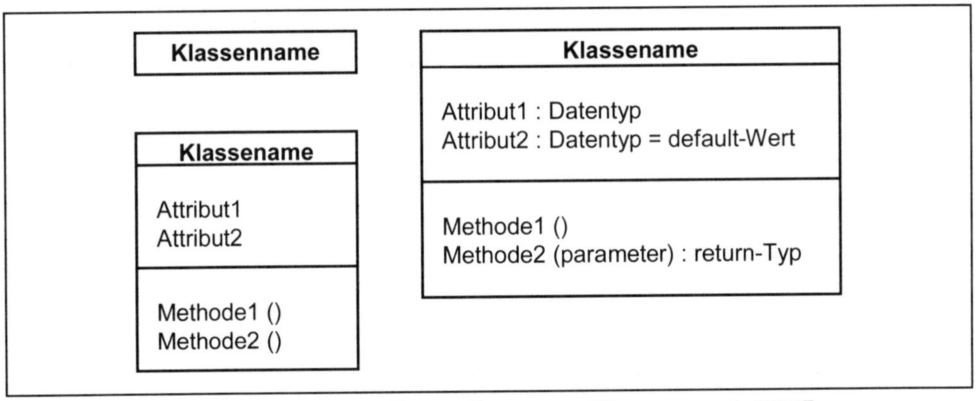

Abb. 41: **Möglichkeiten zur Darstellung von Klassen nach UML**

Der externe Zugriff auf Attribute und Methoden einer Klasse kann folgendermaßen spezifiziert werden:

- Public: Die Methode / das Attribut ist global sichtbar.

- Protected: Die Methode / das Attribut ist nur in Unterklassen sichtbar[1].

---

[1] Häufig wird statt des Begriffs Methode auch der Begriff Operation verwendet.

- Private: Die Methode / das Attribut ist ausschließlich in der Klasse sichtbar.

Zwischen den Klassen existieren Beziehungen, die einer der folgenden Kategorien angehören:

- Assoziation: Dieses ist eine allgemeine, gegebenenfalls benannte Beziehung, die gemäß der spezifizierten Kardinalität Objekte der beiden beteiligten Klassen in Beziehung setzt. Die Kardinalität gibt an, wie viele Objekte einer Klasse mit je einem Objekt der anderen Klasse in Beziehung stehen.

  Eine Assoziation kann durch eine Benennung der Rolle, die sie bei den Objekten spielt, oder durch Zuordnung eines Objekts – spezifiziert als Klasse (Assoziationsklasse) – detailliert beschrieben werden. Eine Assoziation wird durch eine Kante zwischen den beteiligten Klassen gezeichnet, die durch weitere Informationen bzgl. Name (Qualifier), Kardinalität, Rolle und zusätzliche Informationsobjekte (zur Assoziationsklasse) angereichert werden kann.

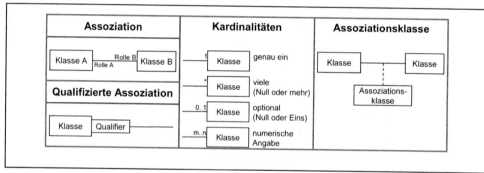

Abb. 42: **Assoziationen und Kardinalitäten nach UML**

- Spezialisierung und Generalisierung: Durch Vererbung werden existierende Klassenbeschreibungen wiederverwendet, einerseits um aus einer allgemeinen Klasse eine speziellere abzuleiten (Spezialisierung), andererseits um aus mehreren Klassen gemeinsame Eigenschaften zu verallgemeinern (Generalisierung).

---

[1] Abhängig von der Realisierungsplattform ist die Methode / das Attribut in weiteren Klassen sichtbar, siehe z. B. die friend-Deklaration in C++.

- Aggregation und Komposition: Hierdurch werden spezielle Assoziationen modelliert, die Teil-Ganzes-Beziehungen darstellen. Während Aggregation allgemein gültig ist, spezifiziert die Komposition Existenzabhängigkeiten, d. h. die Teile können nicht ohne das Ganze existieren.

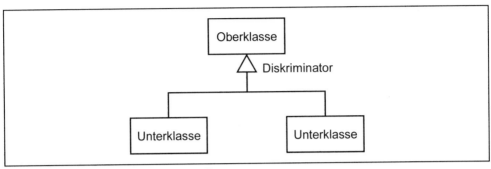

Abb. 43:   **Vererbung nach UML**

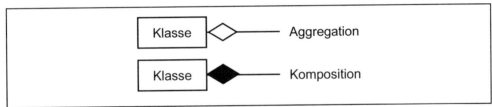

Abb. 44:   **Aggregation und Komposition nach UML**

Sequenzdiagramme

Sequenzdiagramme beschreiben Kontrollflüsse zwischen Objekten. Das Ergebnis ist die Beschreibung des jeweiligen Kontrollflusses in Pseudocode und die zugehörige graphische Präsentation der aufzurufenden Komponenten und Objekte mit einer genauen Beschreibung der jeweiligen Methode einschließlich ihrer Parameter.

Im Sequenzdiagramm werden Objekte und Komponenten als senkrechte Striche dargestellt. Die von außen eintreffenden Stimuli – entweder Ereignisse oder Methoden – werden gemäß der Reihenfolge der Methoden im Pseudocode abgearbeitet, indem die zugehörigen Methoden der jeweiligen Komponenten und Objekte aufgerufen werden.

Die prinzipiellen Sprachmittel eines Sequenzdiagramms sind in Abb. 45 dargestellt, hier mit dem Use Case als umzusetzende Funktionalität.

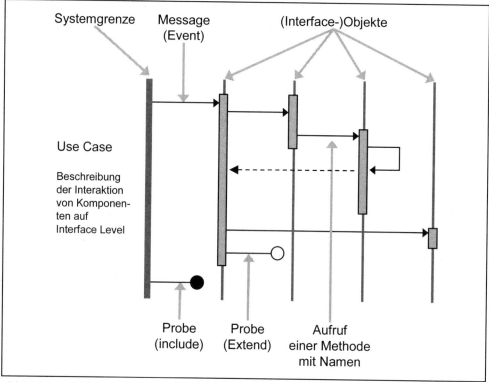

Abb. 45: **Darstellung von Sequenzdiagrammen nach UML**

Neben Aufrufen von Methoden der Komponenten oder Objekte, dargestellt als (Interface-) Objekte, sind hier auch die Probes aufgeführt, die
Verzweigungen zu den Use Cases repräsentieren, die mit dem in diesem
Diagramm dargestellten Use Case verknüpft sind. Ein konkretes Beispiel
findet sich in Abb. 48 auf Seite 126.

Zustandsübergangsdiagramme

Während ein Sequenzdiagramm die zeitlichen und kausalen Abhängigkeiten zwischen den Klassen betrachtet, konzentriert sich ein Zustandsübergangsdiagramm auf die Objekte einer Klasse. Dazu werden die unterschiedlichen Zustände dieser Objekte identifiziert und gegebenenfalls
durch Bedingungen (Invarianten) beschrieben. Die Zustandsübergänge
zwischen den Zuständen werden durch Ereignisse und Methoden ausgelöst, auf die das Objekt reagiert. Abb. 46 zeigt ein Zustandsübergangsdiagramm für ein Prozeßobjekt, das die Aufgabe einer Bestellung überwacht.

Dabei kann das Ereignis (E) "Anfrage Bestellen" nur verarbeitet werden, wenn sich das Objekt im Zustand "Warenkorb ist gefüllt" befindet. Ist diese Voraussetzung erfüllt, werden die aufgeführten Aktionen (A)

- Bonität prüfen

- Lieferbarkeit der ausgewählten Produkte prüfen

- Bestellpositionen aufblenden einschließlich Liefertermin + Preiskonditionen

ausgeführt. Nach Durchführung der Aktionen befindet sich das Objekt im Zustand "Bestellpositionen sind dargestellt".

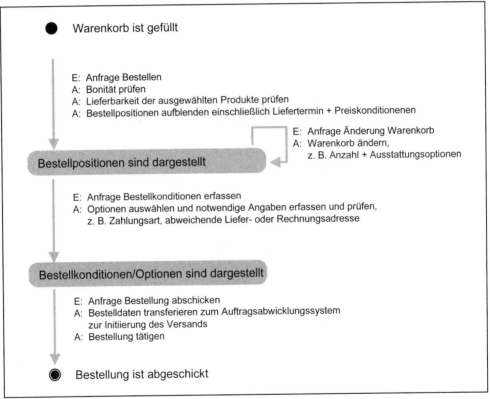

Abb. 46: **Zustandsübergangsdiagramm (Beispiel)**

Hinweise

Objektorientierte Designprinzipien können hier nur oberflächlich vorgestellt werden. Detaillierte Informationen zum Thema Objektorientierung finden sich z.B. in [Oest01].

4.2.3 Komponenten

Komponenten stellen themenorientiert eine bestimmte fachliche oder technische Funktionalität – häufig auch Dienst oder Service genannt – bereit. Sie kapseln die interne Struktur, und bieten ihre Dienste über eine definierte Schnittstelle an, dem Interface-Objekt (IO).

Komponenten werden individuell in einem Projekt entwickelt oder sind bereits fertig entwickelte Bausteine, z. B. Module einer Standardsoftware, ein offenes Produkt eines externen Herstellers oder sie sind Elemente aus früheren Projekten.

Dabei kann eine Komponente auch mehrere Interface-Objekte für z.B. unterschiedliche Aufgabenstellungen bereitstellen. Abb. 47 zeigt die Darstellung einer Business-Komponente. Jede Komponente hat einen Namen, üblicherweise mit Präfix für den Komponententyp (AC, BC oder IC).

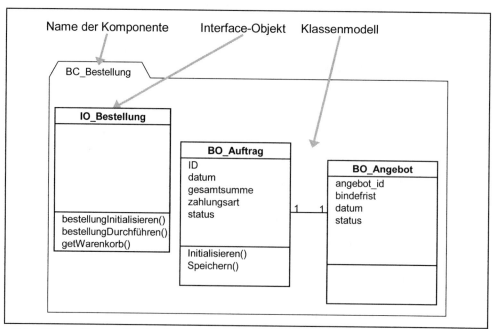

Abb. 47:   **Bestandteile einer (Business-)Komponente (Beispiel)**

Das Interface-Objekt (IO) legt die Schnittstelle der Komponente fest. In der Regel enthält es ausschließlich Methoden, die in ihrer Gesamtheit die

Dienste der Komponente festlegen, die von anderen Komponenten genutzt werden können.

Innerhalb von Anwendungskontroll- und Business-Komponenten, die individuell entwickelt werden müssen, gibt es Klassenmodelle, die das jeweilige Design spezifizieren. In Business-Komponenten beschreiben die Klassen die Business-Objekte (BO, welche die wesentlichen Informationen über die zugehörigen Objekte der Geschäftswelt verwalten).

Jede Schicht der Gesamtarchitektur beinhaltet Komponenten mit verschiedenen Aufgaben. Die Gesamtfunktionalität des Systems ist durch Interaktion zwischen diesen Komponenten implementiert.

Anwendungskontrollkomponenten

Die beiden oberen Schichten der Anwendungsarchitektur repräsentieren das User Interface (visuelle Objekte) und kontrollieren den Ablauf der Anwendung innerhalb des Systems für konkrete Use Cases (Prozeßobjekte).

- Visuelle Objekte:
  Diese Objekte stellen die Benutzerschnittstelle dar. Sie enthalten die Beschreibung der Masken sowie einfache Navigationskonzepte, z. B. Tabulatorreihenfolgen. Sie enthalten keinerlei Geschäftslogik und werden durch Prozeßobjekte gesteuert.

- Prozeßobjekte:
  Sie beinhalten das Wissen über die Reihenfolge der Aktivitäten, um einen Geschäftsprozeß zu unterstützen und kontrollieren den Ablauf eines Use Cases im System (Workflow). Damit werden durch sie geschäftsspezifische Regeln implementiert.

Beide Objekttypen zusammen unterstützen Use Cases und haben somit eine starke Beziehung zueinander. Deshalb können sie auch schichtenübergreifend zu Anwendungskontrollkomponenten (AC) zusammengefaßt werden. Je nach Designregeln und IT-Plattform kann es zu stärkeren oder schwächeren Bindungen zwischen visuellen und Prozeßobjekten kommen.

Business-Komponenten

Business-Komponenten enthalten alle fachlichen Funktionen und Daten des Systems und strukturieren dieses in verschiedene, inhaltlich zusammenhängende Bereiche („subject areas"). Hierbei ist das Ordnungskriterium themenorientiert und nicht Use Case-orientiert.

Business-Komponenten stellen die fachliche Integrität der zugehörigen Business-Objekte sicher. Jede Komponente bildet für sich eine Black Box mit einem wohldefinierten Interface (Interface-Objekte) und nutzt somit das Prinzip der Kapselung zur Reduktion von Systemkomplexität.

Business-Komponenten werden von den Prozeßobjekten der Anwendungskontrolle oder von anderen Business-Komponenten angesprochen.

Infrastrukturkomponenten

Die Komponenten in dieser Schicht repräsentieren den Übergang zur Infrastruktur des Systems, sei es eine Datenbank, eine Kommunikationssoftware, ein Transaktionsmonitor oder aber Schnittstellen zu anderen, existierenden Systemen. Die Komponenten implementieren das jeweilige Interface-Objekt durch eine Abbildung auf die jeweilige Funktionalität der Schnittstelle bzw. des Dienstes.

Beispiele für derartige Abbildungen können einfache objektorientierte Schnittstellen für Funktionsbibliotheken (Wrapping) sein oder auch eine komplexe Abbildungen von Business-Objekten auf z. B. relationale Strukturen (Mapping).

Weitere Beispiele sind die Implementierung des Transaktionsmechanismus, die Einbindung von Korrespondenzsystemen und Benutzerberechtigungssysteme. Hier kommen sehr häufig Standardbausteine zum Einsatz, so daß in diesen Fällen kein Design der Komponenten durchgeführt wird.

Rules of Visibility

In der Regel sehen Komponenten bzw. Objekte der oberen Schicht alle Objekte der gleichen Schicht und aller darunterliegenden Schichten. Sie haben somit direkten Zugriff auf sie und können deren Dienste in Anspruch nehmen.

So können visuelle Objekte nicht nur mit Prozeßobjekten kommunizieren, sondern auch unter Beachtung von Einschränkungen (Integrität) direkt Business-Komponenten oder Infrastrukturkomponenten ansprechen. Je mehr jedoch die Ebenen miteinander verbunden werden, um so geringer wird die Plattformunabhängigkeit.

Prozeßobjekte, als die steuernden Instanzen, sehen nicht nur die Business- und Infrastrukturkomponenten, sondern haben auch Zugriff auf die über ihnen liegenden visuellen Objekte, um diese entsprechend den Geschäftsregeln steuern zu können.

Business-Komponenten nutzen die Infrastrukturkomponenten und können auch andere Businesskomponenten aufrufen.

Die Infrastrukturschicht ist eine reine Serviceschicht und entkoppelt das zu erstellende IT-System von allen externen Systemen durch Kapselung aller eingebunden bzw. genutzten externen Systeme.

Integration Standardsoftwarekomponenten

Bei der Integration von Standard-Software Komponenten ist ebenfalls eine Einordnung in die o.g. Schichten der Architektur möglich. Im wesentlichen erfolgt die Entscheidung, auf welcher Schicht die Komponente eingeordnet wird, durch die Ebene der Integration in die zu erstellende Anwendung

- Standard-Software als Infrastrukturkomponente

  In diesem Szenario kann die Standardsoftwarekomponente z.B. die Datenhaltung beinhalten. Die Funktionalität der Standardsoftwarekomponente selbst ist für das zu erstellende System nicht relevant ("out of scope"). Diese Situation tritt häufig bei Schnittstellen bzw. Reporting-Systemen auf.

- Standard-Software als Businesskomponente

  In diesem Szenario stellt die Standardsoftwarekomponente nicht nur Daten, wie in dem obigen Beispiel dargestellt, sondern auch Funktionalität auf der fachlichen Ebene zur Verfügung. Sie verhält sich damit wie eine Businesskomponente.

- Standard-Software als Anwendungskontrollkomponente

  Dieses Szenario kann dann auftreten, wenn der Großteil der fachlichen Anforderungen durch eine Standardsoftware abgedeckt wird, jedoch eine Anpassung der Prozeßobjekte zwingend erforderlich wird.

Eine Mischform der beschriebenen Szenarien ist ebenfalls möglich, wenn z.B. die Standardsoftwarekomponente als Businesskomponente genutzt wird, und zusätzlich umfangreiche neue Funktionalität nur die Datenhaltung benutzt.

Inter-Komponenten-Beziehungen

Die 4-Schichtenarchitektur stellt ein Übersichtsbild der Komponenten mit ihren Abhängigkeiten dar. Weitere Abhängigkeiten zwischen den Komponenten ergeben sich aufgrund des komponenteninternen Designs: Hier wird festgelegt, welche Dienste die Klassen zur Realisierung ihrer Funktionalität benötigen.

Komponenten bilden in der Regel die kleinste physische Einheit des Systems. Damit kann auf dieser Basis auch eine erster Entwurf des physischen Designs durchgeführt werden, indem festgelegt wird, welche Komponente wo implementiert werden soll.

Die Ergebnisse des Designs stehen in einem engen Zusammenhang miteinander und beeinflussen sich gegenseitig (siehe auch Abb. 39 Hauptaktivitäten im Design). Die Implementierung der Use Cases bedingt die Komponentenstruktur der Architektur. Jede Komponente wiederum wird detailliert spezifiziert, um die in den Use Cases geforderten Funktionalitäten abzudecken. Andererseits sollen in hohem Maße existierende Komponenten wiederverwendet werden, was wiederum Auswirkungen auf die Abbildung der Use Cases haben kann. Eine ständige Synchronisation dieser Aspekte ist notwendig. Dabei helfen die folgenden Fragestellungen:

- Sind wiederverwendbare Komponenten vorhanden oder existiert sogar eine Architektur, die nur modifiziert bzw. erweitert werden muß?

- Sollen Standardsoftwarebausteine verwendet werden?

- Handelt es sich um eine vollständige Neuentwicklung?

- Sind die Zielplattform und die Infrastruktur bereits bekannt?

- Können die Use Case basierten Testfälle in der Architektur abgebildet werden?

4.3 Entwurf der Komponentenarchitektur

Die in der Komponentenarchitektur umzusetzenden Anforderungen sind in der Konzeptionsphase im Anforderungskatalog festgelegt worden.

Der Anforderungskatalog verweist auf die ergänzenden Dokumentationen (siehe Abb. 38) in Form von Use Case-Diagrammen und Use Case-Beschreibungen sowie das Business-Objektmodell. Zusätzlich existiert noch ein technisches Kontextdiagramm, das alle Schnittstellen des zu erstellenden IT-Systems auflistet.

Das pragmatische Vorgehen beim Entwurf der Komponentenarchitektur ist iterativ: Nachdem die Use Cases noch einmal betrachtet wurden, wird ein erster, grober Entwurf für Business- und Infrastrukturkomponenten erstellt.

Anschließend werden die wichtigsten Use Cases identifiziert und durch Sequenzdiagramme implementiert, möglichst unter Nutzung und gegebenenfalls Ergänzung der identifizierten Komponenten. Daraufhin wird das Komponentenmodell verbessert, um schließlich die restlichen Use Cases über Sequenzdiagramme zu implementieren.

4.3.1 Überarbeitung der Use Cases

Zu Beginn der Designphase werden die Use Case-Beschreibungen komplettiert und bei Bedarf, d. h. abhängig von der in der Phase Konzeption erreichten Qualität, überarbeitet.

Ergebnisse

*   Liste der Use Cases, die im Design zu bearbeiten sind.

*   Überarbeitung und detaillierte Beschreibung dieser Use Cases

Aufgaben/Vorgehen

*   Verstehen der fachlichen Anforderungen und Prüfung auf Vollständigkeit der Beschreibung.

*   Komplettierung und Überarbeitung der Beschreibungen incl. Pre- und Postconditions sowie der Alternate Courses.

*   Festlegen der Use Cases, die im nächsten Schritt bearbeitet werden sollen (wichtige, komplexe Use Cases).

Hinweise

Das grundlegende Verständnis der mit einem Use Case verbundenen Systemfunktionalität muß sich aus der möglichst detaillierten Beschreibung ergeben. Dabei liegt der Fokus auf dem Main Course des Use Cases. Jedoch müssen alle Alternate Courses benannt sein.

Die Überarbeitung der Use Cases dient an dieser Stelle auch dazu, alle neuen Mitglieder des Designteams mit den Anforderungen an das zu realisierende System vertraut zu machen.

Für die Überarbeitung und Ergänzung der Use Cases ist in den meisten Fällen die Rücksprache mit den zuständigen Business-Experten notwendig. Insbesondere die Inhalte der Alternate Courses sind mit ihnen abzustimmen.

4.3.2 Entwurf einer logischen Komponentenarchitektur

Ausgehend vom Business-Objektmodell der Konzeptionsphase und den gegebenenfalls vorliegenden Komponenten wird ein initiales Komponentenmodell definiert, durch geeignete inhaltliche Zusammenfassung bzw. durch Wiederverwendung.

Ergebnisse

* Initiales Komponentenmodell

Aufgaben/Vorgehen

* Identifizieren bereits existierender, bewährter Komponenten, die im Scope des IT-Systems liegen.

* Identifizieren von Kandidaten für Business-Komponenten aus dem Business-Objektmodell, indem existierende Komponenten wiederverwendet und die dort nicht zuzuordnenden Klassen im Business-Objektmodell geeignet zusammengefaßt werden.

* Anlegen des Interface-Objektes für jede Komponente,
  - vollständig für die bereits existierenden Komponenten,
  - als initiale Menge von Methoden für neue Komponenten.

* Durchspielen der Use Cases, die im letzten Schritt festgelegt wurden, und Abgleich des in ihnen verwendeten Datenhaushalts mit den identifizierten Komponenten.

Hinweise

In diesem Schritt beschränken wir uns im wesentlichen auf die Business-Komponentenebene. Die visuellen Objekte und Prozeßobjekte sind Use Case bezogen und werden im nächsten Schritt gefunden. Gute Kandidaten für Business-Komponenten sind zentrale Geschäftsobjekte, wie z. B. Kunde oder Auftrag, da sie eine thematisch zusammengehörige Funktionalität besitzen und Daten kapseln.

Wichtige Hinweise auf Komponenten gibt das Business-Objektmodell. Typischerweise können Gruppen von stark korrelierten Objekten mit einem zentralen Objekt identifiziert werden. Diese sind gute Kandidaten für Komponenten. Aufgrund eines Grundverständnisses des Geschäfts können dann bereits wichtige Methoden dieser Komponenten identifiziert werden, die später verfeinert werden.

Das Finden der „richtigen" Komponenten ist ein kreativer Prozeß, der durch Erfahrung und Nutzung von Strukturen ähnlicher Systeme abgesichert werden sollte. Oberste Priorität hat immer die Wiederverwendung existierender Komponenten, die ggf. angepaßt oder erweitert werden müssen. Bei der Anpassung und Erweiterung von Komponenten müssen jedoch in Abhängigkeit vom Einsatzspektrum der Komponente folgende Grundregeln beachtet werden:

- Die Schnittstelle einer Komponente sollte nur erweitert, aber nie verändert werden (Kompatibilität).

- Zur Versionsführung kann z.B. für jede neue Version ein neues Interface-Objekt zur Verfügung gestellt werden.

4.3.3 Abbildung wichtiger Use Cases

In der Regel wird im nächsten Schritt mit den wichtigsten Use Cases begonnen, die die wesentlichen Komponenten des Systems benötigen werden, siehe auch Schritt 4.3.1.

Ergebnisse

- Sequenzdiagramme für die wichtigsten Use Cases
  - Detaillierte Beschreibung der Abläufe der Use Cases
  - Identifikation der fehlenden Komponenten und Methoden
  - Identifikation der Services der Komponenten

Aufgaben/Vorgehen

- Identifizieren der zur Umsetzung des Use Cases benötigten Komponenten, Objekte und Methoden. Abbilden der Objekte in einem Sequenzdiagramm (Abb. 48) auf Komponentenebene:
  - Visuelle Objekte, die das User Interface für diesen Use Case repräsentieren.
  - Prozeßobjekte, die das Verhalten der Business-Komponenten und der visuellen Objekte in diesem Use Case kontrollieren und steuern.
  - Interface-Objekte, welche die Schnittstelle zu den Business-Komponenten repräsentieren.
  - Interface-Objekte für die notwendigen Infrastrukturkomponenten.

- Identifizieren aller Ereignisse, die den Use Case auslösen können.

- Beschreiben des Ablaufs des Main Course des Use Case im Sequenzdiagramm mit den dort vorhandenen Kontrollstrukturen (Sequenz, Iteration, Fallunterscheidung, gegebenenfalls Rekursion) und Nachrichten an die jeweiligen Objekte. Gegebenenfalls sind hier unterschiedliche Ereignisse mit unterschiedlichen Abläufen (Fallunterscheidung) zu behandeln.

- Ebenso Beschreiben der Abläufe aller Alternate Courses, die im System realisiert werden. Hierzu ebenfalls Fallunterscheidungen nutzen auf Basis externer oder interner Ereignisse.

- Benennen der Parameter, die bei den jeweiligen Objekten aufgerufen werden. Aus der Use Case-Beschreibung gegebenenfalls weitere Anforderungen an die zugehörigen Methoden ableiten.

Je Use Case werden somit alle Komponenten sowie die visuellen und Prozeßobjekte identifiziert, die zur Umsetzung der benötigten Funktionalität bereitzustellen sind. Die Funktionalität der Komponenten wird über Methoden definiert, die von den zugehörigen Interface-Objekten bereitgestellt werden.

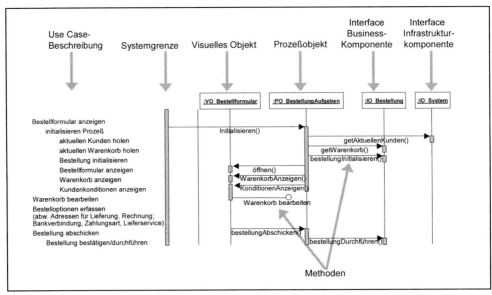

Abb. 48: **Sequenzdiagramm für einen Use Case (Beispiel)**

Hat der zu implementierende Use Case „include" oder „extend" Relationen zu anderen Use Cases, findet sich im Sequenzdiagramm eine sogenannte "Probe". Diese ist in beiden Fällen ein Verweis zu einem weiteren

Sequenzdiagramm, das den „included" or „extending" Use Case implementiert. Dadurch wird die Komplexität im Diagramm reduziert und die potentielle Wiederverwendung identifiziert.

Hinweise

Bei der Erstellung von Sequenzdiagrammen wird das dem Use Case entsprechende Prozeßobjekt zunächst von einem Ereignis oder einer Methode (von außerhalb der Systemgrenze) angestoßen. Dieses Ereignis erreicht das visuelle Objekt, z. B. einen Screen für einen speziellen Zweck (nicht auf Button Ebene), dann Methoden, die den Use Case ausführen und die benötigten Komponenten.

Eine Beschränkung auf den Main Course ist im ersten Schritt sehr hilfreich, um sich nicht im Detail zu verlieren. Dennoch sind hier alle umzusetzenden Alternate Courses zu spezifizieren, für die die Business-Experten wiederum weitere Informationen bereitstellen müssen.

Oberste Priorität hat auch hier immer die Wiederverwendung existierender Komponenten, Objekte und deren Methoden. Kann die benötigte Unterstützung nicht geboten werden, dann zuerst über eine Anpassung oder Erweiterung existierender Komponenten oder Objekte nachdenken, bevor neue kreiert werden.

4.3.4 Komplettierung der Architektur

Nachdem ein erster Entwurf der Komponentenarchitektur existiert, muß diese um die noch fehlenden Teile ergänzt werden. Diese ergeben sich aus den schon implementierten oder auch noch zu implementierenden Use Cases. In einem Architekturbild sind alle Komponenten mit ihren Interface-Objekten in den vier Ebenen abgebildet. Zusätzlich werden die „benutzt"-Abhängigkeiten zwischen den Objekten der Anwendungskontrollkomponente und den Business- und Infrastrukturkomponenten festgehalten

Ergebnisse

*   Überarbeitete Komponentenarchitektur

Aufgaben/Vorgehen

*   Sammeln aller Methoden aus den Sequenzdiagrammen, die zu einer Komponente gehören und vervollständigen der Interface-Objekte der existierenden Komponenten bzw. definieren neuer Komponenten.

- Abbilden aller Komponenten mit Interface-Objekten und der visuellen Objekte und Prozeßobjekte in einem Architekturbild und aufzeigen der Kommunikationswege („Benutzt"-Beziehung).

- Überarbeiten des grundsätzlichen Komponentendesigns:
  - Sind die Komponenten richtig geschnitten?
  - Gehören die Interface-Methoden wirklich zu dieser Komponente?

Hinweise

Durch die Implementierung weiterer Use Cases werden neue Methoden und gegebenenfalls Komponenten identifiziert. Bei der Zusammenfassung in eine gemeinsame Architektur kann überprüft werden, ob die Interface-Methoden den Komponenten richtig zugeordnet sind (Prinzip der Kapselung!).

Durch die Bewertung der Beziehungen der Komponenten untereinander („benutzt"-Beziehung) kann beurteilt werden, ob die Komponenten richtig geschnitten sind. Diese Bewertung orientiert sich an der Minimierung von Schnittstellen und Abhängigkeiten.

Durch einen Test der Architektur anhand der Use Cases kann das Zusammenspiel der Komponenten untereinander noch einmal verifiziert werden.

4.4 Entwurf von Komponenten

Der Komponentenentwurf liefert für die individuell zu entwickelnden Komponenten eine detaillierte Spezifikation. Das Design wird nach objektorientiertem Paradigma durchgeführt. Selbst wenn die Komponente in einer klassischen Umgebung realisiert wird, sollte ein Design der Daten und Funktionen nach diesen Grundprinzipien erfolgen, um ein modulares, flexibles und auf Wiederverwendung ausgerichtetes Design zu erreichen. Es sollten dabei allenfalls Mechanismen wie Polymorphismus und Vererbung eingeschränkt verwendet werden.

Auch beim Komponentenentwurf können wir zwischen einem statischen und dynamischen Teil unterscheiden:

- Statische Sicht: Klassenmodell der Komponente und ggfs. User Interface-Design.

- Dynamische Sicht: Implementierung der Komponentenschnittstelle über Sequenzdiagramme und Life Cycle von Objekten.

4.4.1 Entwurf eines Klassenmodells einer Komponente

In der Regel wird beim Entwurf einer neuen Komponente mit dem statischen Klassenmodell begonnen.

Ergebnisse

- Klassenmodell für eine Komponente

Aufgaben/Vorgehen

- Betrachten des für die Komponente definierten Interface-Objektes und, falls vorhanden, des passenden Ausschnitts des Business-Objektmodells.

- Aus dem Informationsbedarf ein erstes Klassenmodell der Komponente ableiten:
  - Klassenname
  - wesentliche Attribute und Methoden
  - Beziehungen der Klassen untereinander

Klassenmodell

Die Komponente stellt einen Container von themenorientiert stark korrelierten Objekten dar, die zusammen die Funktionalität und den Objekthaushalt der Komponente beschreiben.

Nach außen ist lediglich eine Schnittstelle in Form einer Sammlung der Methoden des zugehörigen Interface-Objekts sichtbar. Das Innere der Komponente muß nun beschreiben, welche Methoden und welcher Datenhaushalt notwendig sind, um die vorgegebenen Schnittstellenmethoden zu implementieren. Im Rahmen des objektorientierten Paradigmas wird dieses durch ein Klassenmodell dargestellt, siehe Abb. 49 für ein konkretes Beispiel.

Das Klassenmodell beschreibt die Klassen mit ihren gekapselten Daten und Methoden sowie ihre Beziehungen untereinander. Zur Beschreibung werden objektorientierte Methoden innerhalb der UML Notation angewendet.

Die Klassen innerhalb der Komponente stellen die für das Interface-Objekt benötigte Funktionalität in Form von Methoden und den benötigten Informationshaushalt in Form von Attributen bereit.

Relationen werden unter Berücksichtigung von Kardinalitäten beschrieben. Hieraus entwickelt sich später das logische Datenmodell, falls relationale Datenbanken zum Einsatz kommen.

Das Interface-Objekt hat keine Relation zu den übrigen Klassen, da es lediglich Methoden enthält, die durch die anderen Klassen implementiert werden.

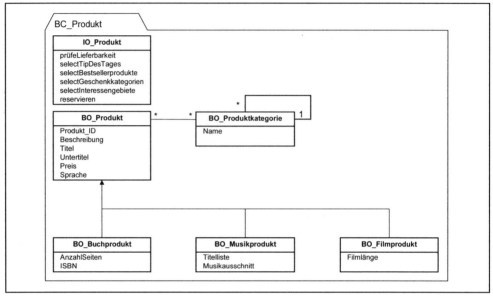

Abb. 49:   **Klassenmodell einer Business-Komponente (Beispiel)**

In Abb. 49 stellt die Businesskomponente BC_Produkt ihre Dienste über das Interface-Objekt IO_Produkt zur Verfügung. Die Methoden des Interface-Objektes wiederum nutzen die Methoden der einzelnen Businessobjekte (z.B. BO_Produkt, BO_Produktkategorie etc.) zur Sicherstellung der Dienste. Im Idealfall sollte innerhalb der Methoden des Interface-Objektes keine eigene Verarbeitung von Geschäftslogik stattfinden.

Hinweise

In der Literatur beschriebene Entwurfsmuster – z.B. [Gamm01] – sind ein guter Orientierungspunkt für das Design von Komponenten.

4.4.2　Abbildung der Methoden des Interface-Objekts

Nun werden die Methoden des Interface-Objektes näher betrachtet. In einem Sequenzdiagramm je Methode wird dargestellt, wie die Funktionalität der Methode innerhalb der Komponente umgesetzt wird.

Ergebnisse

* Für jede Interface-Methode ein Sequenzdiagramm

Aufgaben/Vorgehen

* Identifizieren der je IO-Methode benötigten Objekte und deren Methoden entlang der Beschreibung einer Interface-Methode. Abbilden der Objekte in einem Sequenzdiagramm auf Klassenebene:
  - Objekte, die innerhalb der Komponente liegen
  - Interface-Objekte anderer Komponenten, falls die benötigte Funktionalität außerhalb dieser Komponente liegt

* Beschreiben der Interaktionen der Klassen unter Nutzung der Beschreibungsmöglichkeiten, die das Sequenzdiagramm zur Verfügung stellt.

* Benennen der notwendigen Methoden mit Parametern, die bei den jeweiligen Objekten aufgerufen werden und spezifizieren der benötigten Funktionalität der Methode.

Implementierung der Komponentenschnittstelle

Aus dem Komponentendesign ist ein Satz von Interface-Methoden identifiziert worden, den die Komponente zur Abwicklung der Use Cases bereitstellen muß. Die Gesamtheit der Interface-Methoden ist in einem oder mehreren Interface-Objekten zusammengefaßt und macht die Funktionalität der Komponente aus. Je Interface-Methode werden nun die Klassen identifiziert, die benötigt werden, um die Funktionalität zu erfüllen.

Für die zu implementierende Methode wird nun auf Klassenebene spezifiziert, welche Klassenmethoden in welcher Reihenfolge aufgerufen werden müssen, um die Interface-Methode abzuwickeln. Gleichzeitig wird der entsprechend benötigte Datenhaushalt in Form von Attributen bei der jeweilige Klasse spezifiziert.

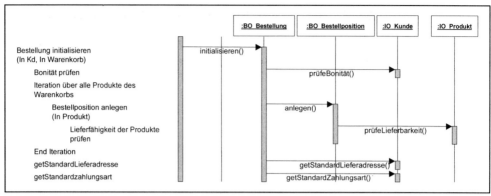

Abb. 50:   **Sequenzdiagramm für eine Methode (Beispiel)**

Diese Implementierung der Interface-Methode in der Komponente wird mit Hilfe eines Sequenzdiagramms (je Interface-Methode) dokumentiert, das die involvierten Klassen und die jeweils aufgerufenen Methoden in der logisch richtigen Reihenfolge zeigt (Abb. 50). Per Text wird beschrieben, warum aus Interface-Methoden Sicht die entsprechende Klassenmethode aufgerufen wird.

Kann eine benötigte Funktionalität nicht innerhalb der Komponente abgedeckt werden, so kann auf weitere Interface-Methoden anderer Komponenten zurückgegriffen werden. Es ist jedoch nicht möglich, Klassen aus anderen Komponenten direkt anzusprechen, da diese über ihre Komponente gekapselt sind.

Hinweise

In dem zu erstellenden Sequenzdiagramm stellt die Systemgrenze die Komponentengrenze dar. Sonst besteht das Diagramm nur aus Klassen dieser Komponente und aus Interface-Objekten anderer Komponenten.

4.4.3   Life Cycles von Objekten

Die Beschreibung eines Lebenszyklus sollte bei Objekten durchgeführt werden, die ein komplexes Verhalten aufweisen, welches durch externe Ereignisse gesteuert wird. Dieses unterstützt das tiefere Verständnis und die Absicherung der Vollständigkeit der Abläufe innerhalb der Klasse.

Ein Lebenszyklus eines Objektes ist dann relevant, wenn sich dieses Objekt in verschiedenen Zuständen befinden kann und je nach Zustand auch unterschiedlich reagiert. Dies kann z.B. bedeuten, daß bestimmte Methoden nur in bestimmten Zuständen möglich sind.

Ergebnisse

- Für Objekte mit komplexem Verhalten je ein Zustandsübergangs-diagramm

Aufgaben/Vorgehen

- Abbildung der Objekte in Zustandsübergangsdiagrammen.

- Ereignisse, Aktionen und Zustände für die Objekte sind zu identifi-zieren und zu beschreiben.

Ein Lebenszyklus wird mit Hilfe eines Zustandsübergangsdiagramms be-schrieben, siehe das konkrete Beispiel in Abb. 46. Es sind zunächst die-jenigen Zustände aufzuführen, die für den Benutzer sichtbar sind und die einen konsistenten, stabilen Zustand des Objekts darstellen. In der Regel sind dieses Ruhepunkte, an denen der Benutzer eingreifen kann, um weitere Aktionen auszuführen.

Der Zustand eines Objekts wird in der Regel durch Methoden weiter getrieben, die durch die Anwendung von Use Cases ausgelöst werden. Es müssen also diejenigen Ereignisse identifiziert werden, die im jeweiligen Zustand auf das Objekt einwirken können.

Diese Ereignisse lösen Aktionen aus, die letztlich das Objekt in den nächsten Zustand überführen. Schließlich sind alle Zustände miteinander in Beziehung gesetzt und liefern ein Use Case übergreifendes Bild des Objekts mit seinen notwendigen Funktionalitäten.

4.4.4 User Interface-Design

Die bisher erstellten Ergebnisse zeigen visuelle Objekte innerhalb der Anwendungskontrollkomponenten und deren Einbeziehung in die Ab-wicklung der Use Cases in den Sequenzdiagrammen. Sie repräsentieren logische Masken mit der grundsätzlich benötigten Funktionalität und den zugehörigen Daten. Die Summe der Wechselwirkungen in den Sequenz-diagrammen gibt Anhaltspunkte für die Navigationsmöglichkeiten inner-halb der Benutzeroberfläche.

Ergebnisse

- Entwurf der Dialoge für die Use Cases (User Interface Design)

Aufgaben/Vorgehen

- Festlegung systemweiter Designkriterien für die Benutzungsoberfläche

- Abbildung der visuellen Objekte auf Masken unter Berücksichtigung des jeweiligen Actors und seines Kontextes.

- Erstellung von Ereignisbeschreibungen für das wesentliche Verhalten der visuellen Objekte.

- Abstimmung der Dialoge mit den unterschiedlichen Benutzern.

Um zu einem konkreten Design der Benutzungsoberfläche zu kommen, muß Klarheit über die Designkriterien vorhanden sein. Diese Kriterien umfassen zum einen grundsätzliche Regeln, die für das gesamte System gelten. Diese werden im wesentlichen durch den Kontext, in dem die Benutzer mit dem Dialog arbeiten, und anderer eingesetzter Anwendungssysteme beeinflußt. Dies können z.B. generelle Vorgaben zum Layout (Schriftgrößen, Benennung von UI-Elementen etc.) sein.

Zum anderen sind dieses technisch orientierte Kriterien. So muß beispielsweise geklärt werden, in welchen Bereichen eher ein prozeßoptimiertes (Use Case orientiert) und wo ein wartungsoptimiertes (Business Objekt optimiert) Konzept entwickelt werden soll. Hinweise hierfür erhält man bei der Use Case Beschreibung. Auf dieser Basis können mit Hilfe der Sequenzdiagramme die Navigationsmöglichkeiten entwickelt werden.

Das Design der Benutzungsoberfläche ergibt sich in Abhängigkeit der Navigationsmöglichkeiten und der Anforderungen aus den Use Cases. Desweiteren wird die rollenbasierte Nutzung durch den Actor des Use Cases deutlich. In Abhängigkeit vom Actor und seinem Kontext kann das Design des Dialoges spezifisch angepaßt werden.

Der graphische Aufbau eines Bildschirms kann sich aus mehreren visuellen Objekten zusammensetzen oder ein visuelles Objekt benötigt aufgrund der Komplexität mehrere physische Bildschirme.

Zur detaillierten Abstimmung der Dialoge mit den unterschiedlichen Benutzern werden alle benötigten Fenster mit ihrem Aussehen und Inhalt entworfen. Für dieses Screen-Layout kann die einzusetzende Realisierungstechnologie zur Gestaltung genutzt werden. Auf dieser Basis kann dann die Abstimmung dieser Bildschirme mit den Anwendern erfolgen. Dabei ist bei der Bewertung der Oberfläche durch den Anwender darauf zu achten, daß nicht nur die Verständlichkeit der Oberfläche bewertet wird, sondern vor allem deren Anwendung für die tägliche Nutzung.

Dafür ist auch das für den Benutzer wesentliche Verhalten der Dialoge zu beschreiben. Dieses erfolgt in Form von Ereignisbeschreibungen, die für die verschiedenen durch den Benutzer auszulösenden Ereignisse die Aktionen des Systems festlegen (z. B. was passiert nach Änderung eines bestimmten Feldes).

Hinweise

Für das Dialogdesign kann auch ein Prototyp erstellt werden. Dabei ist darauf zu achten, nicht das vollständige Verhalten in diesem Prototypen zu implementieren. Damit ist sichergestellt, daß beim Benutzer und Kunden nicht der Eindruck erweckt wird das System sei fast fertig. Zum anderen ist in dieser Abstimmung des Prototypen umfangreichen Änderungen unterworfen, die dann in der gesamten Funktionalität des Prototypen umgesetzt werden müßten.

4.4.5 Komplettierung des Klassenmodells

Zum Abschluß des Entwurfs einer Komponente wird das Klassenmodell auf Basis der Sequenzdiagramme, Zustandsübergangsdiagramme und des User Interface Designs vervollständigt. Alle Klassen mit ihren Attributen und Methoden sowie ihren Beziehungen untereinander werden dargestellt.

Ergebnisse

- Vollständiges Klassenmodell je Komponente

Aufgaben/Vorgehen

- Sammeln aller Methoden aus den Sequenzdiagrammen, die zu einer Klasse gehören und vervollständigen der Methoden der existierenden Klassen bzw. definieren neuer Klassen.

- Sicherstellen, daß die zur Ausführung der Methode benötigten Attribute zu dieser Klasse gehören und dort beschrieben sind.

- Alle Klassen in einem Klassendiagramm einschließlich der Relationen untereinander abbilden.

- Überarbeiten des Klassendesigns:
- Gehören alle Attribute wirklich zu dieser Klasse?

- Ist diese Klasse wirklich verantwortlich für die definierten Methoden?
- Gehören Methodenaufrufe externer Interface-Objekte nicht doch in diese Komponente hinein?

- Für Klassen mit komplexem Verhalten ein Zustandsübergangsdiagramm erzeugen, zur Beschreibung des Lebenszyklus.

Hinweise

Durch die Implementierung der Interface-Methoden in die Komponente werden neue Methoden und ggf. Klassen identifiziert. Bei der Zusammenfassung der Methoden und Ableitung der Attribute muß das anfängliche Klassendesign überprüft werden und die Struktur der Klassen angepaßt werden. Hierbei kommen alle objektorientierten Prinzipien zum Einsatz, die zur Beschreibung hilfreich sind.

Die Erstellung des Klassenmodells sollte, sofern dieses vorhanden ist, mit dem groben logischen Datenmodell abgeglichen werden. Das endgültige logische und physische Datenmodell wird erst aus den Klassenmodellen abgeleitet werden, wenn dieses recht stabil ist (Haupt-Use Cases sind abgebildet).

4.4.6 Komplettierung der gesamten Architektur

Nach dem Abschluß des Entwurfs der einzelnen Komponenten werden Auswirkungen auf die gesamte Architektur überprüft und entsprechend eingearbeitet. Visuelle Objekte und Prozeßobjekte sind zu Anwendungskontrollkomponenten zusammengefaßt worden.

Ergebnisse

- Komplettierte Komponentenarchitektur

Aufgaben/Vorgehen

- Überprüfen des Komponentendesigns auf Basis des Klassendesigns.

- Aus visuellen Objekten und Prozeßobjekten Anwendungskontrollkomponenten bilden.

Hinweise

Das Klassendesign hat durch Aufrufe externer Interface-Objekte aus Komponenten heraus Auswirkungen auf die „benutzt"-Beziehungen zwischen den Komponenten. Diese sollten sorgfältig überprüft werden, um Komponenten möglichst unabhängig zu halten.

Sobald ein Großteil der Use Cases abgebildet ist, können auf Basis der Designkriterien für das User Interface Anwendungskontrollkomponenten erstellt werden. Hierzu werden zusammengehörige visuelle Objekte mit den sie steuernden Prozeßobjekten zusammengefaßt, so daß ein abgeschlossener Anwendungsbereich entsteht.

Aufgrund der Wechselwirkungen der verschiedenen Designschritte sollte zum Abschluß des Komponentenentwurfs noch ein Test der Architektur erfolgen. Dies wird auf Basis der aus den Use Cases entstandenen Testfälle durchgeführt.

4.5 Komponentenumsetzung

Die Komponentenumsetzung legt für alle im Komponentenentwurf beschriebenen Komponenten die Abbildung auf die technische Architektur des Systems fest. Dabei können sich die Komponentengrenzen verschieben. Deshalb wird in der Komponentenumsetzung zwischen den logischen Komponenten des Komponentenentwurfs und den physischen Komponenten der technischen Architektur unterschieden.

Die folgende Tabelle zeigt, wie die Komponenten der Anwendungsarchitektur generell auf die technische Architektur verteilt werden können. Zum Beispiel ist beim „Thin-Client" Ansatz nur die Oberfläche auf dem Client implementiert. Prozeßobjekte und die Business-Komponente sind auf dem Server implementiert.

Komponente	Einzelplatz	Thin-Client	Fat-Client	n-Tier	Verteilte Objekte
Anwendungs-kontrolle	Client	Client (Dialog) Server (Prozeß)	Client	Client	Client
Business	Client	Server	Client	Anwendungs-server Datenbank-server	Beliebig
Infrastruktur	Client	alle Maschinen	alle Maschinen	alle Maschinen	alle Maschinen

Tab. 25:   **Abbildung der logischen auf die technische Architektur**

Darüber hinaus werden zusätzliche Systemobjekte definiert, welche nicht durch die fachlichen Anforderungen notwendig werden, sondern durch technische Rahmenbedingungen. Dieses können z.B. Objekte zur Verwaltung von Queues oder Threads sein.

4.5.1 Entwurf der technischen Architektur

Die technische Architektur legt fest, wie die Komponenten technisch umgesetzt werden. Zunächst werden dazu die Komponenten den Knoten der Anwendung, d.h. beteiligten technischen Ressourcen, zugeordnet. Auch bereits existierende Komponenten werden an dieser Stelle auf die technischen Ressourcen (Knoten) verteilt. Hier entscheidet sich, ob z.B. der Datenbankserver und der Internetserver auf dem gleichen Rechner laufen.

Ergebnisse

- Einsatzdiagram mit der Zuordnung der Komponenten

- Logisches Datenmodell

Aufgaben/Vorgehen

- Die logischen Komponenten der Anwendungsarchitektur werden den Knoten der technischen Architektur zugeordnet.

- Die Abhängigkeiten und Bindungen der Komponenten hinsichtlich der zur Verfügung stehenden Kommunikationsverbindung innerhalb der technischen Architektur werden überprüft.

- Gegebenenfalls Abbildung des Objektmodells auf ein relationales Datenmodell

Zuordnung der logischen Komponenten zu Knoten der technischen Architektur

In einem ersten Schritt werden die logischen Komponenten den einzelnen Knoten (Client, Application-Server, etc.) zugeordnet. Je nach eingesetzter Technologie wird damit auch die Realisierungstechnologie für die einzelnen Komponenten festgelegt, da nicht zwingend auf allen Knoten die gleiche Realisierungstechnologie zur Verfügung steht.

Oberste Priorität hat hierbei immer die Wiederverwendung existierender Komponenten, die gegebenenfalls übernommen oder erweitert werden können. Dabei sollte die einer existierenden Komponente zugrunde liegende Technologie nur bei Vorlage zwingender Gründen geändert werden. Anderenfalls wird über diese Änderung der Basistechnologie eine Neuentwicklung der Komponente initiiert und damit der Vorteil der Wiederverwendung stark reduziert.

Diese Zuordnung der logischen Komponenten zu den Knoten der technischen Architektur erfolgt über das Einsatzdiagramm. Die Überführung der logischen Komponenten eines Knotens in physische Komponenten erfolgt in einem nächsten Schritt.

Einsatzdiagramm

Ein Einsatzdiagramm (UML deployment diagram) stellt die Konfiguration der verarbeitenden Knoten und die darauf eingesetzten Komponenten dar. Ein Knoten ist ein physisches Element, welches eine Rechnerressource repräsentiert. Abb. 51 zeigt als Knoten einen Client PC und einen Server, auf dem die Anwendung läuft. Es ist jeweils eingetragen, auf welchen Knoten die Komponenten ausgeführt werden.

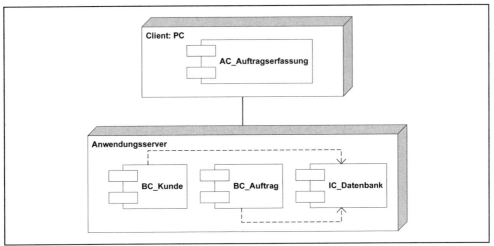

Abb. 51:   **Einsatzdiagramm nach UML (Beispiel)**

Abhängigkeiten und Bindungen der Komponenten überprüfen

Für den nun vorliegenden ersten Entwurf werden die Abhängigkeiten und Bindungen der Komponenten untereinander beschrieben. Dabei wird über die Use Cases und deren Prozeßobjekte das Volumen der Komponentennutzung abgeschätzt und der zur Verfügung stehenden Kommunikationsverbindung zwischen den Knoten gegenübergestellt.

Hier sind die Bandbreite und das eingesetzte technische Kommunikationsprotokoll der Verbindungen zwischen den Knoten sowie die technische Schnittstelle zwischen den Komponenten die maßgeblichen Einflußfaktoren, die das technisch mögliche Volumen begrenzen.

Daraus können sich wiederum Änderungen in der Zuordnung der Komponenten zu den Knoten als auch im Zuschnitt der Komponenten ergeben. Damit gibt es Rückkopplungen auf das Einsatzdiagramm und zur Komponentenarchitektur.

Objektmodell in logisches Datenmodell überführen

Beim Einsatz eines relationalen Datenbankmanagementsystems (DBMS) wird in diesem Schritt die Überleitung des logischen Objektmodells in ein logischen Datenmodell durchgeführt. Dabei ist die Abbildung der Vererbungen über verschiedene Ansätze möglich:

- Eine Tabelle je Objekt (1:1 Abbildung). Dieses Vorgehen ist dann interessant, wenn die Erhaltung der originären Struktur wichtiger als eventuelle Einschränkungen in der Performance ist.

- Eine Tabelle für eine vollständige Objekthierarchie (Roll-up). Dieser Ansatz ist dann interessant, wenn die übergeordnete Klasse nicht abstrakt ist und die untergeordneten Klassen wenige Attribute haben.

- Eine Tabelle je konkretem Objekt (Roll-down). Wenn die übergeordnete Klasse abstrakt ist oder wenige Attribute und/oder Methoden hat, ist dies eine sinnvolle Lösung.

Hinweise

Insbesondere in einer technischen Architektur mit mehreren Applications-Servern entsteht zwischen diesen Servern ein hohes Kommunikationsvolumen, welches über Redundanz oder verteilte Datenhaltung jedoch wieder reduziert werden kann.

Ein weiterer wichtiger Aspekt ist die Spitzenbelastung der Kommunikationsverbindungen. Eine Verbindung, die die durchschnittliche Belastung gut bewältigt, kann zu Spitzenzeiten durch Überlastung vollständig zusammenbrechen. Hier sind abhängig von den non-functional Requirements der Konzeption entsprechende Mechanismen zu schaffen, um die Anforderungen erfüllen zu können.

4.5.2 Abbildung der logischen Komponenten

Die logischen Kompenten des Komponentenentwurfs werden im letzten Schritt des Designs in die technische Umgebung abgebildet, wobei sowohl die Entwicklungs- als auch die Laufzeitumgebung berücksichtigt werden müssen.

Ergebnisse

- Physisches Komponentendiagramm

- Physisches Datenmodell

- Realisierungskonzept

Aufgaben/Vorgehen

- Die Abbildung der logischen Komponenten in physische Komponenten wird definiert.

- Gegebenenfalls Abbildung des logischen Datenmodells in ein physisches Datenbankschema.

- Ein Realisierungskonzept ist erstellt, der die Nutzung systemspezifischer Möglichkeiten sowie die konkreten Umsetzungsregeln für die eingesetzte Realisierungstechnologie festlegt.

Abbildung der logischen Komponenten in physische Komponenten

In einem ersten Schritt werden die logischen Komponenten in physische Komponenten überführt. Dabei ist jeweils festzulegen, in welcher ausführbaren Form die Komponente zur Verfügung gestellt werden soll. Dies kann ein ausführbares Programm oder eine Bibliothek sein.

Desweiteren ist z.B. für eine Bibliothek die technische Ausführung festzulegen (statisch oder dynamisch). Die Zusammensetzung der physischen Komponente aus den einzelnen Sourcecode-Modulen ist ebenso zu definieren. Dabei können auch durchaus mehrere logische Komponenten einer physischen Komponente zugeordnet werden wie auch umgekehrt.

Komponentendiagramm

Diese Definition der physischen Komponenten erfolgt im Komponentendiagramm. Eine Komponente in diesem Diagramm stellt einen physischen Teil des Systems dar, der eine Menge von Schnittstellen zur Verfügung stellt.

Im Komponentendiagramm in Abb. 52 sind eine Anwendungskontrollkomponente (AC_Auftragserfassung), zwei Business-Komponenten (BC_Kunde, BC_Auftrag) und eine Infrastrukturkomponente (IC_Datenbank) zu sehen. Die Pfeile zeigen die Abhängigkeiten zwischen den Komponenten.

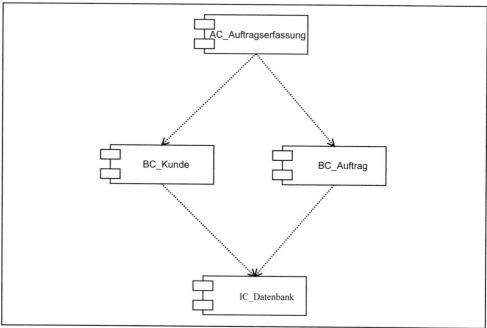

Abb. 52:   **Komponentendiagramm nach UML (Beispiel)**

Logisches Datenmodell in physisches Datenbankschema überführen

Beim Einsatz eines relationalen DBMS-Systems ist das logische Datenmodell in ein physisches Datenmodell zu überführen. Dabei werden abhängig vom eingesetzten Datenbanksystem Optimierungen eingearbeitet, um eine möglichst hohe Geschwindigkeit zu erreichen.

Dazu werden logisch getrennte Tabellen unter Umständen zu einer physischen Tabelle zusammengeführt, oder eine logische Tabelle wird aufgrund der stark unterschiedlichen Nutzungshäufigkeit einzelner Attribute aufgeteilt.

Desweiteren werden die Indizes der Tabellen festgelegt sowie die Reihenfolge der Attribute innerhalb der Tabelle optimiert. Auch referentielle Abhängigkeiten können in der Datenbank abgebildet werden.

Realisierungskonzept

Im Rahmen der zu vereinbarenden Programmiervorgaben sind insbesondere die Verfahren zur Fehlererkennung, -protokollierung und -meldung festzulegen. Weiterhin ist ein Transaktionskonzept zu definieren, daß die Behandlung von Zeitpunkt, Umfang und Dauer der Sperren festlegt.

Abhängig vom jeweiligen System, auf dem die Komponente implementiert wird, sind die Nutzungen der systemspezifischen Möglichkeiten festzulegen. Für den Benutzerdialog muß die Modalität der Dialoge festgeschrieben werden, da nachträgliche Änderungen einen erheblichen Aufwand nach sich ziehen. Für die Serverkomponenten der Anwendung ist zu definieren, in welchen Abschnitten single- oder multi-threading eingesetzt werden soll. Außerdem ist der Einsatz und Umfang von Cashing-Mechanismen zu regeln.

Für jede eingesetzte Realisierungstechnologie wird die Umsetzung des logischen Modells in den Code in Form einer Abbildungsvorschrift festgelegt. Dieses beinhaltet auch die Art und Weise der Kommunikation der Komponenten untereinander (z. B. asynchrone oder synchrone Kommunikation). Darüber hinaus wird auch die Nutzung der verschiedenartigen Infrastrukturkomponenten (z. B. Benutzerberechtigung) an dieser Stelle festgelegt.

Beim Einsatz bestehender Komponenten ist darüber hinaus die Form der Einbindung festzulegen. Dieses kann über direkte Kommunikation oder über die Schaffung eines eigens dafür entworfenen Objektes erfolgen, um Abhängigkeiten in der Schnittstelle zu reduzieren (Wrapping).

4.6 Zusammenfassung

Das Design eines IT-Systems erfordert den Einsatz zahlreicher Diagramme und Verfahren. Sie wurden in diesem Kapitel dargelegt. Ein Software-Architekt braucht zudem viel Erfahrung und umfassende Kenntnis von aktuellen Marktstandards zur Umsetzung von IT-Systemen, deren Darstellung nicht zum Anspruch dieses Buches gehört.

Im letzten Abschnitt dieses umfangreichen Kapitels werden die Aktivitäten und Ergebnisse der Phase Design im Überblick zusammengefaßt. Nach der Darstellung der Methoden in den vorangegangenen Abschnitten soll abschließend noch einmal der Zusammenhang zwischen dem Design-Prozeß und den Design-Ergebnissen herausgestellt werden.

4.6.1 Design-Prozeß und Design-Ergebnisse

Das Zusammenspiel der Aktivitäten und Ergebnisse zeigen die nachfolgenden Abbildungen, zur besseren Übersicht erneut in die drei Prozeßblöcke Komponentenarchitektur, Komponentenentwurf und Komponentenumsetzung gegliedert.

Entwurf der Komponentenarchitektur

Ausgangspunkt für die Komponentenarchitektur bilden die in der Konzeption erarbeiteten Use Cases (siehe Abb. 53). Sie werden im Detail überarbeitet, so daß nunmehr ein verfeinertes, vollständiges und konsistentes Use Case Modell vorliegt. Auf Grundlage des Business Objekt Modells und des Kontextdiagramms aus der Konzeption kann eine erste Architektur des Systems entworfen werden. Die wichtigsten Use Cases werden in Sequenzdiagrammen implementiert. Auf diese Weise erhält man die benötigten visuellen Objekte, die Prozeß- und Schnittstellenobjekte der Komponenten. Mit diesem Ergebnis und dem Katalog der nichtfunktionalen Anforderungen aus der Konzeption ist es möglich, die Architektur zu komplettieren. Als Ergebnis liegt also eine Systemarchitektur – hier wieder als 4-Schicht-Architektur symbolisiert – vor.

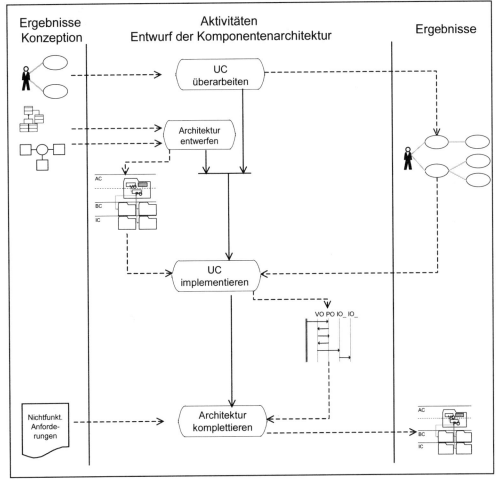

Abb. 53: **Entwurf der Komponentenarchitektur**

Komponentenentwurf

Abb. 54 zeigt das Vorgehen im Komponentenentwurf, das für jede zu realisierende Komponente angewendet wird. Ausgangspunkt sind in diesem Prozeß die zuvor in der Architektur identifizierten Komponenten mit ihren Schnittstellen. Zunächst wird ein erstes Klassenmodell für die Komponente entworfen. Für jede Schnittstellenmethode der Komponente wird dann ein Sequenzdiagramm erarbeitet – somit erhält man im Detail die für die Bereitstellung der Services benötigten Objekte und die Kooperation mit anderen Komponenten. Zum besseren Verständnis von komplexen Objekten können ihre Lebenszyklen in Zustandsübergangsdiagrammen dargestellt werden. Falls erforderlich werden parallel dazu die User Interface entworfen. Damit sind die Grundlagen für eine Überarbeitung des Klassenmodells gelegt. Abschließend wird komponentenübergreifend die gesamte Architektur erneut überarbeitet.

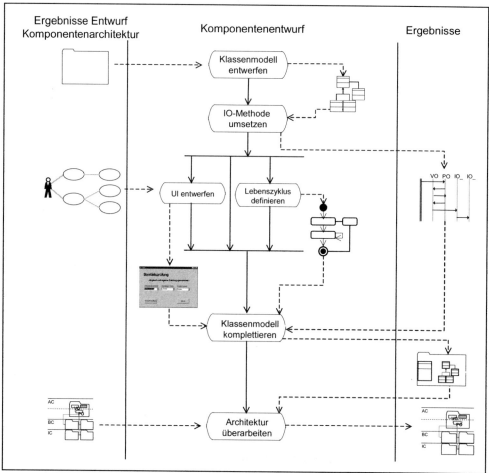

Abb. 54: **Komponentenentwurf**

Komponentenumsetzung

Die Komponentenumsetzung umfaßt zwei Schritte (siehe Abb. 55). Zuerst wird die technische Architektur entworfen. Als Ergebnis liegen ein Komponentenmodell und ein logisches Datenmodell vor. Im zweiten Schritt werden die logischen Komponenten und das logische Datenmo-

dell in die technische Umgebung abgebildet. Die Festlegung eines Reali-
sierungskonzeptes runden die Vorgaben für die nächste Phase ab.

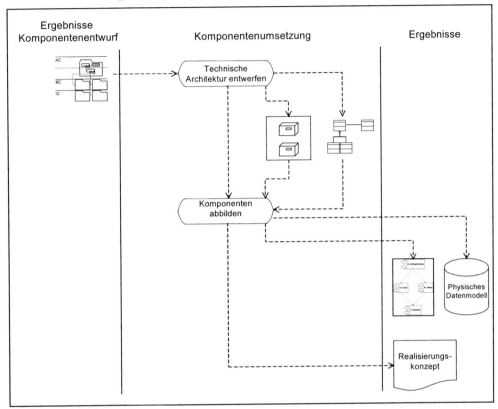

Abb. 55:   **Komponentenumsetzung**

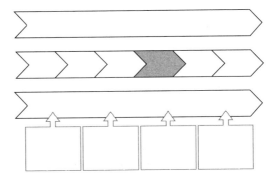

5 Realisierung

In der Realisierungsphase werden Komponenten gemäß der Vorgaben aus dem Design implementiert, zu einem System integriert und anschließend getestet, so daß das IT-System zur Abnahme bereit steht.

5.1 Orientierung

Zur Realisierungsphase werden im folgenden auch die vorbereitenden Aktivitäten gerechnet, die jeder Realisierung zwingend vorausgehen, etwa Bereitstellung der Entwicklungsumgebung etc. Damit beginnt die Realisierungsphase schon parallel zum Design: Sobald die ersten Entscheidungen zur Umsetzung vorliegen – etwa die Entscheidung über die Systemplattform als Ergebnis des Sign-Off am Schluß der Konzeptionsphase, spätestens aber mit der Komponentenumsetzung – werden die zugehörigen Aufgaben in der Realisierung geplant und vorbereitende Aktivitäten entsprechend aufgesetzt.

Die Realisierung eines IT-Systems ist – ebenso wie der dritte Schritt die „Komponentenumsetzung" der Designphase – abhängig von der Realisierungsplattform. Dementsprechend sind die meisten Vorgaben zur Realisierungsphase plattformspezifisch auszuführen. Plattformspezifische Programmierleitfäden liefern konkrete Vorgaben für den Entwickler, angefangen von Namenskonventionen über Verwendungsrichtlinien für spezifische Softwarebibliotheken bis hin zu exakten Vorgaben zur Nutzung bestimmter Softwareprodukte wie Datenbankmanagementsysteme oder Kommunikationssysteme.

Es gibt eine Vielzahl von Büchern zur Realisierung, die in der Regel direkt an eine Programmiersprache angelehnt sind. Das kann und möchte dieses Kapitel nicht leisten. Vielmehr konzentriert sich das vorliegende Kapitel auf den allgemeinen Rahmen für die Realisierungsphase. Es wird dargelegt, was zur Realisierung eines IT-Systems aus der Sichtweise des Vorgehensmodells gehört und wie diese Aufgaben bewältigt werden können. An Beispielen wird die Umsetzung der allgemeinen Ausführungen in eine konkrete Programmiersprache veranschaulicht.

5.1.1 Ziele

Das Ziel der Realisierungsphase ist ein getestetes, dokumentiertes IT-System, das zur Abnahme bereit steht. Dabei erfüllt das IT-System alle Anforderungen, die in den vorherigen Phasen Konzeption und Design erarbeitet wurden.

Aus diesem allgemeinen Ziel lassen sich konkrete Teilziele für die Realisierungsphase ableiten:

- Die Infrastruktur für die Realisierung des IT-Systems steht allen zuständigen Mitarbeitern des Projekts produktiv zur Verfügung.

- Die Schnittstellen zu existierenden Systemen und Komponenten sind realisiert, getestet und dokumentiert.

- Die umzusetzenden Komponenten sind dokumentiert, implementiert und getestet.

- Die Komponenten und die Schnittstellen zu den externen Systemen sind zum IT-System integriert und getestet.

- Alle notwendigen Dokumente und Prozeduren für die Wartung und Weiterentwicklung des IT-Systems existieren und sind erprobt.

5.1.2 Voraussetzungen

Voraussetzung für die Realisierung ist ein qualitativ ausreichendes Design, das die Anforderungen aus der Konzeption umsetzt und hinreichend Informationen für das Realisierungsteam enthält.

Designergebnisse

Notwendig ist eine Zerlegung des Gesamtsystems in überschaubare, von kleinen Gruppen umsetzbare Komponenten bzw. Teilsysteme, die ausreichend beschrieben sind. Die Programmierer müssen durch diese Vorgaben ihre Aufgabe vollständig verstehen können. Dafür werden die an der Sprache UML angelehnten Methoden aus der Phase Design verwendet. Projektspezifisch können die Ergebnisse unterschiedlich ausgeprägt sein, je nach Working Model für die Designphase und Vorgehen im zugehörigen Realisierungsleitfaden. Beispielsweise reichen in einigen Projekten ausführlich dokumentierte Klassendiagramme aus, während in anderen Projekten jeder Lebenszyklus jedes Objektes ausführlich mittels Zustandsübergangsdiagrammen notiert wird.

Je nach Working Model des jeweiligen Projekts oder der jeweiligen Umgebung kann das Ergebnis auch von den in Kapitel 4 (vgl. S. 112) vorgeschlagenen UML-Notationen abweichen oder diese ergänzen. Beispielsweise kann es aufgrund der existierenden Erfahrungen notwendig sein, den Programmierern Pseudo-Code zu liefern. Derartige Ergänzungen sind in den plattformspezifischen Realisierungsleitfäden zu finden.

Rahmenbedingungen

Die Realisierungsumgebung und die Zielumgebung beeinflussen den Realisierungsprozeß in starkem Maße. Faktoren wie Betriebssystem, Ablaufumgebung, Rechen- und Speicherkapazität, Programmiersprache, Entwicklungs- und Testwerkzeuge und anderes mehr sind entscheidend für die konkreten Aktivitäten der Realisierungsteams.

In zunehmenden Maße gewinnt der Verteilungsaspekt für die Realisierungsteams an Bedeutung: Mehrschichtige technische Architekturen (z. B. 3-tier) und verteilte Systeme werden wesentlich stärker von der Beschaffenheit der Schnittstellen und der jeweiligen Lokation der einzelnen Komponenten geprägt.

Die Zielumgebung ist im allgemeinen in der Konzeption ausgewählt und im Design durch die Anwendungsarchitektur bereits berücksichtigt worden, da nur so die effiziente Realisierung der den Projektzielen entsprechenden Komponenten garantiert wird. In der Realisierung sind vergessene oder verschobene Entscheidungen bezüglich der Anwendungsarchitektur nur schwer in die Programme einzuarbeiten.

5.1.3 Ergebnisse

Während der Phase Realisierung werden folgende Ergebnisse erarbeitet:

Herstellung Development Readiness

- Realisierungsplan mit Abschätzung des Zeit- und Aufwandsrahmens
- Bereitgestellte Entwicklungsumgebung

Implementation der Komponenten

- Technisch lauffähige Programmeinheiten
- Stabile Komponenten

Integration der Komponenten

- Gesamtsystem auf der Integrationsplattform
- Implementierte Schnittstellen zu den existierenden Systemen
- Softwareverteilungsplan

5.1.4 Ablauf

Die Phase Realisierung läßt sich in drei Schritte gliedern (siehe Abb. 56):

1. Herstellung Development Readiness
   Dieser Schritt umfaßt die Planung des Realisierungsprozesses und die Bereitstellung der für die Realisierung notwendigen Entwicklungswerkzeuge und -umgebungen.

2. Implementation der Komponenten
   In der Realisierung werden die Anwendungsarchitektur mit den darin enthaltenen Komponenten und Spezifikationen in die Zielumgebung abgebildet. Zur Implementation der Komponenten gehört auch deren Test.

3. Integration der Komponenten
   Die implementierten Komponenten werden zu Teilsystemen und zu einem Gesamtsystem integriert und in ihrem Zusammenspiel getestet.

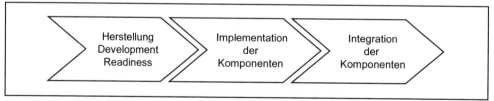

Abb. 56: **Schritte in der Phase Realisierung**

Diese Gliederung dient der Strukturierung der während der Realisierung anfallenden Aktivitäten. Sie bedeutet nicht, daß die drei Schritte einmalig nacheinander abgearbeitet werden. Insbesondere die beiden letzten Schritte – Implementation und Integration der Komponenten – stehen in einem engen Zusammenhang. In der Regel werden diese Schritte mehrmals iterativ ausgeführt, bis die beste Lösung umgesetzt worden ist.

5.1.5 Hinweise

Die festgelegten Projektziele sind während des Projektverlaufs naturgemäß dynamischen Änderungen unterworfen. Der Abgleich der Ziele mit den Projektaktivitäten und Ergebnissen ist wichtiger Bestandteil des Projektmanagements. Für die Realisierung ergeben sich aus den Projekt- und Qualitätszielen realisierungsrelevante Ziele, die sich unter Umständen erheblich widersprechen können. Es muß eine Gewichtung und ein Abgleich dieser Ziele mit den tatsächlichen Projektanforderungen erfolgen. In der Praxis werden oft alle Ziele wie z. B. Wiederverwendbarkeit, Wartbarkeit, Performance, Benutzerfreundlichkeit gleich hoch bewertet. Erst in der Realisierung erfolgt dann aufgrund der Kostensituation eine Relativierung und Priorisierung. Besser ist es, über die Phasen Konzeption und Design möglichst früh Varianten der Anwendungsarchitektur gegen die Projektziele zu gewichten und so eine Entscheidung für Realisierungsziele frühzeitig zu treffen.

5.2 Herstellung Development Readiness

Die Herstellung der Development Readiness umfaßt die konkrete Planung des Realisierungsprozesses sowie die Bereitstellung der benötigten Infrastruktur.

5.2.1 Planung der Realisierung

Für die Realisierung der Komponenten werden Iterationen definiert. Damit können die einzelnen Komponenten in sinnvollen Schritten zum Teil parallel realisiert werden.

Einzelne Iterationen werden zu Releases zusammengefaßt, welche die schrittweise Auslieferung des Systems an den Kunden festlegen.

Ergebnisse

Die Realisierung des Systems ist in sinnvolle Schritte unterteilt, die eine relativ genaue Abschätzung des Zeit- und Aufwandsrahmens ermöglichen.

Aufgaben/Vorgehen

Ausgangspunkt für die Planung sind die Use Cases, die

- eine hohe Priorität aus Geschäftssicht enthalten,

- einen großen Teil der Systemunterstützung abdecken oder

- ein hohes Risiko in der technischen Umsetzung beinhalten.

Für diese Use Cases werden alle abhängigen Komponenten mit ihren Methoden in Iterationsschritten geplant, um diesen kritischen Pfad der Realisierung festzulegen. Alle anderen Use Cases und deren abhängige Systemunterstützung werden um diesen kritischen Pfad herum geplant.

Die Iterationen dieses kritischen Pfades lassen sich dann in Form einer Release-Planung in eine für den Kunden sinnvolle Einführungsplanung überführen. Dabei müssen dann natürlich auch der Test und die Einführungsschritte berücksichtigt werden, siehe auch Kapitel 6 „Einführung".

Hinweise

Die Bildung von kleinen Teams führt zu einer höheren Identifikation mit der Aufgabe und die Kommunikation im Team ist wesentlich einfacher und schneller. Darüber hinaus ist der informelle Austausch von Hintergrundinformationen wesentlich besser, da er nicht in hohem Maße formalisiert werden muß. Dieses führt dazu, daß der fachliche Hintergrund durch die Entwickler wesentlich intensiver erfahren wird.

Die Umsetzung sollte in kurzen Zyklen erfolgen, um vorhandene Risiken bezüglich Ergebnis, Termin und Kosten möglichst gering zu halten. Darüber hinaus sind dadurch auch wesentlich schneller Erfolgserlebnisse darzustellen und die Realisierungsziele werden transparenter und für alle besser nachvollziehbar.

Ergänzend dazu ist eine hohe Selbständigkeit der einzelnen Teams sinnvoll. Damit wird die Initiative und Zusammenarbeit im Team noch zusätzlich gefördert.

Im Gesamtprojekt gibt es noch weitere, teamübergreifende Rollen, die von Teammitgliedern wahrgenommen werden müssen. Dieses betrifft zum einen die methodische Seite mit Anforderungsanalyse, Design, Realisierung und Testen, als auch die technische Seite mit Programmiersprache, Versions- und Konfigurationsmanagement, Datenbanken, Web-Server, Netzwerke und anderen technischen Basiskomponenten.

Zur Unterstützung des Konzepts kleiner Teams und kurzer Zyklen werden bei der Realisierung großer Projekte Themen bestimmt, die den nächsten Bearbeitungsgegenstand festlegen, auf den man sich konzentriert und den man abarbeitet. Der Umfang eines Themas muß so gewählt werden, daß es in einem kurzen Zeitraum fertiggestellt werden kann. Die

Definition von Realisierungsthemen ergänzt somit das oben dargestellte, auf Use Cases basierende Vorgehen. Solche Themen können sein:

1. Ein *Prozeßobjekt als Durchstich* mit allen benötigten Objekten. Dieses ist z. B. sinnvoll für die Optimierung von zeitkritischen Batches und häufig benutzten komplexen Prozeßobjekten als Ganzes. Die Häufigkeit des Aufrufs eines Prozeßobjektes ist aus dem Mengengerüst ersichtlich, das in der Konzeption erarbeitet wurde.

2. Eine *Infrastrukturkomponente* als Schnittstelle zu einem System-Service (TP-Monitor, DBMS etc.) oder zu einem externen System für alle von den Objekten der Anwendungsarchitektur benötigten Dienstleistungen dieser Systeme.

3. Eine *Business-Komponente*, insbesondere wenn im Projekt oder in der Organisationseinheit Wert auf Wiederverwendung dieser Komponente gelegt wird.

4. Eine *Schicht der Anwendungsarchitektur* (z. B. visuelle Objekte) einschließlich ihrer Schnittstellen zu den anderen Schichten der Anwendungsarchitektur. Solche Themen sind dann sinnvoll, wenn auch in der Realisierung Wert auf die einheitliche Umsetzung der Objekte gelegt wird, um z. B. die Wartbarkeit und Wiederverwendbarkeit zu erhöhen.

Bei der Auswahl der als nächstes zu bearbeitenden Themen sollten diejenigen berücksichtigt werden, die bereits am besten verstanden sind oder die für das Gesamtsystem am wichtigsten sind. Auf diese Weise wird das gesamte System Thema für Thema bearbeitet. Nach jedem Thema werden die neu erarbeiteten Ergebnisse mit den schon vorhandenen integriert.

5.2.2 Bereitstellung der Infrastruktur

Ziel dieses Schrittes ist die vollständige Festlegung der Entwicklungsumgebung. Dazu gehören neben den Entwicklungswerkzeugen auch die bereits bestehenden einzubindende Systeme.

Ergebnisse

Dem Team steht eine stabile Entwicklungsumgebung für die Realisierung der Komponenten zur Verfügung und es kennt den Realisierungsrahmen mit seinen Vorgaben für Implementierung und Nutzung technischer Komponenten.

Aufgaben/Vorgehen

Die Entwicklungsumgebung mit allen benötigten Werkzeugen wird aufgebaut. Dieses betrifft insbesondere CASE-Tools, die Entwicklungsumgebung für die Programmiersprache, Abfragewerkzeuge, Generatoren und das Versions- und Konfigurationsmanagement, soweit dieses noch nicht geschehen ist.

Für die Realisierung werden dem Team alle benötigten Systemsoftware-, Server- und sonstige Komponenten zur Verfügung gestellt. Dazu gehören auch bereits im Einsatz befindliche Systeme, die in das neue System integriert werden sollen. Außerdem werden die Testdaten in den einzelnen Komponenten bereitgestellt.

Bezogen auf die Codierung sind für alle eingesetzten Programmiersprachen Namenskonventionen und die Struktur der Funktions- bzw. Methodenrümpfe zu definieren. Beim Einsatz eines Generators können solche Regeln auch über den Generator sichergestellt werden. Zusätzlich sind je nach den zur Verfügung stehenden Möglichkeiten der Programmiersprache Abbildungsregeln für die im Design verwendeten Konstrukte (z. B. Vererbung) zu definieren.

Hinweise

Soweit nicht bereits in den vorherigen Phasen erfolgt, muß nun spätestens an dieser Stelle die Festlegung für die Systemsoftware erfolgen. Dies betrifft neben dem Datenbankmanagementsystem (DBMS) auch weitere Serverkomponenten (z. B. Web-Server, o. ä.).

Darüber hinaus müssen die Zugriffspfade auf die Serverkomponenten definiert werden (Treiber, Middleware, Browser, Protokolle etc.). Ergänzend können alternative Zugriffspfade festgelegt werden, die beim Test des Gesamtsystems durchlaufen werden, um einen reibungslosen Betrieb der Anwendung mit unterschiedlichen Zugriffspfaden sicherstellen zu können.

Der Realisierungsrahmen bildet die Grundlage für das gemeinsame Verständnis über Art und Weise der Programmierung, z. B. Transaktionskonzept, Fehlererkennung, -protokollierung und -meldung. Er berücksichtigt Vorkenntnisse und Erfahrungsschatz aller Entwickler, um eine möglichst hohe Qualität für das gesamte Projekt zu erreichen. Damit führt ein Realisierungsrahmen zu einem hohen Einsparungspotential hinsichtlich der Einarbeitung, z. B. bei Fehlerbehebung und Wartungsprojekten.

Für die Benutzerschnittstelle muß, soweit es noch nicht im Design erfolgt ist, die Modalität der Dialoge festgeschrieben werden, da nachträgliche Änderungen einen erheblichen Aufwand nach sich ziehen. Für die Server-Komponenten der Anwendung ist zu definieren, in welchen Abschnitten single- oder multi-threading eingesetzt werden soll.

Für die persistenten Datenhaltungssysteme müssen Art, Umfang und Häufigkeit des Datenaustausches mit anderen Systemen oder Lokationen beschrieben werden, da dieses Implikationen, z. B. das auf Transaktionskonzept, haben kann.

Prototypen zur Klärung technischer Fragestellungen müssen spätestens an dieser Stelle Klarheit über den Aufwand und den möglichen Nutzen von Realisierungsalternativen bringen.

5.3 Implementation der Komponenten

Eine Kernaufgabe der Realisierungsphase besteht in der Implementation der Komponenten, die zusätzlich zu wiederverwendeten Komponenten benötigt werden. Die Umsetzung dieser Aufgabe hängt sehr von der gewählten Programmiersprache und Entwicklungsumgebung ab.

Es gibt zahlreiche Literatur zur Umsetzung eines Designs in eine Programmiersprache. Dieses Buch kann und will keine Einführung in die Programmierung geben. Vielmehr geht es darum, welche Aufgaben an die Implementation des IT-Systems in der Logik des Vorgehensmodells zu stellen sind und wie diese Aufgaben prinzipiell bewältigt werden können. Dieser Prozeß wird anhand von Beispielen aus der objektorientierten und objektbasierten Programmierung veranschaulicht.

Ergebnisse

Das Ergebnis dieses Schrittes ist eine technisch lauffähige und getestete Programmeinheit ohne Syntax- bzw. Laufzeitfehler bei optimaler Umsetzung des Designs. Ergänzend kommen übergeordnete Ziele (z. B. Plattformunabhänigkeit) hinzu, wobei die Ziele konkurrieren und ausgewogen behandelt werden müssen.

Aufgaben/Vorgehen

Die Aufgabe besteht in der Umsetzung des Designs in Programme einer Programmiersprache. Bezogen auf die Codierung sind für alle eingesetzten Programmiersprachen Namenskonventionen und die Struktur der ausprogrammierten Methoden zu definieren. Wie schon erwähnt, können solche Regeln auch über einen Generator sichergestellt werden. Die

Abbildungsregeln für die im Design verwendeten Konstrukte (z. B. Vererbung) sind je nach der eingesetzten Programmiersprache zu definieren.

Zur Implementation der Komponenten werden auch Tests der technischen Lauffähigkeit der erstellten Programmeinheit gezählt. Syntax- und Laufzeitfehler sind zu eliminieren. Ein fachlicher Test (Funktionstest) erfolgt im nächsten Schritt.

Das UML-basierte Design einer Komponente kann direkt in objektorientierte Programme umgesetzt werden, wobei Spezifika der Programmiersprachen beachtet werden müssen. Abb. 57 zeigt exemplarisch die Umsetzung einer UML-Klasse in eine Java-Klasse.

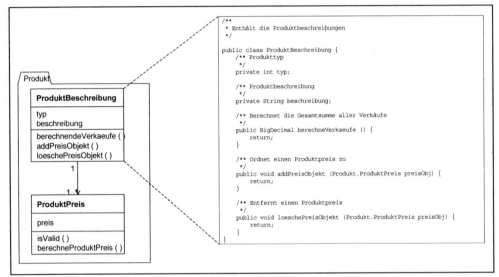

Abb. 57:   **Umsetzung einer UML-Klasse in eine Java-Klasse**

5.3.1   Objektbasierte Programmierung

Am Beispiel von Microsoft Visual Basic wird die Umsetzung des Designs in eine objektbasierte Programmiersprache dargestellt. Bei der Umsetzung muß die Vererbung auf Basis einer Regel abgebildet werden, da dieses Konstrukt in der Programmiersprache nicht zur Verfügung steht.

Abbildung des Designs in Visual Basic

Die Abbildung in die Programmiersprache wird hier beispielhaft in Tab. 26 dargestellt, da eine ausführliche Beschreibung der verschiedenen Wege und Möglichkeiten sehr umfangreich ist. Durch die Evolution der

Programmiersprache Visual Basic(VB) ist für jede Version festzulegen, wie eine derartige Umsetzung konkret auszugestalten ist. Hierfür sind Programmierleitfäden zwingend erforderlich.

Eine Komponente des Designs entspricht einem Visual Basic Projekt. Damit ist eine Trennung der internen und externen Sicht auf die Komponente gewährleistet.

Design	Visual Basic (VB)
Komponente	VB-Projekt
Visuelles Objekt	Form und Klasse
Interface-Objekt	Interface-Klasse und Service Klasse
Sonstige Objekte	Klasse
Methoden	Methoden
Attribute	Attribute
Assoziation	Fremdschlüssel oder Objektreferenz (evtl. zusätzlich Collection)
Aggregation	Objektreferenz (evtl. zusätzlich Collection)
Vererbung	Code-Nachbildung oder implements

Tab. 26: Abbildung des Designs in Visual Basic

Diese Trennung wird zusätzlich unterstützt, indem ein Interface-Objekt in Form einer Klasse (Interface) deklariert und in einer anderen Klasse über ‚implements' implementiert wird.

Ein visuelles Objekt wird in einem VB-Formular und einer Klasse implementiert. Das Formular enthält die grafischen Elemente der Benutzeroberfläche, dagegen ist in der Klasse die eigentliche Funktionalität der Methoden des visuellen Objekts implementiert.

Die Abbildung einer Assoziation wird im wesentlichen durch das physische Design geprägt, da es eine hohe Abhängigkeit von dem eingesetzten Datenbanksystem (relational vs. objektorientiert) gibt. Beim Einsatz einer relationalen Datenbank wird mit Fremdschlüsselbeziehungen gearbeitet, wohingegen bei einer objektorientierten Datenbank Objektreferenzen eingesetzt werden können.

Eine Aggregation entspricht einer Objektreferenz in Visual Basic.

Sowohl beim Einsatz von Fremdschlüsselbeziehungen als auch beim Einsatz von Objektreferenzen kann die Multiplizität über Visual Basic-Collections abgebildet werden. Hier sind dann die entsprechenden Methoden zur Navigation zu implementieren. Je nach Umfang ist auch zu unterscheiden, ob z. B. die Objektreferenzen immer vollständig oder auf

Anforderung instanziert werden. Dieses hat entsprechende Auswirkungen auf die Performanz der IT-Lösung.

Die Vererbung steht nicht in VB zur Verfügung und Polymorphie kann nur manuell abgebildet werden. Deshalb ist vor der Duplizierung aller Eigenschaften und Methoden zu prüfen, inwieweit auf das Objekt über das Interface überhaupt zugegriffen werden kann.

Ist der Zugriff über das Interface auf die übergeordnete Klasse beschränkt, so kann in den einzelnen Methoden - soweit notwendig - eine Spezialisierung mit dem Aufruf der entsprechenden Methode erfolgen. Ist der Zugriff über das Interface jedoch auf Ebene der generellen und der speziellen Klasse möglich, so kann über ‚implements‘ die vollständige Implementierung aller Eigenschaften und Methoden erzwungen werden.

5.3.2 Test der Einzelkomponenten

Mit der Implementation einer Komponente fest verbunden ist deren Test. Tests sichern, daß die nachfolgenden Schritte auf einer soliden Basis erfolgen können.

Ergebnisse

Der Test führt zu einer stabilen Komponente, in der alle Soll-Ergebnisse durch Test der Interfaces sichergestellt sind.

Aufgaben/Vorgehen

Der Test einer einzelnen Komponente umfaßt zwei Aspekte:

- Die in der Komponente enthaltenen Klassen sind zu testen. Durch diese Klassentests wird gesichert, daß jede einzelne Klasse ihre im Design festgelegten Anforderungen erfüllt.

- Die Funktionalität der Komponente nach außen muß überprüft werden. Damit wird das Zusammenspiel der Klassen in der Komponente zur Erfüllung der in der Schnittstelle zugesicherten Services getestet. Dazu muß die Komponente in eine Testumgebung eingestellt werden, welche die Aufrufe der Schnittstellenmethoden durchführt.

Sinnvollerweise wird also der Test der einzelnen Komponenten als Bottom-Up-Test durchgeführt. Im Kapitel 11 „Testen im IT Projekt" (S. 335) wird dargelegt, wie die Tests gestaltet werden können.

5.4 Integration der Komponenten

Die während der Realisierung erstellten Einzelkomponenten werden in einem iterativen Prozeß zu einem Gesamtsystem integriert. Dieser Prozeß findet auf dem Integrationssystem statt.

Zum Integrationsprozeß gehören in der Praxis neben der eigentlichen Integration im engeren Sinne auch der Test und die Optimierung des (Teil-) Systems sowie die Planung der Softwareverteilung (Deployment Readiness).

Zunächst wird beschrieben wie der Integrationsprozeß im Prinzip abläuft. Danach werden einzelne Aspekte dieses Basisprozesses betrachtet.

5.4.1 Basisprozeß der Integration

Ergebnisse

Das Gesamtsystem ist aus den Einzelkomponenten auf einer Integrationsplattform zusammengebaut und getestet.

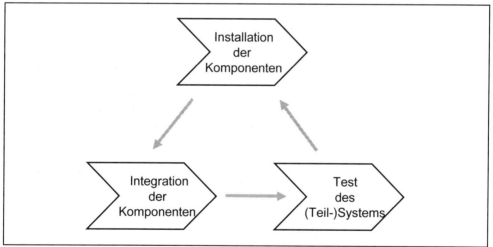

Abb. 58: Der Integrationsprozeß

Aufgaben/Vorgehen

Der Basisprozeß der Integration umfaßt Schritte, die mehrfach durchlaufen werden, bis ein integriertes und getestetes (Teil-)System vorliegt. (siehe Abb. 58)

1. Installation der Einzelkomponenten in der Integrationsumgebung. Dazu sind gegebenenfalls für existierende Systeme und Komponenten, die nicht neu entwickelt wurden, Schnittstellen bereitzustellen.

2. Die konkrete Integration der Komponenten, so daß diese zusammen lauffähig sind.

3. Test der integrierten Komponenten anhand der vordefinierten Testfälle.

Hinweise

Bei der Integration sind folgende Aspekte wichtig:

- Berücksichtigt wird hier das Verteilungskonzept aus der Designphase. Im Verteilungskonzept wird beschrieben, welche Komponenten des Systems auf welchen technischen Systemen laufen werden.

- Die bereits entwickelten und getesteten Einzelkomponenten sind gemäß Verteilungskonzept auf den vorgesehenen Plattformen bereitzustellen.

- Die in der Designphase vereinbarte Middleware des Projektes, inklusive der Protokolldefinitionen, ist die technische Basis für die Integration der Komponenten.

In der Integrationsphase ist ein Integrationsmanager verantwortlich für:

- Das Testen des Gesamtsystems. Der Intergrationsmanager führt die Absprache mit dem Testmanager, damit ein gemeinsames Verständnis über die Verantwortlichkeiten im Thema Testen sichergestellt ist.

- Die Überwachung der Releases des Gesamtsystems.

- Die Definition eines Konfigurations- und Änderungsmanagements (siehe auch Kapitel 7 „Betrieb").

Weiterhin unterstützen die folgenden Aspekte den Integrationsprozeß:

- Gemeinsame Treffen der Entwicklerteams der zu integrierenden Komponenten.

- Austausch von Mitgliedern aus unterschiedlichen Entwicklerteams, um die externe Sicht auf die eigenen Komponenten besser zu verstehen.

5.4.2 Einbindung existierender Systeme und Komponenten

Zur Integration sind vorhandene Systeme ebenso vorzubereiten wie bereits existierende Komponenten.

Ergebnisse

Die existierenden Systeme und wiederverwendeten Komponenten besitzen je eine Schnittstelle (engl.: Wrapper),

* welche die definierte Funktionalität bereitstellt und

* die Integration des Gesamtsystems ermöglicht.

Aufgaben/Vorgehen

Für die zu berücksichtigenden Komponenten und existierenden Systeme sind die bestehenden Schnittstellen auf Kompatibilität mit dem Gesamtsystem und der im Design festgelegten Verteilungsarchitektur zu prüfen.

Gegebenenfalls sind Schnittstellen, z. B. als Interface-Objekte („Wrapper"), neu zu programmieren, so daß die Integration gemäß der im Design festgelegten Verteilungsarchitektur ermöglicht wird. Diese Schnittstellen müssen entsprechend getestet werden.

Hinweise

Bei der Realisierung von Schnittstellen kann gegebenenfalls auf marktübliche Werkzeuge zurückgegriffen werden, die eine Programmierung erübrigen und spätere Release-Anpassungen vereinfachen.

Die Realisierung der Schnittstellen zu existierenden Systemen kann sehr komplex und gleichzeitig erfolgsentscheidend sein. Darüberhinaus ist sie sehr zeitintensiv und muß im Projektplan entsprechend berücksichtigt werden. Es kann sogar sinnvoll sein, diese Tätigkeit ganz zu Beginn der Realisierungsphase anzugehen.

5.4.3 Bereitstellung in der Integrationsumgebung

Die Integrationsumgebung ist auf Basis des technischen Designs bereitzustellen. Dabei entspricht die Integrationsumgebung weitgehend der zukünftigen Produktionsumgebung, um Fehler möglichst gleich zu finden und zu bereinigen. Die hierbei gemachten Erfahrungen fließen direkt in die Planung und den Aufbau der Produktionsumgebung mit ein. Folgende Komponenten werden bereitgestellt:

- Client-Komponenten

- Server-Komponenten

- Middleware-Komponenten

- Datenbanken

- Zusätzliche Komponenten, wie Initialisierungs- und Konfigurations-
  dateien sowie Hilfetexte

Komponenten, die zum Zeitpunkt der Integration nicht fertiggestellt
sind, können durch Proxies (Platzhalter) in ihrem Verhalten simuliert
werden, so daß der Integrationsprozeß nicht wesentlich beeinträchtigt
wird.

Die bereitgestellten Komponenten werden durch folgende Maßnahmen
zu einem lauffähigen System konfiguriert:

- Dimensionierung der Datenbank: Tablespace, Logging, etc.

- Bereitstellung von Testdaten, auch größerer Datenmengen für Lasttests.

- Auflistung, Design und ggf. Bereitstellung von unterstützenden
  Funktionalitäten, z. B. Prozeßüberwachung, Leitstandüberwachung.

- Dokumentation der Integrationsumgebung.

- Vorbereitung der Produktionsumgebung.(in Absprache mit dem
  Team, das den Betrieb des Systems durchgeführen wird)

- Planung der Softwareverteilung auf die Produktionsumgebung.

5.4.4 Optimierung der Anwendung

Bei der Integration von Komponenten und Systemteilen wird häufig
festgestellt, daß die Anwendung nicht optimal arbeitet. Neben der Optimierung der Anwendbarkeit (Usability) geht es häufig um die Performanz des Systems.

Optimierung der Performanz

Die Optimierung der Performanz kann sich insbesondere auf folgende
Punkte beziehen:

- Schnittstellen

- Zugriff auf eine Datenbank

- Verhalten des Systems unter Vollast

Anzustreben sind möglichst solche Optimierungen die keine oder nur geringe Änderungen am Systemdesign zur Folge haben.

Optimierungen, die eine Änderung des Systemdesigns bewirken, sollten lokal begrenzbar sein. Das heißt, in Anwendertests die kritischen Pfade der Anwendung zu ermitteln und dort gezielt zu optimieren. Diese Änderungen sind zu kapseln und ausführlich zu dokumentieren.

Ein Beispiel ist eine Datenbankanwendung, die mit ODBC auf einen Datenbankserver zugreift. Bei einer Suchanfrage ist das System für den Anwender untragbar langsam. Hier kann durch die Verwendung eines herstellerspezifischen Treibers ein erheblicher Geschwindigkeitsgewinn erzielt werden. Erkauft wird dieser Zugewinn mit dem Verlust der Portabilität der Anwendung. Das Design der Anwendung wird ebenfalls geändert, indem mit zusätzlichen Treibern ein „Bypass" um die im Design vorgesehenen ODBC-Treiber herum für den DB-Zugriff gelegt wird.

5.4.5 Test des Gesamtsystems

Der Test des Gesamtsystems erfolgt auf Basis der Ergebnisdokumente der Phase Konzeption (Prozeßketten und Liste der Use Cases). Eine enge Einbeziehung des Fachbereichs in die Erstellung dieser Tests ist erforderlich, da im wesentlichen die Erfüllung der fachlichen Anforderungen getestet wird. Diese Anforderungen stellen die Basis für den Abnahmetest und die Abnahme des Gesamtsystems durch den Fachbereich dar.

Die konkreten Testverfahren sind im Kapitel „Testen im IT-Projekt" detailliert beschrieben.

5.4.6 Softwareverteilung

In einer heterogenen, vernetzten DV-Landschaft mit Client/Server-Anwendungen bekommt die Softwareverteilung eine große Bedeutung. Jeder Anwender benötigt die richtige Version der Anwendung lokal auf seinem PC. In einer Großrechnerumgebung dagegen liegen die Softwarekomponenten zentral auf dem Großrechner, wo sie auch ausgeführt werden. Das Ändern der zentral gehaltenen Software reduziert sich hier auf das zentrale Einspielen einer neuen, getesteten Version.

Dagegen liegen in einer Client/Server-Umgebung die Komponenten jeweils in sehr vielen Kopien an unterschiedlichen Orten vor. Das ist die Herausforderung an die Softwareverteilungs- und Installationsmechanismen.

Ergebnisse

Die notwendigen Installationsmechanismen sind stark von der Art der Anwendung abhängig. Die folgende Tabelle zeigt, wie die Schichten der Anwendungsarchitektur auf Hardware-/Netzwerkarchitekturen implementiert werden können. Zum Beispiel ist bei dem „Thin-Client" Ansatz die Oberfläche auf dem Client implementiert. Geschäftsregeln und Datendienste sind auf dem Server implementiert. Da die Systemklassen das Interface für die Netzwerkkommunikation darstellen, sind sie sowohl auf dem Client als auch dem Server vertreten (alle Maschinen).

Schicht	Einzelplatz	Thin-Client	Fat-Client	n-Tier	Verteilte Objekte
Oberfläche	Client	Client	Client	Client	Client
Geschäft	Client	Server	Client	Anwendungs-server	beliebig
Datendienst	Client	Server	Server	Datenbank-server	beliebig
Systemdienste	Client	alle Maschinen	Alle Maschinen	alle Maschinen	Alle Maschinen

Tab. 27:   **Verteilungsstrategien für die Anwendungsarchitektur**

Aufgaben/Vorgehen

Aufgaben der Softwareverteilung:

- Vorbereitung

- Verteiltest

- Übertragung, Installation und Konfiguration der Software auf den Zielsystemen

- Anwendung von Push- und Pull-Verfahren

- Rückmeldung über den Status der beendeten Installation (erfolgreich, nicht erfolgreich)

- weitgehende Automatisierung der Verteilungsvorgänge

- alternativ: Verteilung über Disketten, CD, etc.

- Lizenzverwaltung

- Change Management

Komponenten, die im Rahmen der Softwareverteilung verteilt werden können:

- Betriebs- und Netzwerkkomponenten

- Datenbanktabellen

- Anwendungsprogramme, sowie deren Komponenten

- Dateien, Tabellen

- zusätzliche Komponenten, wie Initialisierungs- und Konfigurations-dateien, Hilfetexte, Fehlertabellen

Hinweise:

Die Softwareverteilung ist originärer Bestandteil des Roll Outs. Detail-liertere Informationen zur Behandlung des gesamten Themas finden sich im nächsten Kapitel 6 „Einführung".

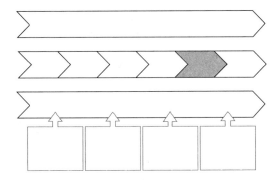

6 Einführung

6.1 Orientierung

Im Einführungsprozeß wird ein fertig entwickeltes System an den Auftraggeber übergeben und in sein Geschäft implantiert. Hierbei existieren mehrere Szenarien, die sich im wesentlichen durch die folgenden beiden Fälle charakterisieren lassen: Entweder handelt es sich um eine spezifische, für den Auftraggeber entwickelte und zu installierende IT-Lösung, oder um eine standardisierte Software, die installiert und eingeführt werden soll. Die Software erfährt im Einführungsprozeß ggf. weitere Ergänzungen und Veränderungen.

Die Phase Einführung umfaßt folgende Aspekte:

- Der Auftraggeber muß das Anwendungssystem verstehen, akzeptieren und übernehmen.

- Die notwendige Infrastruktur muß bereitgestellt werden und das System darauf implementiert werden.

- Das System muß den Kundenanforderungen angepaßt werden und entsprechend lokalisiert werden (lokales Customizing). Gegebenenfalls entstehen Änderungsanforderungen bzw. Anforderungen nach Erweiterungen, die zu realisieren sind. Diese Änderungen können sowohl lokaler Natur sein als auch auf das ausgelieferte Anwendungssystem Bezug nehmen.

Die Anpassung eines Systems geschieht in vier Dimensionen, die in Abb. 59 dargestellt sind:

- Notwendige Geschäftsanpassungen und Konvertierungen (Daten, Geschäftsregeln) sind vorzunehmen. Dies bedeutet in den meisten Fällen eine geregelte Übernahme von Altdaten in das neue System mit dem Ziel einer möglichst reibungslosen Fortführung der Geschäftstätigkeit.

- Die notwendigen Organisationsanpassungen sind vorzunehmen, sowie die Anpassung von Prozessen, Rollen und Aufbauorganisation.

- Das Personal muß durch Qualifizierung und Training auf die veränderten Aufgaben und den organisatorischen Wandel vorbereitet werden.

- Das IT-System muß an die lokalen technischen Gegebenheiten angepaßt werden.

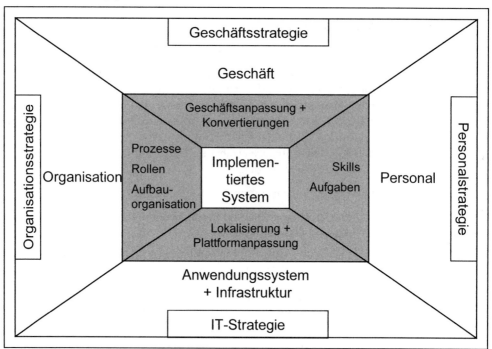

Abb. 59: **Einpassung des Systems in seine Umwelt**

Am Ende muß alles zufriedenstellend im Sinne des Geschäfts laufen, und es muß erkennbar sein, welcher Beitrag zur prognostizierten Wirtschaftlichkeit nun wirklich eintritt und meßbar nachgewiesen werden kann.

Je nach Art des Systems, welches eingeführt werden soll, und der Menge der Organisationen bzw. Lokalisationen, in denen eine Einführung geplant ist, ist der Einführungsprozeß unterschiedlich komplex, und sind auch die Schwerpunkte unterschiedlich zu setzen.

Änderungen in der Organisation, d.h. geänderte Prozesse, neue oder angepaßte Rollen oder eine geänderte Ablauforganisation münden in ein organisatorisches Konzept. Auch wenn dies häufig eine Aufgabe ist, die der Auftraggeber selbst in die Hand nimmt, sind die Auswirkungen auf das System intensiv aus der Systemsicht heraus zu analysieren. Das gleiche gilt entsprechend für Anpassungen in der Geschäftsstrategie und in der Personalstrategie. Für die Einführungsphase müssen daher mindestens entsprechende Dokumente zur Verfügung stehen.

6.1.1 Ziele

Die Systemeinführung hat das Hauptziel, das Geschäft auf Basis des eingeführten Systems anforderungsgerecht zu betreiben (gemäß den Geschäftserfordernissen). Die Wirtschaftlichkeit muß gemäß dem Investitionsplan verifizierbar sein.

Bei näherer Betrachtung ergeben sich daraus folgende untergeordnete Ziele:

- Das von der Realisierung gelieferte Werk zur Einführung ist in eine eigene Infrastruktur übernommen.

- Alle notwendigen Softwarekomponenten stehen zur Verfügung.

- Anwender, Betriebsteam etc. sind ausreichend geschult.

- Das System ist vom Kunden offiziell abgenommen und wird in Betrieb genommen.

Diese Ziele müssen in der Einführungsphase erreicht werden. Dazu scheint uns der im folgenden beschriebene grundlegende Ablauf am besten geeignet.

6.1.2 Voraussetzungen

In der Einführungsphase stehen dem Projektteam alle Dokumente aus den früheren Phasen zur Verfügung. Sinnvollerweise sind diese Dokumente in einer gemeinsamen Versionsverwaltung geführt und können so nahtlos weiter gepflegt werden.

Insbesondere betrifft dies die Abnahmekriterien und den Testplan aus der Konzeption und die für den Test relevanten Dokumente aus der Realisierungsphase.

Ist das System eine auf Standardsoftware basierende Lösung, so ist darauf zu achten, daß die entsprechende Systemdokumentation vorliegt.

6.1.3 Ablauf

Der Einführungsprozeß umfaßt folgende Schritte:

1. Werkabnahme und Übernahme des Systems
   Das IT-System wird vom Auftraggeber vorläufig abgenommen.

2. Pilotbetrieb
   Das System wird von ausgewählten getestet.

3. Offizielle Abnahme des Systems
   Das System wird nunmehr offiziell abgenommen.

4. Roll Out
   Die produktive Inbetriebnahme des Systems beim Kunden vor Ort wird vorbereitet.

5. Training
   Die Anwender des Systems werden geschult.

6. Going Live
   Das System geht produktiv.

Wie in Abb. 60 zu sehen, können das Roll Out und das Training der Anwender parallel stattfinden.

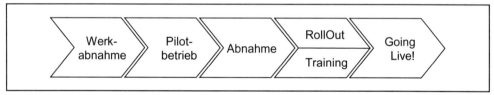

Abb. 60: **Der Einführungsprozeß**

6.1.4 Ergebnisse

Am Ende jedes einzelnen Schrittes in der Einführung müssen bestimmte Ergebnisse vorliegen, die entweder im folgenden Schritt benötigt werden oder wichtige Hilfsmittel im späteren Betrieb darstellen. Tab. 28 zeigt die Ziele und Ergebnisse der einzelnen Schritte.

Schritt	Ziele	Typische Ergebnisse des Schrittes
1. **Werkabnahme und Übernahme des Systems**	• Die Abnahme ist dokumentiert • Alle Beteiligten haben das weitere Vorgehen abgestimmt.	• Installation & Inbetriebnahme Testsystem • Liste der Abnahmekriterien • Testprotokolle • Abnahmebescheinigung • Vereinbarte Vorgehensweise / Entscheidungen
2. **Pilotbetrieb**	• Wichtige Erkenntnisse sind festgehalten und kommuniziert worden. • Das Roll Out Verfahren ist festgelegt	• Beschreibung der benutzten Infrastruktur • Übersicht der Performancedaten • Aussagen zur Stabilität • Fehlerprotokolle • Beschreibung Roll Out Verfahren • Empfehlungen und Kritik der Pilot-Anwender • Erprobtes Organisationskonzept und erprobte Abläufe
3. **Offizielle Abnahme des Systems**	• Die Abnahme des Systems ist dokumentiert	• Liste der Abnahmekriterien • Testprotokolle • Abnahmebescheinigung • Vereinbarte Vorgehensweise / Entscheidungen
4. **Roll Out**	• Alle Systemteile sind bereitgestellt. • Die Infrastruktur ist vollständig verfügbar	• Systemhandbuch • Anwenderhandbuch • Liste von Ansprechpartnern • ggf. Fehlerprotokolle • Installation & Inbetriebnahme Produktionssystem • Umgesetztes Organisationskonzept • Abnahmebescheinigung des Auftraggebers
5. **Training**	• Die Anwender und das Personal für den Betrieb sind geschult	• Trainingskonzept • Trainingsunterlagen • Anmerkungen / Feedback der Anwender • Liste möglicher Systemverbesserungen
6. **Going Live**	• Das System ist in den geregelten Betrieb übergegangen	• Liste der Abnahmekriterien • ggf. Terminplan • Abnahmebescheinigung Betrieb

Tab. 28:   Ziele und Ergebnisse im Einführungsprozeß

Hinweis

Die einzelnen Abschnitte der Einführungsphase sind bei jedem Projekt unterschiedlich komplex und zeitaufwendig. Es hat sich in der Praxis als sinnvoll erwiesen, trotz der unterschiedlichen Dauer bei der Planung, jedes Abschnittsende mit einem Meilenstein zu belegen. So ist zumindest sichergestellt, daß die Erreichung eines Meilensteins und damit das Ende eines Abschnitts, einem sauberen Projektcontrolling unterzogen werden kann.

6.2 Werkabnahme und Übernahme des Systems

In diesem Schritt erfolgt die Übernahme des Systems von einem Lieferanten (oder aus der Phase Realisierung). Dies bedeutet formell immer eine vorläufige Abnahme des IT-Systems. Dazu wird das System in einer dafür bereitgestellten Testumgebung - evtl. bereits aus der Phase Realisierung vorhanden - installiert und in Betrieb genommen. Abb. 61 zeigt, daß die Voraussetzungen für die Abnahmetests bereits in früheren Phasen des Kernprozesses geschaffen werden (siehe auch Kapitel 11).

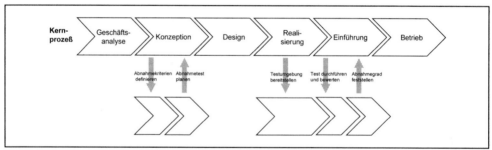

Abb. 61: Zeitliche Einordnung Abnahmetests

Abnahmekriterien definieren

Die Abnahme durch Ausführung der Abnahmetests erfolgt auf Basis der Abnahmekriterien, die in der Phase Konzeption vereinbart wurden. Voraussetzung für ein gemeinsames Verständnis ist, daß der Auftraggeber das Anwendungssystem in seiner gesamten Funktionalität verstanden und akzeptiert hat. Dies betrifft auch die organisatorischen Rahmenbedingungen. Hier sollte mindestens ein abgestimmtes organisatorisches Konzept als Basis für die weiteren Phasen zur Verfügung stehen.

Die Abnahmekriterien sollten daraufhin jetzt einem Review unterzogen werden, um sicherzustellen, daß wirklich für jedes Abnahmekriterium eine geeignete, von allen Beteiligten nachvollziehbare Überprüfungsmöglichkeit festgelegt wurde, z. B. in Form von Testfällen.

Den Abnahmekriterien liegt in der Regel folgende Fragekette zu Grunde:

- Welche Geschäftsziele oder Prozesse soll das System unterstützen?

- Was muß überprüft werden, um die Zielerreichung zu verifizieren?

- Wie muß geprüft werden? Erfolgt die Prüfung entlang eines von allen Beteiligten akzeptierten Workflow?

- Welches Prüfergebnis zeigt, daß das Ziel erreicht ist; wann ist das Ziel nicht erreicht?

Abnahmetest planen

Bei der Festlegung des Umfangs und Inhalts der Abnahme sowie der Planung der Abnahme sind neben den fachlichen auch wirtschaftliche Kriterien zu beachten: Ein Gleichgewicht zwischen Abdeckungsgrad des Abnahmetests und Einsatz von Zeit und Ressourcen.

Testumgebung bereitstellen

Die Bereitstellung der Testumgebung umfaßt sowohl die Bereitstellung der Infrastruktur als auch der Testdaten gemäß den festegelegten Testfällen.

Abnahmetest durchführen und bewerten

Die Tests werden gemäß der Abnahmetestplanung mit den bereitstehenden Testdaten durchgeführt. Dies geschieht im allgemeinen in enger Zusammenarbeit mit dem Kunden.

Die Testdaten, Ergebnisse, Laufzeiten, Antwortzeiten etc. werden dokumentiert. Auch für die Betriebsphase sind diese Testdaten relevant und wiederverwendbar.

Falls ein System- bzw. Programmfehler auftaucht, wird der Abnahmetest nicht abgebrochen, sondern soweit wie möglich abgearbeitet. Das Verhalten des Systems wird jedoch sorgfältig beobachtet und dokumentiert.

Abnahmegrad feststellen

Je Testfall werden vorgegebene Sollwerte mit dem protokollierten Systemverhalten verglichen und in einer Übersichtsmatrix zusammengestellt.

Der Auftraggeber bewertet in Zusammenarbeit mit dem Auftragnehmer das Testergebnis:

- Sind alle Überprüfungen fehlerfrei und erwartungsgemäß verlaufen?

- Sind alle Abnahmekriterien überprüft?

- Ist das Verfahren so abgelaufen, wie der Auftraggeber es sich vorgestellt hat?

- Sind aufgrund des Abnahmeverfahrens neue Testfälle hinzugekommen, die berücksichtigt werden müssen?

- Wie hoch ist der Abnahmegrad des Systems?

Je nach Beantwortung dieser Fragen ergibt sich, daß ein neuer Abnahmetest geplant wird, oder daß der Auftraggeber die Werkabnahme attestiert und die vorläufige Abnahmebescheinigung ausstellt.

Als Anlagen zur vorläufigen Abnahme gehören die Testberichte, ggf. eine Fehlerliste und mögliche Anmerkungen des Herstellers. An dieser Stelle muß auch eine gemeinsame Vorgehensweise zur Behebung offener Fehler abgestimmt und festgehalten werden.

Falls an dieser Stelle Änderungswünsche festgehalten werden, muß klar entschieden sein, ob diese Änderungswünsche zum geplanten Produktionsstart verfügbar sein müssen. Dies würde zumindest für den geänderten Teil eine neue Werkabnahme bedeuten. Ansonsten erfolgt die Dokumentation der Änderungswünsche für die weitere Releaseplanung.

Die Tabelle (Tab. 29) stellt noch einmal die Arbeitsschritte, Aktivitäten und Ergebnisse der fünf Schritte zusammenfassend dar.

Die während der Werkabnahme genutzte Infrastruktur hat jetzt seine erste Bewährungsprobe bestanden und ist bereit für die Nutzung im Pilotbetrieb.

Hinweis

Die im Kapitel 11 beschriebenen Anforderungen an das Testen gelten selbstverständlich auch für die Abnahmetests!

Schritt	Aktivität	Ergebnis des Schrittes	Verantwortlicher	Phase
1. **Abnahme-kriterien definieren**	Abnahmekriterien aus: • Projektzielen • Rahmenbedingungen • Prozeßleistungs-merkmalen • Anforderungs-katalog ableiten. Je Abnahmekriterium Art der Überprüfung (Teststrategie) festlegen.	• Liste der Abnahme-kriterien • Art der Über-prüfung je Abnahme-kriterium	• Auftrag-geber • Projektleiter • Control-board	Konzeption
2. **Abnahme-test planen**	Ablauf: • Abnahmetest planen • Testfälle definieren • Testdaten definieren	• Abnahmetest-plan • Testfälle • Testdaten	• Auftrag-geber • Projektleiter	Konzeption
3. **Test-umgebung bereitstellen**	• Bereitstellung: • Infrastruktur • Testdaten • Einführung in Testverfahren für das Team	• Testumgebung • Testdaten • Vorbereitetes Testteam	• Projektteam	Einführung (ggf. aus Realisierung vorhanden)
4. **Test durch-führen und bewerten**	• Durchführung der Aktivitäten des Abnahmetest-plans	je Testfall: • Testprotokoll mit Laufzeit-angaben und den Test-ergebnissen	• Auftrag-geber • Projektleiter • Projektteam	Einführung
5. **Abnahme-grad feststellen**	• Diagnose der Testergebnisse gegen Abnahmekriterien • Klassifizierung • Bestimmung Grad der Abnahme	• Abnahme-bescheinigung des Kunden *Oder* • Entscheidung für einen neuen Abnahmetest	• Auftrag-geber • Projektleiter	Einführung

Tab. 29:   Aktivitäten im Verlauf einer Systemabnahme

6.3 Pilotbetrieb

Der Pilotbetrieb ist für komplexere Softwareprodukte notwendig, da eine Werkabnahme nur die grundsätzliche Funktion sicherstellen kann. Zur Evaluation einer größeren Softwarelösung ist es sinnvoll, eine Pilotphase zu definieren, in der der Beweis eines performanten und stabilen Systems erbracht wird.

In einem möglichst realitätsnahen Pilotbetrieb werden ausgewählte Anwender mit dem System vertraut gemacht und setzen die Software gezielt in ihrem organisatorischen und technischen Umfeld ein. Die Auswahl der Pilotanwender orientiert sich im allgemeinen an folgenden Auswahlkriterien:

- Ist der Anwender auch später in der gleichen oder einer ähnlichen Rolle im produktiv betriebenen System?

- Steht der Anwender der Einführung des Systems grundsätzlich positiv gegenüber?

- Ist der Anwender fähig seine Kritik deutlich zu formulieren und seine Erfahrungen mit dem System zu dokumentieren?

- Können die ausgewählten Pilotanwender die gesamten zu verifizierenden Geschäfts- und Systemprozesse abdecken?

Sind diese Fragen positiv beantwortet, steht einem aussagekräftigen Pilotbetrieb nichts mehr im Weg. Die Dokumentation aus der Pilotphase ist enorm wichtig für die spätere offizielle Systemabnahme und einen reibungslosen Start in den Produktionsbetrieb. Folgende Mindestanforderungen sind an die Dokumentation zu stellen:

- Es liegt eine ausführliche Beschreibung der Infrastruktur und der benutzten Test-Skripts und –Programme vor, inclusive der im Pilotbetrieb erfahrenen Systemgrenzen und dabei verwendete Mengengerüste. Die Erfahrung aus der Bereitstellung der Anwendung für die Pilotanwender dient zur Definition und Einschätzung möglicher Roll Out Verfahren.

- Die erhobenen Systemdaten sind ausreichend für eine Beurteilung der Performance und Stabilität der geplanten Produktionsumgebung. Dies bedeutet zumindest die Möglichkeit einer verläßlichen Hochrechnung aus den erhobenen Daten für den späteren Betrieb. Eine gute Orientierung bieten hier die Abnahmekriterien, die bei der anschließenden offiziellen Abnahme ohnehin wieder zugrunde gelegt werden und untermauert sein müssen.

- Die organisatorischen Abläufe, basierend auf dem vorliegenden Organisationskonzept, haben sich bewährt oder entsprechende Änderungen sind in das Konzept eingeflossen.

- Die Empfehlungen der Anwender, deren Kritik und sonstige Anmerkungen, sind zentraler Punkt für eine Beurteilung und spätere Reviews. Diese Dokumentation fließt später auch in die Releaseplanung ein.

- Anwendungsprobleme und Systemfehler müssen protokolliert werden. Für jeden Fehler bzw. aufgetauchtes Problem gibt es eine Erklärung, Behebung des Fehlers oder zumindest eine Übereinkunft über das weitere Vorgehen.

Offene Fehler oder erkannte Mängel des Systems werden in Releasenotes oder einer Fehlerliste festgehalten. Falls aus der Realisierung oder vom Hersteller nicht schon entsprechende Dokumente vorliegen, so sind sie hier zu erstellen.

Fehler oder Mängel führen zu einer Nachbesserung mit einer entsprechenden Werkabnahme und Einführung in den Pilotbetrieb. Möglicherweise muß der Pilotbetrieb auch vorläufig eingestellt werden und das Gesamtsystem einer neuen Werkabnahme unterstellt werden.

Sind sich alle Beteiligten darüber einig, daß das System in der jetzigen Form für den geplanten Zweck eingesetzt werden kann, wird der Pilotbetrieb erfolgreich beendet. Gemeinsam mit dem Kunden ist das Roll Out Verfahren festgelegt und ein entsprechender Plan verabschiedet worden. Eine detaillierte Beschreibung von

- notwendigen Systemeinstellungen auf Server und Client

- Distributionsverfahren für die Clientsoftware

- Terminen

- verantwortlichen Personen für die einzelnen Roll Out Abschnitte

sollte mindestens vorliegen

6.4 Offizielle Abnahme des Systems

Laut Protokollen aus dem Pilotbetrieb ist das System lauffähig und vollständig verfügbar. Einer offiziellen Abnahme steht nun nichts mehr im Weg. Der Verlauf entspricht im wesentlichen der Werkabnahme, so daß wir hier auf ausführlichere Beschreibungen verzichten können. Von der Werkabnahme unterscheidet sich diese Abnahme insbesondere durch den offiziellen Charakter und die Auswirkungen:

- Das Abnahmeprotokoll ist unterzeichnet. Damit hat der Auftraggeber die Erfüllung der vereinbarten Ziele bestätigt.

- Bei der formellen Bestätigung ist es sinnvoll, auch die daraufhin zu
  leistenden Zahlungen an das Projekt und den Hersteller festzuschreiben. Eventuelle weitere buchhalterische Auswirkungen, z.B.
  Beginn von Lizenzzahlungen und Wartungsvereinbarungen, werden
  ebenfalls festgehalten, sofern dies nicht bereits im Vertrag mit bin-
  denden Terminen enthalten ist.

Es empfiehlt sich, dem Abnahmeprotokoll alle wesentlichen Anlagen
bzw. Verweise auf diese Anlagen beizufügen. Sollte es später zu Streitig-
keiten kommen, ist dieses Abnahmeprotokoll der Dreh- und Angel-
punkt.

6.5 Roll Out

Der Roll Out eines IT-Systems kann durchaus die Komplexität eines eigenen Projekts haben, das entsprechend dem Projektmanagement sorgfältig geplant und durchgeführt werden muß. Im Pilotbetrieb wurde mit
dem Auftraggeber das Verfahren des Roll Out bereits entschieden. Es
geht nun im folgenden darum, dieses Verfahren umzusetzen.

Zu Beginn sind die wesentlichen Themen zu identifizieren, die während
der Roll Out-Phase behandelt werden müssen und je Thema sind die
zugrundeliegenden Anforderungen sowie die zu treffenden Maßnahmen
zu definieren. Auf dieser Basis werden die Roll Out-Planung sowie die
Überprüfung der Roll Out-Kosten vorgenommen.

Der Erfolg der Roll Out-Phase manifestiert sich im Going Live, dem Ü-
bergang des kompletten Systems in den geregelten Betrieb. Spätestens ab
dem Beginn des Roll Out empfiehlt sich eine direkte Zusammenarbeit
mit dem Team, welches den Betrieb sicherstellen wird. Reibungsverluste
in den späteren Phasen lassen sich so am besten vermeiden.

Es hat sich als sinnvoll erwiesen, in der Zusammenarbeit mit dem Betriebsteam eine integrierte Projektorganisation zu etablieren, mit klarer
Verantwortung. Das Roll Out kann gänzlich oder teilweise an das Betriebsteam delegiert werden.

Im Roll Out sind zwei Aufgaben zu lösen:

1. Bereitstellung einer Trainingsumgebung für die parallel stattfinden-
   den Schulungen der Anwender

2. Vorbereitung der Produktionsumgebung

Trainingsumgebung bereitstellen

Das Testsystem aus dem Pilotbetrieb wird bereinigt oder ggf. neu installiert. Es dient im folgenden als Trainings- und Demonstrationsumgebung. Dazu müssen mindestens folgende Aktivitäten durchgeführt werden:

- Einrichten der notwendigen Daten für Trainingszwecke

- Überprüfen und Anpassen der Testbenutzer, Rechte und Einstellungen

- Bereitstellung von System- und Anwenderhandbuch und ggf. weiterer relevanter Dokumente.

- Evtl. Distribution von Clients an den für Schulungen und Demonstrationen notwendigen Lokationen.

- Abnahme der Trainingsumgebung durch Trainingsverantwortliche.

Produktionsumgebung vorbereiten

Der nächste Schritt ist die Installation und Inbetriebnahme der Systemumgebung für den geregelten Produktionsbetrieb. Dazu sind ggf. vorher Schulungen des Betriebspersonals durchzuführen, auch hierfür können wir die Trainingsumgebung nutzen. Aus dem Pilotbetrieb und dem Aufbau der Trainingsumgebung stehen alle wesentlichen Dokumente und natürlich die Erfahrung des Einführungsteams für die Installation und Konfiguration des Produktionssystems zur Verfügung.

Die Schritte sind im wesentlichen die gleichen, wie bei der Einrichtung der Trainingsumgebung:

- Einrichten der notwendigen Basisdaten. Bereitstellung von Übernahmeprozessen für Daten aus bestehenden Systemen.

- Überprüfen und Anpassen der Benutzer, Rechte und Einstellungen

- Bereitstellung von System- und Anwenderhandbuch und ggf. weiterer relevanter Dokumente.

- Evtl. Distribution von Clients an allen notwendigen Standorten des Kunden.

- Abnahme des kompletten Anwendungssystems, analog der Kriterien der offiziellen Abnahme, durch den Leiter des Betriebsteams. Es ist durchaus üblich, bei dieser Abnahme auch den Kunden einzubeziehen. Dies vermeidet spätere Mißverständnisse beim Going Live.

Hinweis

An dieser Stelle sind alle Voraussetzungen geschaffen, mit dem System in den Produktionsbetrieb zu gehen. Aus technischer Sicht ist der Roll Out hier beendet. Es gibt allerdings noch einige Rahmenbedingungen, die das Kundenumfeld betreffen:

- Hat der Kunde die notwendigen organisatorischen Voraussetzungen gemäß dem abgestimmten Organisationskonzept getroffen, damit das Anwendungssystem auch genutzt werden kann?

- Sind die Anwender alle termingerecht informiert und geschult worden?

- Sind die heutigen Ansprechpartner beim Kunden in die neuen Supportprozesse integriert?

Falls diese Fragen alle mit „Ja" beantwortet werden können, dann steht einem Going Live nichts mehr im Wege.

6.6 Training

Wie bereits im letzten Abschnitt beschrieben, der erste Schritt zu einem erfolgreichen Einsatz des Produktivsystems ist die Bereitstellung einer vollständig funktionsfähigen Schulungsumgebung, mit ensprechender Dokumentation. Gleichzeitig wird damit auch das Roll Out-Verfahren einem (eingeschränkten) Test in der Praxis unterworfen, was wertvolle Rückschlüsse auf mögliche Verbesserungen zuläßt.

Das Trainingskonzept sollte bereits im Vorfeld (Phase Konzeption) mit dem Auftraggeber abgestimmt worden sein, ansonsten muß dies spätestens jetzt geschehen. Parallel dazu sind die Arbeitsabläufe und Rollenbeschreibungen der Mitarbeiter verifiziert worden und dienen als Grundlage für die zu erstellenden Schulungsunterlagen. Es macht durchaus Sinn, die endgültigen Unterlagen erst jetzt zu erstellen, denn die Aktualität der Unterlagen ist ein wichtiges Kriterium für die Akzeptanz bei den Mitarbeitern.

Eine weitere wichtige Vorarbeit und Garant für erfolgreiche Schulungsmaßnahmen sind die Information und Motivation der Mitarbeiter im Vorfeld der Schulungsmaßnahmen. Basis der Motivation ist die Akzeptanz der neuen Anwendungen und Abläufe bei den betroffenen Mitarbeitern. Dies ist üblicherweise keine Aufgabe des Projektteams, sondern eine Voraussetzung, die nur im Aufgabenbereich des Auftraggebers wirksam etabliert werden kann. Für den Schulungsverantwortlichen ist es trotzdem ratsam, sich der Motivation der Mitarbeiter zu vergewissern und ihren Informationsstand zu kennen.

Das Trainingsziel besteht darin, die zukünftigen Anwender mit der Systemnutzung vertraut zu machen. Der Schwerpunkt liegt dabei auf den organisatorischen geschäftsorientierten Abläufen, die mit den Benutzern im Rahmen der Trainings durchlaufen werden. Dabei ist es wichtig, das Feedback der Nutzer sowohl zu den Abläufen, Infrastruktur, Rahmenbedingungen als auch zur Bedienung des Systems festzuhalten. Hieraus ergeben sich wichtige Anhaltspunkte für Systemverbesserungen und/oder Optimierungsmöglichkeiten der organisatorischen Abläufe. Die Erkenntnisse aus den Schulungen werden dokumentiert und stehen dem Auftraggeber und dem Betriebspersonal zur Verfügung.

Im allgemeinen ist davon auszugehen, daß das Betriebspersonal den Betrieb des Systems in der gewünschten Form sicherstellen kann. Dieses setzt eine klare Definition der zu erbringenden Leistungen im Betrieb voraus – siehe hierzu die Ausführungen im Kapitel 7. Bei größeren, komplexeren Systemen ist in der Regel auch im Betrieb, zumindest im Help Desk Bereich, eine nähere Kenntnis der Abläufe und der Systembedienung durch die Anwender von Nöten. Es muß also abgeschätzt werden, inwieweit eine spezielle Schulung des Betriebsteams notwendig ist. Dafür sind ggf. ein eigenes Trainingskonzept und entsprechende Schulungen vorzusehen. Es liegt in erster Linie im Verantwortungsbereich des Betriebsteams, dafür Sorge zu tragen. Allerdings hat der Projektleiter im Sinne einer vollständigen erfolgreichen Abwicklung des Projektes ebenfalls ein Interesse an einer evtl. notwendigen Weiterbildung des Betriebsteams und sollte sich nicht scheuen, dies zu hinterfragen.

Einige Aktivitäten im Bereich Training basieren auf Ergebnissen, die ggf. bereits in früheren Phasen der Entwicklung bereitgestellt werden. Tab. 30 enthält eine kurze Zusammenstellung der wesentlichen Schritte in einer optimalen zeitlichen Abfolge. Eine ausführliche Darstellung dieser Schritte rechtfertigt eine eigene Veröffentlichung und soll darum hier nicht erfolgen.

Schritt	Aktivität	Ergebnis des Schrittes	Verantwortlich	Phase
1. Ist-Stand	Analyse der „alten" Anwendungsumgebung und Arbeitsprozesse.	• Dokumentation der „alten" Anwendung • Etablierte Arbeitsprozesse • Trainingsstand der Mitarbeiter	• Auftraggeber • Projektleiter	Konzeption, spätestens während Realisierung
2. Soll-Stand	Analyse der „neuen" Anwendungsumgebung und Arbeitsprozesse	• Übersicht der „neuen" Anwendung • Zukünftige Arbeitsprozesse und Rollen • Trainingsziele	• Auftraggeber • Projektleiter	Konzeption, spätestens während Realisierung
3. Bedarfs-ermittlung	Abgleich Soll- gegen Ist-Stand	• Mengengerüst (Schulungstage, Mitarbeiter) • Trainingskonzept • Trainerprofile • Definition der Trainings-umgebung • Terminplan (grob)	• Schulungs-Team	Realisierung, spätestens während der Einführung
4. Entwicklung	Erstellung der Trainingsunterlagen und ggf. Ausbildung / Vorbereitung der Trainer	• Trainings-handbuch • Trainingsunter-lagen, sonstige Materialien / Medien • Pilottraining • Terminplan	• Schulungs-Team	Einführung
5. Logistik	Feinplanung der Maßnahmen incl. aller Resourcen (Trainer, Räume ...) Koordination mit Auftraggeber	• Resourcenplan • Feedback-Bogen, Trainings-beurteilung • Einladung der Teilnehmer	• Schulungs-Team • Auftraggeber • Projektleiter	Einführung
6. Durch-führung	Durchführung der Trainings Feedback an Auftraggeber und Projektleiter	• Trainings-beurteilung, Feedback • Coaching-Angebote	• Schulungs-Team	Einführung

Schritt	Aktivität	Ergebnis des Schrittes	Verantwortlich	Phase
7. **Nach-bereitung**	Überprüfung Schulungserfolg, ggf. Angebot weitere Schulungen	• Abgleich Kenntnissstand gegen Soll-Stand • Dokumentation der Durchführung • Angebot weitere Unterstützung	• Schulungs-Team • Auftrag-geber • Projektleiter	Einführung

Tab. 30   Übersicht über die Trainingsaktivitäten

Hinweis

Aus der zeitlichen Abfolge der Aktivitäten ist erkennbar, daß das Training der Anwender entweder aus dem eigenen Projektteam heraus betrieben wird oder an ein spezielles Trainingsteam delegiert werden muß. Entsprechend ist spätestens zu Beginn der Einführung das Schulungs-Team zu definieren oder die Vergabe der Trainings durchzuführen. Der Projektleiter sollte in jedem Fall den gesamten Prozeß in das Projektcontrolling integrieren.

6.7 Going Live

Mit dem erfolgreichen Roll Out und den parallel dazu durchgeführten Schulungen hat das Projektteam alles notwendige dazu beigetragen, einen erfolgreichen Produktionsstart zu ermöglichen.

In der Phase „Going live" ist eine enge Zusammenarbeit zwischen Auftraggeber, den Nutzern des Systems und dem Betriebspersonal notwendig, denn sie ist wie folgt charakterisiert:

• Der Auftraggeber nimmt das System erstmalig in Betrieb und muß damit ab dem Zeitpunkt der Übernahme das volle Risiko des Produktionseinsatz tragen.

• Die Benutzer arbeiten zum ersten Mal produktiv mit dem System.

• Das Betriebsteam übernimmt die Verantwortung aus den Händen des Einführungsteams.

Große Sorgfalt sollte der Auftragnehmer auch auf ein Übergabeprotokoll legen. Die Unterschrift des verantwortlichen Leiters des Betriebsteams, der zuvor die Freigabe durch den Auftraggeber erhalten hat, entlastet ihn und vollendet die Einführungsphase. In den vorherigen Schritten in der Einführungsphase haben wir diese Absicherung und Protokollierung bereits mehrfach erfolgreich mit Hilfe einer Abnahme gestaltet. Dies ist auch das geeignete Mittel, diese letzte Übergabe abzuwickeln. Als Basis dienen dieselben Abnahmekriterien wie bei der Werkabnahme und der offiziellen Abnahme. Diese Kriterien müssen üblicherweise etwas angepaßt werden, denn im produktiven Umfeld muß gewöhnlich eine gewisse Zeit verstreichen, bis alle Prozesse einmal durchlaufen worden sind. Es empfiehlt sich, einen genauen zeitlichen Rahmen festzulegen und danach das Übergabeprotokoll mit dem Auftraggeber und dem Verantwortlichen des Betriebs zu besprechen und eine Unterzeichnung herbeizuführen. Mit dieser Unterschrift hat der Projektleiter die Phase „Einführung" erfolgreich abgeschlossen.

6.8 Hinweise

Es ist offensichtlich, daß der Aufwand in der Phase Einführung sehr stark von der Zusammenarbeit der Beteiligten und der Größe des Projekts abhängig ist. Trotzdem ist es empfehlenswert, auch in kleinen Projekten und auch dann, wenn Realisierungsteam und Einführungsteam identisch sind, sich analog der o.g. Schritte abzusichern.

Im einen oder anderen Falle mag es sicherlich möglich sein, einzelne Ergebnisse vereinfacht zu erbringen. In einer engen internen Zusammenarbeit zwischen den Beteiligten, beispielsweise innerhalb einer Firma, ist es möglicherweise völlig ausreichend, entsprechende interne Notizen über die Ergebnisse allen Betroffenen zur Kenntnis zu geben und eine Zustimmung zu unterstellen. Solche Verfahrensweisen sind stark abhängig von der Firmenkultur und den Erfahrungen evtl. früherer Zusammenarbeit der Beteiligten. Die grundsätzliche Vorgehensweise bleibt dennoch erhalten.

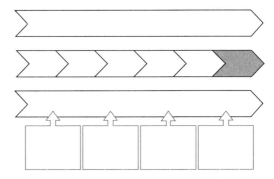

7 Betrieb

Mit der Endabnahme der Anwendung und der erfolgreichen produktiven Einführung (Going live) geht das Anwendungssystem in den Verantwortungsbereich des Betriebs über. Diese Verantwortung für die Anwendung wird erst mit der Abschaltung des Systems bzw. Übergabe an einen anderen Service Provider wieder abgegeben. Da die Betriebsphase verglichen mit dem Zeitraum der Softwareerstellung oder der Einführung von Fremdprodukten sehr lange dauern kann, ist ein professioneller Produktionsbetrieb und die Bereitstellung von vereinbarten Services ein wesentliches Kriterium für Kundenzufriedenheit, Geschäftserfolg und die Fortführung von langjährigen Geschäftsbeziehungen. Das Fundament für einen professionellen und „guten" Betrieb wird jedoch schon in den früheren Phasen des Software Life-Cycles gelegt, weil einmal begangene Fehler wie z.B. konzeptionelle Mängel später nicht mehr oder nur noch mit großem Aufwand beseitigt werden können.

7.1 Orientierung

Höchste Priorität bei Wartung und Betrieb hat die Gewährleistung der Produktionssicherheit: Die technische Infrastruktur muß zur Verfügung stehen und Fehler in Anwendungsprogrammen, die zum Stillstand führen, müssen umgehend behoben werden. Die vertraglich mit dem Kunden vereinbarten Service Level müssen eingehalten werden. Umgesetzt werden diese Ziele durch Maßnahmen wie Risikoanalyse und Notfallplanung, Problem- und Fehlerkontrolle, Optimierung von Verfügbarkeit und Zuverlässigkeit, Installation eines Help Desk / einer Hotline etc..

Neben der Produktionssicherheit und der garantierten Bereitstellung der Anwendungen gilt es, die vereinbarten Services ständig zu verbessern und zu optimieren – insbesondere im Hinblick auf bestehende und zukünftige Anforderungen des Geschäfts. Es besteht dabei der Anspruch, den IT-Support des Geschäfts stetig proaktiv zu verbessern und neue technologische Chancen zu nutzen.

Die Kommunikationspartner und –prozesse in der Phase Betrieb müssen identifiziert und festgelegt werden. Dies gilt nicht nur für die direkt am Betrieb beteiligten Teams wie externe Call Center, Help Desk und Second Level Support, sondern auch für User, Kunde bzw. Auftraggeber, Anwendungsentwicklung und Management.

7.1.1 Ziele

- Das Anwendungssystem läuft störungsfrei und performant.

- Die User sind mit der Nutzung des Systems zufrieden.

- Die IT-bezogenen Services werden entsprechend der vereinbarten Service Level bereitgestellt.

- Die Änderungswünsche des Kunden gehen berechenbar in die Optimierung und Weiterentwicklung des Systems ein.

- Das Anwendungssystem und die IT Services werden im Kontext der Geschäftsanforderungen und technologischer Innovationen ständig verbessert und optimiert.

7.1.2 Ergebnisse

Die Ergebnisse, die es während des Betriebs und der Wartung eines Systems zu erfüllen gilt, können wie folgt beschrieben werden. Die Ergebnisse sind angelehnt an das IT Service Management nach ITIL (IT Infrastructure Library, vgl. [ITIL2000] und [ITIL2001]), welches sich als ein Standard bzw. „best practice" für die Bereitstellung von IT Services entwickelt hat.

- Service Level Management
  Der Umfang und die Bedingungen der Betriebsleistungen sind festgelegt.

- Service Desk
  Die Anwenderbetreuung und die Kontrolle von Störungen sind garantiert.

- Availability Management
  Die Anwendung - sowie die unterstützende Infrastruktur – ist bzgl. Verfügbarkeit und Zuverlässigkeit optimiert, die Produktionssicherheit ist gewährleistet.

- Incident Management
  Störungen werden unverzüglich beseitigt.

- Service Continuity
  Die Risiken für den Betrieb der Anwendungen sind analysiert. Eine Notfallplanung existiert, um nach einer Störung ein Minimum an Services zu garantieren.

- Capacity Management
  Das System ist hinsichtlich der Bereitstellung von Systemressourcen optimiert, d.h. die kosteneffektive Bereitstellung der IT Ressourcen unter Berücksichtigung der Businessanforderungen. Eine Überprüfung der erforderlichen IT Ressourcen findet regelmäßig statt.

- Problem Management
  Das Problem Management ist etabliert, d.h. die Kontrolle von Problemen und Fehlern sowie die Vorgehensweise und die Kommunikationswege bei Störungen. Die Erfahrungen des Betriebs werden weitergegeben an die Entwicklung für neue oder zu ändernde Systeme.

- Change Management
  Alle Änderungen können durch das Change Management nachvollzogen werden. Neue Änderungsanforderungen bzgl. Soft- und Hardware durchlaufen einen vordefinierten, kontrollierbaren Life Cycle.

7.1.3 Einbettung in den Gesamtprozeß

Der Betrieb als letzte Phase des Vorgehensmodells stellt die vereinbarten IT Services für den User bereit. Der Betrieb untergliedert sich in folgende (Teil-) Phasen, die im Laufe des Kapitels weiter ausgeführt werden:

- Betriebskonzept
  Die Infrastruktur, die Betriebsumgebung und der Betrieb werden geplant.

- Aufbau des Produktionsbetriebs
  Das Betriebskonzept wird in die Praxis umgesetzt.

- Produktionsbetrieb
  Der Produktionsbetrieb und die Bereitstellung der vereinbarten IT Services für den User erfolgt stabil und professionell.

- Beendigung des Produktionsbetriebs
  Das Anwendungssystem wird abgeschaltet.

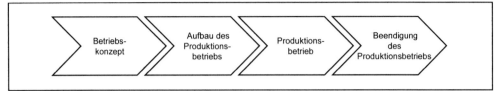

Abb. 62: **Phasen des Betriebes**

Die Phase der Einführung läuft parallel zur Planung und zum Aufbau des Produktionsbetriebs und endet zum Zeitpunkt des „Going live". Die Einführungsphase beschäftigt sich mit dem Anwendungssystem und dem Training der User (Ausnahme: Internetuser). Dem gegenüber liegt in der Betriebsphase der Fokus auf dem Produktionsbetrieb: der Bereitstellung der Infrastruktur und der vereinbarten Service Level, der Koordination aller am Betrieb beteiligten Parteien und Personen, sowie Produktionssicherheit und ständige Verbesserung durch technische oder organisatorische Maßnahmen.

Unter „Betrieb" wird folgendes verstanden:

- Betrieb als Phase oder Prozeß
  Als letzte Phase des Vorgehensmodells untergliedert sich Betrieb in die bereits oben genannten, zeitlich aufeinanderfolgenden (Teil-) Phasen:
  - Betriebskonzept
  - Aufbau des Produktionsbetriebs
  - Produktionsbetrieb
  - Beendigung des Produktionsbetriebs

- Betrieb als organisatorische Einheit
  Die Organisation des Betriebs kann in verschiedenen Ausprägungen erfolgen: vom reinen „Ein-Personen-Betrieb" bis hin zu einem höchst arbeitsteiligen Prozeß, bei dem verschiedene Aufgaben von verschiedenen Teams (abteilungsübergreifend) und Dienstleistern (firmenübergreifend) wahrgenommen werden.

  Beispiele:
  - First Level Support:
    Help Desk und/oder Call Center

- Second Level Support:
  Application (Behebung von Software-Bugs),
  Network & Operation,
  Datenbanken
- Third Party Support:
  Datenbank-Hersteller (Support-Vertrag)

7.2 Interaktionspartner mit dem Betrieb

Unabhängig von der konkreten Ausprägung und (internen) Organisation des Betriebs gibt es folgende (externe) Interaktionspartner bzw. Rollen mit der Organisation Betrieb:

- User

- Kunde bzw. Auftraggeber

- Betreiber (inkl. Management)

- System (Anwendungssystem und Infrastruktur)

- Systemanbieter

Handelt es sich bei dem Anwendungssystem um eine Individualentwicklung, so ist die Wartung der Software durch die Anwendungsentwicklung integraler Bestandteil bzw. Aufgabe des Betriebs.

7.2.1 Interaktionspartner

User

Der User als Benutzer des Anwendungssystems erwartet einen professionellen Betrieb und eine ständige Verfügbarkeit der vereinbarten IT Services. Er möchte immer umfassend – möglichst im Voraus – durch den Betrieb informiert werden: nicht nur im Hinblick auf (Software-) Änderungen, sondern auch bzgl. Wartungsfenster, Störungen, Problemen und Problemfortschritt.

Bei Problemen und Anfragen wendet sich der User an den Service Desk des Betriebs und erwartet von den Mitarbeitern professionelle Betreuung, Problemlösung oder aber auch Beratung. Steht das System nicht zur Verfügung oder ist das Anwendungssystem fehlerhaft, so muß der Betrieb das Problem lösen und gegebenenfalls Notfallmaßnahmen durchführen.

Wenn es sich bei den Usern um Endkunden handelt (Beispiel: Internet), erfolgt die Anwenderbetreuung sehr oft über ein Call Center. Dieses ist ebenso wie der Help Desk integraler Bestandteil der Organisation Betrieb.

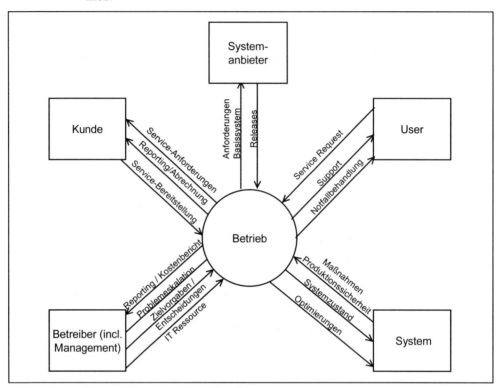

Abb. 63: **Interaktion mit dem Betrieb**

Kunde

Der Kunde als Auftraggeber erwartet vom Betrieb die Einhaltung der vereinbarten Service Level und einen regelmäßigen Service Level Report zwecks Überprüfung. Änderungswünsche von Kunde und User werden offiziell vom Kunden beantragt und vom Betrieb umgesetzt bzw. bereitgestellt. Der Betrieb erstellt dem Kunden außerdem die Abrechnung über die erbrachten Leistungen.

Betreiber

Der Service Provider als Vertragspartner gegenüber dem Kunden verantwortet die Bereitstellung der vereinbarten IT Services. Damit der Betrieb die Vorgaben und Interessen des Betreibers umsetzt, findet eine intensive Kommunikation zwischen der Organisation Betrieb und dem Betreiber statt.

Auch der Betreiber erwartet einen regelmäßigen Service Level Report, um über die Qualität und eventuelle Probleme des Betriebs umfassend informiert zu sein. An den Betreiber werden Störungen innerhalb des Betriebs eskaliert, der in kritischen Situationen Kontakt mit dem Kunden aufnimmt. Der Betreiber erhält einen Kostenbericht.

Weitere IT Ressourcen fordert der Betrieb beim Betreiber an, der die damit verbundenen Kosten evtl. mit dem Kunden aushandelt und die Ressourcen zur Verfügung stellt. Der Betrieb ist durch die Zielvorgaben und Entscheidungen des Betreibers gefordert, das System unter dem Aspekt der Wirtschaftlichkeit und der Qualität ständig zu optimieren und zu verbessern.

System

Durch regelmäßige Überwachung von Anwendungssystem und Infrastruktur ist der Betrieb ständig über den Zustand und den Ressourcenverbrauch des Systems informiert. Mit dem Ziel der qualitativen und wirtschaftlichen Weiterentwicklung des Systems führt der Betrieb ständig Maßnahmen zur Produktionssicherheit und Verfügbarkeit sowie Optimierungen durch.

Systemanbieter

Basiert die betriebene IT-Lösung auf einer Standardsoftware, ist auch der Systemanbieter dieser Software ein externer Partner. Die Anforderungen an die zukünftige Entwicklung des Standardprodukts, die sich aus dem Betrieb ergeben, werden ihm mitgeteilt. Der Systemanbieter seinerseits stellt das – in der Regel angepasste – Basissystem und im Laufe eines langjährigen Betriebs auch neue Releases zur Verfügung.

7.3 Die Prozesse innerhalb des Betriebs

Um die Ziele des Betriebs umzusetzen, IT Services bereitzustellen und die Anforderungen der Interaktionspartner zu erfüllen, müssen folgende Prozesse nach ITIL innerhalb des Betriebs etabliert werden:

- Service Level Management

- Service Desk

- Change Management

- Problem Management

- Incident Management

- Availability Management

- Service Continuity

- Capacity Management

Diese Prozesse werden im folgenden näher erläutert und ausgeführt.

7.3.1 Beziehungen zwischen den Prozessen

Im folgenden werden die Beziehungen zwischen den Prozessen kurz dargestellt (vgl. [ITIL2001], Seite 11 ff).

- Service Level Management
  Durch das Service Level Management werden die Betriebsleistungen in Form von Service Level Agreements (SLAs) mit dem Kunden vereinbart und festgelegt. Die Verfügbarkeit und Zuverlässigkeit der durch die SLAs vereinbarten Services wird durch das Availability Management umgesetzt. Beantragte und umgesetzte Änderungen, die der Einhaltung der Service Level dienen, werden durch das Change Management verwaltet. Das Service Level Management ist kein isolierter Prozeß, sondern ist auf das effektive und effiziente Zusammenspiel anderer Prozesse angewiesen.

- Service Desk
  Die Mitarbeiter des Service Desk sind die einzigen Kontaktpersonen zwischen Betreiber und User. Folglich werden über den Service Desk Änderungswünsche des Users plaziert. Um den User kompentent beraten und informieren zu können, muß der Service Desk auf die Informationen des Change Management zugreifen und z.B. auch den Status einer beantragten Änderung weitergeben können. Der Service Desk ist bei Störungen die erste Anlaufstelle für den User, d.h. wenn die Service Level nicht eingehalten werden.

- Change Management
  Das Änderungsmanagement steht im engen Zusammenhang zum Release und Configuration Management (vgl. Kapitel 10). Es setzt auf den Daten des Configuration Management auf, um Änderungen jederzeit nachvollziehen zu können. Da durch die Modifikation des produktiven Anwendungssystems aufgrund eines Changes ein erhöhtes Störungsrisiko besteht, muß der Service Desk detailliert über alle Änderungen informiert sein.

- Problem Management
  Für die Identifikation von Problemen setzt das Problem Management eine genaue Aufzeichnung von Problemen und Trends durch das Availability Management voraus.

- Incident Management
  Die Aufgabe des Incident Managements ist es, nach einem Zwischenfall alle – durch die SLAs vereinbarten – Services in möglichst kurzer Zeit wiederherzustellen. Hierfür ist eine enge Beziehung zum Problem und Change Management sowie dem Service Desk erforderlich. Da Veränderungen am eingeschwungenen Produktionssystem neue Störungen erzeugen, ist die Rückverfolgung von Changes unabdingbar. Informationen über Störungen, Probleme und Änderungen müssen in der gleichen Datenbasis gespeichert werden, um aussagekräftige Analysen zu ermöglichen. Die Prioritäten von Störungen und Eskalationsprozeduren sind durch das Service Level Management mit dem Kunden festgelegt.

- Availability Management
  Ziel des Availability Management ist es, die IT Services zuverlässig und stabil zur Verfügung zu stellen. Während das Availability Management das Know How und Verständnis über die Ursache von Zwischenfällen fordert, liefert das Problem Management die Prozesse für die Problembewältigung incl. proaktiver Maßnahmen. Die im Rahmen des Service Level Managements vereinbarten SLAs müssen meßbar sein und werden im Availability Management überwacht und aufgezeichnet (Reports).

- Service Continuity
  Durch das Service Continuity Management werden nach einer massiven Störung vereinbarte Minimalservices bereitgestellt, um die Auswirkungen auf das Business des Kunden möglichst gering zu halten. Die Informationen des Change und Configuration Managements sind erforderlich, um Notfallmaßnahmen und Minimalservices zu planen. In der Phase der Aufrechterhaltung von Minimalservices besitzt der Service Desk eine noch wichtigere Rolle für den User.

- Capacity Management
  Ziel des Capacity Managements ist die ständige Überprüfung der Businessanforderungen und die Optimierung der zur Verfügung stehenden IT Ressourcen. Engpässe werden durch das Problem Management erkannt, Änderungen über das Change Management beantragt. Die Auswirkungen realisierter Changes werden aufgezeichnet und analysiert (Performance, IT Ressourcen, IT Kosten).

7.3.2 Service Level Management

Service Level Management beinhaltet den Planungsprozeß, die Verhandlung, die Koordination, das Monitoring und das Reporting der Service Level Agreements (SLAs).

Service Level beschreiben den Umfang und die Rahmenbedingungen der Betriebsleistungen. SLAs definieren Ziele, die meßbar sind und dessen Erfüllung bewertet werden. Sie definieren ebenso die Verantwortlichkeiten aller Parteien, und insbesondere eine verbindliche, abgestimmte und für den User akzeptable Servicequalität. (Beispiele: Auslieferung eines Produktes innerhalb von 48 Stunden, Internetzugang mit Zugriffszeiten von mindestens 6 KB/Sekunde, Zugriff von 50 parallelen Usern, Auslieferung von Internetseiten innerhalb von 3 Sekunden.)

Es werden nicht nur klare Serviceziele definiert, die einer ständigen Überprüfung bzgl. ihrer Einhaltung und ihrer möglichen Verbesserung unterliegen. Durch das ständige Monitoring der Servicequalität werden Schwächen der existierenden Services identifiziert als Basis für eine Verbesserung des IT Service.

Typische Punkte bei der Definition der Service Level Agreements sind:

- Service Level Attribute

  - Betriebszeit (z.B. 24 Stunden / 7 Tage)

  - Servicezeit (z.B. werktags zwischen 8 und 17 Uhr)

- Datensicherung (z.B. täglich, wöchentlich, inkrementell, Komplettsicherung)

- Stabilität bzw. Verfügbarkeit (z.B. 99 %)

- maximale Ausfallzeit (z.B. 4 Stunden)

- Erreichbarkeit und Performance der Systeme (z.B. Auslieferung der Internetseiten innerhalb von 3 Sekunden)

- Wartungsfenster (z.B. Mittwoch morgen 7-11 Uhr)

- Reaktionszeit der Hotline und des Second Level Supports (z.B. 2 Stunden)

- Verantwortlichkeiten
  Es müssen Verantwortlichkeiten (auch des Kunden) und Kompetenzen festgelegt werden.

- Eskalationsstufen, Kommunikationswege
  Hier ist zu klären, bei welchen Fehlern oder Störungen welche Ansprechpartner in welcher Zeit zu informieren sind. Es ist z.B. zu klären, bei welcher Klasse von Störungen die Geschäftsführung zu informieren ist, wann der IT-Verantwortliche zuständig ist, usw.

- Überwachung und Reporting
  Verfahren zur Messung, Überwachung und Überprüfung der vereinbarten Service Level müssen etabliert werden. Wird ein Service Level nicht eingehalten, so werden die gesammelten Informationen unmittelbar an den Help Desk weitergeleitet. Der Kunde wird in regelmäßigen Abständen (z.B. 1 mal pro Woche) über den Service Level informiert.

- Regreß bei Nichteinhaltung des Service Levels
  Hier sind Vereinbarungen zu nennen, die in Kraft treten, wenn der Service Level nicht erreicht wird. Wurde beispielsweise vertraglich festgelegt, daß ein System maximal 2 Stunden stehen darf, so kann vereinbart werden, daß für jede angefangene Stunde längere Standzeit der zu zahlende Betrag für den Betrieb um x % gekürzt wird.

- Migration
  Vorgehen beim Wechsel des Dienstleisters, der die technische Infrastruktur betreut.

7.3.3 Service Desk

Unabhängig von der Organisation des „Betriebs" und der „Wartung" oder der Namensgebung (Help Desk, Call Center, Service Desk, Customer Hotline, ...) bietet ein Service Desk dem Anwender die Möglichkeit, seine Probleme, Beschwerden und Fragen zentral zu adressieren. Als „Single Point of Contact" (SPOC) sollte der Service Desk die einzige menschliche Schnittstelle zwischen Kunde oder User einerseits und dem „restlichen" Betrieb andererseits sein. Der Aufbau eines effektiven und qualifizierten Supports beruht auf der Erkenntnis, daß dieser essentiell ist für die Erreichung der Geschäftsziele und der Service Level.

Anwenderbetreuung

Der Mitarbeiter des Service Desk ist für den User zentraler Ansprechpartner, um Unterstützung bei Problemen seiner täglichen Arbeit und der Nutzung von vereinbarten Services zu bekommen. Der User Help Desk als Repräsentant für Service Qualität sollte generell nach dem Grundsatz „keeping the customer informed" handeln (Beispiel: personalisierte emails mit Problemnummer, Name, Problemstatus). Der Help Desk ist auch für die Verbreitung von generellen Service Informationen verantwortlich, wie z.B. den Lösungsfortschritt von Zwischenfällen oder Informationen über Wartungsfenster. Diese Informationen sollten in elektronischer Form bereitgestellt werden (z.B. auf der Homepage eines Internetdienstes).

Erfolgt die Anwenderbetreuung durch ein spezialisiertes (externes) Call Center, ist die frühzeitige Information und Training der Call Center Agents entscheidend. Ständige Nachfragen des Call Centers beim Betrieb oder der Wartung infolge unzureichender Information können angestrebte Entlastungen und Einsparungen wieder zunichte machen.

Kontrolle von Störungen und Zwischenfällen

Der Service Desk hat die Aufgabe, Störungen aufzunehmen, zu klassifizieren und zu dokumentieren. Er versucht außerdem, über eine simple Störungsannahme hinaus das gemeldete Problem gegen bekannte Probleme abzugrenzen und entsprechend zu lösen (als First Level) oder an ein Expertenteam (z.B. Network & Operation oder Application Support als Second Level Support) weiterzuleiten. Störungen werden dem Help Desk z.B. über eine entsprechende Hotline-Telefonnummer gemeldet oder über automatische Systemüberwachungs- und Monitoringprogramme. In jedem Fall sollte der Help Desk alle Informationen über Ursache, Eigentümer, Datum, Status der Störung etc. verwalten.

Der Life Cycle einer Störung bzw. eines Problems kann somit nachvollzogen werden. Da der Service Desk gegenüber dem User für die Störungsbearbeitung verantwortlich ist, muß er ungelöste Probleme verfolgen, den erforderlichen Support organisieren und notfalls eskalieren. Ab einer bestimmten Anzahl von Störungen empfiehlt sich eine Toolunterstützung in Form eines Trouble Ticket Systems, um alle Probleme zu verwalten.

Bei einem Support von Applikationen „rund um die Uhr" für 24 Stunden täglich muß ein kompetentes Team zusammengestellt werden, welches über einen definierten Bereitschaftsplan auch am Wochenende und Nachts erreichbar ist.

Da Zwischenfälle sowohl für den technischen Betrieb (z.B. Prozessorausfall) als auch für die Applikationen (z.B. Datenbankproblem) auftreten, müssen die Kommunikationswege zwischen technischem Betrieb, Anwendungsbetreuung und Hotline bzw. First Level Support geklärt sein. Die Nutzung von gemeinsamen Tools wie das Trouble Ticket System unterstützen die nie ausreichende Kommunikation sehr wirksam.

Überprüfung von Geschäftsprozessen

In einigen Fällen ist die Ursache von Anwenderproblemen vollkommen unklar und kann begründet sein durch modifizierte Geschäftsprozesse oder unerwartetes Systemverhalten. Da der Anwender auf Unterstützung angewiesen ist, gehört es zu den Aufgaben des Help Desk, das Problem an die entsprechende Fachabteilung bzw. den IT Verantwortlichen weiterzuleiten.

Informationen für das Management

Da der Help Desk die Informationen über die Systemzwischenfälle, Anwenderbeschwerden und Problemanfragen (Problem Management) bearbeitet und verwaltet, sollte er diese an das Management in Form von Reports etc. weitergeben.

Vorteile

Zusammenfassend lassen sich folgende Vorteile des Service Desk aufzählen:

- Störungen und Beeinträchtigungen von Services für den User werden minimiert.

- Verfügbarkeit und Benutzung von Services werden erweitert.

- Proaktive Position.

- Reduzierung von Kosten, da Standardfälle nicht an den Second Level Support weitergereicht werden müssen.

- Störungen werden erfaßt und gemäß vorhandener Richtlinien eskaliert.

- Informationen für das Management werden automatisch gesammelt und zur Verfügung gestellt.

7.3.4 Change Management

Der Betrieb von Anwendungssystemen und die Bereitstellung von Services erfordert immer, auf Änderungsanforderungen vorbereitet zu sein und diese erfolgreich umzusetzen. Changes entstehen durch die Existenz eines Problems, durch eine neue Businessanforderung oder durch ein proaktives Vorgehen, um z.B. IT Kosten zu reduzieren oder Services zu verbessern.

Im Rahmen des Change Managements müssen deshalb im Betrieb Methoden und Prozeduren eingeführt werden, um das effektive und zuverlässige Handling von Änderungen sicherzustellen und zu kontrollieren:

Objekte

Konsequentes und erfolgreiches Change Management bedeutet die Kontrolle über alle Änderungen, die für das Anwendungssystem, die Infrastruktur und die bereitgestellten IT Services relevant sind (Hardware, Systemsoftware, Applikationssoftware, Infrastrukturkomponenten wie z.B. Netzkomponenten, Konfigurationsfiles, Dokumentationen etc.). Für Objekte, die dem Änderungsmanagement unterliegen sollten, sind in der Praxis oft sehr unterschiedliche Abteilungen (z.B. Entwicklung, Rechenzentrum) oder sogar Firmen zuständig. Dies bedeutet für die Einführung eines einheitlichen Change Managements zwar einen zusätzlichen Aufwand, jedoch unterliegen nur so alle Objekte genau einem Change Prozeß mit den erforderlichen Beziehungen zueinander.

Kategorisierung

Änderungsanforderungen müssen klassifiziert werden, da z.B. Bugfixes und neue Releaseanforderungen sehr unterschiedlich behandelt werden müssen. Insbesondere bei Bugfixes oder Modifikation der Hardware oder Konfiguration (z.B. Konfigurationsfile Webserver) ist die Versuchung groß, das Änderungs- und Config-Management zu unterlaufen und „mal gerade eben" eine Modifikation des IT Systems vorzunehmen.

Zwischen Kunde und Betrieb muß auch geklärt sein, welche Change Requests vom Kunden genehmigt werden müssen.

Attribute

Ein Change Request sollte unter anderem mit folgenden Attributen versehen werden:

- Nummer, Beschreibung der Änderung, Grund der Änderung, Bedeutung bei Nichtimplementation, Priorität, Typ des Requests (Bugfix, neue Releaseanforderung etc.), Status

- Daten der Person, die den Change Request stellt

- Aufwand, Ressourcen, Kosten

- Daten zum Freigabe- bzw. Genehmigungsverfahren

- Zeitplan, Release, beteiligte Personen

- Zuordnung zu den betroffenen Versionen des Configuration Managements

- (Anwender-) Erfahrungen nach Umsetzung und Live-Schaltung des Change Requests

Life Cycle

Ziel des Change Managements ist die Einführung eines standardisierten Prozesses für Change Requests. In Abhängigkeit von der Kategorie des Change Requests durchläuft er als neue Anforderung über das Release Management z.B. den gesamten Software Life Cycle oder aber wird als einfache Anforderung im Betrieb umgesetzt.

Toolunterstützung

Für einen professionellen Betrieb ist eine entsprechende Toolunterstützung erforderlich. Bei der Auswahl eines geeigneten Tools ist die Verknüpfung von Change Management und Software Configuration Management zu berücksichtigen, so daß die Beziehung zwischen Change Request und modifizierten Files hergestellt werden kann.

Durch das Change Management wird der Prozeß oder Life Cycle eines Change Requests definiert bzw. standardisiert, damit keine Information verloren geht. Für die Identifikation von Versionen und Komponenten hingegen ist das Software Configuration Management (vgl. Kapitel 10 „Software Configuration Management") zuständig.

Vorteile

Folgende Vorteile ergeben sich durch die Etablierung eines definierten Change Managements:

- Durch die Übersicht über die umgesetzten Change Requests verbessertes Problem und Availability Management. Durch Änderungen verursachte Zwischenfälle werden minimiert.

- Zuordnung von realisierten IT Services zu Businessanforderungen.

- Durch Genehmigungsverfahren bessere Kostenanalyse vor der Umsetzung eines Change Requests.

- Durch die Analyse der Change Requests können Trends und hoch sensible Komponenten identifiziert werden.

- Die Effektivität der Umsetzung neuer Businessanforderungen kann gemessen werden.

7.3.5 Problem Management

Die Produktionssicherheit und eine hohe Verfügbarkeit der vereinbarten Services wird u.a. durch ein effektives Problem Management erreicht. Dieses erfordert eine genaue und umfangreiche Aufzeichnung aller Zwischenfälle, um Ursachenforschung zu betreiben und Trends zu erkennen. Im Rahmen des Problem Management sollen Ursachen diagnostiziert und die Problemwurzeln identifiziert werden.

Kontrolle von Störungen

Alle Störungen und Unterbrechungen werden systematisch durch den Service Desk erfaßt. Für die reibungslose Übergabe einer Störung an den Second Level Support müssen die Prozeduren für die Eskalation klar beschrieben sein. Auch müssen Guidelines und Problemkategorien existieren, um dem First Level Support die Identifikation von Fehlern und die Zuweisung von Verantwortlichkeiten bzw. kompetenten Ansprechpartnern zu ermöglichen.

Ein Beispiel für sehr unterschiedliche Fehlerquellen ist das folgende Problem aus dem Bereich Internet.

Problem:

- Homepage nicht erreichbar.

Mögliche Ursachen:

- das Netzwerk,

- die Hardware,

- das DNS,

- ein Proxy,

- der Webserver,

- die Datenbank ist ausgefallen oder

- die Homepage ist gelöscht bzw. enthält einen Fehler.

Hier ist unbedingt eine weitere Analyse erforderlich, weil das Problem sowohl ein Hardware- oder Netzproblem, aber z.B. auch ein Redaktions- bzw. Inhalteproblem sein könnte.

Kontrolle von Problemen

Ein Instrument zur Identifikation von bekannten Problemen und wiederkehrenden Fehlern ist der Aufbau und die Pflege einer Wissensdatenbank, in der strukturiert nach Themen und Problemen in Form von „FAQ" gesucht werden sollte.

Kontrolle von Fehlern

Die Korrektur von Fehlern sollte sich immer dadurch nachvollziehen lassen, daß die Systemkonfigurationen, Softwarestände der Applikation etc. nur unter Kontrolle des Change Management und des Version Management modifiziert werden. Leider ist die Versuchung oft allzu groß, „mal eben" eine Kleinigkeit in der Produktionsumgebung zu ändern. Deshalb ist die effiziente und sichere Überstellung von neuen Softwareständen zur Fehlerbeseitigung besonders wichtig. Ein weiterer Aspekt ist die Einschränkung von Berechtigungen auf den Produktionsmaschinen, so daß Modifikationen in der Live-Umgebung nur von einem sehr eingeschränkten Personenkreis durchgeführt werden können.

Proaktive Vermeidung von Problemen

Zu den Möglichkeiten der Problemvermeidung gehören z.B. das regelmäßige Monitoring und proaktive Messungen, um die Service Qualität zu verbessern. Instabile Komponenten können auf Basis der gesammelten Problemreports und Change Requests identifiziert und geeignete Maßnahmen eingeleitet werden.

Als Mittel des Know-How-Transfers bieten sich beispielsweise Qualitätszirkel an. Solche Treffen dienen explizit der Behandlung fachlicher Themen und sollten regelmäßig zu vorher festgesetzten Terminen stattfinden (anstelle von: „Wir halten solche Meetings ab, wenn wir sie brauchen!"). Auch sollte der Teilnehmerkreis klar definiert sein. Erfahrungsgemäß ist die Einbeziehung des Kunden und der externen Dienstleister (z.B. Netzprovider) eine wichtige (psychologische) Maßnahme, um durch gemeinsame Analysen, Gespräche und beschlossene Aktivitäten mehr Qualität zu erzielen.

Durch eine effektive Kommunikation mit anderen Akteuren kann das im Betrieb gewonnene Wissen für die Konzeption neuer Anwendungen nutzbar gemacht werden. Festgesetzte Richtlinien und Standards sollten frühzeitig kommuniziert werden z. B.:

- Konventionen hinsichtlich von Datei- bzw. Tabellennamen

- Nummernkreise (z. B. beim Aufbau von Unique keys)

- Bewährte Betriebssysteme

- Erprobte Hardwarekonfigurationen und Hardwarehersteller

- Bewährte Softwareprodukte

Vorteile

Zusammenfassend lassen sich folgende Vorteile des Problem Management aufzählen:

- Verbesserte Servicequalität.

- Reduzierung der Anzahl Probleme.

- Schaffung von permanenten Lösungen.

- Erkenntnisse der Vergangenheit werden umgesetzt.

7.3.6 Incident Management

Ziel des Incident Management ist die möglichst schnelle Wiederherstellung der vereinbarten Services nach einer Störung. Eine Störung ist der Ausfall eines vereinbarten Services oder eine verminderte Servicequalität.

Beispiele:

- Server oder Netzwerk ausgefallen.

- Kein Plattenplatz mehr.

- User kann aufgrund eines Softwarefehlers keine Datenbankabfragen starten.

Das Incident Management wird vom Service Desk angestoßen und ist immer ein reaktiver Prozeß, d.h. erst mit dem Auftreten der Störung entsteht Handlungsbedarf. Für die schnelle und effiziente Lösung sind formale Methoden und Mechanismen erforderlich, dessen praktische Umsetzung durch den Einsatz von Software-Tools unterstützt werden kann (Beispiel: Trouble Ticket System).

Reaktion auf Störungen

Der Service Desk ist für die Aufnahme der Störungen und die Verfolgung des Lösungsprozesses verantwortlich. In Abhängigkeit von der Schwere der Störungen können diese nicht immer vom First Level Support bzw. der Hotline gelöst werden und müssen an den Second Level Support weitergeleitet werden. Gründe hierfür können fehlendes Know-How bzw. erforderliches Expertenwissen sein oder die Notwendigkeit einer intensiven Problemkontrolle und eines Zeitaufwandes, die der First Level Support aufgrund anderer Prioritäten so nicht leisten kann. Neben der funktionalen Eskalation an den Experten (Second oder Third Level Support) muß auch die hierarchische Eskalation (z.B. Vorgesetzter, Betreiber, Kunde) definiert und eingehalten werden.

Jeder Zwischenfall wird vom Service Desk registriert. Anhand des Status kann jederzeit der Lösungsfortschritt und die Position im Lösungs Life-Cycle nachvollzogen werden. Zustände wie *new*, *accepted*, *assigned* müssen eindeutig definiert sein. In Abhängigkeit von den Auswirkungen auf die Services und das Geschäft werden Prioritäten vergeben, die den Eskalationspfad beeinflussen.

Vorteile

- Durch schnelle und effektive Störungsbeseitigung geringere Beeinträchtigung des Business bzw. der Services.

- Größere Zufriedenheit von Kunde und User.

- Priorisierung von Störungen unter Berücksichtigung der Auswirkungen auf das Geschäft des Kunden und der vereinbarten SLAs.

- Verbessertes Monitoring und Zuordnung von Störungen zu den SLAs.

- Bessere Teamorganisation und größere Effizienz. Experten werden nur bei Bedarf hinzugezogen.

- Durch Einhaltung von klaren Richtlinien adäquate Eskalation von Störungen. (Zwischenfall wird nicht unnötig eskaliert.)

7.3.7 Availability Management

Die Optimierung von Verfügbarkeit und Zuverlässigkeit der Anwendung, aber auch der unterstützenden Infrastruktur, sind für die Erfüllung der Businessanforderungen und der vereinbarten Service Level unabdingbar.

Zuverlässigkeit

Die Zuverlässigkeit der Anwendung sollte durch automatische Überwachungen überprüft werden, indem eine bzw. mehrere definierte Funktionen in bestimmten Zeitintervallen ausgeführt und die Ergebnisse aufgezeichnet werden. Durch die Aufstellung von Metriken (möglichst graphische Aufbereitung) können Zukunftsprognosen aufgestellt werden (Last- und Ausfallverhalten etc.). Lasttests und die Nachstellung anderer Extremsituationen sollten bereits vor Produktionseinführung der Anwendung abgeschlossen sein.

An dieser Stelle kann es keine Auflistung möglicher Tools geben, da die Anforderungen aus Betrieb und Wartung sehr speziell sind. Generell sollte darauf geachtet werden, daß die eingesetzten Tools einen geeigneten Ausschnitt überwachen. Der Einsatz dieser Tools sollte dem First Level Support Hinweise darüber geben, an welches Experten-Team des Second Level Supports Probleme und Störungen weitergegeben werden.

Die im Support-Prozeß Testen (siehe Kapitel 11 „Testen") generierten Testdaten und Testfälle können ebenfalls zur Etablierung einer automatischen Überwachung herangezogen werden. Zielsetzung ist es dabei immer, Fehler bereits „im Vorfeld" zu identifizieren und nicht erst auf die Meldung eines Nutzers zu reagieren.

Wartbarkeit

Die Wartbarkeit einer Anwendung erhöht sich für den laufenden Betrieb, wenn sie in für bestimmte Funktionen erforderliche Zustände versetzt werden kann (z.B. Selbsttest, Unterbrechung, Debugmodus zur Fehlersuche, Restore). Eine Minimalanforderung ist das Starten und Stoppen der Anwendung „auf Knopfdruck" insbesondere für das Wartungsfenster.

Sicherheit

Ein regelmäßiges Backup bzw. Recovery der Anwendung bzw. ihrer Daten sollte ebenso selbstverständlich sein wie die Einhaltung und regelmäßige Überprüfung von Netzsicherheitsrichtlinien. Hierzu zählen je nach Art der Anwendung u.a. der regelmäßige Paßwortwechsel, gesicherte Netzverbindungen und gegen Mißbrauch geschützte Rechner. Die Richtlinien der Revision müssen umgesetzt sein. Folgende Kategorien werden unterschieden:

- Verfügbarkeit
  - Das Anwendungssystem wird regelmäßig durch ein Backup gesichert und kann jederzeit durch ein Recovery wiederhergestellt werden.
  - Sensible Komponenten werden redundant ausgelegt.

- Integrität
  - Es ist kein Mißbrauch des Systems möglich.
  - Inkonsistente Datenstände können recovered werden.
  - Effektives Fehlerhandling und z.B. die Nutzung von Transaktionen (bei Datenbanken) verhindern die Erzeugung von inkonsistenten Daten.

- Vertraulichkeit

  Sensible Daten und Objekte müssen vor Mißbrauch geschützt oder sogar geheimgehalten werden:
  - Software wird nur einem autorisierten Benutzerkreis zugänglich gemacht (z.B. durch Paßwörter).
  - Der physikalische Zugang zu Computern und Netzwerk ist nur autorisierten Mitarbeitern möglich. Netzleitungen sind gesichert, d.h. abhörsicher.
  - Daten stehen nur autorisierten Mitarbeitern und/oder Usern zur Verfügung.
  - Systembefehle der Server und Infrastruktur werden aufgrund von definierten Rollen und Verantwortlichkeiten nur eingeschränkt abgesetzt.

7.3.8 Service Continuity

Da eine 100%-ige Verfügbarkeit der bereitgestellten Services und Anwendungen nie garantiert werden kann, muß nach einer Unterbrechung oder Störung ein Minimum an Services bereitgestellt werden. Die Minimalservices nach einer Störung müssen identifiziert werden unter der Annahme, daß die Service Requirements bzw. vordefinierten und mit dem Kunden abgestimmten Service Level nach einer bestimmten Zeit wieder voll zur Verfügung stehen. Zu den Maßnahmen für die Fortsetzung von vereinbarten Services gehören:

Risikoanalyse / Risikomanagement

Die Risiken für den Betrieb der Anwendungen und der Bereitstellung von Services müssen analysiert und priorisiert werden. Falls erforderlich müssen geeignete Maßnahmen und Programme zur Risikominderung entwickelt werden.

Beispiele:

- Risiko: Ausfall von Hardware
  Mögliche Maßnahmen: Ersatzmaschine, geeigneter Wartungsvertrag mit dem Hersteller (z.B. Bronze, Silber, Gold), gespiegelte Platten, Hardware-Cluster

- Risiko: neue Software-Releases
  Anforderung: „Schritt zurück muß immer möglich sein"

- Risiko: Performanceprobleme/Lastspitzen
  Mögliche Maßnahmen: Optimierung der Software, mehr Hardware, Erhöhung der Netzkapazität

- Risiko: instabile Standardsoftware
  Mögliche Maßnahmen: Eskalation beim Hersteller, Herstellerwechsel bzw. Wechsel der Standardsoftware

- Risiko: Securityprobleme
  Mögliche Maßnahmen: verbindliche Richtlinien, Änderung der Netztopologie

Notfallplanung

Auf Basis der Risikoanalyse müssen Fallback-Lösungen oder Notfallszenarien entwickelt werden, um nach einer Störung entsprechende Maßnahmen einzuleiten (z.B. Recovery von Daten). Diese Maßnahmen können technischer oder organisatorischer Art sein.

Beispiele:

*   Welcome-Mailing wird manuell erstellt.

*   Störungsmeldung auf der Homepage, weil sich keine neuen User anmelden können.

*   Die Anmeldung für einen Online-Dienst erfolgt nicht über ein Web-formular, sondern wird vom Call Center entgegengenommen und manuell erfaßt.

7.3.9 Capacity Management

Die Planung von IT-Systemen basiert unter anderem auf einer Schätzung der Mengengerüste, insbesondere auch der Anzahl der erwarteten Nutzer. Im laufenden Betrieb ist daher eine ständige Überprüfung der Kundenanforderungen mit den zur Verfügung stehenden IT Ressourcen erforderlich. Ziel ist die Optimierung der IT Services, d.h. eine kosteneffektive Bereitstellung der IT Ressourcen unter Berücksichtigung der Businessanforderungen mit bestmöglichem Nutzen. Die Forderung nach mehr IT Ressourcen kann durch neue Businessanforderungen, höhere Service Level oder das Userverhalten begründet sein. Zukunftsprognosen wie das Lastverhalten (Stichwort: Skalierung des Systems) sollten auf Basis von Statistiken etc. erstellt werden. Zielsetzung ist immer, von Seiten des Betriebs (bzw. der Wartung) den Auftraggeber und IT-Veranwortlichen über anstehende Engpässe zu informieren und entsprechende Erweiterungen vorzuschlagen.

Neue technische Entwicklungen sollten im Betrieb einer fortlaufenden Prüfung unterzogen werden. In Form von Test- oder Wartungsprojekten kann die Eignung neuer Technologien erprobt und im Endeffekt für den Kunden/Nutzer verfügbar gemacht werden.

Technische Neuerungen können nicht nur auf Anforderung der Kunden oder Nutzer initiiert, sondern aktiv von der Betriebsorganisation vorgeschlagen werden. Beim Abschluß von Wartungsverträgen sollten vom Verantwortlichen für den Betrieb zusätzliche Ressourcen zur Durchführung von Betriebs- und Wartungsprojekten mit einkalkuliert werden.

Besonderes Augenmerk ist bei der Planung auf Anwendungen zu richten, die Lastspitzen verursachen (z. B. Jahresabschluß, Mailings, usw.). Nichts ist schlimmer, als wenn der Start einer solchen Anwendung oder Aktion auf eine personelle Minimalbesetzung im Betrieb trifft (oder gar in einem Wartungsfenster stattfindet).

Derartige Anforderungen sind daher als eigene, abgegrenzte Aktionen zu planen, die zwischen Betrieb und Nutzern abzustimmen sind. Es empfiehlt sich hierbei einen Gesamtverantwortlichen zu benennen, der für die notwendige Information *aller* beteiligten Akteure verantwortlich ist. Der Betrieb kann in diesem Fall unterstützend tätig werden, wenn in Zusammenarbeit mit den Anwendern im Vorfeld Anwendungen identifiziert werden, die hohe Last verursachen.

7.4 Die Phasen des Betriebs

Um die Qualität eines professionellen und sicheren Betriebs des Anwendungssystems zu erreichen, sind umfangreiche technische und organisatorische Maßnahmen erforderlich. Unabhängig von der Komplexität der Anwendung und der vereinbarten Service Level läßt sich die Planung und der Betrieb folgendermaßen strukturieren:

- Betriebskonzept
  Die Infrastruktur, die Betriebsumgebung und der Betrieb werden geplant. Die Service Level werden festgelegt.

- Aufbau des Produktionsbetriebs
  Das Betriebskonzept wird in die Praxis umgesetzt. Es werden erste Erfahrungen gesammelt.

- Produktionsbetrieb
  Nicht nur die Anwendung, sondern auch die gesamte Betriebsumgebung ist abgenommen. Es hat sich ein professioneller Betrieb entwickelt, dessen Ziele Produktionssicherheit und kontinuierliche Verbesserung sind.

- Beendigung des Produktionsbetriebs
  Der Betrieb endet mit der Abschaltung des Systems oder mit der Übernahme des Systems durch einen anderen Service Provider. Die Migration zu einem anderen Dienstleister ist immer ein neues Projekt, insbesondere, wenn keine Ausfallzeiten für die User entstehen dürfen.

Die Phase Einführung des Anwendungssystems läuft parallel zur Planung der Betriebsphase und der Inbetriebnahme. Der erfolgreiche Probebetrieb der Anwendung unter Produktionsbedingungen wird von einem gemischten Team durchgeführt, bestehend aus den jeweiligen Experten für die Phasen Einführung und Betrieb. Mit dem Meilenstein des „Going live" wird das Anwendungssystem produktiv geschaltet und die Verantwortung geht vom Anwendungs- bzw. Einführungsteam auf den Betrieb (im Regelfall das Rechenzentrum) über. Während die Phase der

Einführung nun abgeschlossen ist, fängt für die Mitarbeiter aus dem Produktionsbetrieb „die Arbeit erst richtig an".

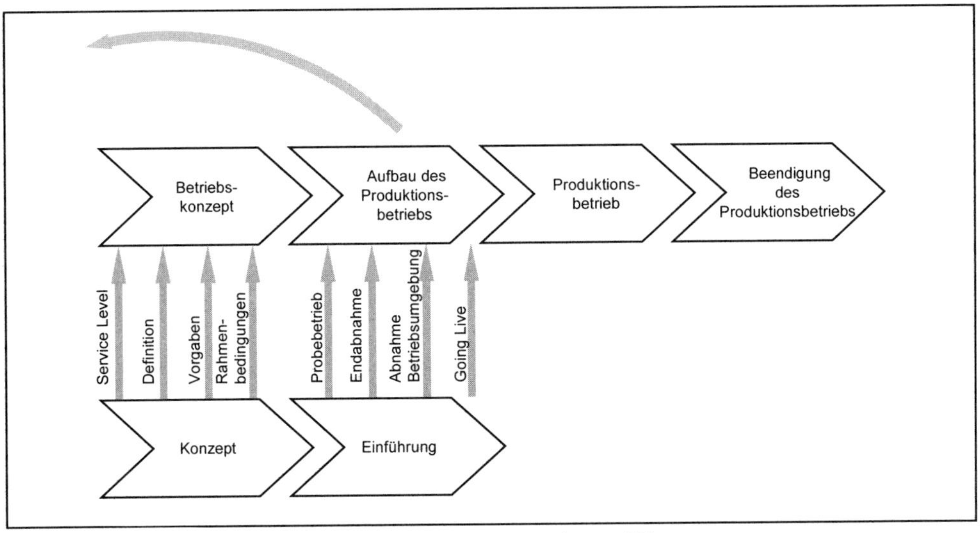

Abb. 64:   **Interaktion des Betriebes mit anderen Phasen**

Im Produktionsbetrieb sind neue Anforderungen an das Anwendungssystem der Regelfall. In Abhängigkeit vom Umfang der Anforderung muß entschieden werden, ob diese im Rahmen der Wartung und des Betriebs oder als neues (Teil-) Projekt umgesetzt wird. Auf jeden Fall ist der Einsatz eines gemeinsamen Software Configuration Managements (Kapitel 10„Software Configuration Management") für alle beteiligten Teams (Design, Realisierung, Einführung, Betrieb) unerläßlich, um alle Informationen, wie z.B. Files und Change Requests zentral im Zugriff zu haben.

7.4.1 Betriebskonzept

Äquivalent zur Konzeption der Anwendungssoftware muß der Betrieb des Anwendungssystems vor der Inbetriebnahme geplant und konzipiert werden.

Das Betriebskonzept beschreibt umfassend die Gestaltung des Betriebs des IT-Systems nach spezifizierten Qualitätskriterien. Teile des Betriebskonzeptes können und müssen bereits in frühen Phasen des Software Life-Cycles fixiert werden. Sie sind oft Bestandteil des Angebotes nach der Phase Konzeption, wie z.B. die Auswahl der Hardware, die Planung der Infrastruktur, die Festlegung der Service Level Agreements, die Organisation des Betriebs und der Personalaufwand. Insbesondere die Konzeption liefert als Ergebnis wichtige Vorgaben und Rahmenbedingungen, die im Betriebskonzept berücksichtigt werden müssen. Um nicht an den realen Anforderungen und Betriebsbedingungen vorbeizuplanen, sind Experten sowohl aus dem Team der Anwendungsentwicklung wie auch des zukünftigen Betriebs erforderlich. Auch der Kunde als Auftraggeber sollte seinen Beitrag leisten und einbezogen werden, indem er am Review des Betriebskonzeptes teilnimmt.

Folgende Aspekte des Betriebskonzepts sollten bereits während der Konzeptionsphase angesprochen und frühzeitig detailliert mit dem Kunden vereinbart werden:

- Die Infrastruktur und Systemumgebung der Anwendung.

- Die Service Level Agreements.

- Die Interaktionspartner und die Kommunikationswege.

Ziele

Mit dem Betriebskonzept werden folgende Ziele angestrebt:

- Die Prozesse, Akteure, Aufgaben (Pflichtenheft) und Qualitätslevel sind definiert.

- Die technischen und organisatorischen Maßnahmen für den Produktionsbetrieb sind festgelegt.

- Die Kosten und Wirtschaftlichkeit der IT-Lösung sind überprüft.

Ergebnisse

Bereits während der Konzeption werden Ergebnisse erarbeitet, welche die Umgebung der Anwendung definieren und Auswirkungen auf den Betrieb haben:

- Die Hardware ist ausgewählt und die Infrastruktur beschrieben.

- Die Systemumgebung der Anwendung ist konzipiert.

- Die Skalierungsmöglichkeiten der Anwendung auf Basis der geplanten Mengengerüste sind festgelegt.

Darüber hinaus müssen folgende Ergebnisse durch das Betriebskonzept erreicht werden:

- Definition und Beschreibung der Prozesse und Akteure:

- Das Service Level Management ist definiert.
- Die Kommunikationswege bei der Meldung von Fehlern und Störungen sind geklärt, Eskalationsstufen festgelegt.
- Rollen und Verantwortlichkeiten stehen fest, auch von externen Dienstleistern.
- Die Anforderungen an das Trouble Ticket System sind definiert.
- Die Vorgaben für das Change Management im Rahmen des Software Configuration Managements (vgl. Kapitel 10) sind festgelegt.

- Festlegung der technischen und organisatorischen Maßnahmen:
  - Verfahren zur Datensicherung, Wiederherstellung (Notfall- und Wiederanlaufpläne) und Neustart des Systems sind festgelegt.
  - Verfahren für die automatische Systemüberwachung und das Monitoring der Anwendung sind konzipiert.
  - Die Systemunterstützung ist definiert, d.h. eine erste Ressourcenplanung ist durchgeführt.

- Überprüfung der Kosten und Wirtschaftlichkeit.
  - Alle Kosten für die Bereitstellung von Mitarbeitern, Hardware, Lizenzen, Netzwerkleistungen etc. werden ermittelt und verifiziert.
  - Es wird sichergestellt, daß alle IT Kosten dem Kunden gewinnbringend in Rechnung gestellt werden (können).
  - Es wird eine Zukunftsprognose erstellt, um die Wirtschaftlichkeit für die Zukunft zu ermitteln.

- Die Wartungsverträge (mit dem Kunden und eventuellen externen Dienstleistern) sind geschlossen.

Aufgaben / Vorgehen

Infrastruktur und Systemumgebung beschreiben

Die Konzeption liefert als Ergebnis wichtige Vorgaben und Rahmenbedingungen für die Definition der endgültigen Infrastruktur und Systemumgebung. Für ein „gutes" und praxistaugliches Konzept sind Experten aus Anwendungsentwicklung und Betrieb erforderlich. Beschrieben werden müssen unter anderem: Architektur und Netztopologie, Konfigurationen (Hard- und Software), Schnittstellen, Systemressourcen, Verzeichnisse, User und Berechtigungen.

Service Level definieren

Die Service Level müssen zusammen mit dem Kunden definiert und vertraglich festgehalten werden. Die Wünsche des Kunden müssen mit dem Leistungsportfolio des Service Providers unter Berücksichtigung der technischen bzw. menschlichen Ressourcen und der Wirtschaftlichkeit abgeglichen werden. Folgende Punkte müssen mindestens geklärt sein:

- Serviceziele
  Beispiel: Der User kann über das Anwendungssystem emails empfangen und verschicken.

- Service Level Attribute
  Beispiel: Auf Störungen des Mailservers wird innerhalb von 2 Stunden reagiert.

- Verantwortlichkeiten, Eskalationsstufen, Kommunikationswege

- Überwachung und Reporting

- Regreßansprüche des Kunden

Es sollten nur Service Level Agreements vereinbart werden, dessen Parameter meßbar sind. Mit allen Dienstleistern (z.B. Netzprovider), die zum Betrieb einer Anwendung beitragen, ist außerdem die Vereinbarung von Operational Level Agreements (OLAs) erforderlich, um die Leistungen festzuschreiben und kontrollieren zu können. Jedes mit dem Kunden vereinbarte SLA sollte durch ein entsprechendes Operational Level Agreement untermauert und abgesichert werden.

Möglicherweise handelt es sich bei der Überwachung und dem Reporting von SLAs nicht um Standardverfahren oder aber für die Überwachung können nicht die Programme bzw. Skripte des Komponenten- und Integrationstest verwendet werden. In Abhängigkeit vom Funktionsumfang kann es sich dann um ein eigenes Teilprojekt handeln, welches konzipiert und umgesetzt werden muß.

Interaktionspartner und Kommunikationswege festlegen

Generell kann zwischen „technischem Betrieb" und „Wartung" eines Systems unterschieden werden. Es ist nicht zwingend, daß beide Aufgaben von einer Abteilung oder einem Unternehmen wahrgenommen werden. Insbesondere die Anwendungsbetreuung ist vielfach vom technischen Betrieb getrennt. Oft wird die Anwenderbetreuung (insbesondere, wenn ein Produkt für den privaten Endkunden entwickelt wurde) über ein Call Center betrieben.

- Technischer Betrieb und Administration
  Hierunter fallen alle Aktivitäten zur Gewährleistung des technisch, physikalischen Betriebs einer Anwendung: z. B. Stromversorgung, Verfügbarkeit von Datenleitungen, Datensicherung, Restart, Einrichtung und Löschung von neuen Usern, Überstellung von neuen Releases und Patches usw.

- Anwendungsbetreuung, Wartung
  Hierunter fallen der Anwendersupport sowie alle Aktivitäten zur Behebung von Fehlern im Programmcode oder geringfügige Anpassungen und Änderungen am Programm.

Die Durchführung von technischem Betrieb und Wartung kann in verschiedenen Ausprägungen erfolgen: vom reinen „Ein-Personen-Betrieb" bis hin zu einem höchst arbeitsteiligen Prozeß, bei dem verschiedene Aufgaben von verschiedenen Teams und Dienstleistern wahrgenommen werden. Im Betriebskonzept müssen Akteure und Rollen (z.B. First und Second Level Support) sowie die Kommunikationswege festgelegt werden. Dies gilt nicht nur für den normalen Tagesbetrieb, sondern auch für Störungen, Eskalationen oder neue Anforderungen. Eine eindeutige Klärung der Rollen und Kommunikationswege ist die Basis für die Definition der Life Cycle und Objekttypen von Trouble Ticket und Change Management System.

Technische und organisatorische Maßnahmen planen

Für die interne Organisation des Betriebs sind folgende Aspekte festzulegen:

- Definition von Batchprozessen (Programm, Uhrzeit, User).

- Datensicherung und Datenwiederherstellung
  - Verfahren zur Wiederherstellung und Sicherung von Daten und Outputs (z. B. Listen, Etiketten usw.) definieren.
  - Reihenfolge und Prioritäten beim Anfahren und beim Restart von Systemen festlegen.
  - Beschreibung von Maßnahmen zur Unterbrechung und Restart der Produktion festlegen.
  - Maßnahmen zur Initialisierung von Systemen definieren.
  - Kommunikations- und Ansprechpartner klären.
  - Festlegen, wer die Freischaltung oder Löschung von Nutzern veranlaßt.
  - Verfahrensweise zur Beantragung von Rechten klären.

- Verfahren für die automatische Systemüberwachung und das Monitoring der Anwendung sowie das Reporting.

- Neue Releases und Patches
  - Übergaben von neuen Releases an den Betrieb (inkl. Installationsanleitung, Readme) definieren.
  - Verantwortlichkeiten, Ausfallzeiten, Wartungsfenster festlegen.

7.4.2 Aufbau des Produktionsbetriebs

Die Einführung eines IT-Systems ist in den meisten Fällen eine betriebliche Innovation, für die sich ein Routinebetrieb erst entwickeln muß (vgl. auch Kapitel 6 „Einführung"). In der Phase zwischen der Einführung des Systems und der Überstellung in den Produktionsbetrieb gilt es einen Rahmen abzustecken, in dem sich der Routinebetrieb entwickeln kann. Dieser Rahmen wird in den nachfolgend genannten Ergebnissen umrissen.

Voraussetzungen

Das Betriebskonzept ist vollständig und verifiziert. Die erforderliche Hard- und Software nach Vorgabe des Betriebskonzeptes steht zur Verfügung und kann aufgebaut bzw. installiert werden.

In der Phase der Einführung sind wichtige Dokumente und Files entstanden oder sind verifiziert worden, die dem Betrieb zur Verfügung gestellt werden müssen:

- Beschreibung der Testumgebung

- Testbericht Endabnahme

- Im Probebetrieb verifizierte Testklassen, -skripte und –programme

- Im Probebetrieb ermittelte Systemgrenzen und getestete Mengengerüste.

- Im Probebetrieb ermittelte FAQs und offene Probleme. Die FAQs werden im laufenden Betrieb fortgeschrieben.

- Executables / Installationsanweisung / Installationsskripte / Releasenotes

Ziele

Der Aufbau des Produktionsbetriebs hat folgende Ziele:

- Die geplanten technischen und organisatorischen Maßnahmen für den Produktionsbetrieb sind umgesetzt.

- Die Mitarbeiter von Betrieb und Wartung verfügen über das erforderliche Know-how.

- Die vereinbarten Service Level stehen zur Verfügung, das Anwendungssystem läuft stabil.

- Das Betriebskonzept ist realisiert.

Ergebnisse

Die Ziele werden durch folgende Ergebnisse erreicht:

- Die Prozesse sind implementiert:
  - Das Service Level Management ist umgesetzt.
  - Die Kommunikationswege zwischen First und Second Level Support bzw. allen am Betrieb beteiligten Personen sind etabliert.
  - Wartungsfenster sind definiert und bekannt gemacht.

- Die Plattform ist implementiert:
  - Die technische Infrastruktur ist auf die zu erwartenden Anforderungen ausgelegt und installiert.
  - Der Service Desk inkl. Trouble Ticket System ist installiert.
  - Das Anwendungssystem inkl. Betriebsumgebung ist abgenommen.

- Die beteiligten Mitarbeiter sind eingearbeitet
  - Der Know-how-Transfer von den Entwicklern zu den Mitarbeitern des Betriebs und der Wartung ist vollzogen.
  - Die Dokumentation inkl. der Beschreibung der Systemumgebung (Betriebsdokumentation) liegt vor.

Aufgaben / Vorgehen

Technische und organisatorische Maßnahmen umsetzen

Bei der internen Organisation des Betriebs sind folgende Aspekte zu berücksichtigen:

- Datensicherung und Datenwiederherstellung gemäß dem Betriebskonzept erproben.

- Verfahren für die automatische Systemüberwachung und das Monitoring der Anwendung erproben.

- Mitarbeiterplanung
  - Bereitschaftsplan festlegen.
  - Klare Verantwortlichkeiten festlegen. (z. B. „Patenschaften" für Systeme und Systemteile).

  - Vermeidung von Kopfmonopolen.
    Jedes (Teil-)System muß von mehr als einer Person gewartet werden können.

- Aussteuerung und Kontrolle von externen Dienstleistern.

Know-how-Transfer sicherstellen

Die Sicherstellung des Know-how-Transfers umfaßt folgende Aspekte:

- Training der Mitarbeiter von Betrieb und Wartung (vgl. Kapitel 6 „Einführung")

  Die Einarbeitung von Mitarbeitern kann beispielsweise erfolgen durch:
  - Bearbeitung von Fallbeispielen und typischen Abläufen.
  - Behebung von Fehlern, die kontrolliert herbeigeführt werden.
  - Teilnahme der Ansprechpartner aus der Entwicklung an Qualitätsmeetings.
  - Coaching.

  Der Aufwand für die Einarbeitung sollte mit eingeplant werden. Gegebenenfalls sind neue Mitarbeiter für die Wartungs- und Betriebsphase einzustellen.

- Verfügbarkeit von Know-How-Trägern sicherstellen
  - Es ist sicherzustellen, daß die entscheidenden Know-How-Träger der Entwicklung in der Anfangszeit des Betriebs verfügbar sind. Entwickler sollten nach Abschluß eines Projektes mit einem angemessenen Zeitbudget für die Zusammenarbeit mit den Systembetreuern zur Verfügung stehen.
  - Bei der Zusammenarbeit mit externen Dienstleistern sind Ansprechpartner sicherzustellen und der entsprechende Aufwand vorher zu definieren (z. B. im Rahmen eines Wartungsvertrages).

- (Technische) Dokumentation für den Betrieb
  Neben den Unterlagen aus Konzeption, Design und Realisierung (siehe Kapitel 3, 4, 5) sollte auch eine technische Dokumentation existieren (Architektur, Schnittstellen, Systemressourcen, Systemumgebung, Verzeichnisse, etc.), die bereits durch den Pilotbetrieb in der Einführungsphase verifiziert wurde. Da nicht jedes Problem alleine auf der Grundlage einer Dokumentation gelöst werden kann, ist die Identifizierung von Ansprechpartnern für Programm- und Systembestandteile wichtig. Durch das SCM-Tool (Software Configuration Management) generierte Metadaten und andere Angaben sollten sich direkt im Programmtext befinden:
  - Datum der Erstellung,

- Datum des letzten Updates,
- Versionsnummer (Zugehörigkeit zum Release),
- Name des Entwicklers und der Entwicklerin, Telefonnummer, gegebenenfalls Email, Name des Unternehmens und der Abteilung.

Service Level Management

Service Level Management zieht sich durch alle Phasen des Betriebs, angefangen mit dem Planungsprozeß für das Betriebskonzept bis hin zur ständigen Überprüfung und zum Reporting in der professionell durchgeführten und eingeschwungenen Betriebsphase. Für die konsequente Umsetzung und als Ansprechpartner für den Kunden bei Problemen erfüllt der Service Level Manager wesentliche Funktionen. Er ruft auch regelmäßige Reviews ins Leben, um gemeinsam mit dem Kunden die vertragliche Leistungserbringung zu überprüfen, aufgrund des Reportings Trends zu erkennen und Informationen über zukünftige Businesspläne des Kunden zu erhalten.

Hinweise

In der Einleitung dieses Kapitels ist die Abnahme (für die Definition von Abnahme siehe Kapitel 6 „Einführung") als ein formales Kriterium für die Unterscheidung zwischen „Entwicklung und Betrieb" genannt worden. Jeder Praktiker weiß, daß die Übergänge meistens fließend sind. Dieses gilt insbesondere, wenn bei einer Entwicklung technisches Neuland beschritten wurde, zu dem noch keine oder nur sehr wenig Erfahrungen existieren. „Das System muß sich noch stabilisieren" ist eine in diesem Zusammenhang oft zu hörende Aussage. Prinzipiell ist die Frage zu stellen, ob ein „sich stabilisierendes" System nicht der Phase „Entwicklung" zugeordnet werden muß. Als generelle Faustregel kann gelten: ein System, an dem ständig (also täglich) eingegriffen werden muß, um es in Produktion zu halten, hat noch nicht die Phase des Produktionsbetriebs erreicht.

Neben der Frage nach der Produktionsreife der Anwendung ist auch die Klärung von Verantwortlichkeiten insbesondere während der Übergangsphase unbedingt erforderlich. Das Entwicklungs- und/oder Integrationsteam muß „seine" Anwendung abgeben; die Mitarbeiter des Betriebs hingegen übernehmen „etwas", was sie nicht hinreichend kennen. Dieses psychologische Problem äußert sich oft durch Bemerkungen wie „Solange noch ein Entwickler auf dem System ist, rühre ich keinen Finger"! Ein temporärer Third Level Support zur Unterstützung des Betriebs durch Mitarbeiter, die das Anwendungssystem mit entwickelt und getestet haben, federt dieses Phänomen erheblich ab.

7.4.3 Produktionsbetrieb

Das beste System ist das, was du einmal startest und von dem du nie wieder etwas hörst" (Der ungenannte Systemadministrator).

Produktionssicherheit, Verfügbarkeit und Zuverlässigkeit der Anwendung, aber auch die unterstützende Infrastruktur, sind für den professionellen Betrieb von IT Services wesentliche Ziele.

Die Ausgestaltung von Betrieb und Wartung sind abhängig von den zur Verfügung gestellten Ressourcen. Die Reduzierung des Aufwandes für Betrieb und Wartung und die Optimierung der Services stehen dabei im Vordergrund. Die aus dem Betrieb gewonnenen Erfahrungen werden sowohl für die Optimierung der laufenden Anwendungen im Hinblick auf Hard- und Software bzw. Infrastruktur verwendet, als auch anderen Akteuren zur Verfügung gestellt. (z. B. bei der Neukonzeption von Systemen).

Voraussetzungen

Die Endabnahme des Anwendungssystems inkl. der Abnahme der Betriebsumgebung ist eine wesentliche Voraussetzung, um den Start der Phase Produktionsbetrieb zu kennzeichnen.

Ziele

Der Produktionsbetrieb hat zwei Ziele:

- Das System läuft störungsfrei und performant.

- Das System wird ständig verbessert und optimiert.

Ergebnisse

Im Produktionsbetrieb werden folgende Ergebnisse erarbeitet:

- Die Anwendung ist hinsichtlich Verfügbarkeit, Zuverlässigkeit und Sicherheit optimiert (Availability Management).

- Das Change Management ist eingeführt. Änderungen am System (und damit verbundene Kosten) können jederzeit nachvollzogen, störanfällige Komponenten identifiziert werden.

- Das Incident Management ist eingeschwungen, d.h. Störungen werden unverzüglich bearbeitet und verfolgt.

- Maßnahmen für das Problem Management sind etabliert, wie z.B.

- eine Sammlung und Pflege von häufig gestellten Fragen (FAQ).

- Verfahren und Organisationsformen (Gremien, Qualitätszirkel, u. a.) zum Know-how-Transfer.

• Eine Risikoanalyse und die Notfallplanung liegen vor (Service Continuity).

• Ziele zur Optimierung des Systems sind definiert (IT Ressourcen, Kosten/Nutzen). Verfahren zur Reduktion des Wartungsaufwandes sind eingeleitet (Capacity Management).

Aufgaben / Vorgehen

Stabilität des Systems

Die permanente Verfügbarkeit und die Qualität der vereinbarten Services sind wesentliche Faktoren für die Zufriedenheit der User und des Kunden. Schlechte Servicequalität und ein instabiles Produktionssystem sind wichtige Gründe für den Kunden, zu einem anderen Betreiber zu wechseln. Um die Verfügbarkeit zu verbessern, muß ein Verständnis für das Geschäft des Kunden vorhanden sein und das Wissen darüber, wie die vorhandenen IT Services dieses Business unterstützen. Die Anforderungen an die Verfügbarkeit sind mit dem Kunden bereits durch die SLAs definiert. Damit das Monitoring dieser SLAs, welches in der Aufbauphase durch entsprechende Tools installiert wurde, die Verfügbarkeit des Systems aufzeichnet bzw. bei Störungen diese Information sofort (an den Service Desk) weitergibt, müssen folgende Punkte im laufenden Betrieb zyklisch verifiziert werden:

• Bildet das Monitoring die Sicht des Users und die SLAs ab? (Beispiel: Einwahlvorgang für Internetaccess mit Aufzeichnung der Einwahldauer und der Fehlversuche der Einwahl; Zeitmesung für den Download einer speziellen Datei.).

• Werden die Meßergebnisse kategorisiert und Qualitätslevln zugeordnet? (Beispiel: Zeitmessung einer Datenbankabfrage und Einordnung gemäß der Ampelschaltung in die Kategorie grün, gelb oder rot; „rote" Meßergebnisse erzeugen eine automatische Benachrichtigung des Service Desk.).

• Sind die Qualitätslevel aktuell und entsprechen Sie den Anforderungen des Users?

Phase	Maßnahmen		Ergebnisse
	technisch	organisatorisch	
Betriebskonzept	Infrastruktur + Systemumgebung beschreiben		Betriebskonzept
		SLAs, Interaktions-partner + Workflow festlegen	Definition Service Level Management / Wartungsvertrag
		Ressourcen / Kosten / Wirtschaftlichkeit checken	Analyse
Aufbau des Produktions-betriebes	Bereitstellung Infrastruktur		Infrastruktur
		Aufbau Service Desk / Incident Mgmt./ Availability Mgmt./ Service Level Mgmt.	Service Desk Bereitschaftspläne Betriebsprogramme (Datensicherung, Monitoring) Reporting für Kunde + Betreiber
		Überprüfung Betriebskonzept Know-how Transfer Training	Betriebs-dokumentation Abnahmeprotokoll für Betriebsübernahme
Produktions-betrieb	Optimierung Produktions-sicherheit (Zuverlässigkeit, Wartbarkeit)		Meßergebnisse + Metriken durch das Monitoring Trouble Tickets Reports
		Optimierung Ressourcen (Capacity Mgmt.) Notfallmaß-nahmen (Service Continuity) Service Level Management	Risikoanalysen und Notfallplan
		Problem Mgmt. Erfahrungs-austausch Qualitätssicherung	Verbesserungs-vorschläge FAQs

Tab. 31:   Maßnahmen und Ergebnisse im Betrieb

Permanente Verbesserung

Neben der Stabilität der bereitgestellten IT Services ist die kontinuierliche Verbesserung und Optimierung eine wesentliche Aufgabe. Neue technische Plattformen werden fortlaufend evaluiert. Engpässe, störungsanfällige Komponenten und erforderliche Erweiterungen werden durch das Problem Management erkannt und an den Auftraggeber bzw. IT-Verantwortlichen weitergegeben. Für die Umsetzung dieser Aufgabe müssen Budgets und verantwortliche Personen definiert werden. Entscheidungsträger müssen zwischen zukünftigem Nutzen und Kosten abwägen und sinnvoll entscheiden.

7.4.4 Beendigung des Produktionsbetriebs

Nach einem langfristigen und hoffentlich „guten" professionellen Produktionsbetrieb wird irgendwann zum Zeitpunkt x der Produktionsbetrieb eingestellt. Unabhängig von vielen möglichen Ursachen müssen grundsätzlich 2 Szenarien unterschieden werden:

*   Abschaltung des Systems

*   Migration zu einem anderen Service Provider.

Da gerade die zweite Möglichkeit ein eigenständiges und oft umfangreiches Migrationsprojekt ist, sollen hier nur einige Aspekte angerissen werden:

Abschaltung des Systems

*   User, Betreiber und alle am Betrieb beteiligten Personen müssen informiert werden.

*   Das System sollte eingefroren und für die Ewigkeit (mindestens jedoch nach gesetzlichen Bestimmungen) gesichert werden. Es sollte jederzeit neu aufgebaut werden können, entweder durch die Projektsicherung oder durch das Software Configuration Management.

*   Es muß geklärt werden, was dem Kunden übergeben werden muß. Dies kann vom kompletten Inhalt des SCM über die Inhalte des Trouble Ticket Systems bis hin zur Übergabe von Hardware variieren.

- Sensible Daten und Konfigurationen wie z.B. Kundendaten und Firewall-Konfigurationen gelöscht werden, so daß es keine „Leichen" und Überbleibsel gibt. Insbesondere die Sperrung/Löschung von Kundendaten muß der Betreiber dem Kunden unter Umständen schriftlich zusichern. Die Datenlöschung muß unter Berücksichtigung der rechtlichen Vorgaben erfolgen. (Beispiel: Die Logfiles, die beim Einwahlvorgang eines Internetdienstes entstehen, dürfen auch auf Anweisung des Kunden hin nicht nach 3 Tagen gelöscht werden.)

- Die bisher genutzen Ressourcen müssen freigegeben oder gekündigt werden, wie z.B. Standleitungen, Rechner, Lizenzen, Mitarbeiterressourcen.

Migration zu einem anderen Service Provider

Um eine Migration reibungslos und unproblematisch durchzuführen, ist eine sorgfältige Planung und Konzeption in Form eines Migrationskonzeptes erforderlich. Neben dem Aufbau eines neuen Betriebs durch den zukünftigen Service Provider müssen aus der Sicht des aktuellen Betreibers (und des Kunden) folgende Aspekte geklärt und beschrieben sein.

- Umfang der relevanten, zu übergebenden Services und Planung der zukünftigen Infrastruktur.

- Klärung von Verantwortlichkeiten für die Migrationsphase.

- Klärung von Eskalationsstufen und –wegen.

- Kriterien für die erfolgreiche Übergabe bzw. Abnahme.

- Erlaubte Ausfallzeiten und Definition von Minimalservices.

- Zeitplan inkl. Meilensteine und erforderlichen Aktivitäten; detaillierte Verantwortlichkeiten für die verschiedenen Aktivitäten.

- Stufenplan, falls erforderlich.

- Produktschulungen, Know-How Transfer und Weitergabe der bisherigen Betriebserfahrungen (z.B. FAQs, Trouble Tickets).

- Vereinbarungen für eine temporäre Unterstützung des zukünftigen Second Level Supports.

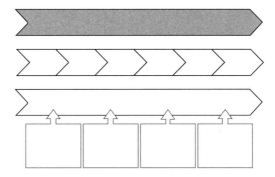

8 Projektmanagement

8.1 Orientierung

Die unterschiedlichsten Kräfte wirken heute auf die Unternehmen ein und stellen sich in Form von Globalisierung, Zwang zur Innovation, verschärften Wettbewerb, höheren Kompetenzanforderungen, zunehmender Dynamik und Komplexität, steigenden Mitarbeiter-, Kunden- und Kapitalerwartungen dar. Sie bewirken ein Umfeld, in dem es für die Unternehmen und die Mitarbeiter immer wichtiger wird, flexibel auf die Anforderungen zu reagieren. Fünf Merkmale beschreiben die Lösungen der Zukunft:

Der richtige Beitrag 'just in time', ...

Die geforderten Lösungen werden entscheidend bestimmt durch die Wettbewerbssituation des Kunden. Weil die Märkte zusammengehen und die Vergleichbarkeit der Leistungen der Unternehmen gegeben ist, helfen inhaltlich und zeitlich auf den Punkt gebrachte Beiträge der IT zum Geschäftserfolg, einen Wettbewerbsvorteil zu erhalten. Zudem ist es wichtig, der erste am Markt zu sein. Nur der „1st mover" hat alle Chancen. Daher trifft der Kunde häufig Entscheidungen mit hohem Risiko und erwartet vom IT Dienstleister, auf Änderungsanforderungen flexibel einzugehen und gleichzeitig exzellente Ergebnisse innerhalb kürzester Zeit zu liefern.

erstellt durch verteilte (auch internationale virtuelle) Teams, ...

Weil Wachstum in konvergierenden Märkten das Überleben sichert, agiert der Kunde selbst häufig in mehreren Ländern. Vertretungen vor Ort sind üblich und bringen die unterschiedlichsten Kulturen in eine Firma. Auch auf Seiten des IT Dienstleisters ist eine internationale Ausrichtung von Vorteil, weil unter Ausnutzung der weltweit verfügbaren Kompetenz eine bessere Verfügbarkeit und ein günstigerer Preis erzielbar sind.

erstellt durch vertraglich gebundene Kompetenz-Netzwerke, ...

Um flexibel reagieren zu können und gleichzeitig hohe Qualität zu liefern, hat es sich bewährt, einen Komponentenansatz zu wählen. Das Gesamtergebnis wird aus Teilen zusammengesetzt, deren Erstellung in den Kernkompetenzen der jeweiligen Lieferanten liegt. In letzter Konsequenz wird es erforderlich sein, firmenübergreifende Einheiten zu bilden, die über entsprechende Verträge zusammenarbeiten.

erstellt von permanent weiterqualifizierten zertifizierten Mitarbeitern, ...

Im Zeitalter der Dienstleistungen befindet sich der Wert eines Unternehmens buchstäblich in den Köpfen der Mitarbeiter. Konsequenterweise werden die Unternehmen ihren Personalkörper weiterentwickeln, um auf diese Weise einen Wertzuwachs zu erreichen. Zur Qualitätssicherung im vornhinein empfiehlt es sich, nachweislich ausgebildete Mitarbeiter mit der Projektleitung zu betrauen. In den USA ist die Zertifizierung eine Marktanforderung, um eine Austauschbarkeit zu gewährleisten, die aufgrund der hohen Fluktuationsrate erforderlich ist.

verantwortet durch einen Projektleiter als persönlicher Garant für die Gesamtleistung.

Zur Beherrschung des Projektes als zielorientierter, wertschöpfender Prozeß mit optimaler Organisation aller Ressourcen ist eine eindeutig festzumachende Verantwortung für die Gesamtleistung erforderlich.

8.1.1 Ziele

Die Ziele des Projektmanagements (PM) lassen sich wie folgt zusammenfassen:

- Die Lenkung und Gestaltung des Projektes ist inhaltlich und organisatorisch abgesichert.

- Die Projektziele werden unter den vereinbarten Rahmenbedingungen erreicht.

8.1.2 Ergebnisse

Gestaltung der Projektorganisation und Kommunikation

Die Projektbeteiligten werden über eine definierte Meetingstruktur geeignet einbezogen und motiviert:

- Das Umfeld über Vorgespräche mit den Stakeholdern und Projektmarketing

- Die Entscheider über Management Kick Off und Controlboard(s)

- Das Team über Teambuilding und Jour fixe

Abschlußmeetings setzen den Punkt hinter die Aktivitäten.

Die übergreifende Kommunikation Controlboard - Projektleitung und Projektleitung - Projektteam verläuft in zwei ineinander geschachtelten Regelkreisen (siehe Abschnitt 8.2.3).

Gestaltung des Projektprozesses

Der Projektprozeß wird an Dokumenten sichtbar. Dazu gehören:

- Zur Phase Initialisierung: Projektübersicht und Projektauftrag

- Zur Phase Planung: Projektplan

- Zur Phase Durchführung und Controlling: ein aktueller Projektplan mit Status, Analysen, Prognosen und Entscheidungsvorlagen. Ein Logbuch und eine Liste mit offenen Punkten erhöhen die Übersicht. Änderungsanträge und Risikoübersicht schaffen Klarheit im Thema gravierende Planänderungen.

- Zur Phase Abschluß: Projektabnahme und Übergabeprotokolle

Eine wirksame Kommunikation informiert zielgruppengerecht.

Durch maßvollen Aufwand im Bereich Risikomonitoring und Qualitätssicherung wird das Ergebnis abgesichert.

Gestaltung des Projektleitungs-Instrumentariums

Jedem Projektleiter stehen heute Vorgehensmodelle, Methoden und Werkzeuge in vielfältiger Form zur Verfügung. Durch geeignetes Knowledgemanagement ist es möglich, nahezu jeden Bedarf zu decken und mittels Erfahrungsberichten mit Bewertungen und Vorschlägen aus den Projekten die Instrumente permanent zu verbessern.

8.1.3 Ablauf

Die nachfolgenden Schwerpunkte beschreiben den Aufbau des Kapitels.

Abschnitt 8.2 beschreibt grundlegende Begriffsbestimmungen im Thema Projekt, die auf DIN 69901 und „best practices" basieren. Arbeit in Projekten geschieht in Prozessen. Auf Projektebene ist der PM-Prozeß vom Prozeß der Leistungserstellung wohl zu unterscheiden. Hinweis: Abschnitt 6 beleuchtet zudem den Wertschöpfungsprozeß auf Unternehmensebene. Das „Rückgrad" des Projektes ist die Projektorganisation mit ihren Projektfunktionen. Drei Erfolgsfaktoren zeigen, worauf es beim Projekt ankommt.

Abschnitt 8.3 definiert Projektmanagement ebenfalls nach DIN 69901 und „best practices". Es beschreibt Projektmanagement als System: Instanz – Funktion – Instrumente und als Prozeß mit vier Phasen: Initialisierung, Planung, Durchführung und Controlling, Abschluß.

Abschnitt 8.4 zeigt den PM-Prozeß im Detail. In den Phasen Projektinitialisierung, -planung, -durchführung & -controlling und -abschluß sind jeweils Ziele, Ergebnisse, Aufgaben/Vorgehen und Hinweise aufgeführt.

Abschnitt 8.5 beschreibt den Projektleiter als Garant für die Gesamtleistung mit Aufgaben und Verantwortlichkeiten, Fähigkeiten und Berufsbildern sowie seinem Rollenverständnis.

Abschnitt 8.6 beleuchtet das Projektumfeld fokussiert auf das Unternehmen. Wertschöpfungsprozeß, Organisation, Projektleiterbild und Förderung des Projektmanagement sind die Schwerpunkte.

Abschnitt 8.7 beschreibt Projektmanagement als eigene Disziplin mit den Themen: Marktstandards, Community und Knowledge-Management.

8.2 Grundlegende Begriffsbestimmungen

8.2.1 Definition Projekt

Wenn Experten aus unterschiedlichen Disziplinen, Organisationen oder sogar Kulturen in einem Projekt zusammenarbeiten ist ein gemeinsames Bild vom Begriff „Projekt" die Voraussetzung für jegliche Art von Projekterfolg.

Aktuell wird der Begriff „Projekt" für unterschiedliche Vorhaben benutzt. Wenn etwas Neues ansteht oder eine Ansammlung mehrerer auf ein Ziel gerichteter Aufgaben vorliegt, nennt man dieses oft Projekt und bildet dafür eine eigene Organisationsform. Wir definieren gemäß der DIN 69901:

Ein Projekt ist „ein Vorhaben, das im wesentlichen durch eine Einmaligkeit der Bedingungen in ihrer Gesamtheit gekennzeichnet ist". Insbesondere hat es:

- eine klare Zielvorgabe und erzeugt etwas „Neues"

- einen Start und Ende-Termin: es ist ein begrenztes Unternehmen

- einmalige Bedingungen und Umstände, wie Budget, Personal und Umfang

- eine eigene Organisation

Es unterscheidet sich somit deutlich von der Tagesarbeit wie bspw. Hotline-Support oder Rechenzentrumsaktivität. Allerdings gibt es Grenzfälle in der Systemwartung oder kleineren Entwicklungsaufgaben.

Es lassen sich in dieser Dimension zahlreiche Projekttypen erkennen (siehe Abb. 69 auf S.236).

Projekttypen nach *Gegenstand* des Projektes, z.B.

- Strategieprojekt

- Organisationsentwicklungsprojekt

- Forschungs- & Entwicklungs-Projekt (F&E-Projekt)

- Informationstechnologie-Projekt (IT-Projekt)

Projekttypen nach *Art des Auftraggebers*, z.B.

- Kundenprojekt

- Konsortial- / Verbundprojekt

- Internes Projekt

Projekttypen nach *Art der Basistechnologie oder Durchführung*

- SAP Projekt

- Individualentwicklung

Projekttypen nach *Art der Abwicklung*, z.B.

- Festpreisprojekt

- Aufwandsprojekt

- Zeitrestriktives Projekt

Projekttypen nach *Phasenschwerpunkt*, z.B. für IT Projekte

- Konzeptionsprojekt

- Umsetzungsprojekt

- Einführungsprojekte (Rollout)

- Wartungsprojekt

Projekttypen nach *Größe und Komplexität*, z.B.

- Projektkategorie I, II, III, IV

Der Projekttyp hat großen Einfluß auf die Gestaltung des Prozesses der Leistungserbringung im Projekt, wohingegen der Projektmanagementprozeß weitgehend unabhängig vom Projekttyp ist.

8.2.2 Projektprozesse

Die Arbeit in Projekten geschieht in Prozessen, wobei wir den Prozeß der Leistungserbringung des Projektes und den Prozeß des Projektmanagement unterscheiden (siehe Abb. 65):

- *Der Prozeß der Leistungserbringung* erzeugt das Projektergebnis, ggf. in Phasen bzw. Meilensteinen. Er wird auch an anderer Stelle als "Kernprozeß" bezeichnet. Im IT Projekt werden oft die Phasen Konzeption, Design, Realisierung und Einführung in einem Projekt zusammengefaßt.

- *Der Projektmanagementprozeß* organisiert und führt die Projekt-arbeit insgesamt in Hinblick auf die Leistungserbringung und bündelt die dafür erforderlichen Maßnahmen hinsichtlich Organisation, Team- und Kundenmanagement sowie Ressourcenmanagement. Der Projektmanagementprozeß gliedert sich als Führungsprozeß in die Phasen: Initialisierung, Planung, Durchführung & Controlling und Abschluß.

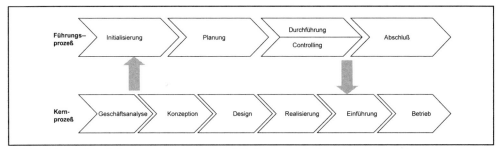

Abb. 65: **Projektmanagement und Leistungerbringungsprozeß**

8.2.3 Projekt-Organisation

Die richtige Organisation des Projekts und die damit verbundenen Verantwortlichkeiten und Kompetenzen sind ein wichtiger Grundstein für den Projekterfolg. Jedes Projekt braucht eine spezifische Organisation, die auf den Projektfall hin optimiert ist. Üblich sind vier Projektfunktionen, die im Zusammenspiel den Projekterfolg sicherstellen (siehe Abb. 66):

* der Auftraggeber

* das Controlboard als Entscheidungs- und Eskalationsgremium

* die Projektleitung

* das Projektteam

Bei Bedarf können weitere Projektfunktionen explizit ergänzt werden,

* z.B. Qualitätssicherung und

* Geschäftsexperten

Projektgremien

Der Auftraggeber vergibt explizit den Projektauftrag und fällt Entscheidungen in letzter Instanz im vertraglichen Rahmen.

Das Controlboard führt schnell und kompetent alle notwendigen projektbezogenen Entscheidungen herbei, berät den Projektleiter und unterstützt ihn hinsichtlich Kommunikation und Durchsetzung in den Partnerorganisationen.

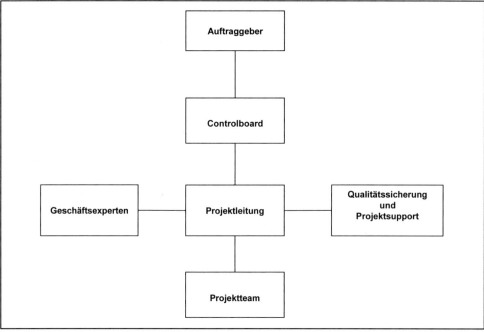

Abb. 66:   Projektorganisation

Die Projektleitung verpflichtet sich zum Projektauftrag und entscheidet in dessen Rahmen in allen Angelegenheiten des Projektes. Dabei sind generelle Vereinbarungen und Geschäftsregeln der Projektpartner zu beachten.

Das Projektteam erarbeitet die Projektergebnisse und macht Vorschläge zur optimalen Umsetzung des Projektauftrages.

Die Qualitätssicherung sichert das Projekt hinsichtlich Ergebnis, Effizienz und Qualität ab. In Form von Audits oder Reviews wird der Qualitätsstatus überprüft, um Verbesserungen zu empfehlen (Consulting) und deren Umsetzung zu unterstützen (Coaching)

Die Geschäftsexperten bringen als Vertreter ihrer Bereiche das benötigte Geschäftsknowhow in das Projekt ein. Sie weisen auf fachliche oder organisatorische Schwachstellen hin, formulieren Anforderungen und Lösungsvorschläge und überprüfen die fachlichen Projektergebnisse.

Projektkommunikation

Die Kommunikation Controlboard – Projektleiter und Projektleiter – Projektteam verläuft in zwei ineinander geschachtelten Regelkreisen.

- Äußerer Regelkreis
  Der Projektleiter erhält vom Controlboard formal den Projektauftrag durch die Genehmigung des von ihm vorgelegten Projektplanes. Auf dieser Basis berichtet er regelmäßig den Projektfortschritt an das Controlboard und wird von diesem bezüglich des erreichten Projektstandes entlastet.

- Innerer Regelkreis
  Die im Projektplan vereinbarten Aufgaben delegiert der Projektleiter an das Projektteam. Periodisch berichtet das Team den Status an den Projektleiter.

Bei Bedarf werden vom Projektleiter Änderungsanträge für den Projektplan an das Controlboard gestellt und von diesem genehmigt, verändert oder abgelehnt. Änderungsanträge von Auftraggeberseite könnten auch über den Projektleiter an das Controlboard gestellt werden, wobei parallel das Vertragliche zu regeln ist.

Hinweise

Bei der Zusammensetzung des Controlboards sollte eine ausgewogene Besetzung erreicht werden. Dabei muß darauf geachtet werden, daß das ganze Themenspektrum des Projekts (fachlich, organisatorisch, technisch usw.) durch Controlboard-Mitglieder kompetent abgedeckt werden kann. Alle Gruppen von Beteiligten sowie alle Hierarchiestufen in Abhängigkeit von der Projektgröße (Geschäftsleitung, Abteilungsleitung, Projektleiter) sollten vertreten sein.

Die Mitglieder des Controlboards müssen außerdem befugt und fähig sein, ihre Themen aktiv zu vertreten (Entscheidungskompetenz) und im Idealfall eine Mentorenfunktion für das Projekt zu übernehmen.

8.2.4 Erfolgsfaktoren

Zur Orientierung gibt es eine Merkformel, wobei der Schlüssel zum Verständnis in der richtigen Betonung (hier optisch hervorgehoben) liegt:

- Ein *richtiges* Projekt machen

- Ein Projekt *richtig* machen

- *Das* richtige Projekt machen

Erfolgsfaktor-1: „Ein *richtiges* Projekt machen!"

Für jedes Vorhaben gilt es zu entscheiden, ob es entweder als Projekt abgewickelt werden kann und soll, oder ob es sich um eine Routinetätigkeit handelt, die nach eigenen Regeln organisiert wird.

Zu einem Projekt gehört deshalb der entsprechende Rahmen (siehe Abb. 67).

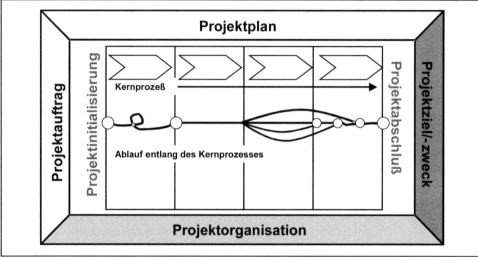

Abb. 67:   Der Projektrahmen

Der Projektrahmen wird geprägt durch den Projektauftrag und den daraufhin erstellten Projektplan. Das Projekt wird getragen durch die entsprechende Organisation und führt somit zu den Projektzielen. Innerhalb des so mit dem Auftraggeber vereinbarten Rahmens liegt es in der Kompetenz und Verantwortung des Projektleiters, das Projekt zu gestalten.

Erfolgsfaktor-2: „Ein Projekt *richtig* machen!"

Wenn der Projektrahmen steht, gilt es, das Projekt aus methodischer Sicht angemessen zu gestalten. So wie es bei dem Bild im Bilderrahmen weitgehend unabhängig vom Motiv auf die "passende Maltechnik" ankommt.

Die für eine erfolgreiche Projektabwicklung benötigten Methoden finden sich in den Phasen Projektinitialisierung, -Planung, -Durchführung & -Controlling sowie -Abschluss.

Projektdurchführung und Controlling ist technisch gesehen eine Regelung (siehe Abb. 68). Die Projektaktivitäten werden immer wieder auf das Ziel ausgerichtet. Aufgabenmäßig handelt es sich dabei um eine kontinuierliche Verbesserung und läßt sich daher auch durch den Deming-Kreis beschreiben: „Plan-Do-Check-Act."

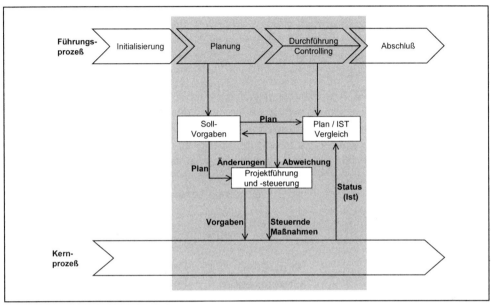

Abb. 68: **Die Projektführung als Regelung**

Erfolgsfaktor-3: „Das *richtige* Projekt machen!"

Selbstverständlich ist die Durchführung eines Projektes kein Selbstzweck. Auch wenn der gesetzte Projektrahmen und die gewählten Methoden makellos sind, nützt dies alles nichts, wenn die Projektergebnisse und -ziele letztendlich das Geschäft des Auftraggebers nicht sinnvoll unterstützen oder dem gar zuwider sind.

8.3 Projektmanagement

„Projektmanagement bezeichnet die Gesamtheit von Führungsaufgaben, Führungsorganisation und Führungstechniken und -mitteln für die Abwicklung eines Projekts" (DIN 69 901). Damit ist Projektmanagement die professionelle und integrierte Anwendung aller Managementaufgaben, die Team, Kunden, Organisation, Techniken, Ressourcen und Geschäftsziele des IT-Dienstleisters betreffen, um das Projektziel in effizienter Weise zum Wohl der Vertragspartner zu erreichen.

Der Begriff „Projektmanagement" wird ebenso wie die Begriffe „Management" und „Führung" in der betriebswirtschaftlichen Literatur in zwei Bedeutungsvarianten verwendet, und zwar im institutionellen Sinn (Projektmanagement als Institution) und im funktionalen Sinn (Funktionen und Aufgaben des Projektmanagements). Daneben betrachten einige Autoren noch eine dritte, die sogenannte instrumentelle Dimension. Diese umfaßt die zur Unterstützung der Projektrealisierung zur Verfügung stehenden Methoden, Verfahren und Instrumente, wie z.B. Balkendiagramme, Netzpläne, Fortschrittsberichte und Kapazitätsauslastungsdiagramme.

Die Ausprägung dieser drei Dimensionen (institutionell, funktional, instrumentell) werden im System des Projektmanagements als Projektorganisation, Projektlenkung und Projektinstrumente bezeichnet. Das Projekt selbst ist durch die Projektziele, die Projektgröße, die Projektart und den Projektgegenstand gekennzeichnet (siehe Abb. 69).

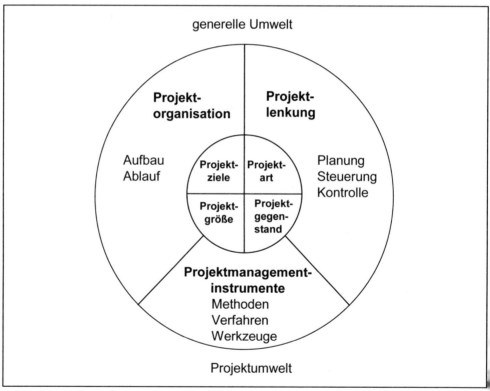

Abb. 69:   **Projektmanagement als System**

8.3.1 Ziel

Ziel des Projektes ist es, im vorgegebenen Zeit- und Terminrahmen unter einer bestimmten Kostenvorgabe in einer definierten Qualität eine zuvor bestimmte inhaltliche Leistung zu erbringen.

Ziel des Projektmanagements ist die professionelle und integrierte Anwendung aller Managementaufgaben, die Team, Kunden, Organisation, Techniken, Ressourcen und Geschäftsziele des IT-Dienstleisters betreffen, um das Projektziel in effizienter Weise zum Wohl der Vertragspartner zu erreichen.

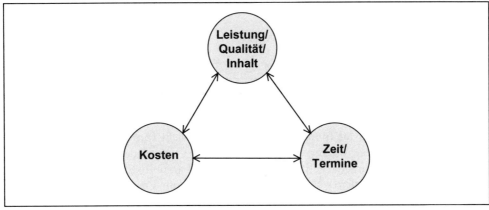

Abb. 70: **Das „magische Dreieck" des Projektmanagements**

Dabei muß das Projektmanagement eine Balance zwischen den Termin-, Kosten- und Leistungs- bzw. Qualitätszielen finden (siehe Abb. 70). Dies muß mit den zur Verfügung stehenden Ressourcen geschehen, bei gleichzeitiger Akzeptanz des Auftraggebers und anderer Interessensgruppen.

Die besondere Schwierigkeit für das Projektmanagement ist dabei, daß diese Ziele voneinander abhängig sind und untereinander in konkurrierender Beziehung stehen, sowie von außen beeinflußt werden. Diese Abhängigkeiten müssen vom Projektmanagement bei der Projektplanung, -steuerung und -kontrolle stets berücksichtigt werden.

Gleichzeitig zur Steuerung des Projekt-Wertschöpfungsprozesses in genau diesem Dreieck baut der Projektleiter die Projektorganisation auf und entwickelt sie weiter. Hier gilt es, Führung wahrzunehmen und die Mitarbeiter, Strukturen und Techniken optimal und flexibel in Hinblick auf ein dynamisches Umfeld aufeinander abzustimmen.

8.3.2 Projektmanagement-Prozeß

Das Projektmanagement läßt sich in die Phasen

- Initialisierung

- Planung

- Durchführung und Controlling

- Abschluß

unterteilen (siehe Abb. 71).

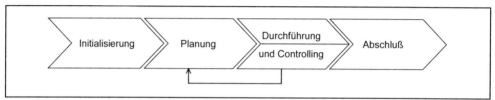

Abb. 71:   Der Projektprozeß

In der Initialisierung wird das Projekt formal aufgesetzt, beauftragt und mit Vollmachten versehen. Die Organisation wird vorgedacht, Vorgespräche geführt und die erreichbaren Instrumente gesichtet. Der Projektleiter hat viele Kontakte mit dem Projektumfeld und trifft Absprachen mit Zulieferern und Nutzern der Projektergebnisse.

In der Planung wird auf Basis des Projektauftrags eine konkrete Planung erstellt, wie die vereinbarten Ziele und Deliverables im vorgegebenen Zeitrahmen erreicht werden sollen. Der entstehende Projektplan ist dann die Basis für eine effektive Projektsteuerung. Die Organisation wird arbeitsfähig gemacht, die geeigneten Instrumente für den Führungsprozeß sind ausgewählt bzw. schon im Einsatz. Der Projektleiter steuert die Planung im Kernteam. Auf dieser Basis werden Vereinbarungen mit Zulieferern und Nutzern der Projektergebnisse getroffen.

Die nächste Phase besteht aus Durchführungs- und Controlling-Aktivitäten. Zur Durchführung gehört die Koordination von Aktivitäten und Ressourcen zur Erarbeitung der Projektergebnisse gemäß Projektplan. Mit dem Controlling wird sichergestellt, daß die entsprechenden Projektziele im vorgegebenen Zeit- und Kostenrahmen, sowie in der erforderlichen Qualität erreicht werden, indem der Fortschritt überwacht und bewertet wird, sowie ggfs. notwendige Korrekturmaßnahmen eingeleitet werden. Das Kernteam wird erweitert. Zwischenberichte informieren die Stakeholder.

In der Phase Abschluß werden je Zyklus die Früchte der Arbeit geerntet und die Ergebnisse durch den Auftraggeber formal abgenommen. Im letzten Zyklus ist es das Ziel, den Vertrag zu beenden und das Projekt geordnet abzuschließen: die Organisation abzubauen, die Instrumente um die gemachten Erfahrungen zu verbessern und die Stakeholder über die erzielten Ergebnisse zu informieren.

Alle Phasen sind über die Ergebnisse, die sie produzieren, miteinander verknüpft. Der Output aus einer Phase wird als Input für die folgende(n) Phase(n) vorausgesetzt. So wird beispielsweise der in der Planung erstellte Projektplan in allen nachfolgenden Phasen benötigt.

Keinesfalls werden die einzelnen Phasen jedoch streng sequentiell durchlaufen, sondern es kommt in der Regel zu Überlappungen (siehe Abb. 72):

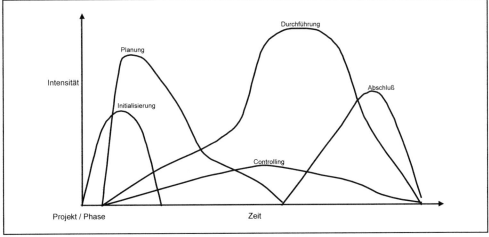

Abb. 72:   **Überlappungen der Prozeßphasen**

Auch die einzelnen Aufgaben und Tätigkeiten in den einzelnen Phasen werden in der Regel nicht sequentiell nacheinander erledigt, sondern überlappen sich und sind auch in sich selbst iterativ.

Genau genommen, beziehen sich die o.g. Prozeßgruppen auch nicht nur auf das Projekt als ganzes, sondern finden sich in jeder einzelnen Phase des Kernprozesses wieder. Zu Beginn einer jeden Phase des Kernprozesses wird diese beispielsweise noch einmal (feiner) geplant und ggfs. finden am Ende auch bereits (Teil-)Abnahmen statt.

8.3.3 Hilfsmittel

Guidelines

Dem Projektleiter sollten generell aufgaben- und ergebnisorientierte Guidelines zur Unterstützung seiner Arbeit zur Verfügung stehen. Eine moderne Lösung, die sowohl weltweiten Zugriff als auch die Möglichkeit der einfachen Aktualisierung bietet, ist eine HTML-Anwendung im Intranet. Hinter einem solchen „PM-Kit" verbergen sich je Phase in generalisierter Form die notwendigen Aufgaben, die zu erreichenden Ergebnisse sowie notwendige Qualitätsmerkmale. Vorlagen und Checklisten stehen kontextbezogen bereit. Ein Glossar sowie "Tipps und Tricks" runden das PM-Kit ab. Dies bietet die Grundlage für ein solides, handwerkliches Basisverständnis des Führungsprozesses "Projektmanagement" unabhängig vom tatsächlichen Projekttyp und kann damit einer breiten Zielgruppe innerhalb einer Organisation vermittelt werden.

Konkrete Arbeitsmodelle

Darüber hinaus können auf dieser Basis in einer Organisation, in denen ähnliche Projekte wiederholt durchgeführt werden, konkrete Arbeitsmodelle entwickelt werden. Diese beziehen sich dann auf einen bestimmten Projekttyp, z.B. Entwicklungsprojekte mit engem Zeitrahmen oder Einführungsprojekte von Standardsoftware. Diese Arbeitsmodelle geben eine Prozeßbeschreibung mit konkreten „Deliverables" und berücksichtigen dabei neben dem Führungsprozeß auch den jeweiligen Kernprozeß der Systementwicklung mit seinen Supportprozessen. Diese Fokussierung führt zum einen zu einer Effizienzsteigerung im Angebots- und Planungsprozeß, zum anderen können solche Arbeitsmodelle auch als Qualitätsvorgabe benutzt werden.

Werkzeuge

Die Unterstützung des Projektleiters durch Werkzeuge basiert typischerweise zunächst auf Office Produkten. Den Aufgaben entsprechend wird hier eine Textverarbeitung für Inhalte und eine Tabellenkalkulation für Tabellen bzw. Kalkulationen eingesetzt. Bei komplexeren Projekten ist jedoch der Einsatz eines dedizierten Projektmanagementtools zu empfehlen, welches Zusammenhänge und Abhängigkeiten darstellen kann und darüber hinaus eine konsistente Fortschrittskontrolle und Planfortschreibung erlaubt. Der produktive Einsatz eines Projektmanagementtools erfordert eine gute Vorbereitung (Customizing und Vorlagen) und eine fundierte Ausbildung der Projektleiter.

8.4 Der PM-Prozeß

In diesem Abschnitt werden die einzelnen Phasen des Projektprozesses näher erläutert.

8.4.1 Phase Projektinitialisierung

Ziel der Projektinitialisierung ist es, ein Vorhaben als Projekt zu legitimieren, es also formal aufzusetzen, zu beauftragen und mit Vollmachten zu versehen. Erfolgsfaktor ist das Herstellen eines gemeinsamen Verständnisses zwischen Auftraggeber und Auftragnehmer.

Ergebnisse

Das Kernergebnis der Initialisierung ist ein *Projektauftrag* mit explizit dokumentierten Vereinbarungen zu:

- *Projektrahmen*
  Projekt-Ziele, Projekt-Umfang (Scope) und Abgrenzung zu anderen Vorhaben, Deliverables, Budget, Rahmenbedingungen, Abnahmekriterien

- *Projektablauf*
  Meilensteine (evtl. seitens Kunde vorgegeben), grober Zeitplan, Vorgehensweise auf grober Ebene

- *Projektorganisation*
  Organisation auf der Führungsebene mit Auftraggeber, Auftragnehmer, Controlboard (Lenkungsausschuss), Projektleitung, Teilprojekte, Aufgaben, Rollen, (Entscheidungs-)Kompetenzen und Verantwortlichkeiten, Projektkommunikation

- *Projektabsicherung*
  Risikokatalog, Qualitätsanforderungen/-standards

Über sämtliche Inhalte des Projektauftrages muß bei allen Beteiligten (Auftraggeber, Auftragnehmer, andere wichtige Stakeholder) ein gemeinsames Verständnis bestehen.

Insbesondere muß der Projektauftrag durch den Auftraggeber bzw. das (erste) Controlboard formal abgenommen werden. Er erhält damit vertraglichen Charakter.

Aufgaben/Vorgehen

Folgende Aufgaben sind im Rahmen der Projektinitialisierung zu erledigen:

- Vorgespräche mit den Schlüsselpersonen durchführen und Management Kick-Off Workshop vorbereiten.

- Management Kick-Off Workshop durchführen.

- Projektauftrag formulieren und Abnahme durch den Auftraggeber.

- Team Kick-Off durchführen

Vorgespräche zur Projektinitialisierung und Vorbereitung des Management Kick-Off Workshops

Zur Vorbereitung des Workshops muß der Projektleiter im Vorfeld alle Informationen sammeln, die er für die Ausarbeitung des Projektauftrages benötigt und die im Workshop verifiziert werden müssen.

Dazu gehört insbesondere:

- Unterlagen aus der Geschäftsanalyse bearbeiten (Ziele, Scope, Prozeßhierarchie, Systemkonfiguration, Projektorganisation, Meilensteine) und daraus die Projektidee ermitteln.

- Die Historie des Vorhabens, die geschäftspolitische Bedeutung des Projekts, die Initiatoren, das fachliche und systemtechnische Umfeld sowie die unternehmenspolitischen Auswirkungen und Rahmenbedingungen müssen transparent gemacht werden.

- Unterlagen zum Projektumfeld beschaffen. Dazu gehören Organigramme, Telefonverzeichnisse, Geschäftsberichte und weitere Unterlagen, die einen Einblick in die Kundenorganisation und die betrieblichen Abläufe ermöglichen.

- Schlüsselpersonen und (wichtige) Stakeholder für das Projekt identifizieren und durch Vorgespräche und Interviews die Vorstellungen über Rahmenbedingungen, Erfolgsfaktoren und Risiken aufnehmen. Ziele, Scope, Prozeßhierarchie, Systemkonfiguration, Projektorganisation und Meilensteine verfeinern.

- Die Risiken, Rahmenbedingungen, Erfolgsfaktoren strukturieren und ordnen, um einen Überblick über die Bandbreite des Projektes zu bekommen.

Management Kick Off Workshop durchführen

Die Konsensfindung über die Inhalte des Projektauftrages findet im Rahmen eines moderierten Kick-Off Workshops statt, der üblicherweise halb- oder ganztägig angesetzt wird. An diesem Workshop nehmen alle Schlüsselpersonen (Entscheider, Management) teil. Der Workshop dient auch dazu, daß sich alle Beteiligten "unter den aktuellen Projektbedingungen" kennenlernen und eine gemeinsame Vertrauensbasis herstellen.

Alle in den Vorgesprächen gesammelten Informationen, insbesondere die Ziele, Deliverables und Meilensteine werden diskutiert und ergänzt. Widersprüchlichkeiten werden aufgelöst.

Risiken des Projektes werden identifiziert, diskutiert und Maßnahmen zur Begrenzung bzw. Eliminierung der Risiken werden aufgezeigt.

Spielregeln für Kommunikationswege und Zusammenkünfte der Gremien und deren Zusammenwirken werden festgelegt. Gleichzeitig muß ein klares Rollenverständnis aller Beteiligten (auch evtl. Anwender und spätere Benutzer) herbeigeführt werden:

Für das Projekt wichtige Ressourcen sollten im benötigten Rahmen für das Projekt eingeplant und verbindlich freigestellt werden.

Das Projektmarketing ist zu initiieren. Eine gemeinsame Außendarstellung des Projekts und der am Projekt Beteiligten ist wichtig, um die Bedeutung und Konsequenzen des Projekts rechtzeitig anzuzeigen. Dies trägt auch zur Teamfindung und zu einer Identifikation mit dem Projekt bei.

Ein Protokoll des Workshops wird (durch den Projektleiter) angefertigt und allen Beteiligten des Workshops zugestellt. Alle redaktionellen Änderungen werden mit allen Beteiligten abgestimmt. Es ist wichtig, daß alle Teilnehmer das fertige Protokoll akzeptieren.

Projektauftrag formulieren

Der Projektauftrag ist das Hauptergebnis der Projektinitialisierung und ist die Grundlage für den Projektplan. Die Ergebnisse der Phase Projektinitialisierung werden als Anlage zusammengestellt (Workshop-Protokolle, Angebote, Studie etc.).

Der Projektauftrag muß einem Review durch Auftragnehmer und Projektleiter unterzogen werden. Er gibt dem Auftragnehmer die Möglichkeit festzulegen, unter welchen Voraussetzungen er seine Dienstleistungen erbringt.

Er wird vom Auftraggeber und Auftragnehmer "abgezeichnet" und hat vertraglichen Charakter und ist für Auftragnehmer und Auftraggeber verbindlich. Nach Annahme des Auftrags ist der Projektleiter für die auftragsgemäße Abwicklung des Projekts verantwortlich.

Die sorgfältige Formulierung eines Projektauftrags trägt viel zur Klärung bei und stellt sicher, daß ein Projekt von Anfang an richtig aufgesetzt wird und ordentlich abgeschlossen werden kann. Auf die so festgelegten Punkte können sich alle am Projekt Beteiligten immer wieder stützen. Allerdings dürfen insbesondere bei externen Auftragnehmern die juristischen Aspekte eines Projektauftrags ("Vertrag") nicht vernachlässigt werden. Hier stehen typischerweise abgesicherte Rahmenangebote bzw. Auftragstemplates zur Verfügung, die Aspekte wie Haftung und Gewährleistung regeln. Sonst ist die Einbeziehung eines juristisch erfahrenen Experten notwendig.

Team Kick Off Workshop durchführen

Projektarbeit ist Teamarbeit. Teilnehmer am Team Kick-Off Workshop sind die Mitglieder des (Kern-)Projektteams. Die hier verankerte Mitsprache des Projektteams trägt wesentlich zur Motivation der Mitarbeiter bei. Nicht zuletzt dient der Workshop auch dazu, daß sich alle Beteiligten unter den aktuellen Bedingungen dieses Projektes (näher) kennenlernen und eine gemeinsame Vertrauensbasis herstellen.

Vorstellung der einzelnen Teammitglieder

Um später auch die direkte Kommunikation im Projektteam sicherzustellen, muß jedem Teammitglied klar sein, wer welche Erfahrungen und Know-how Schwerpunkte besitzt. Dies ist insbesondere auch wichtig für Themen, die nicht in unmittelbaren Zusammenhang mit dem eigentlichen Projektthema stehen, da häufig Wissen aus anderen, angrenzenden Bereichen nützlich für die Lösung von Problemen ist.

Außerdem ist dies der geeignete Zeitpunkt, um die Erwartungen, Hoffnungen und Wünsche der Teammitglieder abzufragen und gegebenenfalls zu korrigieren.

Klärung der Rollen der einzelnen Teammitglieder

Für jedes Teammitglied gibt es bereits zu Beginn eines Projektes eine oder mehrere ihm zugedachte Rollen (fachlich und/oder organisatorisch). Diese sollten angesprochen und eventuell korrigiert/ergänzt werden.

Herstellen eines gemeinsamen Informationsstandes für alle Projektbeteiligten

Da im Vorfeld bis zu einem offiziellen Projektauftrag meist schon Gerüchte über das neue Projekt entstehen, sollten die Teammitglieder ganz zu Anfang insbesondere über das genaue Projektziel sowie die sonstigen Rahmenbedingungen informiert werden. Dazu gehört auch die Information über Zusammensetzung, Aufgaben und Befugnisse der einzelnen Projektgremien aus der Projektorganisation.

Festlegen von Spielregeln für die Teamarbeit

Die Zusammenarbeit im Projektteam kann mit der Vereinbarung von Spielregeln konfliktfreier gestaltet werden. Sie sollten von allen Teammitgliedern gemeinsam erarbeitet werden, damit von Beginn an eine hohe Akzeptanz vorhanden ist. Folgende Themenbereiche können in die Spielregeln mit einbezogen werden:

- Organisation (Protokoll, Raumreservierung, Beschlussfindung, Moderation, ...)

- Kommunikation innerhalb des Teams und mit der Umgebung (einheitliche Außendarstellung des Projektes)

- Verhaltenskodex ("Kern-Arbeitszeiten", Vorbereiten von Sitzungen, Pünktlichkeit, maximale Redezeit, ...)

- Sanktionen beim Nichteinhalten der Spielregeln ("Mannschaftskasse", ...)

8.4.2 Phase Projektplanung

Ziel der Projektplanung ist es, auf Basis des Projektauftrages eine konkrete Planung zu erstellen, wie die vereinbarten Ziele und Deliverables im vorgegebenen Zeitrahmen erreicht werden sollen. Der entstehende Projektplan ist dann die Basis für eine effektive Projektsteuerung. Die Erstellung eines derartigen Projektplanes ist in der Regel ein stark iterativer Prozess.

Ergebnisse

Zentrales Ergebnis der Projektplanung ist der (vom Controlboard) abgenommene *Projektplan*. Er umfasst neben allen (ggfs. noch detaillierteren) Angaben aus dem Projektauftrag alle für das Projektmanagement notwendigen "Pläne".

- *Projektrahmen*
  Detaillierung der Angaben im Projektauftrag zu Projektplan; Projektstrukturplan mit Deliverables und Arbeitspaketen

- *Projektablauf*
  Meilensteinplan mit Arbeitspaketen, Zeit- und Kostenplan, Ressourcenplan, Aus-und Weiterbildungsplan

- *Projektorganisation*
  Organisation (Team) mit Kompetenzen und Verantwortlichkeiten, Berichts- und Informationswesen (Kommunikation)

- *Projektabsicherung*
  Risikomanagment-Planung, Qualitätsplan, Änderungs-Management, Eskalationsprozeduren

Die Erstellung eines Qualitätsplanes kann als eigene Aktivität des Qualitätsmanagements beschrieben werden (siehe Kapitel 9 QM).

Aufgaben/Vorgehen

Bei der Projektplanung stehen folgende Aspekte im Vordergrund:

- Deliverables, Meilensteine, Arbeitspakete und Projektablauf planen

- Projektaufwand und Termine planen sowie Ressourcen zuordnen

- Beschaffung der Projekt-Infrastruktur planen.

Deliverables, Arbeitspakete und Projektablauf planen

Zur logischen Gliederung des Projektes startet man mit einem Projektstrukturplan, in dem die Deliverables und Arbeitspakete noch ohne zeitliche Reihenfolge und Abhängigkeiten übersichtlich dargestellt sind. Inhaltlich kann man funktional/produktorientiert gliedern oder aufgaben/phasenorientiert. Dies ist von dem jeweiligen Projekttyp abhängig. Als Grundgerüst dazu dienen die Produktbeschreibung und/ oder ein an die Projektbedürfnisse angepaßtes Working Model.

- Für jedes Arbeitspaket wird ein Verantwortlicher bestimmt, der für die Feinplanung, Durchführung und das spätere Controlling des Arbeitspakets zuständig ist und eine Ergebnisgliederung erstellt.

- Außerdem müssen pro Arbeitspaket die benötigten Ressourcen (Mitarbeiter, Kapazität, Entwicklungssystem, Produktionssystem, Räume, Mitarbeiterqualifizierung, Spezialisten etc.) angegeben werden. Im Verlauf des Projekts werden die Arbeitspakete immer detaillierter geplant. Insbesondere die Arbeitspakete für die jeweils nächste Phase müssen detailliert, die für die weiter entfernten Phasen grob geplant werden.

Dann wird die zeitliche und inhaltliche Reihenfolge von Arbeitspaketen - noch ohne genaue Termine - festgelegt. Dabei sind die Abhängigkeiten von Ergebnissen der Arbeitspakete untereinander und die Verfügbarkeit von kritischen Ressourcen zu beachten. Daraus ergeben sich Zwangs-sequenzen von Arbeitspaketen, welche für die Terminabschätzung des Projekts wesentlich sind ("Kritischer Pfad"). Zur Darstellung werden Netzpläne oder Gantt-Diagramme (Balkenpläne) benutzt.

Ein wesentliches Hilfsmittel zur Synchronisation von Projektaktivitäten sind Meilensteine. Ein Meilenstein legt einen bestimmten Termin fest, an dem das Projekt einen bestimmten Status haben soll, d. h. an welchem Projektergebnisse in einer bestimmten Form und in einer bestimmten Qualität vorliegen müssen. Typischerweise liegen hier auch die Entschei-dungspunkte für den Kunden bzw. des Controlboards.

Projektaufwand und Termine planen sowie Ressourcen zuordnen

Für die ("aktuellen") Arbeitspakete wird iterativ eine konkrete Termin-, Aufwands- und Ressourcenplanung durchgeführt. Der gesamte Projekt-aufwand wird zum ersten Mal in der Projektinitialisierung (grob) ge-schätzt. Vor jeder weiteren Phase erfolgt eine Verfeinerung zumindest der anstehenden Arbeitspakete.

Außerdem werden jedem Arbeitspaket die konkreten Ressourcen (Pro-jektmitglieder) zugeordnet. Hilfsmittel für die Dokumentation sind die Aufgaben-/Ressourcenmatrix sowie Ressourcen-Einsatzpläne. Dabei verpflichtet sich das Managemenr die notwendigen Ressourcen verfüg-bar zu halten.

- Der Aufwand (zeitlich, personell, materiell) und damit die Kosten für einzelne Arbeitspakete wird vom Projektleiter zusammen mit dem Arbeitspaket-Verantwortlichen und ggfs. Experten geschätzt. Trotz verschiedener, unterstützender Methoden ist und bleibt es a-ber ("nur") eine Schätzung.

- Wenn der Verantwortliche für ein Arbeitspaket Unterauftragnehmer aus einer anderen Organisationseinheit bzw. aus einer externen Fir-ma ist, ist es besonders wichtig, die Aufwands- und Terminplanung mit diesem Verantwortlichen gemeinsam durchzuführen. Gegebe-nenfalls sind diese Planungen vertraglich abzusichern.

- Unter Berücksichtigung der Abhängigkeiten zwischen den Arbeitspaketen, dem zeitlichen Aufwand, der Ressourcenverfügbarkeit und der Risikospannen (Puffer) für die einzelnen Arbeitspakete sowie evtl. vorgegebener Meilenstein-Termine, werden die Termine und Mitarbeiterkapazitäten für die Arbeitspakete und Schlüsselaktivitäten geplant. Daraus entsteht der Projekttterminplan.

- Wichtig ist, daß die Aufwände für das Projektmanagement bei der Planung nicht vergessen werden, sondern explizit ausgewiesen werden. Insbesondere der Projektleiter wird einen erheblichen Teil seiner Zeit für solche Maßnahmen aufwenden müssen. In der Regel sind dies zwischen 10% und 20%, je nach Komplexität des Projektes. Selbstverständlich trifft dies auch auf das Qualitätsmanagement und das Risikomangement sowie alle weiteren "Führungsprozesse" zu.

Die Dokumentation der Termin- und Aufwandsplanung wird größtenteils von professionellen Projektmanagementwerkzeugen unterstützt. Ein Einsatz eines derartigen Tools sollte aber in jedem Fall von einer fundierten Tool-Ausbildung unterstützt werden.

Beschaffung der Projekt-Infrastruktur planen

Eine weitere Aufgabe des Projektleiters besteht darin, die von den Projektmitarbeitern benötigte Arbeitsumgebung zu planen und für deren Bereitstellung zu sorgen. Wer sitzt wo? Welche Hardware, welche Software wird benötigt? Welche Lizenzen sind nötig?

Jedes Projekt braucht eine angemessene Projektdokumentation. Diese besteht zum einen aus den PM- Dokumenten zum anderen aber auch aus allen den Kernprozeß betreffenden Unterlagen. Eine gute und vor allen Dingen aktuelle Projektdokumentation erfordert einen Aufwand, der natürlich in sinnvollem Verhältnis zum Gesamtprojektaufwand stehen muss. Sie stellt aber in einem leider zu oft unterschätzten Maße den Projekterfolg sicher. Es empfielt sich, klare Richtlinien für die Dokumentation im Projekt aufzustellen bzw. vorhandene Richtlinien anzupassen.

Hinweise

- Änderungen des Projektplans können weitreichende Folgen für den ganzen Projektverlauf haben. Deshalb muß spätestens in der Projektplanung vereinbart werden, wie mit Änderungen zu verfahren ist. Insbesondere also, welche Änderungen des Projektplans durch die Projektleitung in eigener Verantwortung durchgeführt werden können und welche Änderungen als Antrag an das Controlboard zu stellen sind.

- Die Kontinuität auf der inhaltlichen Ebene des Projektes, aber auch auf der Beziehungsebene, wird dadurch gewährleistet, daß ein Kernprojektteam über die gesamte Projektdauer mitarbeitet und schon in die Planung involviert ist.

- Auf der persönlichen Ebene kann Kontinuität gesichert werden, wenn die Belastungssituation der Projektmitarbeiter (z. B. durch Aktivitäten außerhalb des Projekts) konstant bleibt. Die Beiträge von Projektmitarbeitern, die durch einzelne projektfremde Aufgaben plötzlich absorbiert werden, sind nicht planbar.

- Wenn es das Projekt erfordert, kann es in Teilprojekte aufgegliedert werden für die innerhalb des Projektteams wiederum Teilprojektteams verantwortlich sind. In einigen Fällen – abhängig von der Größe des Projekts – ist es dann ratsam, ein Integrationsteam für die Abstimmung zwischen diesen Teilprojekten zu initiieren.

8.4.3 Phase Projektdurchführung und -Controlling

Diese Phase besteht aus zwei Hauptaufgabenbereichen: Zum einen die eigentliche Projektdurchführung und zum anderen die nötigen Controlling-Aktivitäten.

Ziel der Projektdurchführung ist die Koordination der Aktivitäten und der Ressourcen zur Erarbeitung der Projektergebnisse gemäß Projektplan.

Ziel des Projektcontrolling ist das Sicherstellen, daß die entsprechenden Projektziele im vorgegebenen Zeit- und Kostenrahmen sowie in der erforderlichen Qualität erreicht werden, indem der Fortschritt überwacht und bewertet wird sowie ggfs. notwendige Korrekturmaßnahmen eingeleitet werden.

Ergebnisse

Hauptergebnis ist neben dem erfolgreichen Abarbeiten der Arbeitspakete ein stets *aktueller Projektplan*. Dieser enthält jetzt zusätzlich zu den in der Projektplanung genannten, aktualisierten Inhalten Punkte zur Steuerung und Überwachung der Projektaktivitäten.

- *Projektablauf*
  Projekt-Status mit Analysen und Prognosen auf Basis des Projektplans (der Pläne) zu Terminen/Zeiten, Kosten, Leistungsfortschritt, Ressourceneinsatz, Projektlogbuch, Entscheidungsvorlagen

- *Projektabsicherung*
  Liste offener Punkte,
  Liste und Status Änderungsanträge,
  Analysen und Prognosen zu Risiken und
  Qualitätssicherungsmaßnahmen

Aufgaben/Vorgehen

Die wichtigsten Aufgaben aus Sicht der Projektdurchführung sind:

- Projektaktivitäten veranlassen und dokumentieren

- Projektplan detaillieren und ggfs. anpassen (vgl. Projektplanung)

- Zielgruppengerecht über den Stand des Projektes informieren

- Controlboards durchführen

- Änderungsmanagement

- Team(weiter)entwicklung

- Qualitätssicherung

- Projektmarketing

Und aus Sicht des Controllings:

- Erhebung, Analyse und Prognose von Zeiten und Terminen, Kosten und Leistungsfortschritt

- Risiko Steuerung

- Qualitätssteuerung

Projektaktivitäten veranlassen und dokumentieren

Die Projektaktivitäten werden vom Projektleiter gemäß dem Projektplan veranlaßt (iterativer Prozeß). Die arbeitspaketbezogenen Aktivitätenpläne werden in mitarbeiterbezogene Arbeitspläne umgesetzt. Dieses wird vom Projektleiter und/oder/bzw. Arbeitspaketverantwortlichen gemeinsam mit den betroffenen Mitarbeitern durchgeführt. Die gemeinsame Erarbeitung führt zu einem gemeinsamen Aufgabenverständnis zwischen den Mitarbeitern und dem Projektleiter hinsichtlich Ziel, Vorgehen, erwartetem Ergebnis, Aufwand und Terminen.

Die Projektleitung muß dafür Sorge tragen, daß alle Ressourcen, welche zur korrekten Durchführung der Aktivitäten benötigt werden, ausreichend verfügbar sind (Mitarbeiter, Räume, Infrastruktur usw.).

Projektplan detaillieren und ggfs. anpassen (vgl. Projektplanung)

Der Projektleiter muß dafür sorgen, daß Planänderungen konsistent ausgeführt werden. Änderungen an einer Stelle des Projektplans (z. B. der Projektziele) ziehen in der Regel Änderungen an anderen Stellen (z. B. Aufwand, Arbeitspakete) nach sich. Da der Projektleiter für die plangemäße Abwicklung des Projekts verantwortlich ist, muß er im eigenen Interesse dafür sorgen, daß der Projektplan machbar bleibt und falls erforderlich konsistent und in allen Konsequenzen geändert wird.

Zielgruppengerecht über den Stand des Projektes informieren

In regelmäßigen Abständen, die zwischen Auftraggeber und Auftragnehmer zu vereinbaren sind, werden Berichte erstellt, die den Status des Projektes dokumentieren. Wichtig ist (in der Projektplanung) zu klären, wer welche Informationen wann benötigt und wie sie übermittelt werden sollen (mündlich, auf Papier, per Mail, Projekt-Webserver, ...). Auch sollte geklärt sein, welche Informationen Hol- und welche Bringschuld sind.

Controlboards durchführen

Zu jeder Controlboard-Sitzung ist ein Controlboard-Bericht zu erstellen. In diesem Bericht werden (vereinbarungsgemäß) in der Regel folgende Aspekte dargestellt:

- Projektfortschritt mit tatsächlichen Zeiten, Kosten und Analysen sowie Prognosen über den weiteren Verlauf

- zu entscheidende Änderungsanträge

- zu entscheidende oder zu überprüfende Offene Punkte

- Risiken und ihre Behandlung

Insbesondere bei einem Meilenstein werden die erreichten Ergebnisse dokumentiert und dem Controlboard oder Auftraggeber zur Abnahme präsentiert. Diese Abnahme erfolgt schriftlich. (vgl. auch Projektabschluss).

Änderungsmanagement

Änderungswünsche und -vorschläge kommen in der Regeln von allen Stakeholdern des Projektes und können sich auf alle Inhalte des Projektplans beziehen. Deshalb ist es notwendig, von Anfang an festzulegen, wie mit Änderungsvorhaben umzugehen ist.

Es empfiehlt sich dringend, sämtliche Änderungen in Form von Änderungsanträgen schriftlich zu dokumentieren, selbst die, über die die Projektleitung selbst entscheiden kann.

Änderungen, über die zu entscheiden nicht in der Kompetenz der Projektleitung liegt, müssen dem Control Board zur Entscheidung vorgelegt werden. Sämtliche Entscheidungen zu Änderungsanträgen sind vom Projektleiter zu dokumentieren.

Betreffen die Änderungen insbesondere den Scope, die Ziele und/oder die Rahmenbedingungen des Projektes (Auslöser Auftraggeber), so sollte der Projektleiter diese Änderungen in jedem Falle dokumentieren und formal durch das Control Board absegnen lassen.

Je nach Tragweite der Änderungen ist in der Regel eine erneute Planung notwendig (iterativer Prozeß). Dieser angepaßte Plan ist wiederum vom Controlboard abzunehmen.

Team(weiter)entwicklung

Der Projektleiter hat dafür zu sorgen, daß sich das Team ständig weiterentwickelt, im Sinne einer (noch) besseren Zusammenarbeit und Effizienz. Neue Mitarbeiter müssen in das bestehende Team integriert werden, Abgänge kompensiert werden. Außerdem ist wichtig, daß jeder Mitarbeiter die notwendigen Qualifikationen besitzt oder erhält.

Qualitätssicherung

Auf Basis der Qualitätsplanung werden die definierten Qualitätsmanagement-Maßnahmen veranlaßt und bewertet. Hierdurch wird sichergestellt, daß die Arbeitsergebnisse die vom Kunden genannten Qualitätsanforderungen erreichen.

Projektmarketing

Die Projektleitung führt das Projektmarketing fort. Dazu gehören beispielsweise eine "Managermappe" mit einem aktuellen Satz "Folien" zur Dartsellung des Projektes in der GL o.ä., Roadshows, eine Projektzeitung bzw. ein Intranetauftritt, usw.

Erhebung, Analyse, Dokumentation und Prognose von Zeiten und Terminen, Kosten und Leistungsfortschritt

Der Status jeder zu steuernden Arbeitseinheit (z.B. Arbeitspaket) wird regelmäßig in kurzen Abständen überprüft und fortgeschrieben. Dazu dienen z. B. wöchentliche Projektsitzungen („Jour Fix"), wo alle Mitarbeiter über den Stand ihrer Arbeit berichten. So lassen sich Abweichungen vom geplanten Vorgehen und auftretende Schwierigkeiten frühzeitig erkennen. Dies dient vor allem der Kostenüberprüfung und der Einhaltung von Terminen. Dabei muß aber auch der Leistungsfortschritt ermittelt werden.

Neben einfachen Soll-Ist-Vergleichen gibt es unterschiedlich aufwendige und aussagekräftige Methoden des Projekt-Controlling und der Prognose, wie z.B. Earned Value Management, Meilenstein-Trend-Analyse, Kostentrendanalyse usw.

Die Erhebung und Verfolgung des Projektstatus wird teilweise durch professionelle Projektmanagement-Werkzeuge unterstützt..

Risiko Monitoring

Die identifizierten Risiken und die Durchführung der dazu gehörenden Maßnahmen werden laufend überwacht. Gegebenenfalls neu auftretende Risiken sind zu bewerten, einzuordnen und entsprechende Maßnahmen zu veranlassen. Jegliche Status-Veränderung ist zu dokumentieren und gegebenenfalls dem Control Board zwecks Entscheidung über das weitere Vorgehen vorzulegen.

Qualitätssteuerung

Hier werden die Ergebnisse der Qualitätssicherung analysiert. Bei Abweichungen müssen die Ursachen analysiert und ggfs. Maßnahmen zur Korrektur eingeleitet werden. Der Qualitätsplan muß analog zum Projektplan fortgeschrieben werden.

8.4.4 Phase Projektabschluß

Ziel des Projektabschlusses ist die formelle Abnahme der Ergebnisse durch den Auftraggeber (Vertragsbeendigung) und das geordnete Beenden des Projektes.

Ergebnisse

Die wesentlichen Ergebnisse dieser letzten Phase liegen in der *Projektabsicherung*:

- Unterschriebene Projektabnahme,
- Feedback und Erfolgsbewertung (ggfs. „success-story"),
- Wissenssicherung

Aufgaben/Vorgehen

Folgende Aufgaben sind zum Ende des Projektes zu erledigen:

- Projekt inhaltlich abschließen und abnehmen lassen
- Risikobetrachtung abschließen
- Feedback der Auftraggeberseite einholen
- Projektabschluß Team
- Projektwissen sichern
- Übergabe des Systems in die Wartung und Betreuung

Projekt inhaltlich abschließen und abnehmen lassen

Sämtliche Arbeitspakete sind wie vereinbart abgeschlossen. Alle noch offenen Punkte sind dokumentiert und werden in die Wartung und Betreuung übergeben oder eventuell in ein nachfolgendes Projekt.

Wichtig ist die End-Abnahme durch den Kunden. Diese wird schriftlich in einem Abnahmeprotokoll dokumentiert.

Risikobetrachtung abschließen

Die Risiken aus dem Risikokatalog werden einer abschließenden Betrachtung unterzogen. Welche Risiken wurden richtig eingeschätzt, welche falsch, welche vielleicht gar nicht gesehen? Wurde richtig darauf reagiert? Welche Risiken bestehen evtl. noch über das Projektende hinaus für die Phase Betrieb (Wartung und Betreuung)? Alle Erkenntnisse werden strukturiert dokumentiert und für zukünftige Projekte gesichert.

Feedback der Auftraggeberseite einholen

Es ist ratsam, mit den wesentlich beteiligten Personen auf Kundenseite ein abschließendes Gespräch über den Projektverlauf und die erreichten

Ergebnisse, die Zusammenarbeit und eventuelle Verbesserungspotentiale zu führen. Ziel derartiger Gespräche ist es, (auch) zukünftig erfolgreich zusammenarbeiten zu können oder festzustellen, warum es aus Sicht des Kunden in diesem Projekt nicht funktioniert hat.

Projektabschluß Team

Innerhalb einer Projektabschlußveranstaltung mit dem Projektteam wird die Erfolgsbewertung der Ergebnisse vorgenommen und ein Feedback zum Prozeß aus Sicht der Mitarbeiter aufgenommen. Die ggfs. verbliebenen Restaufgaben werden verteilt und die Auflösung des Projektteams nach Erledigung der Restaufgaben besprochen.

Folgende Punkte sollten in einer Projektabschlußveranstaltung vorkommen:

- Bewertung im Rückblick

- Anerkennung und Kritik

- Erfahrungssicherung (Prozeß, Produkt) für künftige Projekte

- Überführung der Teammitglieder in neue Aufgabengebiete

- Information über den Projektabschluss

- Abschlußfeier

Projektwissen sichern

Nach Einholen des Feedbacks der Beteiligten werden zielgruppengerechte Projektberichte erstellt. Derartige Zielgruppen sind z.B. die Projektmitarbeiter, die beteiligte(n) Organisationseinheit(en) oder eine Projektdatenbank bzw. Knowledge-Management-System insbesondere auf Seiten des Auftragnehmers.

Neue Verfahren, Methoden und Erfahrungen, aber auch wiederverwendbare Komponenten werden anderen Projekten zur Verfügung gestellt.

Dieses dient dazu, einen projektübergreifenden Erfahrungsaustausch und schließlich eine ständige qualitative und wirtschaftliche Optimierung des Vorgehens in Projekten (Kern- und Führungsprozesse) zu ermöglichen. Darüber hinaus fällt es auch bei zukünftigen Projekten leichter, zu (realistischen) Aufwandsschätzungen zu kommen.

Übergabe des Systems in die Wartung und Betreuung

Rechtzeitig vor Ende des Projektes sollten derartige Fragen zwischen Auftraggeber und Auftragnehmer geklärt werden, wie z. B.

- Was geschieht mit nachträglichen Reklamationen?

- Welche Weiterentwicklungs-/Erweiterungsmaßnahmen ergeben sich aus dem Projekt?

- Gibt es Folgeaufträge?

- Wer ist nach Projektende für das (neue) Produkt zuständig?

Im Verlauf des Projektes besteht eine der Aufgaben des Projektleiters darin, den Abbau des Projektteams zum Projektende vorzubereiten. Es gilt rechtzeitig zu klären, wann die Teammitglieder weitere Aufgaben übernehmen können oder inwieweit Mitarbeiter nach Projektabschluß für eine Betreuungsaufgabe benötigt werden. Bei externen Mitarbeitern im Projektteam sind Fragen wie Vertragslaufzeiten oder Wissenstransfer zu beachten.

8.5 Der Projektleiter

Im Mittelpunkt eines Projektes stehen die Bedürfnisse und Wünsche des Kunden, d.h. die effektive Unterstützung seines Geschäftes durch den fachlichen, technischen und wirtschaftlichen Projekterfolg sowie die Qualität des Produktes. Aber auch der wirtschaftliche Erfolg des Projektes für den Auftragnehmer (Projektgeschäft). Um dieses zu erreichen, ist unternehmerisches Denken und Handeln des Projektleiters notwendig. Das Spannungsverhältnis zwischen Kundeninteresse und dem Geschäftsinteresse der eigenen Organisation muß gemanaged werden.

8.5.1 Aufgaben und Verantwortlichkeiten

Vier Verantwortungsbereiche kennzeichnen die Projektleiterstelle:

- Projektverantwortung (Ergebnis und Prozeß)

- Geschäftsverantwortung

- Kunden- und Partner Management

- Mitarbeiter-Management

Mit der *Projektverantwortung (Ergebnis und Prozeß)* steht der Projektleiter für den fachlichen, technischen und wirtschaftlichen Projekterfolg. Er stellt sicher, daß die definierten Ergebnisse in „Zeit, Budget und Qualität" geliefert werden. Dazu bekommt er die Kompetenz über projektinterne

Entscheidungen im vorab vereinbarten Kosten-, Qualitäts- und Terminrahmen übertragen. Diese Entscheidungskompetenzen, ggf. erweitert um
disziplinarische Befugnisse, müssen dem Projektleiter vor Projektbeginn
explizit eingeräumt werden, i.d.R. durch einen Projektauftrag bzw. eine
Projektleitervereinbarung.

Kurz gefaßt geht es um die „Erreichung der vorher spezifizierten Projektziele im vorgesehenen Kosten-, Qualitäts- und Terminrahmen". Zur
Umsetzung der Projektziele muß der Projektleiter (bzw. sein Projektteam):

- administrative Tätigkeiten (Infrastruktur, Ressourcen organisieren),

- planerische Tätigkeiten (Projektplanung pro Phase) sowie

- Steuerfunktionen (Anweisung der geeigneten Tätigkeiten)

wahrnehmen. Von fundamentaler Bedeutung ist die Erstellung und Sicherung einer fundierten Projektdefinition und Projektinitialisierung.

Voraussetzung um dieser Verantwortung nachzukommen ist:

- Ein klarer Projektauftrag und angemessene Mittel (Mitarbeiter, Zeitrahmen, Budget),

- Raum für Entscheidungen innerhalb des Projektrahmens,

- Entscheidungs- und Eskalationsunterstützung vom Management,

- Mentoring durch erfahrene Manager (Motivation, Unterstützung,
  Förderung)

- Eine solide Aus- und Weiterbildung.

Das Projekt muß auch für seine Firma ein wirtschaftlicher Erfolg werden. Im Rahmen seiner *Geschäftsverantwortung* verantwortet der Projektleiter den Geschäftserfolg des Projektes und sichert diesen ab durch eine
solide Projektplanung, kontinuierliches und aktuelles Projektcontrolling
und Projektberichtswesen über alle Projektphasen. Seine Verantwortung
für den wirtschaftlichen Projekterfolg umfaßt auch die Zuständigkeit für
Rechnungen sowie die Überprüfung von Zahlungseingängen und Mah-
nungen.

Dabei berücksichtigt er die generellen Geschäftsziele und Interessen seines Unternehmens und arbeitet aktiv mit an der ganzheitlichen Weiterentwicklung (Prozeß, Wissen, Werkzeuge) eines professionellen und
zeitgemäßen Projektmanagements für sein Unternehmen.

Zentrale Tätigkeitsfelder im *Kunden- und Partner Management* eines Projektleiters sind:

- Er kommuniziert mit dem Kunden und anderen relevanten Parteien, z.B.: durch regelmäßige Treffen mit Kundenvertretern, projektbezogener Teilnahme an Accountmeetings, Controlboards, einrichten eines Änderungsmanagements und Verhandlungen mit Lieferanten.

- Er „managed" den Kunden in bezug auf das Projekt und sichert die produktive und positive Kundenbeziehung. Besondere Aufmerksamkeit verlangt der Zielkonflikt zwischen Kundeninteressen und wirtschaftlichen sowie strategischen Interessen des eigenen Unternehmens.

Mitarbeiter Management bedeutet, daß der Projektleiter Führungstätigkeiten gegenüber seinen Projektmitarbeitern wahrnimmt. Er führt das Projektteam, indem er das Team entsprechend den erforderlichen Qualifikationen und Kapazitäten zusammenstellt, Aufgaben und Verantwortlichkeiten vereinbart bzw. anweist, die Teammitglieder im Rahmen des Projektes motiviert, coached und entwickelt, Feedback gibt und Ergebnisse überprüft. Daher gilt: „Der Projekterfolg ist der Erfolg des Projektleiters und seines Teams." Disziplinarische Befugnisse können in unterschiedlichem Umfang an den Projektleiter delegiert werden. Beispielsweise kann er die Verantwortung für Teilaspekte der Entwicklung von Mitarbeitern, Urlaubsregelungen und Projektprämien erhalten. Das kann insbesondere bei besonders großen oder auf Sicht in ein Geschäft mündenden Projekten sinnvoll sein.

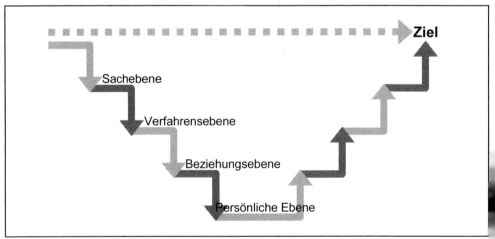

Abb. 73:   Zielgerichtete Moderation auf vier Ebenen

Da das Projektmanagement in Verbindung mit anderen Menschen stattfindet, ist es die zielgerichtete Moderation eines höchst komplexen Prozesses, an dem verschiedene Personen und Interessensgruppen ("Stakeholder") innerhalb und außerhalb der eigenen Organisation beteiligt sind.

Der Prozeß der Zielerreichung spielt sich auf vier Ebenen ab:

- Sachebene: Er muß dafür sorgen, daß alle am Projekt Beteiligten ein gemeinsames Verständnis der fachlichen Ziele haben und sich über ein fachliches Thema verständigen können.

- Verfahrensebene: Alle Beteiligten müssen ein gemeinsames Verständnis über die Verfahren und Vorgehensweisen im Projekt bekommen und diese diszipliniert einhalten.

- Beziehungsebene: Diese Ziele können nur erreicht werden, wenn die Beziehungen zwischen den Beteiligten eine konstruktive und produktive Zusammenarbeit fördern. Bei Beziehungskonflikten im Projekt müssen diese angesprochen werden.

- Persönliche Ebene: Alle Beteiligten bringen in das Projekt auch ihre persönlichen Ziele (z.B. berufliche Weiterentwicklung), Wünsche, Voraussetzungen (Arbeitsbelastung, persönliche Qualifikationen) und ihre Persönlichkeit ein.

Der Projektleiter ist stets mit der Aufgabe konfrontiert, die Ziele verschiedener Personen auf den unterschiedlichen Ebenen miteinander in Einklang zu bringen. Er muß in der Lage sein, die in Diskussionen von den Teilnehmern eingenommenen Ebenen zu erkennen und zwischen diesen Ebenen zu wechseln, siehe Abb. 73.

8.5.2 Fähigkeiten

Ein Projekt erfolgreich zu leiten, erfordert permanent eine ganzheitliche Betrachtung. Die dazu benötigten Kompetenzen lassen sich wie folgt beschreiben (siehe Abb. 74):

Fachkompetenz

Unter Fachkompetenz werden die themen- und aufgabenbezogenen Kenntnisse verstanden. Dies muß allerdings nicht bedeuten, daß der Projektleiter Experte auf dem zugrundeliegenden Fachgebiet ist. Er sollte soweit grundlegende Fachkenntnisse mitbringen, daß er vom Kunden und vom Team als kompetenter Gesprächspartner angesehen wird. Insbesondere muß er in der Lage sein, Besprechungen zu leiten, die richtigen Fragen zu stellen und Denkanstöße zu geben und die Gesamtübersicht über das Projekt zu halten. Wichtig sind: Qualifiziertes Wissen im Thema des Projektes (Business & IT) und Kenntnis der Kundensituation und des Kundenumfelds.

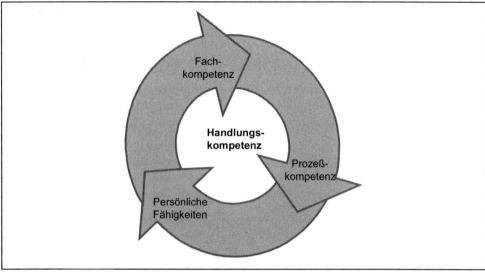

Abb. 74:   **Qualifikationen des Projektleiters**

Prozeßkompetenz

Zur Prozeßkompetenz gehören die Fähigkeiten,

- Projekte zu planen, zu kontrollieren und zu steuern inklusive der zugehörigen Projektmanagementmethoden wie Risiko-Management, Projektcontrolling, Qualitätsmanagement und Vertragsmanagement,

- systematisch und effizient als einzelner und im Team die Projektergebnisse zu erarbeiten, inklusive der zugehörigen Problemlösungsmethoden, Arbeitsgruppentechniken wie die Metaplan-Technik sowie Kreativitätstechniken wie das Brainstorming und Mind-Mapping,

- Methoden einzusetzen, die für die professionelle Beratung des Kunden, zur Entscheidungsfindung sowie der Realisierung von Geschäftschancen dienen wie die Erstellung einer Kosten-Nutzen-Analyse oder Vertriebsmethodiken.

Persönliche Kompetenz

Zu den persönlichen Fähigkeiten gehören Sozialkompetenz und Persönlichkeitskompetenz.

Soziale Kompetenz beinhaltet u.a. die Fähigkeit, Gruppen zu leiten, das Beherrschen von Gesprächsführung, der Umgang mit Konflikten und das Durchsetzungsvermögen; insbesondere sollte der Projektleiter klare Grenzen setzen können und die Fähigkeit besitzen, Kritik zu geben und anzunehmen. Soziale Kompetenz bedeutet auch, die Fähigkeit und Bereitschaft zu besitzen, auf den Einzelnen zuzugehen, ihm zuzuhören und ihn als Person zu akzeptieren sowie ihn zu begeistern und ihn zu motivieren. Dazu gehört ein ausreichendes Repertoire an Kommunikations- und Gruppenarbeitsregeln sowie an Motivations- und Führungstechniken. Der Projektleiter „sorgt für die Mitarbeiter".

Persönlichkeitskompetenz wird meist gleichgesetzt mit Motivation, Motivlage, Werthaltung, Einstellung und Lernbereitschaft und bedeutet die Selbstwahrnehmung und das bewußte reflektieren eigener Fähigkeiten, z.B Reflexion und Entwicklung des eigenen Projektleiterprofils.

Des weiteren sollte der Projektleiter über Ausdauer, Selbstbewußtsein und rhetorische Fähigkeit verfügen zur Kommunikation und Präsentation. Persönlichkeitskompetenz beinhaltet u.a. aber auch die Bereitschaft, sich politisch auseinander zusetzen, delegieren zu können, Verantwortung zu übernehmen, aber auch abzugeben und unternehmerisch zu denken.

Handlungskompetenz

Die Handlungskompetenz integriert die Sozial-, Fach-, Prozeß- und Persönlichkeitskompetenz. Hierunter wird die Kompetenz verstanden, aufgabengemäß, zielgerichtet, situationsbedingt, verantwortungsbewußt und reflektiert, entweder alleine oder in Kooperation mit anderen, betriebliche Aufgaben zu erfüllen und Probleme zu lösen. Dazu gehören sowohl die Selbstorganisation als auch die zielorientierte Führung von Kunden, Lieferanten und Team. Der Projektleiter ist dadurch in der Lage, das ihm übertragene Projekt zu planen, zu steuern, zu überwachen und zu koordinieren, d.h. die Umsetzung der definierten Projektziele unter Einhaltung des Kosten- und Terminrahmens bei voller Erfüllung des geforderten Leistungsumfangs und der geforderten Qualität.

8.5.3 Der Projektleiter als Führungskraft und seine Rollen

Das Bild des Projektleiters wandelt sich derzeit. Insbesondere kennzeichnet den professionellen Projektleiter, daß er in der Lage, ist situativ in unterschiedlichen Rollen zu handeln:

- Leiter
  Für die zielgerichtete Moderation des komplexen Projektprozesses behält er das Gesamtziel des Projektes im Auge und verfolgt die Entwicklungen im Unternehmen, die für das Projektgeschehen relevant sind.

- Berater/Experte
  Als erster Ansprechpartner des Kunden berät er ihn in allen Fragen des Projektes. Bei Bedarf greift er auf sein Netzwerk zurück.

- Teammitglied
  Als Mitglied des Projektteams steht er auf einer Ebene mit den anderen Projektbeteiligten und muß sich als gleichwertiges Gruppenmitglied verhalten.

- Verkäufer
  Er muß die nützlichen Leistungen seiner Organisation und deren Partner angemessen anbieten. Zudem gilt es, die erarbeiteten Projektergebnisse entsprechend darzustellen.

- Coach/Mentor
  Er ist für die Führung und Entwicklung der Personen in seinem Team verantwortlich.

- Unternehmer
  Er ist für die wirtschaftliche Projektdurchführung verantwortlich

Entscheidungen außerhalb des Projektrahmens fällt der Kunde. Häufig ist dazu eine Beratung des Projektleiters gefragt.

Entscheidungen innerhalb des Projektrahmens fällt der Projektleiter. Zur Unterstützung kann er seinerseits Beraterwissen anfordern.

Eine besondere Herausforderung stellt der Rollenwechsel im und am Prozeß dar. In seiner Leitungsrolle steht der Projektleiter mitten im Geschehen und gibt die Richtung vor. Als Coach betrachtet er die Situation von außen und gibt Hilfestellung zur Selbsthilfe. Wichtig ist, daß dieser Positionswechsel dem Projektleiter selbst gelingt und daß er seine jeweilige Position den Projektbeteiligten deutlich macht.

8.6 Projektmanagement im Unternehmen

8.6.1 Projektmanagement im Wertschöpfungsprozeß

Professionell organisierte Dienstleistungsunternehmen setzen Projektmanagement gezielt zur Leistungserbringung ein. Wird für den Kunden beispielsweise ein IT-System entwickelt, ist das Projekt ein Abschnitt der Wertschöpfungskette. Diese beginnt bei der Kundenanfrage und umfaßt bei Full-Service Providern auch den Betrieb des im Projekt erstellten IT-Systems. Prozeßabschnitte sind demzufolge: Akquise und Angebot – Systemerstellung/Projekt – Betrieb.

Im Abschnitt Akquise und Angebot wird der Auftrag geklärt und vertraglich niedergelegt. Üblicherweise unterstützt der Projektleiter den Vertrieb durch sein Expertenwissen. Die Entscheidungsfindung wird häufig in Form einer Beratung abgewickelt, kann jedoch bei größeren Vorhaben ein eigenes Projekt sein. Auf Basis einer internen Vereinbarung wird das Projekt initialisiert und der Projektauftrag inkl. Projektplan erstellt. Als Unternehmer auf Zeit verpflichtet der Projektleiter sich für den Projekterfolg.

Im Abschnitt Systemerstellung/Projekt wird das eigentliche Projekt zur Systemerstellung abgewickelt und unter entsprechendem Projektmanagement bis zur Abnahme geführt. Parallel dazu werden die einzelnen Leistungen gemäß Leistungsarten gesammelt, bewertet und dem Kunden in Rechnung gestellt. Der Projektleiter überwacht diesen Prozeß aus Projektsicht und sorgt für fachlich-sachliche Richtigkeit inkl. Verhandlungen über Änderungsanträge, Budgets etc. und wahrt die Geschäftsinteressen des Unternehmens.

Im Abschnitt Betrieb wird das System in die Produktion übergeben und entsprechend der Servicevereinbarung betreut. Wichtig ist, daß der Projektleiter diese Phase rechtzeitig plant, vorbereitet und einleitet

8.6.2 Projektorientierte Organisation

Die Umfeldorganisation kann für ein Projekt extrem förderlich oder sogar extrem hinderlich sein. Diesen z.T. erheblichen Einfluß auf den Projekterfolg sollte der Projektleiter erkennen und ggfs. reagieren.

In Linien-Organisationen sind Mitarbeiter z.B. funktional in Abteilungen mit genau einem Vorgesetzten aufgestellt. Innerhalb der Abteilungsgrenzen kann es (i.a. kleinere) Projekte geben. In projektorientierten Organisationen sind die Mitarbeiter jeweils den aktuellen Projekten zugeordnet und berichten an den Projektleiter.

Die Literatur kennt viele matrixbasierte Mischfomen zwischen der reinen Linien-Organisation und der reinen projektorientierten Organisation.

Wird ein Projekt in die Linien-Organisation eingebettet, ererbt es von seinem Umfeld viele Kultureigenschaften. Wenn die meisten Ressourcen und sogar der Projektleiter „aus eigenen Reihen kommen", auch die Weiterbildung über die Projekte erfolgt, hat das Projekt „Familienanschluß" und wird nach den Regeln der Organisation abgewickelt. Ebenso wird die Art und Weise, wie Entscheidungen gefällt werden vom Umfeld übernommen.

Eine derart arbeitende Organisation steuert die Projekte über die Ressourcen. Prioritäten werden über Überlassung und Abzug von Mitarbeitern geregelt. Vorteilhaft ist, daß man sofort ein arbeitsfähiges Team erhält, weil alle Mitarbeiter in kürzester Zeit mit dem Arbeitsstil der Organisation vertraut sind.

Häufig ist aber dann die eigenständige Ausrichtung des Projektes auf ein optimales Kundenergebnis losgelöst von den Interessen der sie umgebenden Organisation gar nicht mehr möglich.

Alternativ kann ein Projekt als eigenständiges Unternehmen im Unternehmen abgewickelt werden. In einer projektorientierten Organisation werden den Projekten Kompetenzen zugeordnet und auf das Projekt ausgerichtet. Ein Projektleiter führt die jeweilige Unternehmung zum Projekterfolg.

8.6.3 Der Projektleiter im Unternehmen

Es ist allgemein beschreibbar, was ein Projektleiter tun muß, was er ist und wie die Prozesse im Projektmanagement sind. Einzig die Art der konkreten Projektaufgabe aber bestimmt, wie das Projektmanagement vor diesem Hintergrund optimal organisiert wird: es geht um die Ausrichtung auf die Aufgaben und die organisatorische Aufhängung.

Es lassen sich vier Projektleitertypen unterscheiden. Projektleiter-Typen differenzieren sich:

- in der zugrunde liegenden Organisation
- der Art und Weise der Aufgabenstellung.

Projektleiter aus der Linie

Das Projekt ist eingebettet in eine Linienorganisation, die das Geschäft der Firma repräsentiert. Die Projekte dienen dazu, Aufgaben zu bündeln. Die Projektverantwortung liegt zum großen Teil beim Linienvorgesetzten.

Projektleiter in einem Programmbereich

Ein (Stabs-)Bereich des Unternehmens verantwortet ein Firmenprogramm, z.B. eine Produktentwicklung. Periodisch werden Pläne erstellt und abgearbeitet.

Bei firmeninternen Projekten oder Programmen wird Projektleitung häufig als Eintrittskarte zum Linien-Management gesehen. Der mit der Leitung betraute Mitarbeiter beweist mit seinem Gesellenstück, daß er sich in einem spezifischen Umfeld projektorientiert bewegen kann. Die Hauptaufgabe eines Linien-Managers ist dann eine Kundenbetreuung, z.B. in Form von mehreren Projekten.

Projektleiter als Unternehmer im Unternehmen

Liegt die komplette wirtschaftliche Verantwortung beim Projektleiter, dann geht es für die Firma in erster Linie um Berechenbarkeit und Transparenz der einzelnen Projekte. Vom Typ her ist der Projektleiter dann ein interner Unternehmer und sieht Projektleitung als seine Profession.

Projektleiter als extern beauftragter Unternehmer (Freelancer)

Hat ein eigenständiges Projekt für die Firma Ausnahmecharakter oder ist im firmeneigenen Projektleiterpool kein „interner Unternehmer" verfügbar, kommen unternehmensexterne Projektleiter als Freelancer für die Zeit des Projektes zum Zuge.

Diese Form des Unternehmertums auf Zeit findet sich bisher häufig im Anlagenbau. Eigenständig arbeitende Einheiten, z.B. Gewerke, werden zur Leistungserbringung zusammengebracht. Im Zuge zunehmender Entwicklung in Teilsystemen wird diese Arbeitsform auch für IT-Projekte immer interessanter.

8.7 PM Standards und PM Knowledge

8.7.1 Methodische PM-Standards am Markt

Am Markt haben sich zwei Gesellschaften etabliert, die Standards im Thema Projektmanagement prägen: PMI und IPMA. Beide unterscheiden sich vom Wesen her kaum und arbeiten thematisch eng zusammen.

Schwerpunkt der Arbeit dieser Gesellschaften sind

- Forschung, Definition und Etablierung von PM Standards und Publikationen sowie

- Förderung der Aus- und Weiterbildung von Projektleitern einschließlich Trainings, Konferenzen und Zertifizierungsprogrammen.

PMI „Project Management Institute" (www.pmi.org)

Das Institut wurde 1969 in den USA gegründet und hat heute ca. 70.000 Mitglieder in ca. 60 Ländern.Die Zertifzierung erfolgt einstufig zum PMP (Project Management Professional). Das Vorgehen und Wissen ist zusammengefaßt in: [PMB00]. Das PMBok ist seit 1999 ANSI und IEEE Standard.

IPMA „International Project Management Association" (www.ipma.ch)

Die Gesellschaft wurde 1965 in Europa gegründet und hat heute ca. 30.000 Mitglieder in rund 30 Ländern. In Deutschland wird sie vertreten durch die „Deutsche Gesellschaft für Projektmanagement – GPM" (www.gpm-ipma.de).

Die Zertifizierung ist vierstufig zum

- Project Management Practioner (PM-Fachmann),

- Project Management Professional,

- Project Manager und

- Programme oder Project Director.

Das Vorgehen und Wissen ist zusammengefaßt in der "IPMA Competence Baseline" (ICB), die in Deutschland im „PM-Kanon" dargestellt wird.

8.7.2 PM Community

Eine elegante Art, Wissen zu einem Thema nachhaltig und dynamisch zu organisieren, ist die Einrichtung einer Community. Wichtig ist bei diesen selbstorganisierenden Gemeinschaften, daß sie an die Linienorganisation angebunden sind und deren Funktionen und Quellen nutzen. Der Start sollte offiziell bekanntgegeben und von einem Sponsor unterstützt werden. Um eine Kerngruppe, die das Thema inhaltlich vorantreibt, neues Wissen generiert und best practices vom Markt aufnimmt, bilden sich bei Bedarf mehrere Untergruppen, die die Wissensbedarfe der Community decken.

Um eine erfolgreiche Entstehung und Entwicklung einer Community zu gewährleisten, hat sich die Einführung einiger Rollen bewährt. Die von einem Sponsor finanzierten Community-Aktivitäten werden von *Coaches* begleitet, die für geordneten Wissensaustausch und eine professionelle Eventorganisation sorgen. Ein *Methodencoach* übernimmt den Hausmeisterposten in der Community und als „geistiger Kopf" der Inhalte existiert ein *Mentor*, der über große Erfahrung im Thema der Community verfügt und diese mit den Mitgliedern teilt.

Der Wissensstand im Thema der Community braucht nicht bei allen Mitgliedern gleich hoch zu sein. Expertenwissen braucht der Mentor, weil er mit seiner Person für das Thema steht und es ständig repräsentiert. Ebenso der Community Coach, der die Fäden im Inneren der Gemeinschaft zusammenhält. Alle anderen sind dabei, um zu lernen und bringen je nach Aufgabenstellung ihren Schwerpunkt und ihre Erfahrungen ein.

8.7.3 PM Knowledge

In einer projektorientierten Organisation werden Kundenanforderungen über Projekte abgedeckt. Die dazu erforderlichen Mitarbeiterkompetenzen werden den Projekten unter Kosten- und Nutzenaspekten optimiert zugeordnet. So werden Mitarbeiter in nahezu beliebigen Kombinationen in Projekten zum Einsatz kommen. Lernen kann dann nicht mehr in den Abteilungsgemeinschaften erfolgen, sondern muß übergreifend organisiert werden.

Über eine Community läßt sich Wissen aus Sicht eines Projekts optimal organisieren. Sie sorgt dafür, daß Wissen von außen geordnet in der Wissensbasis abgelegt wird und dafür, daß es mit angemessenem Aufwand im Intranet wieder abgerufen werden kann.

Der Wissensbedarf von Projekten ist in der Initialisierungs- und Planungsphase besonders hoch. Kundeninformationen, Vergleichsprojekte und Methoden dienen dem Projektleiter zur Orientierung. Für die Kalkulation sind Vergleichszahlen wertvoll.

In der Durchführungs- und Controllingphase sind aus Sicht des Projektleiters eher Informationen über den Projektstatus relevant. Zur Verarbeitung und richtigen Interpretation dieser Informationen benötigt er methodisches Wissen über die Controlling-Instrumente und Methoden. Aus Sicht des Projekts entstehen in der Durchführungsphase wichtige Dokumente, die einen Best-In-Class Charakter besitzen und in einer Projektdatenbank den Projektmitgliedern und dem Projektleiter zur Verfügung gestellt werden sollten.

Der Projektabschluß ist ideal, um die gesammelten Erfahrungen zu kondensieren und geordnet in der Wissensbasis abzulegen. Die gesammelten Erfahrungen können in ähnlichen Projekten wiederverwendet werden und helfen bei der Fehlervermeidung. Es kann nicht stark genug betont werden, daß eine konsequente Aufnahme von Lessons Learned am Projektende zu Effizienzgewinnen für die gesamte Organisation führen. Allerdings ist zur Durchführung dieses Schritts eine explizite Organisation erforderlich, ohne die dieser Zeitpunkt häufig verpaßt wird. Daher ist eine firmenweite Regelung über diese Art des Wissenszugewinns und des Lernens aus Erfahrungen unbedingt erforderlich.

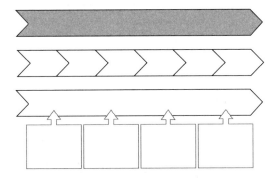

9 Qualitätsmanagement

9.1 Orientierung

Qualitätsmanagement ist eine zentrale Aufgabe innovativer IT-Unternehmen. Unter Qualitätsmanagement versteht man alle Aktivitäten eines Unternehmens und seiner Organisationseinheiten (dazu zählen auch IT-Projekte), die dazu dienen, die Qualität seiner Prozesse und Produkte zu planen, zu lenken, zu sichern sowie zu verbessern.

Qualitätsmanagement versteht sich nicht als Selbstzweck, sondern hat zum Ziel, die Wettbewerbsfähigkeit des Unternehmens sicherzustellen und seine Rentabilität durch Kundenbindung zu erhöhen. Aus diesem Grund muß Qualitätsmanagement in die Unternehmensstrategie eingebunden sein. Die Organisation muß Aussagen hinsichtlich der strategischen Ziele in Bezug auf Qualität treffen, zum Beispiel eine ausgeprägte Kundenzufriedenheit oder eine hohe Organisationssicherheit. Vielleicht ist auch eine besonders hohe Qualität der Arbeitsergebnisse gefordert, um Vorteile gegenüber Mitbewerbern zu erzielen.

Immer sollte zunächst festgelegt werden, was Qualität im eigenen Unternehmen oder in einer Organisationseinheit bedeutet, unter Berücksichtigung der Wünsche der externen und internen Kunden.

Das *Drei-Dimensionen-Modell zur Qualität* [WAL97] beschreibt die unterschiedlichen Qualitätsaspekte eines IT-Dienstleisters (vgl. Abb. 75).

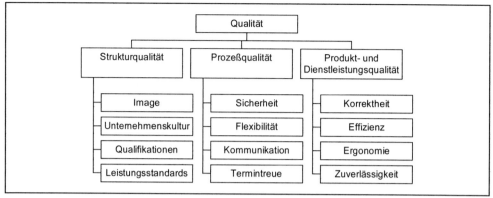

Abb. 75: **Qualitätsaspekte für Unternehmen**

Strukturqualität oder Qualität des Unternehmenspotentials meint die Fähigkeit einer Organisation oder einer Organisationseinheit, ein Produkt zu erstellen oder eine Dienstleistung zu erbringen (Können) und die Bereitschaft dies zu tun (Wollen).

Prozeßqualität erfaßt die angebotene Dienstleistung als Folge von wiederholbaren, wohldefinierten Tätigkeiten (Prozessen), die die gleichzeitige Leistungserstellung und -verwertung beinhalten, mit dem Ziel, diese in gleicher Qualität liefern zu können.

Produkt- und Dienstleistungsqualität betrachtet das Resultat einer Dienstleistung.

Die Ziele und Verpflichtungen zur Qualität müssen auf allen Ebenen des Unternehmens verstanden und verinnerlicht werden. Damit bildet das Qualitätsmanagement eines Unternehmens oder einer Organisationseinheit die Voraussetzung für ein Projekt-Qualitätsmanagement als Teil eines umfassenden Projektmanagements.

9.1.1 Ablauf

Die Aufgabe eines (Projekt-)Qualitätsmanagementsystems besteht darin, sicherzustellen, daß relevante Qualitäts-Merkmale, z.B. Zeit, Kosten und Erfüllungsgrad der Kundenanforderungen vereinbart und erreicht werden. Während Dauer und Zeit zumeist eindeutig zu spezifizieren sind, setzt die Überprüfung der Erfüllung von Anforderungen voraus, daß diese vorher meßbar spezifiziert wurden. Nur dann können gezielt konkrete Qualitätsmaßnahmen geplant und durchgeführt werden.

Zur Festlegung eines Qualitätsmaßstabs sind die folgenden Fragen zu beantworten (vgl. hierzu S. 284):

- Welche Qualität soll das Produkt oder die Dienstleistung haben?

- Welche Ausprägungen hat die Qualität?

- Wie soll die Qualität nachgewiesen werden?

- Wann ist die geforderte Qualität erreicht?

Projekt-Qualitätsmanagement ist die konkrete Umsetzung von Qualitätsmanagement in einem Projekt. Dieses besteht aus den drei Teilprozessen Projekt-Qualitätsplanung, -sicherung und -steuerung.

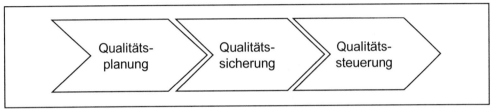

Abb. 76: **Qualitätsmanagement-Prozeß für IT-Projekte**

Die Umsetzung von Qualitätsprinzipien in einem Projekt und im Projektmanagement erfolgt analog zu den einzelnen Projektmanagement-Elementen. Projekt-Qualitätsmanagement versteht sich als Führungsprozeß, welcher mit den anderen Führungsprozessen eines Projekts in Einklang gebracht werden muß. Die folgende Abbildung zeigt die Integration der beiden Führungsprozesse des Projektmanagement mit denen des Projekt-Qualitätsmanagements.

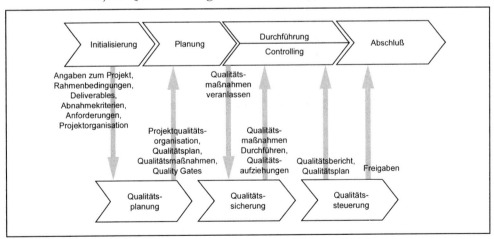

Abb. 77: **Integration der Führungsprozesse PM und QM**

9.1.2 Ergebnisse

Im Prozeß des Qualitätsmanagements für IT-Projekte werden folgende Ergebnisse erarbeitet:

In der Qualitätsplanung

- Qualitätsrahmenbedingungen des Projektes
- Qualitätsziele des Projektes
- Qualitätsorganisation im Projekt
- Qualitätsplan für das Projekt

In der Qualitätssicherung

- Durchgeführte und protokollierte Qualitätsmanagement-Maßnahmen

In der Qualitätssteuerung

- Bewertete Qualitätsmanagementmaßnahmen
- Freigabe spezifischer Arbeitsergebnisse bzw. Korrekturmaßnahmen
- Aktualisierter Qualitätsplan

9.2 Qualitätsmanagement auf Unternehmensebene

Bevor der Prozeß des Qualitätsmanagements für IT-Projekte eingehend erläutert wird, werden in diesem Abschnitt zunächst einige innovative Vorgehensweisen und bewährte Standards des Qualitätsmanagements für Unternehmen vorgestellt.

9.2.1 Balanced Scorecard und IT-Qualitätsmanagement

Eine sehr elegante Möglichkeit, Aspekte des Qualitätsmanagements in die strategische Ausrichtung eines Unternehmens zu integrieren, bietet die Balanced Scorecard.

Die *Balanced Scorecard* (vgl. Absch. 2.2.5) ist ein Managementinstrument zur strategischen Führung eines Unternehmens auf der Basis von Kennzahlen und unterstützt dabei den strategischen Planungsprozeß. Geschäftszusammenhangs-Modelle der Balanced Scorecard sorgen für die Umsetzung der strategischen Unternehmensziele. Ursache-Wirkungsketten der Balanced Scorecard verdeutlichen die kritischen Erfolgsfaktoren. Schließlich ist die Balanced Scorecard ein Controlling-Instrument zur Messung und Bewertung der Unternehmensleistung.

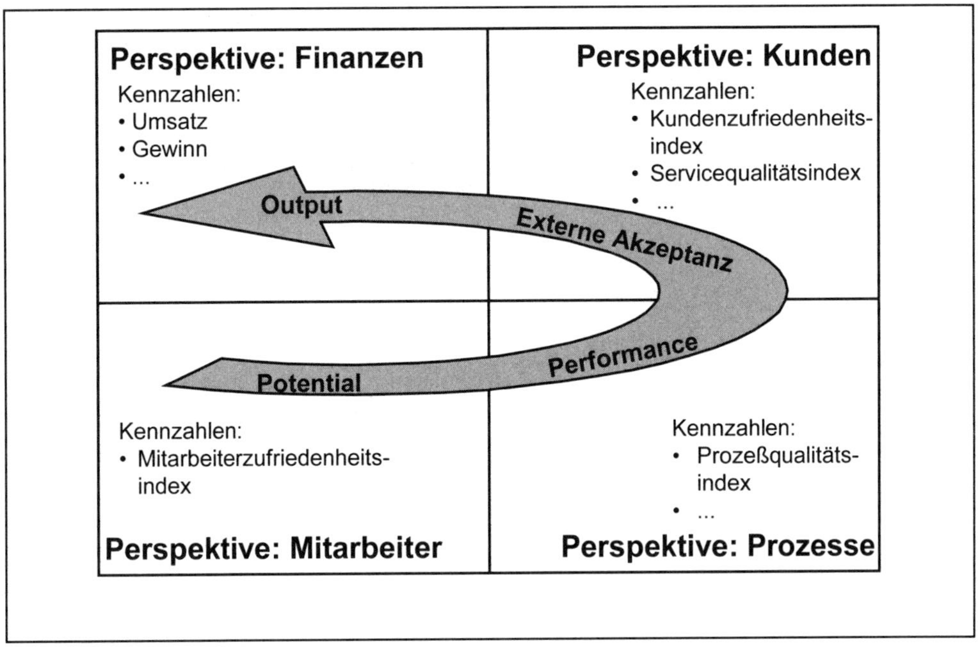

Perspektive: Finanzen

Kennzahlen:
• Umsatz
• Gewinn
• ...

Perspektive: Kunden

Kennzahlen:
• Kundenzufriedenheits-index
• Servicequalitätsindex
• ...

Output

Externe Akzeptanz

Potential

Performance

Kennzahlen:
• Mitarbeiterzufriedenheits-index

Kennzahlen:
• Prozeßqualitäts-index
• ...

Perspektive: Mitarbeiter

Perspektive: Prozesse

Abb. 78: **Perspektiven und Dimensionen der Balanced Scorecard**

Die beiden folgenden Beispiele verdeutlichen, wie sich Aspekte des IT-Qualitätsmanagements mit den Metriken einer Balanced Scorecard verknüpfen lassen.

Das erste Beispiel betrachtet ein Vorgehen zur Erreichung des strategischen Unternehmensziels „Verbesserung der unternehmensinternen Prozesse". Aus Qualitätssicht betrifft dieses die Dimension „Prozeßqualität" des Drei-Dimensionen-Modell zur Qualität (vgl. Abb. 75). Die Erreichung des Ziels wird durch die Metrik „Prozeßqualitätsindex" aus der Balanced Scorecard-Perspektive „Prozesse" unterstützt (vgl. Abb. 78). Diese Metrik bestimmt die Qualität der erfolgsrelevanten Unternehmensprozesse und wird im Rahmen von Assessmentverfahren ermittelt.

Um die Verbesserung der unternehmensinternen Prozesse zu erzielen, ist das Assessmentverfahren in einen kontinuierlichen Verbesserungsprozeß eingebettet (vgl. Abb. 79). Prozeßbewertungen (Process Assessment) dienen der Ermittlung des Prozeßqualitätsindizes und liefern weitere detaillierte Ergebnisse über die Qualität der Prozesse. In Verbesserungs-Workshops (Improvement Workshop) werden die Ergebnisse der Process Assessments bewertet, abgeleitet und priorisiert. Schließlich werden die Verbesserungsaktionen umgesetzt. Erneute Process Assessments, zur Bestimmung des Prozeßqualitätsindex, liefern Erkenntnise über die Auswirkung der Improvement Actions auf die betrachteten Unternehmensprozesse.

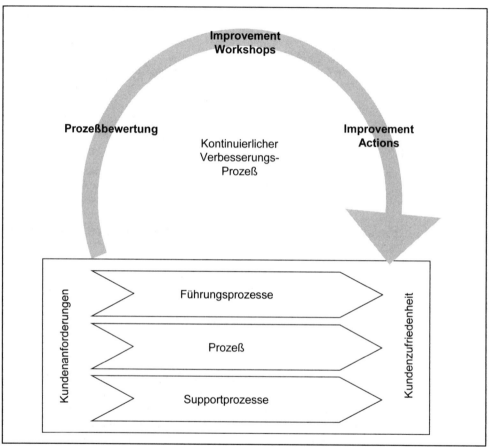

Abb. 79: **Kontinuierlicher Verbesserungsprozeß**

Ein zweites Beispiel beschreibt ein Vorgehen zur Erhöhung der Kundenzufriedenheit, welches sich auf die Dimension „Produkt- und Dienstleistungsqualität" des Drei-Dimensionen-Modells für Qualität bezieht. Die Balanced Scorecard-Metrik „Kundenzufriedenheitsindex" aus der Balanced Scorecard-Perspektive „Kunden" mißt dabei die Zufriedenheit und Loyalität von Kunden. Der Kundenzufriedenheitsindex wird durch eine Kundenbefragung, auf Basis eines Fragebogens, ermittelt.

Beide Beispiele zeigen, wie durch eine geeignete Definition von Balanced Scorecard-Metriken Qualitätsaspekte mit der Erreichung der strategischen Unternehmensziele verknüpft werden können.

9.2.2 Normen des Qualitätsmanagements

Internationale Standards gewinnen immer größere Bedeutung. Kunden und Nutzer vertrauen Produkten und Dienstleistungen mehr, wenn deren Erstellung und Erbringung einem internationalen Standard entspricht. Dieses schafft beispielsweise eine bessere Vergleichbarkeit zwischen den Angeboten verschiedener Dienstleister oder erleichtert ein Benchmarking von Dienstleistern. Im Bereich der Informationstechnologie und in Bezug auf Prozeß- und Qualitätsmanagement sind die drei, in der Abb. 80 dargestellten Normen, von besonderer Bedeutung. Alle drei Normen addressieren ein Qualitätsmanagement sowohl auf Unternehmens- als auch auf Projektebene.

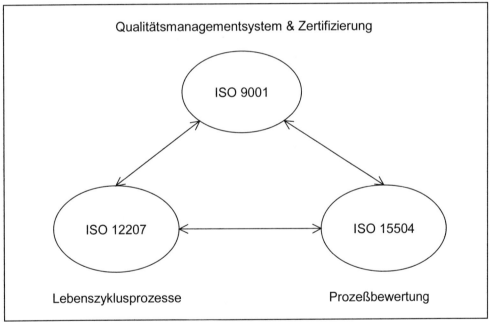

Abb. 80: **Normen des IT-Qualitätsmanagements**

Die *DIN EN ISO 9001* legt die Anforderungen an Qualitätsmanagementsysteme von Unternehmen oder von Unternehmenseinheiten fest, die generell Produkte oder Dienstleistungen erstellen oder erbringen und anbieten [DIN9001]. Die akruelle Ausgabe der DIN EN ISO 9001:2000 zeichnet sich insbesondere durch einen prozeßorientierten Ansatz, eine bessere Anwendbarkeit auf Dienstleistungsunternehmen, eine intensive Kundenorientierung sowie einer stärkere Berücksichtigung des kontinuierlichen Verbesserungsprozesses für eine Organisation aus.

Abb. 81 zeigt die neue DIN EN ISO 9001 im Überblick.

Im Vordergrund stehen dabei die *Prozesse,* die *Produkte (*und Dienstleistungen*) realisieren.* Eine stärkere Gewichtung, gegenüber der DIN EN ISO 9001, Ausgabe 1994, erfährt der Themenbereich *Messungen, Analyse* und *Verbesserungen.* Dieser Themenbereich unterstützt durch geeignetes Datenmaterial die *Kontinuierliche Verbesserung,* um die Kundenzufriedenheit zu erhöhen. Der Bereich *Verantwortung des Management* ist nicht neu. Hervorzuheben sei hier die Forderung nach interner Kommunikation. Hinter dem Begriff *Management der Ressourcen* verbergen sich Themen, wie Bereitstellung der notwendigen Infrastruktur, Sachmitteln und Sicherheit am Arbeitsplatz, sowie Qualifizierung von Mitarbeitern. Die stärkere Kundenorientierung zeigt sich beispielsweise dadurch, daß die Kundenanforderungen (*Eingaben*) in eine Spezifikation umgewandelt werden.

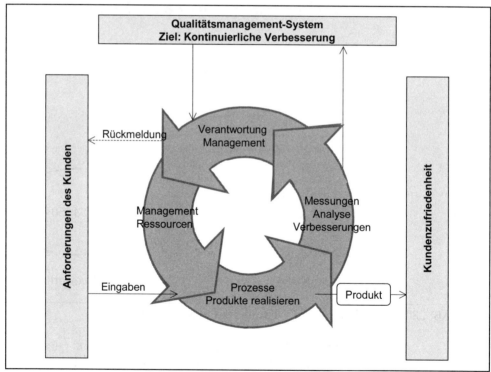

Abb. 81:   **DIN EN ISO 9001:2000 im Überblick**

Als Gründe für die Anwendung der DIN EN ISO 9001 werden genannt:

- Darlegung der Qualitätsfähigkeit der eigenen Organisation gegenüber Kunden, um Vertrauen zu gewinnen;

- Implementierung eines Qualitätsmanagementsystems als Grundlage für einen kontinuierlichen Verbesserungsprozeß;

- Aufbau und Aufrechterhaltung eines Qualitätsmanagementsystems, um ein Zertifikat eines akkredierten Zertifizierers zu erlangen, durch das die Konformität zu der zugrundeliegenden Norm bestätigt wird;

- Präventivmaßnahme, um der Entstehung von Fehlern und Schadensfällen und somit auch Haftungspflichtrisiken vorzubeugen;

- Präventivmaßnahme, um sich vom Vorwurf schuldhaften Verhaltens (Verletzung der Sorgfaltspflicht) besser entlasten zu können.

Die DIN EN ISO 9001 dient nicht zur Festlegung einer bestimmten Produktqualität, sondern soll die Prozeßqualität und damit die Fähigkeit eines Unternehmens erhöhen, Qualität zu erzeugen. Fälschlicherweise wird in der Praxis ein Zertifikat nach DIN EN ISO 9001 oftmals als Garant für eine bestimmte Produktqualität verstanden. In der DIN EN ISO 9001 sind jedoch keinerlei Forderungen an Produkte festgelegt. Somit stellt die Erfüllung der DIN EN ISO 9001 keinen direkten Nachweis für die Erfüllung der Qualitätsanforderungen an ein Produkt dar.

Bei der *DIN EN ISO 9000-3* handelt es sich um einen Leitfaden für die Interpretation und Anwendung der DIN EN ISO 9001 auf die Entwicklung, Lieferung und Wartung von Software [DIN9000-3].

Die *DIN EN ISO 12207* liefert ein Modell für Lebenszyklusprozesse, welche zur Gestaltung von Prozessen in einem IT-Unternehmen und in IT-Projekten herangezogen werden kann [ISO12207].

Ein Vorgehensmodell zur Bewertung von IT-Prozessen sowohl auf Organisations- als auch auf Projektebene liefert die *ISO/IEC TR 15504 (SPICE)*, [ISO15504]. SPICE (Software Process Improvement and Capability dEtermination) besteht aktuell aus neun Bestandteilen (Technical Reports), wie die Abb. 82 zeigt. Lediglich die Teile 2 und 3 haben einen normativen Charakter. Alle anderen Teile stellen Informationen für die Durchführung, Interpretation und Erweiterung von SPICE bereit.

Die ISO/IEC TR 15504 stellt, auf der Basis eines Prozeß-Referenzmodells (Teile 2 und 5), Richtlinien (Teil 3) und Handlungsanweisungen (Teil 4) für die Durchführung von Prozeßbewertungen (Process Assessments) bereit. Ergebnisse eines Process Assessments sind

Stärken, Verbesserungspotentiale und Empfehlungen zur Prozeßverbesserung (Process Improvement) für den jeweils untersuchten Prozeß sowie Aussagen zu dessen Prozeßfähigkeit (Process Capability Determination). Die Ergebnisse zur Prozeßfähigkeit werden schließlich auf Organisationsebene zu einem Prozeß-Profil mit Reifegrad verdichtet.

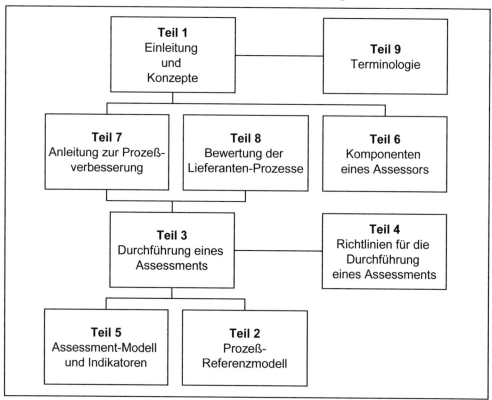

Abb. 82:   **DIN EN ISO 15504- (SPICE-)Modell**

Neben den zuvor genannten Normen gibt es weitere Standards, die im Bereich der Informationstechnologie bedeutsam sind. Dazu gehören im wesentlichen das Capability Maturity Modell Integration und Bootstrap.

Capability Maturity Model Integration (CMMI) (siehe Abb. 83) des Software Engineering Institute (SEI) ist ein Instrument zur Prozeßverbesserung. Während es sich bei der DIN EN ISO 9001 um einen branchenunabhängigen, allgemeingültigen Standard handelt, fokussiert CMMI insbesondere auf die Prozesse der Software-Entwicklung.

CMMI verfolgt die Absicht, die in der Vergangenheit entstandenen CMM-Reifegradmodelle (z.B. Software CMM, Systems Engineering

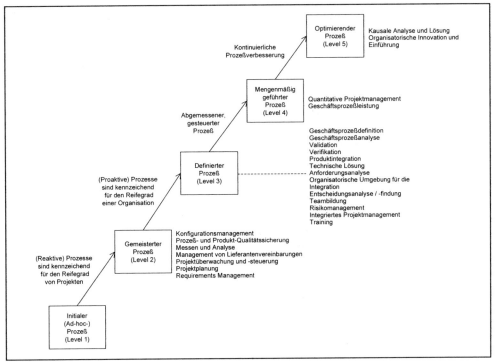

Abb. 83:   CMMI-Reifegradmodell und Prozeßbereiche

CMM, People CMM etc.) des SEI wieder zusammenzufassen. Gleichzeitig wurde das Ziel verfolgt, die Konformität von CMM zur ISO/IEC TR 15504 (SPICE) zu gewährleisten. CMM und SPICE basieren auf unterschiedlichen Repräsentationen der Reifegrade: CMM basiert auf einer Stufen-Darstellung und SPICE basiert auf einer kontinuierlichen Darstellung.

Während bei der Stufen-Darstellung für vordefinierte Schlüsselprozesse der Reifegrad ermittelt wird, wird bei der kontinuierlichen Darstellung der Reifegrad für die jeweils relevanten Schlüsselprozesse bestimmt. CMMI unterstützt nun sowohl eine kontinuierliche als auch eine Stufen-Darstellung.

Bei der kontinuierlichen Darstellung liefert ein Process Assessment ein Profil der Reifegrade über die Schlüsselprozesse. Diese Vorgehensweise bietet sich für gezielte Verbesserungen von Schlüsselprozessen an. Bei der Stufen-Darstellung stellt ein Process Assessment den Reifegrad der analysierten Organisation bereit.

CMMI unterscheidet fünf Reifegrade eines Prozesses. Die fünf Reifegrade kennzeichnen eine zunehmende Reife der Organisationsprozesse. Jeder Reifegrad ist charakterisiert durch sogenannte Prozeßbereiche (process areas) und diesen zugeordneten Praktiken (generic practices). Um einen Reifegrad zu ermitteln, wird die angemessene Anwendung bestimmter Praktiken überprüft und deren Erfüllung festgestellt. Ein bestimmter Reifegrad wird erreicht, wenn die diesem Reifegrad zugeordneten Praktiken sowie alle Praktiken des niedrigeren Reifegrades erfüllt und die Praktiken des nächst höheren Reifegrades nicht erfüllt werden.

Bei *BOOTSTRAP* (siehe Abb. 84) handelt es sich ebenfalls um eine Methode zur Software-Prozeß-Bewertung (Process Assessment) und -Verbesserung. BOOTSTRAP basiert auf Elementen der DIN EN ISO 9000, Teil 3 und CMM. Ein Process Assessment liefert sowohl das SPICE- als auch das BOOTSTRAP-Reifegradprofil der untersuchten Prozesse sowie Prozeßkategorien für die analysierte Organisation oder des analysierten Projekts. Dies ermöglicht den Vergleich der Projekte untereinander und der untersuchten Organisation mit anderen. Ein weiteres Ergebnis eines Process Assessment sind die Stärken, Verbesserungspotentiale und Empfehlungen. Auf Basis der Empfehlungen können optional Verbesserungsmaßnahmen abgeleitet und initiiert werden. Die Abb. 84 zeigt die schematische Vorgehensweise bei einem BOOTSTRAP-Assessment.

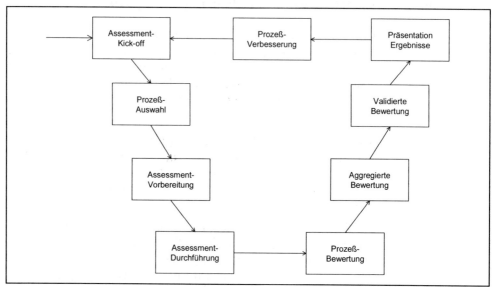

Abb. 84:   **Vorgehensweise bei einem BOOTSTRAP-Assessment**

9.3 Projekt-Qualitätsplanung

Wenn die Qualitätsziele und -vorgaben auf Unternehmensebene festgelegt und vereinbart sind, z.B. in Form eines Qualitätsmanagementsystems, dann sind diese ebenfalls in IT-Projekten umzusetzen, d.h. die Vorgaben, z.B. Anwendung eines spezifischen Projektprozesses, vererben sich dann auf das einzelne Projekt und können dort konkretisiert und ggf. mit den Kundenanforderungen abgeglichen werden. Dies beginnt mit der Qualitätsplanung, die nach dem erfolgreichen Abschluß der Projektinitialisierung erfolgt.

Ziel der Projekt-Qualitätsplanung ist es, die in einem Projekt relevanten Qualitätsvorgaben im Einklang mit den Projekt- und Unternehmenszielen festzulegen. Die Qualitätsplanung umfaßt alle Tätigkeiten zum Setzen von Qualitätszielen und der Spezifikation notwendiger Ressourcen und Prozesse zur Erreichung der Qualitätsvorgaben. Sie läuft synchron zur Projektplanung (vgl. Abb. 2).

Die Projekt-Qualitätsplanung hat den Zweck,

- transparent darzustellen, wie über alle Phasen der Projektabwicklung die nicht-funktionalen und die qualitäts-spezifischen Anforderungen des Auftraggebers berücksichtigt werden,

- die gemeinsame Arbeitsweise des oder der beteiligten Projektteams in Qualitätsbelangen festzulegen und darüber zu informieren, welche Regeln zu beachten sind,

- Mitwirkungsrechte und -pflichten der Partner (zum Beispiel Auftraggeber, andere Partner des Auftraggebers, Auftragnehmer, Unterauftragnehmer, Lieferanten) zu beschreiben,

- die projektspezifischen Qualitätsziele meßbar festzulegen,

- die Qualitätssicherungs-Maßnahmen darzulegen, die durchgeführt werden, um die Anforderungen des Auftraggebers zu erfüllen,

- die für die Qualität zuständigen Projektmitglieder mit Informationen zu versorgen, so daß diese Qualitätssicherungs-Aktivitäten in Bezug auf das Projekt planen und organisieren können,

- Risiken hinsichtlich mangelnder Qualität transparent zu machen, zu bewerten und geeignete Maßnahmen zur Vermeidung oder Verminderung festzulegen,

- einen Qualitätsberichts- und Steuerungsprozeß zu definieren.

9.3.1 Ergebnisse

Die Ergebnisse dieser Phase werden in einem Projekt-Qualitätsplan dokumentiert. Im folgenden wird ein Gliederungsvorschlag vorgestellt:

1. Qualitätsrahmenbedingungen des Projekts
   Angaben zum Projekt
   Rahmenbedingungen des Projekts
   Liefergegenstände des Projekts
   Abnahmekriterien für die Liefergegenstände des Projekts

2. Projekt-Qualitätsziele
   Qualitätsmerkmale
   Sollvorgaben
   Messverfahren

3. Projekt-Qualitätsorganisation
   Rollen und Verantwortlichkeiten
   Aufbauorganisation
   Prozesse (Ablauforganisation)

4. Projekt-Qualitätsplanung
   Qualitätsmanagement-Maßnahmen
   Quality Gates
   Aufgaben des Projekt-Qualitätsmanagements
   Aufwände für das Projekt-Qualitätsmanagement

9.3.2 Aufgaben

Im Rahmen der Projekt-Qualitätsplanung sind folgende Aufgaben zu erledigen:

- Informationen zu den Qualitätsrahmenbedingungen des IT-Projekts vervollständigen und überprüfen.

- Projekt-Qualitätsziele festlegen und vereinbaren.

- Qualitätsorganisation des Projekts festlegen.

- Projekt-Qualität planen.

Informationen zu den Qualitäts-Rahmenbedingungen des Projektes vervollständigen und überprüfen

Zur Vorbereitung der Qualitätsplanung müssen vom Projektleiter oder vom Projekt-Qualitätsmanager relevante Informationen über das Projekt berücksichtigt werden. Die Qualitäts-Rahmenbedingungen bilden damit die Basis für die Qualitätsplanung eines Projekts. Hierzu gehören:

- Angaben zum Projekt

- Rahmenbedingungen des Projektes

- Liefergegenstände des Projektes

- Abnahmekriterien für die Liefergegenstände des Projekts

Diese Informationen sollten spätestens bei der Projektinitialisierung erhoben worden sein. Typischerweise sind sie bereits in einem Projektauftrag enthalten. Aus Qualitätssicht ist zu überprüfen und sicherzustellen, daß diese Informationen vollständig und korrekt vorliegen.

- *Angaben zum Projekt.* Projektname und Projektleiter sowie Daten über den Auftraggeber. Ebenso sind Projekt-Umfang, -Ziele und -Volumen sowie Geschäftsanforderungen des Kunden relevant.

- *Rahmenbedingungen des Projektes.* Diese werden aus den Projekt-Zielen und den Anforderungen des Auftraggebers abgeleitet und sollten bereits in einem Kick Off mit dem Auftraggeber festgelegt worden sein. Anhand der unten aufgeführten Kriterien wird nachvollziehbar begründet und festgelegt, welchen Stellenwert die Qualitätssicherung in dem jeweiligen Projekt einnimmt, mit welchen Mitteln sie betrieben wird und welche Schwerpunkte gesetzt werden.

  1. *Kritikalität und Komplexität.* Die Kritikalität drückt aus, welche nachteiligen Auswirkungen eine unzureichende Qualität der im Projekt erstellten Arbeitsergebnisse auf die zukünftigen Anwendungen haben können, z.B nukleare Systeme. Je höher die Kritikalität eines Arbeitsergebnisses um so höher der potentielle Schaden und desto wichtiger ist die Bedeutung eines Qualitätsmanagements im Projekt. Ebenso wirkt sich die Komplexität des im Projekt zu erstellenden Systems aus. Je komplexer das zu entwickelnde System und die dazugehörige Dokumentation sind, desto aufwendiger muß die Qualitätssicherung im Projekt betrieben werden.

  2. *Priorität, Intensität und Einfluß.* Die Priorität und die Intensität der Qualitätssicherung in dem jeweiligen Projekt ist abhängig von Faktoren wie der Art des Projektes, der Erfahrung des Projektteams und der angewandten Technologie. Diese Faktoren bestimmen den Umfang der Qualitätssicherung sowie deren Einfluß auf das Projekt.

3. *Detaillierungsgrad im Projekt-Qualitätsplan.* Auf der Grundlage der Ergebnisse aus den ersten beiden Aspekten Kritikalität und Komplexität sowie Priorität, Intensität und Einfluß wird nun festgelegt, wie detailliert die Qualitätssicherung im Projekt-Qualitätsplan zu beschreiben ist. Handelt es sich beispielsweise um ein Projektteam, welches in der Anwendung von Qualitäts-management-Maßnahmen erfahren ist, reicht eine oberflächliche Darstellung bestimmter Sachverhalte im Projekt-Qualitätsplan.

4. *Weitere Unterlagen.* Alle Unterlagen und Dokumente, die Einfluß auf die Qualitätssicherung im Projekt haben, werden im Projekt-Qualitätsplan benannt.

- *Liefergegenstände und Meilensteine des Projektes.* Liefergegenstände (Deli-verables) des Projekts und ein grober Meilensteinplan sind notwen-dige Voraussetzung dafür, eine Qualitätsplanung durchführen zu können, d.h. die richtigen Maßnahmen zur richtigen Zeit zu planen.

- *Abnahmekriterien für die Liefergegenstände des Projektes.* Diese geben An-haltspunkte dafür, welche Qualitätsanforderungen und -merkmale für den Kunden besonders wichtig sind und worauf bei der Quali-tätsplanung besonderer Wert gelegt werden muß.

Projekt-Qualitätsziele festlegen und vereinbaren

Häufig werden vom Auftraggeber und vom Auftragnehmer nur fachliche und funktionale Anforderungen formuliert. Die nicht-funktionalen und Qualitäts-Anforderungen werden häufig vernachlässigt oder gar nicht im Anforderungskatalog erfaßt. Hierbei handelt es sich, aus Sicht des Kun-den und des Projektmanagements, um eine Teilmenge aus der Menge der Anforderungen, die explizit von einem Projektqualitätsmanagement zu verfolgen sind.

Insbesondere die nicht-funktionalen und Qualitätsanforderungen kön-nen am Ende eines Projekts zur Abnahme der Gewerke an wesentlicher Bedeutung gewinnen. Beispielsweise dann, wenn der Auftraggeber mit der Performance des vom Auftragnehmer zum Projektende zur Verfü-gung gestellten Systems, nicht zufrieden ist.

Ein Beispiel für ein durchaus typisches Projekt-Szenario: Zu Beginn des Projekts wurde vom Auftraggeber zwar eine angemessene Performance gefordert, aber nicht genauer beschrieben. Das Projektteam hat es eben-falls versäumt, diese Anforderung genauer zu spezifizieren, meßbar zu beschreiben und vom Auftraggeber verifizieren zu lassen. Zusätzlich ist das Projektteam davon ausgegangen, daß die angeforderte Performance implizit erreicht werden kann. Aufgrund der fehlenden oder unzureichenden Spezifikation, wurde nun im Projektverlauf die Performance weder getestet, noch gezielt daraufhin gearbeitet. Die typische Folge: Der Auftraggeber erteilt zunächst keine vollständige Abnahme und der Auftragnehmer muß kostenfrei nachbessern.

Um derartige Kosten zu vermeiden, legt Projekt-Qualitätsmanagement besonderen Wert auf die Erfassung und Formulierung der nicht-funktionalen und Qualitätsziele eines Projekts. Möglichst zu Projektbeginn wird festgelegt, welche Qualitätsmerkmale im Projekt zu erreichen sind und auf welche Art und Weise ihre Erreichung sichergestellt und nachgewiesen werden soll. Die Qualitätsmerkmale sind vom Auftraggeber geforderte Eigenschaften an die Arbeitsergebnisse, welche im Projekt erstellt werden sollen.

In einem Workshop werden zunächst, zusammen mit dem Auftraggeber, die geforderten Qualitätsziele aus den Projektzielen und der Anforderungsspezifiktion abgeleitet, festgelegt und im Projekt-Qualitätsplan dokumentiert. Zu jedem Projekt-Qualitätsziel werden anschließend die Qualitätsmerkmale identifiziert und festgelegt, an denen die Zielerreichung erkannt werden kann. Jedes projektspezifisch ausgewählte Qualitätsmerkmal ist zu benennen, zu beschreiben und zu priorisieren. Zur Unterstützung dieser Aufgabe können, die in der Anlage aufgeführten Qualitätsmerkmale oder Kriterien für die Bewertung von Dokumenten und Software, herangezogen werden.

In einem weiteren Schritt werden die quantitativen und qualitativen Vorgaben, das heißt die zu erreichenden Werte für die jeweiligen Qualitätsmerkmale festgelegt und im Projekt-Qualitätsplan beschrieben. Abschließend werden geeignete Meßverfahren mit Meßgrößen und –einheiten für die Prüfung und den Nachweis der Qualitätsmerkmale ausgewählt.

Die Abb. 85 zeigt ein Beispiel für die Beschreibung eines Projekt-Qualitätsziels mit einem Qualitätsmerkmal, Sollvorgaben und Messverfahren:

Hinweis

Die Formulierung von Qualitätszielen im speziellen und die Qualitätsplanung im allgemeinen sollte in einem Projekt so früh wie möglich durchgeführt werden, wenn möglich schon in der Akquisephase, um frühzeitig negative Auswirkungen von Qualitätszielen auf das Projekt abschätzen zu können.

Qualitätsziel: Effizienz

1. Qualitätsmerkmal: Antwortzeiten

Beschreibung: Antwortzeitverhalten der Software
Priorität: hoch, da das System hohe Durchsatzraten erfüllen soll

Meßgröße und -einheiten

Zeit in Sekunden

Meßverfahren

Technische Tests (analytische QM-Maßnahme), das heißt die
Messung des Antwortzeitverhaltens der Software am Arbeitsplatz
von zukünftigen Anwendern für definierte Use Cases.
Die Tests werden im Testkonzept, gemeinsam vom Auftraggeber
und Auftragnehmer ausführlich beschrieben.

Vorgaben

Die quantitativen und qualitativen Vorgaben werden in der Test-
Spezifikation „Antwortzeitverhalten" beschrieben.

Erfüllung

Das Antwortzeitverhalten gilt als erfüllt, wenn
• die Vorgaben in 90% aller Fälle erreicht werden
• und in der Abnahme nachweisbar sind

Abb. 85: **Beispiel für ein Projekt-Qualitätsziel**

Qualitätsorganisation des Projektes festlegen

Im weiteren Verlauf der Projekt-Qualitätsplanung ist die Projekt-
Qualitätsorganisation für das jeweilige Projekt festzulegen. Die Projekt-
Qualitätsorganisation definiert die Rollen, Verantwortlichkeiten und
Aufgaben sowie Kompetenzen für die Qualitätsplanung, Qualitätssiche-
rung und Qualitätssteuerung aller am Projekt beteiligten Personen.
Daneben sind die Aufbau- und Ablauforganisation der Projekt-Qualitäts-
organisation zu bestimmen.

• *Rollen und Verantwortlichkeiten:* Die Verantwortung für die Qualität in
  einem Projekt und der daraus entstehenden Arbeitsergebnisse, ist
  vielschichtig. Die einzelnen Funktionen im Projekt nehmen unter

Qualitätsaspekten verschiedene Rollen und Verantwortlichkeiten wahr. In Bezug auf ein Qualitätsmanagement gilt es, den wesentlichen Funktionen im Projekt, die jeweiligen Rollen und Verantwortlichkeiten explizit zuzuweisen.

Der *Auftraggeber* legt i.a. gemeinsam mit dem Auftragnehmer per Verrtrag zunächst die Eigenschaften des Arbeitsergebnisses, bzw. der Liefergegenstände fest und ist verantwortlich dafür, daß die Vorgaben spezifiziert werden können. Während der Abnahme ist er dafür verantwortlich, daß die Erfüllung dieser Eigenschaften geprüft wird und die dafür notwendige Mitwirkung seinerseits erfolgt. Diese Aufgaben können insbesondere bei größeren Projekten an einen *(Teil-)Projektleiter des Auftraggebers* delegiert werden.

Der *Projektleiter des Auftragnehmers* verantwortet die Einhaltung der vertraglich vereinbarten Qualitätsmerkmale, der im Projekt zu erstellenden Arbeitsergebnisse (z.B. Gewerke). Er führt die Qualitätsplanung durch und veranlaßt die definierten Maßnahmen. Bei Abweichungen muß er steuernd eingreifen. Schließlich ist er verantwortlich für die erzeugte Qualität.

Die *Projektmitarbeiter* sind für die Qualität ihrer eigenen Arbeitspakete verantwortlich und müssen über die Qualitätsziele und –vorgaben entsprechend informiert werden. Weiterhin wirken sie an den Maßnahmen zur Qualitätssicherung mit.

In einem großen oder verteilten Projekt empfiehlt sich die Funktion eines separaten *Projekt-Qualitätsmanagers* oder eines Teilprojektleiters Qualität auf Seiten des Auftragnehmers (vgl. Abb. 86). Er berät den Projektleiter und kann in enger Abstimmung mit ihm, die Qualitätsplanung, -sicherung und –steuerung übernehmen. Die Entscheidung über weiterführende Maßnahmen obliegt nach wie vor dem Projektleiter. In Abhängigkeit von der Qualitätsorganisation eines Unternehmens kann ein Qualitätsmanager ggf. an übergeordnete Stellen berichten bzw. es stehen ihm Wege zur Eskalation zur Verfügung.

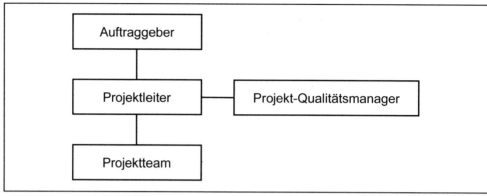

Abb. 86:   Projekthierarchie

- *Aufbauorganisation.* Hier ist darzustellen, wie die Funktionen und Rollen des Projekt-Qualitätsmanagements in die Projektorganisation und -struktur eingebettet sind. Gibt es beispielsweise einen eigenen Projekt-Qualitätsmanager oder gibt es ein Teilprojekt für die Qualitätssicherung? Zur Beschreibung eignet sich hierfür das Projekt-Organigramm, in dem die Funktionen und Rollen des Projekt-Qualitätsmanagements integriert werden. Zusätzlich sollte der Zusammenhang zwischen Projekt-Qualitätsorganisation und Qualitätsorganisation des Unternehmens des Auftragnehmers, dargestellt sein.

- *Prozesse (Ablauforganisation)* regeln die Zusammenarbeit zwischen allen am Projekt-Qualitätsmanagement Beteiligten und legen die Schnittstellen zwischen Projekt-Qualitätsmanagement und anderen Projekteinheiten fest. Zu diesem Zeitpunkt werden die später im Projekt anzuwendenden (Standard-)Prozesse oder (Standard-) Qualitätsmanagement-Maßnahmen prinzipiell ausgewählt und festgelegt.

Im weiteren Projektverlauf werden diese anzuwendenden Prozesse oder Qualitätsmanagement-Maßnahmen als Prozeßhierarchie und detailliert in der Form von Geschäftsprozessen (z.B. in Diebold-Notation) beschrieben bzw. im Falle von Standard-Prozessen oder Standard-Qualitätsmanagement-Maßnahmen wird darauf verwiesen.

Projekt-Qualität planen

Nach der Ermittlung der Projekt-Qualitätsrahmenbedingungen und der Festlegung der Projekt-Qualitätsorganisation beginnt nun die eigentliche Qualitätsplanung im Projekt. Ziel der Projekt-Qualitätsplanung ist es, auf Basis der Qualitätsziele und der weiteren vorhandenen Information, Qualitätsmanagement-Maßnahmen im Projekt-Qualitätsplan detailliert zu beschreiben und in eine zeitliche Reihenfolge zu bringen. Dies erfolgt in vier Schritten.

*   *Qualitätsmanagement-Maßnahmen festlegen.* Je Qualitätsziel muß nun festgelegt werden, welche qualitätssichernden Maßnahmen im jeweils spezifischen Projektkontext notwendig sind und wann diese Maßnahmen durchgeführt werden. Grundsätzlich wird unterschieden zwischen:

    Konstruktive Qualitätsmanagement-Maßnahmen: Sie dienen der Vermeidung von Fehlern und werden frühzeitig im Projekt aufgesetzt. Dazu gehören Bereitstellung von Richtlinien und Leitfäden, Coachings und Schulungen, die benötigtes Know-how zur Verfügung stellen und damit die Qualität des Projektprozesses unterstützen.

    Ein Beispiel für eine konstruktive Qualitätsmanagement-Maßnahme, zur Erreichung des bereits erwähnten Qualitätsziels "Effizienz" mit dem Qualitätsmerkmal "Antwortzeit" (vgl. Abb. 85), ist die Erstellung einer Design-Richtlinie, die Vorgaben für den Entwurf des performanten Systems enthält.

    Analytische Qualitätsmanagement-Maßnahmen: Sie dienen der Identifikation von Fehlern oder dem Nachweis der Fehlerfreiheit bzw. der Messung von quantitativen Qualitätsvorgaben. Hierzu gehören zum einen Methoden zur Analyse von Arbeitsergebnissen (Reviews und Tests). Diese Maßnahmen werden in der Regel nach dem Erreichen von konkreten Zwischenergebnissen durchgeführt. Zum anderen können Methoden wie Audits und Assessments, zur Analyse von Abläufen und Vorgehensweisen, eingesetzt werden. Alle analytischen Qualitätsmanagement-Maßnahmen können ebenfalls gezielt zur Verbesserung von Abläufen und Arbeitsergebnissen herangezogen werden, indem sie das *Lernen aus Erfahrung* unterstützen.

    Ein Beispiel für eine analytische Qualitätsmanagement-Maßnahme, zur Erreichung des bereits genannten Qualitätsziels "Effizienz" mit dem Qualitätsmerkmal "Antwortzeit" (vgl. Abb. 85), ist die Durchführung von spezifischen Perfomance-Tests, deren Testfälle aus den Use Cases der Spezifikation und den Effizienz-Vorgaben des Kunden abgeleitet wurden.

Neben der Unterscheidung in konstruktive Qualitätsmanagement-Maßnahmen zur Fehlervermeidung und in analytische Qualitätsmanagement-Maßnahmen zur Fehlererkennung, unterscheidet man standardisierte und individuell zu regelnde Qualitätsmanagement-Maßnahmen.

1. Auf *standardisierte Qualitätsmanagement-Maßnahmen* ist zu verweisen bzw. diese sind gegebenenfalls projektspezifisch anzupassen. Beispiele für standardisierte Prozesse könnten die Durchführung von Prozeß-Assessments, Projekt-Audits oder Reviews sein.

2. *Individuell zu regelnde Qualitätsmanagement-Maßnahmen* werden projektspezifisch, vollständig und detailliert beschrieben. Dazu gehört beispielsweise die projekt-spezifische Übergabe von (Teil-) Arbeitsergebnissen an das Teilprojekt Qualitätssicherung, die Übermittlung von Testergebnissen an die Teilprojekte Software-Erstellung und Technische Dokumentation oder die Freigabe von Arbeitsergebnissen.

- *Quality Gates identifizieren.* Nachdem die im Projekt anzuwendenden Prozesse und Qualitätsmanagement-Maßnahmen ausgewählt und in eine zeitliche Reihenfolge gebracht wurden, müssen die sogenannten Quality Gates identifiziert werden. Quality Gates sind Entscheidungspunkte in einem Projekt, an denen bestimmte Qualitätsziele erfüllt sein müssen. Die Erreichung dieser Ziele wird mit Hilfe von Qualitätsmanagement-Maßnahmen gemessen und nachgewiesen. Bei Erfüllung kann ein Arbeitsergebnis freigegeben und das Projekt weitergeführt werden. Es gibt Quality Gates, die eine gesamte Projektphase freigeben. In diesem Fall entspricht ein Quality Gate einem Projekt-Meilenstein.

Ein Beispiel für ein Quality Gate, zur Erreichung des Qualitätsziels "Effizienz" mit dem Qualitätsmerkmal "Antwortzeit" (vgl. Abb. 85), ist die Überprüfung und der Nachweis, ob ein Teilsystem die geforderte Antwortzeit erfüllt. In Abhängigkeit von dem Ergebnis wird entschieden, ob dieses Teilsystem mit anderen Teilsystemen integriert werden kann, d. h. das Teilsystem wird entweder freigegeben oder nicht freigegeben.

- *Aufgaben für die Funktionen und Rollen ableiten.* In einem weiteren Planungsschritt werden aus den im Projekt durchzuführenden Qualitätsmanagement-Maßnahmen, Aufgaben für die Funktionen und Rollen des Projekt-Qualitätsmanagements abgeleitet und im Projekt-Qualitätsplan detailliert beschrieben. Insbesondere die Quality Gates müssen eng mit dem Projektplan synchronisiert sein bzw. sind integrativer Bestandteil des Projektplans.

- *Aufwände kalkulieren.* Die Projekt-Qualitätsplanung wird abgeschlossen, indem die Gesamtaufwände in Personentagen für die zuvor geplanten Qualitätsmanagement-Maßnahmen geschätzt und im Projekt-Qualitätsplan dokumentiert werden. Die Schätzung erlaubt Rückschlüsse darauf, inwieweit die geplanten Aufwände für das Projekt-Qualitätsmanagement in Bezug auf die konkreten Projekt-Rahmenbedingungen und das Projekt-Volumen, angemessenen sind.

9.4 Projekt-Qualitätssicherung

Nachdem die Qualitäts- und Projektplanung abgeschlossen ist, beginnt die Phase der Projekt-Qualitätssicherung.

Ziel der Projekt-Qualitätssicherung ist es, durch Umsetzung der geplanten Qualitätsmanagement-Maßnahmen festzustellen, ob ein Projekt-Arbeitsergebnis oder ein Prozeß, die festgelegten Qualitätsforderungen erfüllt und ob die Konformität für jedes Qualitätsmerkmal erzielt ist. Projekt-Qualitätssicherung verfolgt den Zweck einer Vertrauen bildenden Maßnahme. Sie erfolgt parallel zur Projektausführung.

Gleichzeitig wird durch eine erhöhte Transparenz über Qualität der Projektarbeitsergebnisse der Aufwand für die Abnahme zum Projektende verkürzt.

9.4.1 Ergebnisse

Zu den Ergebnissen der Projekt-Qualitätssicherung gehören die Qualitätsaufzeichnung und die Protokollierung durchgeführter Qualitätsmanagement-Maßnahmen.

In Bezug auf das oben genannte Beispiel, zur Erreichung des Qualitätsziels "Effizienz" mit dem Qualitätsmerkmal "Antwortzeit" (vgl. Abb. 85) und der dazugehörigen analytischen Qualitätsmanagement-Maßnahme "Performance-Test" (vgl. Abschnitt Projekt-Qualität planen), handelt es sich bei dem Testprotokoll um eine Qualitätsaufzeichnung, welches während der Durchführung des Performance-Tests entsteht.

9.4.2 Aufgaben / Vorgehen

Im Rahmen der Projekt-Qualitätssicherung sind die folgenden Aufgaben zu erledigen:

- Qualitätsplan umsetzen, das heißt,
  - Qualitätsorganisation etablieren und aufrechterhalten,
  - Qualitätsmanagement-Maßnahmen durchführen und Ergebnisse protokollieren.

- Konformität nachweisen, indem die Meß- und Untersuchungsergebnisse aus durchgeführten Qualitätsmanagement-Maßnahmen den festgelegten Qualitätsforderungen, Qualitätszielen und Qualitätsmerkmalen entsprechen.

In Bezug auf das Beispiel, zur Erreichung des Qualitätsziels "Effizienz" mit dem Qualitätsmerkmal "Antwortzeit" (vgl. Abb. 85) und der dazugehörigen analytischen Qualitätsmanagement-Maßnahme "Performance-Test" (vgl. Abschnitt Projekt-Qualität planen), sind die folgenden konkreten Qualitätssicherungs-Aufgaben gemäß Projekt-Qualitätsplans zu erfüllen:

- Vorgaben für die durchzuführenden Tests bereitstellen

- Durchführung des Testprozesses gewährleisten

Schließlich ist die Qualitätsmanagementmaßnahme „technischer Test" durchzuführen:

- Test-Ziele und -Stufen des Projekt-Qualitätsplans bereitstellen

- Test-Organisation etablieren

- Test-Infrastruktur (System) und -Hilfsmittel (Protokolle) vorbereiten bzw. bereitstellen und priorisieren

- Test-Objekt, -Plan und -Fälle bereitstellen

- Performance-Test durchführen

- Testprotokoll erstellen

- Testergebnis berichten

9.5 Projekt-Qualitätssteuerung

Ziel der Projekt-Qualitätssteuerung ist es, sicherzustellen, daß die projekt-relevanten Qualitätsforderungen erfüllt werden.

Auf Basis der Ergebnisse der Qualitätssicherung muß analysiert und festgestellt werden, ob der Projektverlauf mit seinen Ergebnissen der geplanten Qualität entspricht. Bei Abweichungen müssen die Ursachen analysiert und Maßnahmen zur Korrektur eingeleitet werden. Eine Eskalation in das Control Board ist eventuell notwendig, wenn es zu Abweichungen kommt, die den Projekterfolg gefährden. Der Qualitätsplan muß analog zum Projektplan fortgeschrieben werden, z.B. wenn Änderungsanforderungen die Planvorgaben verändern

9.5.1 Ergebnisse

- Bewertete Qualitätssicherungsmaßnahmen

- Freigabe spezifischer Arbeitsergebnisse bzw. Korrekturmaßnahmen

- Aktualisierter Qualitätsplan

In Bezug auf das bekannte Beispiel, zur Erreichung des Qualitätsziels "Effizienz" mit dem Qualitätsmerkmal "Antwortzeit" (vgl. Abb. 85), der geplanten und durchgeführten analytischen Qualitätsmanagement-Maßnahme "Performance-Test" (vgl. S. 281 u. 291), sind Ergebnisse der Projekt-Qualitätssteuerung:

- Bewertete Ergebnisse des Performance-Tests (Testbericht)

- "Freigabe des Teilsystems" oder "keine Freigabe des Teilsystems" und ggf. eine Liste von veranlaßten Korrekturmaßnahmen

- Im Falle von veranlaßten Korrekturmaßnahmen liegt ggf. ein aktualisierter Qualitätsplan vor.

9.5.2 Aufgaben / Vorgehen

Im Rahmen der Projekt-Qualitätssteuerung sind die folgenden Aufgaben zu erledigen:

- Qualitäts-Aufzeichnungen des Projektes auswerten d.h. Testergebnisse analysieren

- die Ergebnisse der Qualitätsmanagementmaßnahmen bewerten

- entscheiden, ob diese den entsprechenden Qualitätsvorgaben entsprechen oder nicht

- spezifische Arbeitsergebnisse und Abläufe eines Projekts freigeben oder nicht freigeben und dieses an den Projektleiter kommunizieren

- nach Ursachen für unzureichende Arbeitsergebnisse und Abläufe eines Projekts suchen

- Konsequenzen ableiten, d.h. nach geeigneten Methoden suchen, die Ursachen für unzureichende Arbeitsergebnisse und Abläufe eines Projekts beseitigen

- wenn der Projekterfolg gefährdet ist, sollte dieser Sachverhalt an das Control Board eskaliert werden.

In unserem Beispiel zur Erreichung des Qualitätsziels "Effizienz" mit dem Qualitätsmerkmal "Antwortzeit" (vgl. Abb. 85) und der dazugehörigen analytischen Qualitätsmanagement-Maßnahme "Performance-Test" (vgl. S. 289 u. S. 291), sind die folgenden konkreten Qualitätssteuerungs-Aufgaben zu erfüllen:

- Testprotokolle und -bericht des Performance-Tests bewerten

- Entscheidung in Abhängigkeit von dem Ergebnis der Bewertung:

- Bei einer positiven Bewertung, d.h. der Performance-Test zeigte die Erfüllung der spezifizierten Anforderungen, wird das Teilsystem freigegeben ("Freigabe des Teilsystems") und die Arbeitsaufgabe im Projektplan als abgeschlossen gekennzeichnet

- Bei einer negativen Bewertung, d.h. der Performance-Test zeigte keine vollständige Erfüllung der spezifizierten Anforderungen, wird das Teilsystem nicht (vollständig) freigegeben ("keine Freigabe des Teilsystems").
  In diesem Fall, sind:
  - die Ursachen für spezifische Abweichungen zu ermitteln
  - geeignete Korrekturmaßnahmen zur Behebung der Abweichungen zu veranlassen
  - geeignete Qualitätsmanagementmaßnahmen im Projekt-Qualitätsplan zu planen, um die erfolgreiche Wirkung der Korrekturmaßnahmen zu überprüfen und nachzuweisen
  - Projektleitung informieren (Abhängigkeiten zu anderen Arbeitspaketen und –aufgaben)

9.6 Anhang: Kriterienkataloge zum Qualitätsmanagement

Die folgenden drei Tabellen beschreiben Kriterienkataloge, die sowohl in IT-Projekten als auch im IT-Betrieb herangezogen werden können.

Die erste Tabelle beschreibt Kriterien, die in IT-Projekten zur Analyse von Anforderungen, zur Beschreibung von Qualitätszielen und den dazugehörigen Qualitätsmerkmalen an Arbeitsergebnisse und Abläufe sowie zu deren Beurteilung herangezogen werden können. Die zweite Tabelle enthält Kriterien für den IT-Betrieb, die sowohl zur Beschreibung von Service Level in Service Level Vereinbarungen als auch zu deren Bewertung (Service Level Reporting) anwendbar sind. In der dritten Tabelle sind schließlich Kriterien für die Beurteilung von Dokumenten gelistet.

Die Kriterienkataloge dienen als Orientierung und müssen immer auf die jeweilige Projektsituation angepaßt bzw. ergänzt werden. Ebenso ist die Zuordnung von Qualitätsmerkmal zu Qualitätsziel, nicht als eindeutig anzusehen. Schließlich können einzelne Qualitätsmerkmale auch als Qualitätsziel betrachtet werden.

Kriterien für die Beurteilung von Software

Qualitätsziel	Qualitätsmerkmal
Vollständigkeit	Abdeckungsgrad
Korrektheit	Fehlerfreiheit
Ergonomie	Bedienbarkeit, Erlernbarkeit, Verständlichkeit
Effizienz	Antwortzeit, Speicherungseffizienz, Laufzeiteffizienz, Zugriffseffizienz
Zuverlässigkeit	Antwortzeit, Integrität, Reproduzierbarkeit, Stabilität, Verfügbarkeit, Instandsetzbarkeit, Genauigkeit, Konsistenz
Sicherheit	Robustheit, Datenschutz, IT-Sicherheit
Portabilität	Flexibilität, Kompatibilität, Übertragbarkeit, Geräteunabhängigkeit
Testbarkeit	Erreichbarkeit, Strukturiertheit, Verständlichkeit
Änderbarkeit	Erweiterbarkeit, Strukturiertheit
Wartbarkeit	Anpaßbarkeit, Analysierbarkeit, Änderbarkeit, Erweiterbarkeit, Testbarkeit
Wiederverwendbarkeit	Komponenten, Verteilung, Kommunikation, Schichten, Protokolle

Kriterien für die Beurteilung des IT-Betriebs

Qualitätsziel	Qualitätsmerkmal
Betrieb	Betriebszeit
Service	Servicezeit, Wartungsfenster
Reaktion	Reaktionszeit, Restorezeit
Verfügbarkeit	Leistungsübergabepunkt, Recoveryzeit, Erreichbarkeit
Stabilität	Ausfallrate
Leistung (Performance)	Leistungswerte
Sicherheit	Verschlüsselung, Zugriffsschutz, Zutrittsschutz
Überwachung	Skalierbarkeit, Automatisierung, Administrierbarkeit

Kriterien für die Beurteilung von Dokumenten

Qualitätsziel	Qualitätsmerkmal
Vollständigkeit	Abdeckungsgrad, Detaillierungsgrad
Korrektheit	Fehlerfreiheit, Widerspruchsfreiheit
Verständlichkeit	Eindeutigkeit, Prägnanz, Visualisierung
Änderbarkeit	Versionierung, Erweiterbarkeit, Modularität
Konformität mit Standards und Vorgaben	Identifizierbarkeit, Kennzeichnung, Archivierung, Änderungshistorie

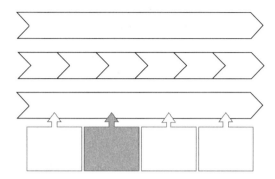

10 Software Configuration Management

Software Configuration Management (SCM) ist von Projektbeginn an ein wichtiges Thema. Der Entwicklungsprozeß benötigt von Anfang an klare Produktstrukturen, um Ordnung zu schaffen und Steuerungs- und Kontrollmechanismen zu ermöglichen.

Der Software Entwicklungsprozeß wird zunehmend komplexer und erfordert eine nachvollziehbare, konsistente Steuerung teamweiter Prozesse. Unterschiedliche Aufgabenstellungen wie Entwicklung, Wartung, Test, Qualitätssicherung werden parallel im Team bearbeitet und müssen koordiniert werden.

Test- und Produktreleases müssen zuverlässig und nachvollziehbar konfiguriert und ausgeliefert werden. Während des Betriebs entstehen neue Anforderungen, die gemanagt werden müssen.

Die Prinzipien dieser Themen des Software Configuration Managements sowie die unterstützenden Methoden und Werkzeuge sind Inhalt dieses Kapitels.

10.1 Orientierung

Ein Software Produkt soll zu einem bestimmten Zeitpunkt fertig sein. Der Entwicklungsprozeß benötigt von Anfang an eine klare *Produktstruktur* zur Steuerung und Kontrolle. Sie gibt zu jedem Zeitpunkt Auskunft über den Status der Produkterstellung. *Was genau enthält das Produkt?* oder *Welche Anforderungen haben zu diesem Systemstand geführt?* sind typische Fragestellungen.

Auf Basis dieser Produktstruktur wird der Entwicklungs- bzw. Wartungsprozeß im Rahmen des Prozeßmanagements konsistent und nachvollziehbar konfiguriert. Die Schritte und Verantwortlichkeiten beispielsweise vom Änderungswunsch bis zum ausgelieferten System werden definiert. Die Aktivitäten verschiedenster Rollen aus Entwicklung, Wartung, Test und Qualitätssicherung werden gesteuert und kontrolliert. SCM hilft beispielsweise bei der Beantwortung der Fragen *Wie ist der Fertigstellungsgrad der Komponenten und Teilsysteme?* oder *Welche Komponenten sind integriert?*.

Funktional betrachtet lassen sich folgende Aufgabenbereiche des Software Configuration Managements ableiten:

*   Das *Versionsmanagement* (VM) legt die Produktstruktur fest, die im Laufe des Kernprozesses sukzessive verfeinert wird. Innerhalb dieser Strukturen fallen im IT-Projekt vielfältige Ergebnisse – im folgenden meist Objekte genannt – an, die unterschiedliche Bearbeitungszustände haben, in unterschiedlichen Versionen vorliegen oder auch in ihrer Gesamtheit verschiedenartig konfiguriert werden können. Das *Versionsmanagement* ermöglicht ein sicheres, paralleles Arbeiten im Team und stellt die Basis- bzw. die Ursprungsanforderung des Software Configuration Managements dar. In komplexen Projekten reicht allerdings eine einfache Versionierung nicht mehr aus.

*   Zu bestimmten Zeitpunkten werden für bestimmte Zwecke,wie für Test oder Auslieferung, nach bestimmten Regeln bestimmte Objekte zu einem IT-System konfiguriert. Dieses *Build- und Releasemanagement* wird ergänzt um *Deploymentfunktionen*, die die erzeugten Systeme in den jeweiligen Zielumgebungen bereitstellen.

*   In Test und Betrieb treten Probleme auf und entstehen neue Anforderungen, die im *Änderungs- und Produktmanagement* verwaltet werden.

*   Für diesen komplexen Entwicklungs- und Wartungsprozeß sind Standardabläufe mit definierten Aufgaben und Freigabeverfahren erforderlich, die im Rahmen des *Prozeßmanagements* definiert werden.

10.1.1 Aufbau dieses Kapitels

Abb. 87 zeigt eine Sichtweise auf das Thema SCM, nach der dieses Kapitel aufgebaut ist.

Nach der allgemeinen Orientierung zum Thema SCM wird zunächst die Unterstützung des Kernprozesses durch SCM untersucht. Im Mittelpunkt dieses Abschnitts steht die Innensicht des SCM-Systems. Hier werden die Aufgabenbereiche des SCM abgeleitet, deren Funktionsweise und Begriffe beschrieben. Der Nutzen bzw. Einsatz dieser Aufgabenbereiche im Kernprozeß wird erläutert. Schwerpunktmäßig werden hier die Aktivitäten ab der Phase Realisierung betrachtet.

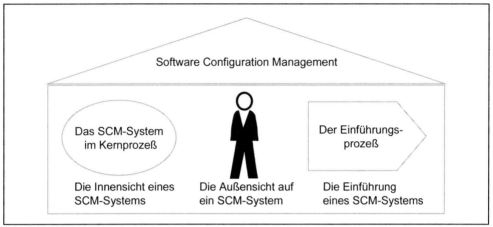

Abb. 87: **Aufbau dieses Kapitels**

Im dritten Abschnitt wird die Außensicht dargestellt. Hier ist die betriebliche Revision zu nennen, deren Anforderungen vorgestellt werden. Ergänzt wird dieser Abschnitt um das Thema Änderungsmanagement. Am ÄM-Prozeß sind vielfältige Organisationseinheiten vom Anwender bis zum Operator beteiligt, die über ein SCM-System integriert werden können.

Nachdem der Nutzen und der Einsatz von SCM beschrieben wurde, geht es im anschließenden Abschnitt um die Einführung eines SCM-Szenarios. Zunächst werden die Komplexitätsfaktoren detailliert, die diesen Einführungsprozeß skalieren und steuern. Anschließend werden Aufgaben und Ergebnisse phasenorientiert beschrieben einschließlich einer kurzen Orientierung über SCM-Werkzeuge am Markt. Der Abschnitt wird abgeschlossen mit einer Beispielarchitektur eines SCM-Szenarios.

10.1.2 Ziele

Der Einsatz eines SCM-Konzeptes innerhalb von IT-Projekten oder Wartungsprozessen soll *Ordnung schaffen*, und zwar Ordnung sowohl in der Produktstruktur als auch in den Abläufen. Auf Basis dieser Ordnung ist das Projekt steuer- und kontrollierbar.

Qualität, Sicherheit, Transparenz, Effizienz, Produktivität und Kommunikation sind die Schlüsselwörter, die bezogen auf das zu erstellende Produkt als auch auf den Entwicklungsprozeß mit einem SCM-Konzept verbessert werden sollen. Ein SCM-Konzept stellt die Basis dar für die Abdeckung von Anforderungen des Qualitätsmanagements, der Revision und je nach Bedarf von Zertifizierungsansprüchen.

Das Ziel des Einsatzes eines SCM-Szenarios besteht darin, die Beantwortung der folgenden Fragen zu ermöglichen. Die Fragen sind nach Rollen zusammengefaßt und nehmen teilweise eine Produkt-, eine Prozeß- oder eine Managementsicht ein.

Typische Fragestellungen der *Entwicklung* lauten beispielsweise:

- Welche Anforderungen soll ich mit welcher Priorität bearbeiten?

- Welchen Arbeitsbereich benötige ich für meine Aufgaben?

- Wie kann ich die Fertigstellung einer Anforderung bekanntgeben?

- Wie kann ich meine Änderungen im Team synchronisieren?

Typische Fragestellungen des *Testers*:

- Welche Anforderungen sind zum Test freigegeben?

- Wie starte ich das Testsystem? Was ist mein Arbeitsbereich?

- Wie stelle ich meine Testergebnisse ein bzw. gebe Anforderungen frei?

Typische Fragestellungen seitens des *Releasemanagers*:

- Welche Änderungsanforderungen sind freigegeben für die Integration bzw. Produktion?

- Welche Komponenten können integriert werden?

Typische Fragestellungen seitens des *Projektleiters*:

- Wie ist der Fertigstellungsgrad der Komponenten und Teilsysteme?

- Kann das Release ausgeliefert werden?

- Welcher Entwickler bearbeitet welche Anforderung?

Typische Fragestellungen des *Kunden*:

- Wie ist der Stand meines gemeldeten Problemfalls?

- Welche Neuerungen sind für wann geplant bzw. verfügbar?

Typische Fragestellungen seitens *Wartung/Support*:

- Welches Release hat der Kunde im Einsatz?

- Wie kann ich den ausgelieferten Systemstand wiederherstellen?

- Wie kann ich die Fehlerbehebung eines älteren Releasestandes mit der aktuellen Implementierung synchronisieren?

Je länger die Nutzungsdauer, je komplexer die Projekte, je breiter der Einsatz der Produkte, desto höher ist der Nutzen aus werkzeuggestütztem SCM. Oft liegt der Nutzen im *abgewendeten Schaden*, z. B. bei der Unterstützung der Parallelentwicklung oder der Erzeugung der *richtigen* Konfiguration.

10.1.3 Ergebnisse

Der SCM-Supportprozeß konzentriert sich auf die Einführung von Strukturen und standardisierten Prozessen mit Verfahrensweisen, Normen und Werkzeugen, die dem Kernprozeß bereitgestellt werden.

Dieser Einführungsprozeß erarbeitet die fachliche, organisatorische und technische Spezifikation eines SCM-Szenarios und setzt diese anschließend auf eine konkrete Werkzeugumgebung um.

Die Spezifikation beschreibt die:

- Produktstruktur mit zu versionierenden Strukturen und Objekten

- Abläufe und Vorgehensweisen

- Regeln und Standards

- Rollen und Verantwortlichkeiten

- Werkzeuge und Utilities.

Diese Spezifikation wird anschließend umgesetzt auf eine entsprechende Werkzeugumgebung und eingeführt, vergleichbar mit einer Einführung von Standardsoftware.

Dem Projektteam wird eine SCM-Umgebung bereitgestellt mit

- konfigurierten Werkzeugen (Customizing)

- initialisierten Strukturen

- Templates und Handbüchern

- Schnittstellen

- und bei Bedarf Migration bestehender Dokumente.

Der SCM-Supportprozeß hilft mit typischen, standardisierten Szenarien und Templates orientiert an Projektgröße und Komplexität.

Die anschließende Nutzung dieses SCM-Szenarios erfordert ein diszipliniertes Arbeiten aller Projektbeteiligten auf der vorgegebenen Struktur nach den vorgegebenen Regeln, die kontinuierlich verbessert bzw. ergänzt werden.

10.1.4 Struktur von Anfang an

Im Anwendungsentwicklungsprozeß werden, beginnend mit dem Projektantrag bis zum Abnahmedokument, Objekte erzeugt (Abb. 88). In einem ganzheitlichen SCM-Ansatz wird der gesamte Projektzyklus, von der Erstellung des ersten Objektes bis zur Entsorgung des letzten Objektes, betrachtet. SCM ist also von Projektbeginn an ein relevantes Thema.

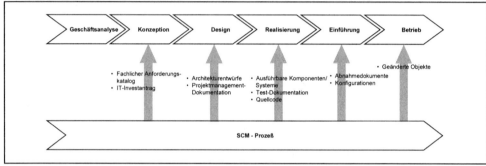

Abb. 88: **Versionierungspflichtige Objekte (Beispiel)**

Diese Objekte benötigen von Beginn an eine Struktur, die sich im Laufe der Projektphasen verfeinert(Abb. 89) zeigt eine beispielhafte Ablagestruktur:

In der Konzeptionsphase startet man mit einer ersten Themensammlung. Nach diesen Themen können beispielsweise die Anforderungskataloge gruppiert werden. Diese Themenstruktur verfeinert sich im Design zu einer komponentenorientierten Sichtweise. Designergebnisse und Testszenarien können nach diesen Komponenten gruppiert werden. Bei der Umsetzung der Komponente in der Phase Realisierung entstehen vielfältige Sourcecode-Objekte.

In der Integration werden diese Module nun wieder zu ablauffähigen Komponenten oder Teilsystemen zusammengebaut, die zu einem Gesamtsystem integriert werden. Testprotokolle, Abnahmedokumente, Änderungsanforderungen und Problemmeldungen können hier entsprechend zugeordnet werden.

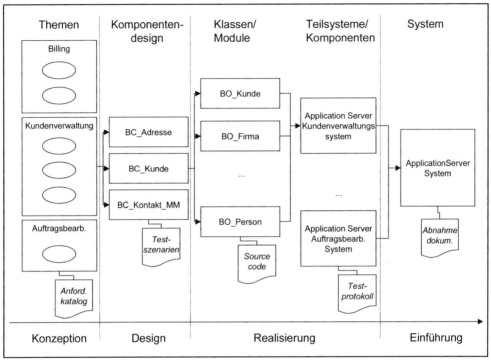

Abb. 89:   Ablagestruktur (Beispiel)

Auf Basis dieser Strukturen werden Verantwortlichkeiten und Rollen konfiguriert.

10.2 SCM als Unterstützung des Kernprozesses

In diesem Abschnitt wird die Unterstützung des Kernprozesses durch SCM untersucht. Im Mittelpunkt steht die Innensicht des SCM-Systems mit seinen Strukturen und Aufgabenbereichen und deren Nutzen bzw. Einsatz im Kernprozeß.

10.2.1 Aufgabenbereiche von SCM

Software Configuration Management umfaßt verschiedene Aufgabenbereiche, die in Abb. 90 dargestellt werden. Diese Bereiche sind stark miteinander vernetzt und können zur besseren Übersicht in die Blöcke *Versionieren*, *Konfigurieren* und *Ändern* strukturiert werden.

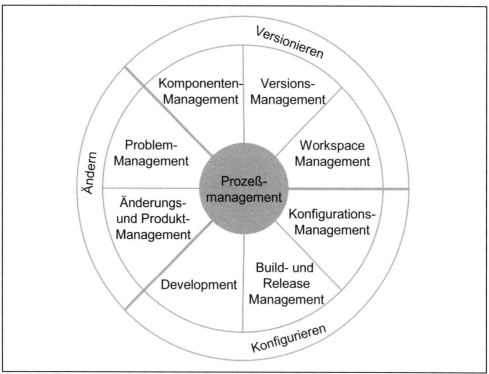

Abb. 90:   **Aufgabenbereiche des SCM**

Prozeßmanagement

Das *Prozeßmanagement* überwacht und steuert die Abläufe in der gesamten Entwicklung und Wartung eines IT-Systems. Dazu werden Life Cycles auf verschiedenen Ebenen spezifiziert, z.B. für Releases, Komponenten, Änderungsanforderungen und Problemmeldungen. Hierbei werden die Bedingungen für den Übergang festgelegt, ein zugehöriges Berechtigungs- und Rollenkonzept und automatische Folgeaktionen wie Benachrichtigungen spezifiziert.

Beispielsweise kann der Qualitätsmanager den Status eines auszuliefernden Release in den Status *fertig zur Auslieferung* setzen, wenn die Release-

Notes, das Benutzerhandbuch und die Systemdokumentation im Status *freigegeben* sind. Eine weitere Bedingung kann die zum Release geplanten Anforderungen betreffen, z.B. alle Anforderungen und zugehörigen Sourcen müssen den Status *erfolgreich getestet* haben.

Das Prozeßmanagement sollte nicht zu komplex sein. Die Regeln sollten gerade zu Beginn einfach und übersichtlich gehalten werden (think big, start small).

Das Prozeßmanagement steuert integriert die einzelnen Aufgabenbereiche, die sich in folgende drei Blöcke zusammenfassen lassen:

Versionieren

In jedem noch so kleinen Projekt wird auf irgendeine Weise Versionsmanagement betrieben. Es werden Dokumente erzeugt und kopiert, deren Identifizierung möglicherweise über bestimmte Namenskonventionen erfolgt. Das *Versionsmanagement* (VM) wickelt die Ablage von Objekten strukturiert und konsistent ab und umfaßt:

- die Strukturierung der Ablage,

- die Identifizierung und Kennzeichnung von Objekten und deren Beziehungen untereinander,

- die Speicherung und Verwaltung der Entwicklungsstände komplexer IT-Systeme, deren Varianten und Teilsysteme, ihre Unterschiede und Gründe für diese Unterschiede,

- die Protokollierung aller Änderungen an Objekten (Historie),

- die Definition konkreter Zugangs- und Zugriffsrechte.

Das *Workspace Management* ermöglicht die konsistente und parallele Entwicklung an Objekten in unterschiedlichen Lokationen. Es kann als eine Teilfunktion des Versionsmanagement gesehen werden und ermöglicht

- die Zusammenstellung und Verwaltung von Sichten, z.B. als persönliche Arbeitsbereiche für Entwicklung, Test und Wartung oder für die Verwaltung von Varianten,

- das Erkennen und Auflösen von Konflikten und die Zusammenführung von Änderungen.

Das *Komponentenmanagement* kümmert sich um die Verwaltung von Komponenten unter dem Aspekt der Wiederverwendbarkeit. Es ist ein komplexer, projektübergreifender Prozeß, der einem Produktmanagement gleichkommt. Es erfordert in einem SCM-Szenario erweiterte Life Cycles, Metadaten, Rollen und Berechtigungen und überschreitet den Rahmen dieses Kapitels.

Konfigurieren

Das *Konfigurationsmanagement* (KM) kümmert sich um die transparente und konsistente Erzeugung und Bereitstellung neuer Produktreleases und umfaßt:

- die Spezifikation konkreter Konfigurationen unter Berücksichtigung der Struktur und der Beziehungen der Objekte untereinander, vorheriger Konfigurationen und umgesetzter Änderungen,

- die Auswahl und Markierung kompatibler Komponenten/Teilsysteme zu einem gültigen und konsistenten Stand des Systems (Stückliste),

- die Erkennung der Unterschiede und Zusammenhänge von verschiedenen Konfigurationen eines Systems (Protokollierung, Rückverfolgung).

Auf Basis der spezifizierten Konfiguration läuft nun der *Buildprozeß* ab mit folgenden Teilfunktionen:

- Automatische, effiziente Erzeugung von Applikationen auf Basis zugehöriger Konfigurationen.

- Automatische Wiederherstellung der Applikation zu beliebigen Zeitpunkten.

- Automatische Versionierung der erzeugten Applikationsobjekte.

Das *Releasemanagement* verwaltet die speziellen Konfigurationen, die an den Kunden ausgeliefert werden. Es hinterlegt beispielsweise, welcher Kunde welches Release in welcher Konfiguration im Einsatz hat. Der *Deploymentprozeß* sorgt im Rahmen des Systemmanagements für die Softwareverteilung bzw. Bereitstellung auf den jeweiligen Zielsystemen (Auslieferung, Verteilung, Installation).

Ändern

Das Thema Ändern umfaßt zwei Teilbereiche:

- Das *Änderungsmanagement* (ÄM) organisiert transparent und effizient die Abläufe für neue Anforderungen. Das *Produktmanagement* steuert die Weiterentwicklung des Produktes, indem neue Anforderungen zu Releases gebündelt werden.

- Das *Problemmanagement* kümmert sich um Fehler und Abweichungen.

Diese Teilbereiche sind eng miteinander verzahnt und umfassen:

- die Definition der Organisation, Entscheidungswege, Verantwortlichkeiten, Zyklen und einheitlicher Verfahren des Änderungs-, Problem- und Produktmanagementprozesses,

- die effiziente Unterstützung bei der Identifizierung, Steuerung und Überwachung von resultierenden Aufgaben,

- die Identifizierung und Verfolgung logischer Änderungen auf der Systemebene durch Herstellen des Kontextes zu zugehörigen Systemobjekten,

- die Verifikation der Vollständigkeit und Konsistenz bei der Umsetzung dieser Änderungen

- die Berichterstattung zur Statusaufnahme, Dokumentation und Information aller Akteure.

10.2.2 Begriffe und Definitionen

In diesem Abschnitt werden die wesentlichen Begriffe des Software Configuration Managements erläutert.

Das Systemmodell

Das *Systemmodell* beschreibt die hierarchische Struktur der Anwendung. Dieses Modell wird versionsunspezifisch beschrieben.

Ein *Objekt* ist die kleinste verwaltbare Einheit eines SCM-Szenarios. Die Struktur der Objekte kann sich an den Projektphasen orientieren. Das IT-System kann beispielsweise in Systeme, Teilsysteme und Komponenten gruppiert werden. Objekte können Beziehungen untereinander haben, z. B. Dokumentation zu einem Modul.

Das *Produkt* charakterisiert die Marktsicht (Markenname Abb. 91 zeigt beispielhaft ein hypothetisches Systemmodell für eine Textverarbeitung.

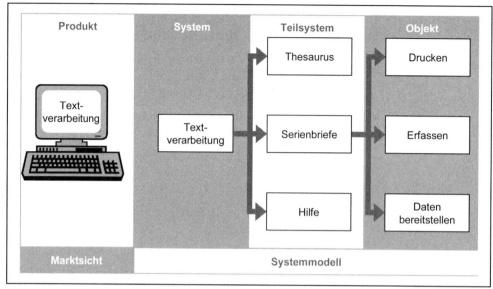

Abb. 91:   **Systemmodell am Beispiel Textverarbeitung**

Revisionierung von Objekten

Innerhalb des Prozesses der Anwendungsentwicklung entstehen Objekte mit unterschiedlichen Entwicklungsständen, sogenannte *Revisionen*.

Die *Revisions-Nummer* identifiziert eindeutig den Entwicklungsstand eines Objektes. Bei Änderung eines Objektes wird eine neue Revision erzeugt. Der Entwicklungszustand eines Objektes wird ebenfalls an der Revision festgehalten. Der Life Cycle kann durch ein Zustandsübergangsdiagramm beschrieben werden.

Die Änderung eines Objektes nach zusätzlichen Gesichtspunkten führt zu einer *Variante*, die eine Alternative beschreibt, z. B. wenn eine Änderung einer älteren Revision im Rahmen der Wartung erforderlich ist, oder das Objekt eine Ausprägung erhält (z.B. deutsche Variante bzw. englische Variante).

Konfiguration von Systemen

Innerhalb des Life Cycles eines Produktes werden konkrete Konfigurationen, sogenannte *Baselines* erzeugt. Eine Baseline ist ein Snapshot des Systems zu einem bestimmten Zeitpunkt zu einem bestimmten Zweck. Diese Baseline ist eine konsistente Anordnung von Objekten oder Teilsystemen eines Systems.

Für die Nachvollziehbarkeit muß die *Konfiguration*, d.h. die Build-Vorschrift eindeutig dokumentiert sein. Sie kann beispielsweise über die Anwendung von Regeln auf das Systemmodell konstruiert sein, z. B. daß immer die aktuellste Revision des Objektes im Status *freigegeben* eingebunden wird. Ein *Release* ist eine Baseline, die zum Kunden hin ausgeliefert wird und kann sich auf das Gesamt- oder Teilsystem beziehen. Abb. 92 zeigt die Konfiguration eines Gesamtsystem-Releases auf der Basis von Teilsystem-Releases.

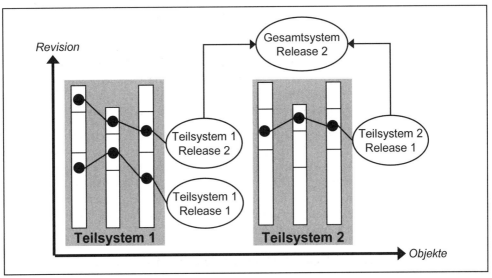

Abb. 92: **Konfiguration eines Systems**

Der Begriff *Version* wird nicht eindeutig verwendet, manche Werkzeuge benennen die Revision mit Version, andere sprechen von Version-Labels im Sinne von Release-Labels. Deshalb werden im folgenden nur die Begriffe Objekt-Revision und System-Release weiter verwendet.

10.2.3 SCM in den Phasen Konzeption und Design

In den Phasen Konzeption und Design fallen viele Dokumente im Rahmen der Spezifikation und des Projektmanagements an, deren Zwischenstände zu wichtigen Meilensteinen versioniert werden müssen. Häufig liegen unübersichtliche Objektstrukturen mit individuellen Ablagen vor.

Eine strukturierte Ablage hilft, späteres Chaos zu vermeiden. Ein Schwerpunkt des Versionsmanagements in den vorderen Phasen ist ein *effizientes Dokumentenmanagement* mit geeigneten Strukturen, Namenskonventionen, Templates und Regeln. Viele Dokumentations- und CASE-Werkzeuge bieten eigene Versionierungsmechanismen oder Schnittstellen an. Hier müssen entsprechende Regeln und Verfahren festgelegt werden.

Die Dokumente werden in der Regel von mehreren Personen mit unterschiedlichen Sichten und Aufgaben zum Teil von verschiedenen Lokationen bearbeitet. Im Rahmen des Prozeßmanagements werden die Abhängigkeiten dieser Dokumente und deren Life Cycles beschrieben mit entsprechenden Freigabeverfahren. Beispielsweise kann der Qualitätsmanager die Anforderungsbeschreibung einer Komponente als *fertig für die Abnahme* freigeben, wenn die zugehörigen Objekte Pflichtenheft und Testszenarien ebenfalls diesen Zustand erreicht haben.

Auch das Änderungsmanagement ist bereits in den frühen Phasen zu organisieren. Nachträgliche Änderungen des Anforderungskatalogs im späteren Verlauf der Phasen Konzeption und Design können große Auswirkungen auf den weiteren Projektverlauf haben und müssen organisatorisch nach festen Regeln abgewickelt werden. Dieses Änderungsmanagement ist Teil des Anforderungsmanagement und wird im folgenden nicht weiter betrachtet.

10.2.4 SCM in Realisierung, Einführung und Betrieb

Der Schwerpunkt des Software Configuration Managements beginnt in der Realisierung. Hier werden die geplanten Anforderungen umgesetzt, getestet, integriert, freigegeben, Produktkonfigurationen erzeugt, in Test- oder Produktionsumgebungen transferiert, Probleme behoben und Änderungsanforderungen umgesetzt.

Wird auf den Einsatz von SCM verzichtet, stellt sich die heutige Situation häufig wie folgt dar:

- Geregelte, sichere Freigabeverfahren existieren nur teilweise.

- Geregelte, sichere und effiziente Konfigurationsmechanismen und Übergabeverfahren existieren nur teilweise oder fehlen ganz.

- Der Änderungsprozeß ist nur wenig formalisiert und nicht ausreichend organisiert. Zum Kunden bzw. Anwender hin ist dieser Prozeß nicht transparent.

- Die Dokumentation ist nicht ausreichend.

- Die Entwicklung in heterogenen Umgebungen und die Parallel-entwicklung in Teams führen zu Mehrfachablagen und inkonsisten-ten Systemständen.

Neben fehlender Transparenz und Effizienz sind manuelle Verfahren sehr fehleranfällig und genügen bei weitem nicht den gesetzlichen Anforderungen.

Problemsituationen ohne SCM-Unterstützung

Typische Problemsituationen, wie sie in der Anwendungsentwicklung im SCM-Umfeld auftreten, sind in Tab. 32 aufgelistet.

Thema	Problemsituation ohne SCM-Unterstützung
Prozeßmanagement	• Sind alle Voraussetzungen erfüllt, um das Release auszuliefern, z.B. Dokumentation aktualisiert, Freigabe aller Änderungen. • Warum kann die Komponente nicht freigegeben werden, was fehlt? • Was sind die kritischen Komponenten des Systems?
Versionsmanagement	• Dieses Programm lief gestern noch. Was ist inzwischen passiert? • Der Fehler ist in dieser Konfiguration nicht reproduzierbar. • Dieser Fehler ist bereits behoben worden, warum tritt er jetzt wieder auf? • Der Fehler wurde gerade behoben; warum ist die Änderung nicht verfügbar?
Workspacemanagement	• Wie kann ich entwickeln, ohne die anderen zu beeinträchtigen? • Wie bekomme ich die Änderungen der anderen mit? • Wie kann ich Varianten verwalten?
Konfigurationsmanagement (einschl. Build/Deployment)	• Wie kann ich ein System mit allen freigegebenen Änderungen konfigurieren? • Wie unterscheiden sich die Konfigurationen untereinander? • Welche Module müssen aufgrund dieser Änderung ebenfalls aktualisiert werden, z. B. recompiliert werden? • Ist die Datenbankänderung in allen Zielumgebungen verfügbar?
Änderungsmanagement	• Ich habe gestern einen Fehler gemeldet. Wie ist der aktuelle Status? • Es wurde ein neues Release ausgeliefert. Was sind die Neuerungen? • Ich habe eine Anforderung eingestellt. Wann ist diese verfügbar?

Tab. 32: **Problemsituationen in der Anwendungsentwicklung**

Fehlende Regeln und Verantwortlichkeiten führen im Prozeßmanagement zu Intransparenz und Fehlentscheidungen. Sind die Objekte nicht geeignet strukturiert und fehlt deren dokumentierte Historie, kann das Verhalten des Systems nur schwer nachvollzogen werden.

Die parallele Entwicklung im Team führt vielfach zu Inkonsistenzen und zum Verlust von Daten. Die *richtige* Konfiguration zu erstellen unter Berücksichtigung aller Rahmenbedingungen birgt viele Fehlermöglichkeiten. Oft können bei Auslieferung eines neuen Produktreleases nicht mehr alle durchgeführten Änderungen benannt werden.

Geregeltes Vorgehen und effiziente Werkzeugunterstützung sind die Antwort auf diese Probleme. Die Lösung basiert auf dem Grundsatz:

„Die Kunst des Fortschritts besteht darin, inmitten der Veränderung Ordnung zu bewahren und inmitten der Ordnung Veränderungen zu ermöglichen."
(Alfred North Whitehead, amerikanischer Philosoph).

Der Entwicklungsprozeß mit SCM

Die typischen Unterstützungsmöglichkeiten eines SCM-Szenarios in den Kernprozeßphasen ab der Realisierung werden in Abb. 93 beispielhaft aufgezeigt.

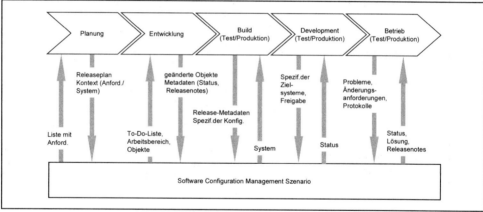

Abb. 93: **Unterstützung eines SCM-Szenarios in der Realisierung**

Die Realisierung bzw. der spätere Betrieb beginnt mit der Planung der nächsten Baseline bzw. des nächsten Release. Dazu werden die Änderungsanforderungen priorisiert und gebündelt. Aus den Anforderungen leitet beispielsweise der Projektleiter Arbeitsaufgaben mit entsprechenden Verantwortlichkeiten ab. Die Anforderungen werden nach vorkonfigurierten Life Cycles bearbeitet, beispielsweise mit Übergängen für Realisierung, Test und Abnahme.

Der verantwortliche Entwickler holt sich seine Aufgabenliste ab und startet mit der Bearbeitung. Dazu stellt er den Systemkontext her, indem er sich einen geeigneten Arbeitsbereich zusammenstellt bzw. abholt. Im Kontext der konkreten Anforderung werden die zugehörigen Objekte verändert bzw. neue Objekte erstellt. Nach Abschluß der Realisierung wird die Änderungsanforderung für die Integration freigegeben.

Zu gewissen Zeitpunkten stellt der Buildmanager die (Teil-) Konfiguration für den Integrationstest zusammen. Die Build-Vorschrift könnte lauten: „Nimm alle Objekte des vorherigen Release und die geänderten Objekte aller freigegebenen Anforderungen". Nun läuft der Build-Prozeß beispielsweise über ein automatisiertes, integriertes Make-Utility, das nun die geänderten Objekte erneut kompiliert. Die erzeugten Systeme und Teilsysteme, die automatisch versioniert werden, werden in die Testumgebung überstellt, die Tester automatisch benachrichtigt. Die Build- und Deploymentfunktionen stellt das SCM-Szenario bereit, initiiert und überwacht vom zuständigen Buildmanager.

Nun tauchen beispielsweise diese in dem neuen Testsystem bereitgestellten Änderungsanforderungen in der to-do-Liste der zugehörigen Tester auf. Diese erstellen Testprotokolle und schreiben den Status von Objekten und Anforderungen fort. Dazu nutzen sie das zentrale Änderungsmanagement- und Problemverfolgungssystem des SCM-Szenarios. Nun setzt eine Iteration der vorherigen Schritte ein, z.B. bei Fehlerfällen.

Ist der Test erfolgreich durchgeführt, wird das System beispielsweise von der Qualitätssicherung freigegeben für die Produktion. Dazu werden die Systeme in die Produktionsumgebungen transferiert, und es beginnt der Produktionsbetrieb.

Die Anwender stellen ihre Anfragen über zentrale Kommunikationskanäle via Telefon, Email oder Internet ein. Das Produktmanagement steuert mit der Planung der nächsten Releases die Weiterentwicklung des Produktes.

Anforderungen an SCM an einem Beispiel aus der Wartung

Die Anforderungen an SCM während des Betriebes eines IT-Systems werden an einem Beispiel aus der Wartung dargestellt:

Die Fakturierung eines Systems erfordert neue Rabattsätze. Bei der Erstellung der neuen Konfiguration werden versehentlich alte Rabattstände eingebunden! Der Fehler wird zu spät erkannt, 1000 Aufträge werden mit falschem Rechnungswert ausgeliefert!

Was ist zu tun? Das System wird umgehend auf das alte Release zurückgesetzt. Eine Fehleranalyse und Korrektur mit entsprechender Neuerstellung und Übergabe in die Produktion sind notwendig. Die Fachabteilung muß entsprechende Korrekturbelege erstellen.

Dafür sind folgende Fragen schnellstens zu beantworten, damit das System mit den richtigen Rabattsätzen in Betrieb gehen kann:

- Welches Release des Systems war zum Zeitpunkt der Rechnungserstellung in Produktion?

- Aus welchen Teilsystemen wurde das System konfiguriert?

- Welchen Entwicklungsstand hatten die Teilsysteme zum Zeitpunkt der Übergabe?

- Welche Änderungen wurden von wem (Ansprechpartner) in welcher Form seit der letzten Produktionsübergabe vorgenommen?

- Ist das falsch konfigurierte Release noch an anderen Stellen im Einsatz?

Anhand dieser Fragen lassen sich folgende Vorteile einer SCM-Umgebung ableiten.

Flexible und transparente Ablagestrukturen ermöglichen

- die schnelle Identifikation der betroffenen Objekte (Nachvollziehbarkeit),

- die schnelle Identifikation und eine rasche, konsistente Bearbeitung des Fehlers.

Automatisierte Verfahren für Konfigurationen und Übergaben gewährleisten

- die sichere und schnelle Wiederherstellung der Vorgängerreleases,

- die sichere und schnelle Bereitstellung des bereinigten Systems

- die Protokollierung aller Vorgänge.

Geregelte Änderungsverfahren, mit einer transparenten Verwaltung und Verfolgung von neuen Anforderungen und Problemen, ermöglichen

- einen schnellen Überblick über vorgenommene Änderungen und deren Kontext,

- Transparenz für den Anwender und

- Nachweisbarkeit.

10.3 Außensichten auf ein SCM-System

In diesem Abschnitt werden die Anforderungen von außen an das SCM-System erläutert. Zunächst werden die Anforderungen der betrieblichen Revision vorgestellt. Es folgt das Thema Änderungsmanagement, wo vielfältige Organisationseinheiten vom Anwender bis zum Operator über ein SCM-System integriert werden können.

10.3.1 Forderungen einer betrieblichen Revision

Software Configuration Management ist eine elementare Forderung der betrieblichen Revision.

Als Grundlage gilt die Einhaltung der gesetzlichen Vorschriften für die Verwaltung von Programmen zur EDV-Buchführung:

- Wenn EDV-Verfahren selbst Belegfunktionen haben (Programme oder Tabellen mit programmsteuernder Wirkung), müssen diese nach den Grundsätzen ordnungsmäßiger Buchführungssysteme (GoBS) 6 Jahre aufbewahrt werden.

- Wenn EDV-Unterlagen zum Verständnis von Geschäftsbüchern erforderlich sind (Dokumentation zum Verständnis des Verfahrens, Arbeitsanweisungen, sonstige Organsiationsunterlagen), müssen diese 10 Jahre aufbewahrt werden.

Diese Aufbewahrungspflicht ist erforderlich, damit Objekte oder Dokumente

- innerhalb einer angemessenen Zeit in lesbarer Form für Prüfungshandlungen verfügbar gemacht werden können und

- ein sachlicher und zeitlicher Nachweis über sämtliche buchführungspflichtigen Geschäftsvorfälle möglich ist.

Das bedeutet, daß IT-Systeme prüfbar und deren Änderungen nachvollziehbar sein müssen. Daraus resultiert die Aufbewahrungspflicht vielfältiger sogenannter revisionspflichtiger Objekte. *Revisionspflichtig* sind alle Objekte eines Projektes, die für die Buchführung relevant sind. Dies ist im Einzelfall zu entscheiden. Ein revisionspflichtiges Objekt ist *versionierungspflichtig*, wenn es Änderungen unterliegt und dessen alte Stände wiederherstellbar bzw. nachweisbar bleiben müssen.

Revisionspflichtig sind die Ergebnisse der wesentlichen Zwischenstände, die auf dem Weg zu einem Produktrelease erreicht werden. Dabei handelt es sich vor allem um die Ergebnisse der Meilensteine. Objekte der Projektablage, z. B. Schriftverkehr, sind ebenfalls revisionspflichtig, sofern sie einen direkten Bezug zum Projekt haben. In strenger Auslegung sind alle Objekte und Dokumente, die im Life Cycle eines Softwareprojektes entstehen, revisions- und damit versionierungspflichtig.

Folgende Aufgaben und Regeln lassen sich ableiten:

- Durchführung von Programmänderungen nur aufgrund von genehmigten Änderungsanforderungen

- Versionierung und nachvollziehbare Protokollierung aller Änderungen an freigegebenen Programmen und Dokumenten.

- Aufbewahrung aller freigegebenen Programme, Daten und Änderungsdokumentationen so, daß sie „innerhalb angemessener Zeit lesbar" sind, d. h. es müssen jederzeit vertraglich vereinbarte Konfigurationen eines Systems wiederherstellbar sein.

- Dokumentierte, bindende Verfahrensbeschreibungen für die Erzeugung, Freigabe und Auslieferung von IT-Systemen mit geregelten Zuständigkeiten.

- Absicherung aller Programme gegen Manipulation und unberechtigte Kenntnisnahme.

In strenger Auslegung müssen, unabhängig von Projektgröße und –umfang, der Häufigkeit von Änderungen und der Projektkomplexität, alle Projekte über ein *werkzeuggestütztes* SCM verfügen, da manuelle Abläufe zu fehleranfällig sind. Es schützt allerdings nicht vor Programmierfehlern!

Die Revision fordert eine verbindliche Richtlinie, zugeschnitten auf die konkrete Werkzeugumgebung mit flankierenden Prozessen und Verfahrensdokumentationen. Diese Richtlinie muß mit entsprechenden Support- und Auditprozessen forciert werden.

Neben dieser rechtlichen Notwendigkeit der Revisionssicherheit bildet das Thema SCM eine wichtige Basis zur Sicherung der Prozeßqualität im Rahmen von Qualitätsmanagement und Zertifizierungsansprüchen.

10.3.2 Der Änderungsmanagement-Prozeß

Der Änderungsmanagementprozeß steuert und kontrolliert den gesamten Prozeß von der Problemmeldung bis zum ausgelieferten neuen Release.Abb. 94 zeigt den Prozeß.

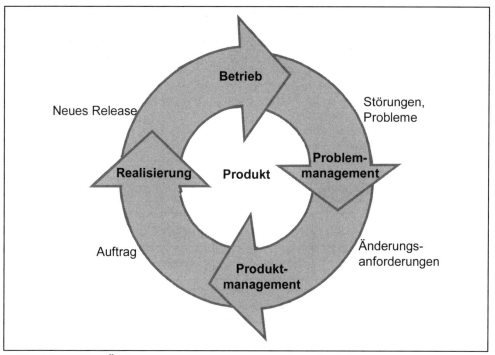

Abb. 94: **Der Änderungsmanagementprozeß (Beispiel)**

Ein Systemrelease ist in Produktion gegangen. Im Betrieb taucht ein Problem auf. Der Anwender meldet den Problemfall beim User-Helpdesk, beispielsweise als Teilfunktion des Supports, der für das Problemmanagement zuständig ist. Dort wird der Problemfall untersucht. Der Support ermittelt beispielsweise, daß es sich um einen Erweiterungswunsch handelt und stellt eine Änderungsanforderung ein.

Das Produktmanagement bewertet und bündelt relevante Anforderungen. Das Projektmanagement plant diese ein und stellt Aufträge bzw. Arbeitspakete an die Bereitstellung zusammen. Dort läuft nun die Realisierung und Auslieferung. Hier kommen schwerpunktmäßig VM- und KM-Funktionen des SCM-Systems zum Einsatz. Ist das neue Release zur Produktion freigegeben, erfolgt die Auslieferung, Verteilung und Installation. Hier erfolgt die Übergabe an das Systemmanagement, das die Systemkopie des neuen Releases in den Betrieb überstellt.

Life Cycle einer Änderungsanforderung

Der Änderungsmanagement-Prozeß wird detailliert am Beispiel des Life Cycles einer neuen Anforderung dargestellt. Diese kann beispielsweise folgende Schritte durchlaufen:

Schritt 1: Anforderungen einreichen und spezifizieren
Der Anwender stellt eine Änderungsanforderung ein. Dieses kann mit Hilfe eines computergestützten Werkzeugs oder auch auf der Basis eines einfachen Formulars erfolgen Abb. 95.

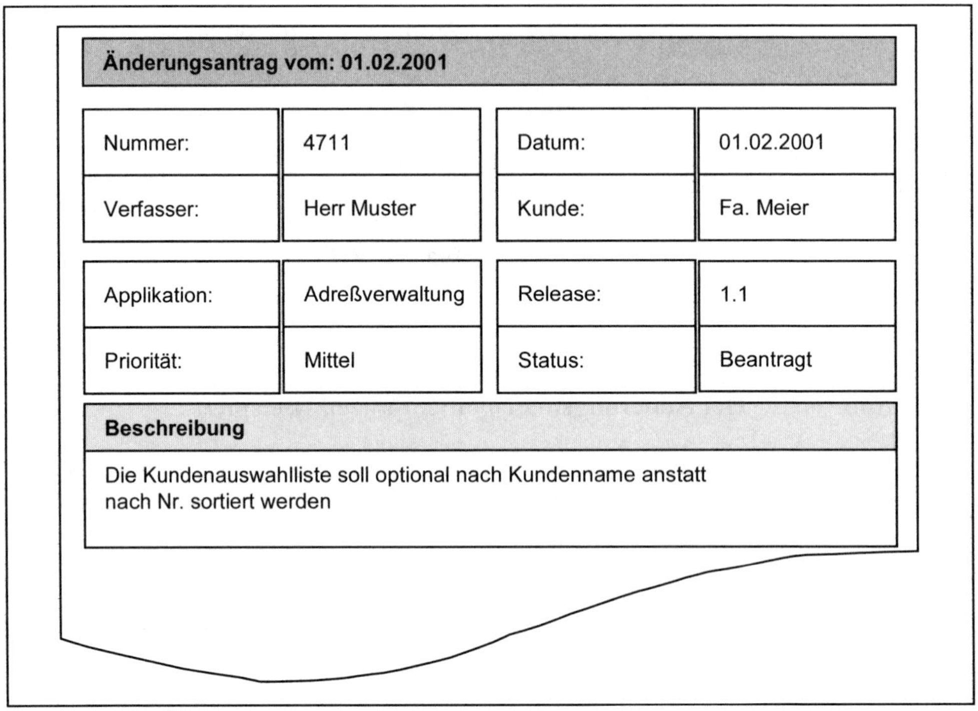

Änderungsantrag vom: 01.02.2001			
Nummer:	4711	Datum:	01.02.2001
Verfasser:	Herr Muster	Kunde:	Fa. Meier
Applikation:	Adreßverwaltung	Release:	1.1
Priorität:	Mittel	Status:	Beantragt

Beschreibung

Die Kundenauswahlliste soll optional nach Kundenname anstatt nach Nr. sortiert werden

Abb. 95: Änderungsanforderungen (Beispiel)

Der *Anwender* setzt den Status auf: *Die Anforderung ist beantragt.*

Schritt 2: Entscheidung vorbereiten
In der Regel werden nun Aufwände und Kosten geschätzt. Weitere Bewertungskriterien können sein: Dringlichkeit, Wichtigkeit, zur Verfügung stehende Ressourcen, Zusammenhang zur IT-Strategie. Gegebenenfalls ist es sinnvoll, Anforderungen zunächst fachlich zu prüfen und entsprechende Vorauswahlen zu treffen. Die zentrale Anlaufstelle benennt für die Anforderung einen Verantwortlichen, z.B. den *Systemdesigner.* Dieser stellt den Systemkontext für die Anforderung her, indem er die betroffe-

nen UseCases prüft. Er erarbeitet Lösungsansätze, stellt den Kontext zu den Systemobjekten, z.B. den Komponenten her, schätzt den Aufwand für verschiedene Lösungsalternativen und setzt den Status auf: *Die Anforderung ist bewertet.*

Schritt 3: Entscheidungen treffen

Zur Entscheidung über Anforderungen empfiehlt sich die Einrichtung eines entsprechenden Gremiums, z.B. einer Anwendergemeinschaft. Aufgaben dieses Gremiums sind: Priorisierung von Anforderungen, Entscheidungen über Lösungsalternativen, Beauftragung oder Ablehnung von Anforderungen, Definition von Releasezyklen, Finanzierung. In diesem Gremium sollten fachliche und technische Kompetenz, sowie ein verantwortlicher Entscheider vertreten sein. Das Gremium sollte turnusmäßig tagen und eine *feste Einrichtung* darstellen. Es empfiehlt sich, die Begründungen für Entscheidungen über Priorität und Status (beauftragt/abgelehnt) zu dokumentieren. Der *Auftraggeber* setzt den Status auf: *Die Anforderung ist beauftragt (oder abgelehnt).*

Schritt 4: Planung des System-Release

Im Rahmen des Produktmanagements werden die beauftragten Anforderungen unter Berücksichtigung aller Rahmenbedingungen zu Releases gebündelt. Die Verantwortlichkeiten werden zugewiesen, z.B. für Entwicklung, Test und Abnahme. Der Projektleiter setzt den Status auf: *Die Anforderung ist geplant für Release xy.*

Schritt 5: Design und Realisierung

Es erfolgt die Umsetzung der Anforderung durch den Entwickler. Je nach Umfang wird zunächst das Design durchgeführt und je nach Vorgaben zugehörige Dokumentationen aktualisiert. Dann erfolgt die Umsetzung. Der *Entwickler* setzt den Status auf: *Die Anforderung ist realisiert.*

Schritt 6: Integrationstest und Abnahme

Es wird eine Baseline des neuen Systems erzeugt auf Basis des aktuellen Produktionsreleases und den realisierten Änderungen. Dieses Testsystem wird in die Testumgebung transferiert. Der Pilotanwender auf Kundenseite testet die Änderungen. Ist der Test erfolgreich, setzt der *Kunden-Tester* den Status auf: *Die Anforderung ist abgenommen.*

Schritt 7: Bereitstellen

Nach erfolgreichem Test wird die Anforderung mit dem nächsten Produktrelease dem Anwender bereitgestellt. Die Änderungsanforderung wird *abgeschlossen.* Treten in der Produktion Probleme auf, kann diese Änderungsanforderung wieder geöffnet werden und beispielsweise in den Status *In Fehlerbehebung* gehen.

Hinweise

Ein Änderungsmanagement wird oft als bürokratisch und inflexibel empfunden. Direkte Kontakte zwischen Entwicklern und Anwendern und die sofortige Umsetzung der Anforderungen „ohne großen Papierkram" und ohne feste Releasezyklen ermöglichen (scheinbar) schnellere Ergebnisse. Bei dieser Vorgehensweise können jedoch eine Reihe von Problemen auftreten (siehe hierzu auch Kapitel 7 – „Betrieb"). Feste, nicht zu kurze Releasezyklen erhöhen in der Regel die Effizienz.

Stößt ein Änderungsmanagement auf eine geringe Akzeptanz, so sind die getroffenen Verfahren zu überprüfen und gegebenenfalls zu verändern.

Das Meldesystem mit gebündelten Kommunikationswegen sollte möglichst vielen Akteuren zur Verfügung stehen, Transparenz gewährleisten und doppelte Erfassungen verhindern.

Die Möglichkeit, den Bearbeitungsstand (Status) und die Verantwortlichkeiten einer Anforderung verfolgen zu können, ist für diejenigen, die diese Anforderung stellen, von großer Wichtigkeit. Größtmögliche Transparenz kann dazu beitragen, Konflikte zu verhindern. Diese entstehen häufig, wenn jemand meint, daß seine Anforderung vergessen oder abgeblockt wurde.

10.4 Die Einführung von SCM

Der folgende Abschnitt beschreibt einen praktikablen Weg zur Einführung von SCM in Projekten.

Die Einführung von SCM muß bereits bei der Planung neuer Projekte berücksichtigt werden und besteht im wesentlichen aus den folgenden Schritten in Abb. 96.

Abb. 96: Die Phasen des Einführungsprozesses von SCM

Wichtige Rahmenbedingungen und Zielvorgaben werden in der allgemeinen Projektinitialisierung definiert. Diese werden dann in der Phase *Initialisierung* detailliert. Der Bedarf wird bestimmt und ein Teilprojekt initialisiert. Auf Basis der Anforderungen wird ein grobes Lösungskonzept erarbeitet und alle weiteren Schritte geplant. In der Phase *Design und Einsatzvorbereitung* wird das SCM-Szenario fachlich, organisatorisch und technisch auf die eingesetzten Werkzeuge spezifiziert und alle Aktivitäten zur Einführung vorbereitet. In der Phase *Umsetzung und Einführung* wird das System eingerichtet, und die Anwender werden geschult.

Um die Komplexität zu begrenzen, können die Themen Versionieren, Konfigurieren und Ändern versetzt bearbeitet werden (s.Abb. 97).

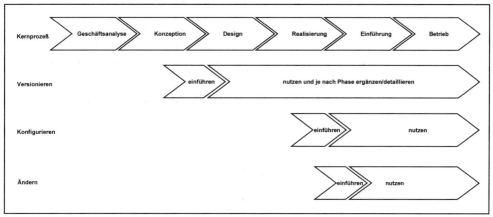

Abb. 97:   SCM Einführung im Kernprozeß

Die Zeitpunkte für die Bearbeitung der einzelnen Themen und deren Scope werden in der Projektinitialisierung gemeinsam festgelegt und können je nach Projektanforderungen variieren.

So kann beispielsweise zunächst das Thema Versions- und Workspacemanagement bearbeitet werden. Hier werden Strukturen und Life Cycles festgelegt - zunächst für die Phasen Konzeption und Design, später ergänzt um Realisierungsobjekte. In der Wartungsphase müssen Konfliktmechanismen spezifiziert werden, wenn beispielsweise ausgelieferte, bereits weiterentwickelte Objekte zur Fehlerbehebung nochmals bearbeitet und mit den aktuellen Ständen synchronisiert werden müssen. Spätestens zum Beginn der Realisierung sollte diese Umgebung eingeführt sein. Dieses Basisszenario kann dann im Laufe der Realisierung um das Thema Konfigurationsmanagement einschließlich Build- und Deployment-Funktionalitäten erweitert werden. Bei Auslieferung der ersten Testreleases, spätestens beim Ausliefern der Produktrelease, sollte dieses Thema eingeführt sein. Spätestens im Betrieb sollte das Thema Änderungsmanagement umgesetzt sein.

Nach der Einführung erfolgt die Nutzungsphase, in der das Szenario bei Bedarf ergänzt und optimiert wird.

Im folgenden werden zunächst die Komplexitätsfaktoren des SCM-Systems dargestellt. Diese skalieren und steuern den Einführungsprozeß, dessen Phasen anschließend detailliert beschrieben werden.

10.4.1 Komplexität des SCM

Software Configuration Management muß in jedem Projekt berücksichtigt werden. Der Umfang der Anforderungen an die einzelnen Themen hängt allerdings stark vom Bedarf bzw. der Dringlichkeit der SCM Unterstützung ab. Dieser Bedarf muß anhand der Prozeß- und Produktkomplexität zu Beginn des Projektes bestimmt werden und skaliert bzw. steuert den Einführungsprozeß.

Die *Prozeßkomplexität* ist meßbar anhand der Kriterien

- Anzahl Lokationen

- Anzahl Rollen, Anzahl Personen

- Änderungshäufigkeit

- geforderte Prozeßsicherheit

und die *Produktkomplexität* anhand der Kriterien

- Variantenvielfalt

- Umfang (Anzahl Objekte oder Teilsysteme)

- Abhängigkeit zwischen Objekten oder Teilsystemen

- geforderte Produktqualität

- Wiederverwendbarkeit von Komponenten

- Komplexität der Produktionsumgebung

- Anzahl der Installationen und Anwender.

Orientiert an diesen Kriterien lassen sich die Schwerpunkte der SCM-Unterstützung und damit der Bedarf grob kategorisieren. In Abb. 98 ist der Bedarf an Versions- und Konfigurationsmanagement am Beispiel der Kriterien *Anzahl Lokationen im Entwicklungsprozeß* und *Variantenvielfalt des Produktes* dargestellt.

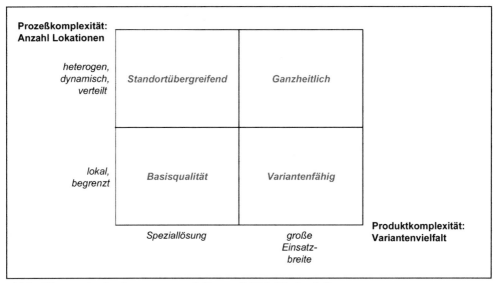

Abb. 98:   **Anforderungsportfolio an SCM (Beispiel)**

Wenn die Entwicklung beispielsweise lokal an einem Standort erfolgt und das Produkt eine Speziallösung ist, reicht die *Basisqualität* mit einfachen Versionierungsmechanismen aus. Wird ein Standardprodukt mit einem Kernsystem, vielfältigen optionalen Komponenten und Varianten und einer Vielzahl von Kunden entwickelt, kann ein integriertes SCM-Szenario mit einem strengen Prozeß-Regelwerk helfen, Chaos zu vermeiden. Hier können ebenfalls automatisierte Build- und Deploymentprozesse und ein zentrales Problemverfolgungssystem notwendig sein.

10.4.2 Initialisierung

In dieser Phase wird der Bedarf für das SCM-Szenario bestimmt und das Teilprojekt initialisiert.

Voraussetzungen

In der Projektidentifikation und Konzeptionsphase des IT-Projekts sind globale Ziele und Rahmenbedingungen für das Thema SCM definiert worden.

Ergebnisse

1.   Ziele und Rahmenbedingungen sind verfeinert.

2. Der SCM-Umfang ist analysiert, ein grobes Lösungskonzept erarbeitet.

3. Ein grober Projektablaufplan inklusive Einführungsplan mit den wesentlichen Meilensteinen ist erstellt.

4. Eine grobe Projektkalkulation ist durchgeführt.

5. Ein SCM Auftrag ist vereinbart.

Aufgaben/Vorgehen

Ziele und Rahmenbedingungen verfeinern

Zunächst wird die Komplexität des Entwicklungsprozesses und des IT-Systems analysiert und bewertet. So erhält man wesentliche Rahmenbedingungen und die Kernthemen, die einen besonderen Schwerpunkt im SCM-Design bilden, z.B. Handhabung von Varianten.

Existierende gültige Richtlinien, Konventionen und Standards werden zusammengestellt und überprüft.

Auf Basis der Anforderungen an die Produkt- und Prozeßqualität und auch aus Sicht des Qualitätsmanagements werden Ziele und Rahmenbedingungen verfeinert, strukturiert und bewertet.

Anforderungen (fachlich, technisch, organisatorisch) ableiten und ein Lösungskonzept erarbeiten

Im Abgleich mit Referenzmodellen und den obigen Zielen und Rahmenbedingungen werden die Abläufe und Aufgaben in den Themen Versionieren, Konfigurieren und Ändern sowie Prozeßmanagement grob spezifiziert.

Dazu ist es notwendig, den Entwicklungs- und Wartungsprozeß ganzheitlich zu spezifizieren:

- Wie sieht eine geeignete Produktstruktur aus?

- Welche Objekte bzw. Objekttypen werden entstehen? Wird es Abhängigkeiten geben?

- Wie sieht der Entwicklungsprozeß aus (Schritte, Rollen, Verantwortlichkeiten, Regeln, Auftragsmanagement, Kommunikation, Freigabe)?

- Wie erfolgt die Entwicklung im Team (Arbeitsbereiche, Synchronisation, Parallele Entwicklung, verteilte Standorte)?

- Wie erfolgt das Produktmanagement?

- Wie erfolgt die Erzeugung und Bereitstellung von neuen Systemreleases?

- Welche Schritte durchläuft eine Änderungsanforderung bzw. eine Problemmeldung?

- Welche Reports werden benötigt?

Aus technischer Sicht können Anforderungen beispielsweise für folgende Themen relevant sein:

- Integration in die bestehende Umgebung (Plattformen, Schnittstellen)

- Architektur und Systemadministration

- Entwicklung an verteilten Standorten

- Mengengerüst

- Benutzbarkeit des Systems aus Sicht der verschiedenen Rollen.

Anhand dieses Anforderungskatalogs werden die Werkzeuge auf Basis von Standards bestimmt.

Die Systemarchitektur für die benötigten Arbeitsplatztypen wird grob spezifiziert.

Einführung grob planen

Im Einführungsplan wird grob festgelegt, wann welche Themen eingeführt werden und welcher Schulungsbedarf besteht.

SCM-Projekt planen und Auftrag vereinbaren

Die Projektorganisation wird festgelegt. Anschließend werden auf Basis eines Meilensteinplans Arbeitspakete definiert. Insbesondere wird die Einführungsphase geplant und der Schulungsbedarf quantifiziert.

Die Aufwände werden abgeschätzt, Termine geplant und mit dem IT-Projekt synchronisiert.

Die Ergebnisse dieser Phase werden in einem SCM-Auftrag mit Leistungsbeschreibung, Leistungsumfang und Leistungsart zusammengefaßt und mit dem Projektleiter auf Basis eines Angebots vereinbart.

Auswahl von Werkzeugen

Auf Basis der Anforderungen wird der Scope des SCM-Werkzeuges bestimmt. Die SCM-Werkzeuge lassen sich grob in zwei Kategorien unterteilen: Die *funktionszentrierten* SCM-Werkzeuge konzentrieren sich in der Regel auf *ein* Aufgabengebiet (Versionieren, Konfigurieren, Ändern) und bieten dort Basisfunktionalitäten an. Die Prozeßunterstützung bzw. Integration der Themen ist hier nachrangig. Die *prozeßzentrierten* Tools bieten einen integrierten und ganzheitlichen Ansatz mit dem Schwerpunkt des Prozeßmanagements. Möchte man ein prozeßzentriertes Tool einsetzen, ist die Philiosophie des zugrunde liegenden Prozeßgedankens zu prüfen.

Jedes Tool bietet hier verschiedene Mechanismen und Strukturen. Man muß prüfen, wie der eigene Prozeß am besten abgebildet werden kann.

Bei der Entscheidung hilft der SCM-Supportprozeß, geeignete Werkzeuge und Templates auszuwählen, orientiert am Bedarf des Projektes auf Basis von Standards des Unternehmens.

Wichtige Kriterien neben den Funktionalitäten in den einzelnen Themen sind die Lauffähigkeit und die Integration in der bestehenden Umgebung (Schnittstellen).

Für die Bereiche Deployment und User-Helpdesk gibt es in der Regel spezialisierte Tools, die über Schnittstellen mit dem SCM-System kommunizieren.

Hinweise

Die Abwicklung erfolgt als ein eigenständiges, in den Entwicklungsprozeß eingebundenes Teilprojekt. Die Verantwortung für diese Aufgabe wird einer Person, dem SCM-Koordinator übertragen, der das Teilprojekt leitet. Diese Person berichtet an den Projektleiter, der als Entscheider fungiert, und wird unterstützt von Schlüsselpersonen des Projektteams aus den jeweils betroffenen Bereichen, z.B. Entwicklung, Test, Qualitätsmanagement, Systemmanagement.

Der SCM-Auftrag stellt den ersten Meilenstein dar. Hier wird entschieden, wie das SCM-Projekt weiter bearbeitet wird.

10.4.3 Design und Einsatzvorbereitung

Die Aufgabe dieser Phase besteht darin, die Abläufe zu detaillieren und auf die konkrete Werkzeugumgebung abzubilden. Anschließend wird die Einführung geplant.

Voraussetzungen

Die SCM-Abläufe und Strukturen sind grob beschrieben. Die Werkzeuglandschaft ist ausgewählt.

Ergebnisse

1. Der SCM-Prozeß ist im Detail definiert und dokumentiert mit Strukturen und Abläufen, formellen Vorgehensweisen, Rollen, Berechtigungen und Metadaten.

2. Das SCM-Szenario ist ausgerichtet auf die eingesetzten Werkzeuge, fachlich, organisatorisch und technisch im Detail spezifiziert und bei Bedarf am Prototyp erprobt. Das Systemmodell mit eindeutig identifizierten Objekten und deren Beziehungen ist definiert. Die Life Cycles der Objekte sind spezifiziert.

3. Der Projektplan ist verfeinert für die Umsetzung und Einführung.

Aufgaben/Vorgehen

Die Aufgaben des Designs werden themenspezifisch (Versionieren, Konfigurieren, Ändern) verfeinert. Das Prozeßmanagement wird ebenfalls je Thema beschrieben, wobei vernetzte Tätigkeiten entsprechend ausgewiesen werden. Die anschließende Beschreibung der Einsatzvorbereitung listet themenübergreifende Aktivitäten auf.

Versionieren

Systemmodell definieren

Die versionierungswürdigen Objekte werden bestimmt, orientiert am Phasenmodell des Kernprozesses. Diese Objekte werden in einer hierarchischen Struktur abgelegt, z.B. gruppiert in Komponenten. Anschließend werden die Objekte in eindeutige Objekttypen klassifiziert, z. B. Infrastruktur, Source-Code, Schriftverkehr, Spezifikations- und Test-Dokument. Je Objekttyp werden die Namenskonventionen bestimmt und Metadaten definiert, welche die eindeutige Identifizierung gewährleisten.

Der Prozeß zur Pflege der Projektstruktur für die Aufnahme neuer Objekte (Speicherung, Identifizierung, Klassifizierung, Beschreibung der Beziehungen) und die Änderung der Struktur des Systemmodells werden dokumentiert.

Workspace Management spezifizieren

Der Entwicklungs- und der Wartungsprozeß im Team müssen auf Basis des Systemmodells festgelegt werden. Die Struktur und die Handhabung verschiedener Workspaces werden festgelegt. Mechanismen und Regeln zur Synchronisierung und Konfliktauflösung werden spezifiziert. Insbesondere wird der Einsatz von Varianten auf Objektebene geprüft und zugehörige Namenskonventionen für Varianten festgelegt.

Konfiguration des Entwicklungs- und Wartungsprozesses anhand von Life Cycles

Der Prozeß wird im wesentlichen mit Hilfe von Life Cycles konfiguriert. Beispielsweise werden die Life Cycle der Komponenten und Objekte definiert. Dabei orientieren sich die festzuhaltenden Entwicklungszustände an den bearbeitenden Phasen und Schritten des Entwicklungsprozesses. Die genauen Voraussetzungen für den Übergang werden spezifiziert, ebenso die Rollen, die den Übergang veranlassen können. Der gesonderte Prozeß der Notfallreparatur wird spezifiziert.

Für automatisch auszulösende Folgeaktionen werden aktive Elemente, sogenannte Trigger, spezifiziert, z. B. für eine Benachrichtigung. Der Prozeß zur Initiierung eines Zustandswechsels wird dokumentiert.

Reporting

Wichtige Berichte mit Informationen über die Änderungshistorie von Objekten, Teilsystemen und Systemen werden spezifiziert.

Systemarchitektur verfeinern

Aus der Sicht des Themas Versionieren sind hier das Mengengerüst und die Schnittstellen beispielsweise zu CASE- und Entwicklungswerkzeugen zu erproben. Ein Konzept für die langfristige Archivierung ist notwendig.

Konfigurieren

Prozeß zur Spezifikation von Baselines und Releases definieren

Zunächst wird spezifiziert, wann Stände des Systems zu welchen Zwecken eingefroren werden. Darauf aufbauend werden Life Cycles, Regelwerke, Namenskonventionen, Metadaten und Folgeaktionen für Releases und Baselines spezifiziert.

Der Mechanismus bzw. das Regelwerk zur Erzeugung einer Konfiguration je Teilsystem und des Gesamtsystems werden spezifiziert. Hierbei sind die Strukturierungs- und Zuordnungsmechanismen des Versionsmanagementsystems zu berücksichtigen. Die Verknüpfung von Releases und zugehörigen Änderungen muß spezifiziert werden.

Buildprozeß spezifizieren

Arbeitsweisen und Abläufe zur Bildung und Wiederherstellung von Gesamt- und Teilsystem-Konfigurationen werden spezifiziert und dokumentiert. Hier sind die Build-Verfahren der Entwicklungsumgebung und das Zusammenspiel mit dem SCM-Szenario zu prüfen; beispielsweise können textuelle Konfigurationsbeschreibungen eingesetzt werden.

Optimierungsansätze werden geprüft, um nicht bei einer kleinen Änderung das Gesamtsystem komplett neu bilden zu müssen.

Insbesondere werden die Protokollierung (Stückliste) und das Vorgehen zur Rückverfolgung bei Problemen in bestimmten Konfigurationen festgelegt.

Deploymentprozeß spezifizieren

Die Übergabeverfahren für die Bereitstellung der Systeme und Teilsysteme in die jeweiligen Zielumgebungen werden technisch und organisatorisch spezifiziert. Im Rahmen des Systemmanagements werden entsprechende Abläufe eingerichtet und mit der späteren Systemadministration und Betreuung abgestimmt (Auslieferung, Verteilung, Installation).

Ändern

Arbeitsweisen und Abläufe spezifizieren

Arbeitsweisen und Abläufe zur Problem- und Änderungsaufnahme und Verfolgung werden spezifiziert. Dazu wird insbesondere der Life Cycle einer Änderungsanforderung bzw. einer Problemmeldung mit entsprechenden Regeln und Berechtigungen für den Übergang spezifziert. Rollen werden definiert und mit allen Beteiligten abgestimmt. Standardformulare für Problem- und Änderungsreport werden spezifiziert. Statusberichte und Kommunikationswege werden bestimmt, insbesondere der Weg der Beauftragung.

Das Zusammenspiel von Änderungen und deren Systemkontext wird festgelegt. Strukturen und Abhängigkeiten werden spezifiziert, beispielsweise zum Release. Hier muß die Durchgängigkeit von der Änderungsanforderung zum ausgelieferten Release mit entsprechenden Versions- und Konfigurations-Mechanismen sichergestellt werden.

Im Rahmen des Änderungsmanagements liegt der Schwerpunkt auf dem Einrichten einer zentralen Problemsammelstelle, die möglichst allen Beteiligten zugänglich ist. Anforderungen an Transparenz und Kommunikation sind entsprechend umzusetzen.

User Helpdesk organisieren

Die Hotline wird organisiert mit Verantwortlichkeiten, Sevice Level Agreements, gebündelten Kommunikationskanälen und entsprechenden Werkzeugen.

Systemarchitektur verfeinern

Im Rahmen des Änderungsmanagements liegt der Schwerpunkt des SCM-Systemdesigns auf dem Einrichten einer zentralen Problemsammelstelle, die möglichst allen Beteiligten zugänglich ist. Anforderungen an Transparenz und Kommunikation sind entsprechend umzusetzen.

Einsatzvorbereitung

Die Bereitstellung des SCM-Systems vorbereiten

Bei neuen Architekturen wird die Machbarkeit an einem Prototyp erprobt.

Alle Aktivitäten zur Beschaffung, Lizenzierung, Installation und Einführung werden geplant und initiiert.

Organisatorische Einbindung vorbereiten

Im Rahmen der Verfeinerung der Prozesse werden Rollen bestimmt und in Benutzergruppen zusammengefaßt (z.B. Projektleiter, Teilprojektleiter, Entwickler, Tester, Qualitätsmanagement, SCM-Koordinator). Die Rechte werden definiert, dabei ist zu klären: *Wer darf was?* und *Wer darf was nicht?* bezogen auf den Status des Objektes.

Orientiert an diesen Benutzergruppen wird ein rollengerechtes Trainings- und Betreuungskonzept erstellt, das mit dem Einführungsplan synchronisiert wird.

10.4.4 Umsetzung und Einführung

Nachdem das detaillierte Design für die ausgewählte Werkzeugumgebung erstellt ist, geht es nun um seine Einführung im Entwicklungsprozeß.

Voraussetzungen

Das Design und die Vorgaben für die SCM-Umsetzung liegen vor.

Ergebnisse

1. Das SCM-System ist umgesetzt, getestet, dokumentiert und abgenommen.

2. Alle Komponenten sind aktiviert; alle Arbeitsplätze gemäß des technischen Sollmodells sind bereitgestellt und getestet.

3. Die Systemadministration und eine Supportstruktur sind eingerichtet.

4. Die Mitarbeiter sind in den SCM-Abläufen, Vorgehensweisen, Werkzeugen und Support-Strukturen geschult.

Aufgaben/Vorgehen

SCM-System erstellen, testen und abnehmen

Die Infrastruktur für die Umsetzung wird eingerichtet. Das Systemmodell wird im SCM-Werkzeug abgebildet und optimiert (Strukturen, Abhängigkeiten, Life Cycles, Systemparameter, Konsistenzcheck-Methoden, aktive Elemente, Reports). Benutzer, Benutzergruppen und Berechtigungen werden eingerichtet. Die Schnittstellen werden getestet.

Konfigurationsmanagement- und Übergabemechanismen (Schnittstellen, Jobablauf-Scripte etc.) werden erstellt, dokumentiert und getestet.

Die Installationsanweisung und evtl. Hinweise für die Systembetreuung werden dokumentiert, bei Bedarf werden Installationsroutinen erstellt.

Ggf. wird eine formelle Abnahme des SCM-Systems durchgeführt.

SCM-System einführen

Alle Komponenten des technischen Soll-Modells werden an den entsprechenden Arbeitsplätzen bereitgestellt und getestet. Die bereits vorhandenen versionierungswürdigen Dokumente werden importiert.

Trainings werden durchgeführt, die Benutzerdokumentation zur Verfügung gestellt. Alle Beteiligte werden informiert, Supportstrukturen eingerichtet.

Hinweise

Im Projektteam vor Ort müssen in der Regel ein bis zwei Mitarbeiter mit fundiertem SCM-Know-How aufgebaut werden, um einen akzeptablen First Level Support zu gewährleisten.

Die Einarbeitung der SCM-Nutzer erfolgt in der Regel über kurze Einweisungen mit nachfolgendem *Training on the Job.*

10.4.5 Beispielarchitektur eines SCM-Systems

Im folgenden wird ein Lösungsansatz für ein SCM-System vorgestellt, das einen hohen Grad an Automatisierung und Sicherheit über den gesamten SCM-Prozeß bietet. Die Systemarchitektur wird mit Hilfe eines UML-Einsatzdiagrammes dargestellt, in dem die Rechnerressourcen als Würfel mit ihren kontrollierten Speicherbereichen (Attribute) und ihren Operationen dargestellt sind Abb. 99.

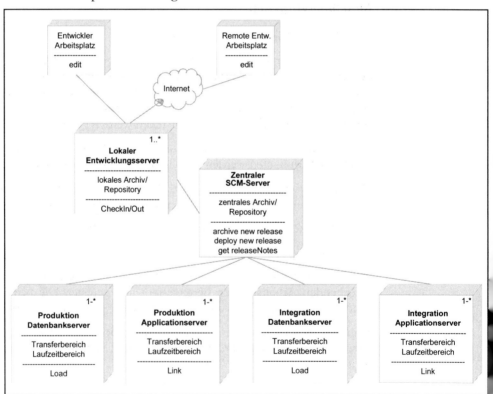

Abb. 99:   **Systemarchitektur-Einsatzsicht (Beispiel)**

In den jeweiligen Lokationen der Anwendungsentwicklung erfolgt die Versionierung innerhalb des allgemeinen Dateimanagements oder über eine Installation des SCM-Werkzeugs auf einem lokalen Entwicklungsserver. Die Entwicklerarbeitsplätze sind in das lokale Netzwerk eingebunden. Remote Arbeitsplätze können über eine Internet-Applikation des SCM-Werkzeugs und entsprechende Sicherheitsmechanismen wie Secure-ID Card zur Verfügung gestellt werden. Hierüber können neben den Entwicklern auch andere Verantwortliche aus den Bereichen Test, Qualitätsmanagement, Abnahme angebunden werden.

In einem komplexen Entwicklungsprozeß kommen mehrere (1-*) lokale Entwicklungsserver zum Einsatz.

Eine Client/Server-Anwendung überträgt die benötigten Objekte auf einen zentralen SCM-Server und versioniert sie dort in einem zentralen Archiv. Im Repository werden alle Metadaten zu den Objekten und Releases verwaltet.

Die Steuerung und Verteilung zu den einzelnen Zielsystemen der Test-, Integrations- und Produktionsumgebungen übernimmt der zentrale SCM-Server. Dieser nimmt Aufträge von den Entwicklungslokationen entgegen und führt diese aus. Diese Aufträge können folgende Aktivitäten umfassen:

- die Archivierung und Versionierung der definierten Stände wie Test, Integration, Produktion,

- den Transfer auf das entsprechende Zielsystem,

- das Veranlassen und die Überwachung aller erforderlichen Aktionen zur Bereitstellung der Komponente auf den verschiedenen Zielsystemen (Kompilieren, Binden, Laden).

Die Produktionsmaschinen der Zielumgebung erzeugen unter Kontrolle des SCM-Servers die lauffähigen Systeme/Teilsysteme. Dazu starten sie Kompilier-, Lade- und Bindeprozesse auf dem neu bereitgestellten Quellcode, der in einen Transferbereich überstellt wurde. Die neuen Module werden im Laufzeitbereich abgelegt und sind damit produktiv.

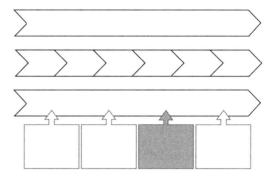

11 Testen im IT-Projekt

Testen hat in den letzten Jahren enorm an Bedeutung zugenommen. Während es in den Anfangsjahren der IT-Entwicklung eher als Abschluß eines Projektes gesehen wurde, wird es heute als ein Prozeß aufgefaßt, der den gesamten Entwicklungszyklus unterstützt. Von Anfang an muß die Umsetzung der Kundenanforderungen geprüft werden, bereits in der Spezifikation. Das Testen ist ein Prüfstein für die angemessene Umsetzung von Requirements bzw. Änderungen bezüglich Leistungsumfang und Qualität.

Testen soll helfen, ein *fehlerfreies* System bereitzustellen. Fehlerfreiheit ist allerdings ein nicht beweisbares Ziel. Außerdem wissen wir, es gibt kein fehlerloses System. Hier das richtige Maß zu finden zwischen Aufwand und Nutzen ist die Kunst des Testens. Systematisches Vorgehen möglichst gekoppelt mit Automatisierungstechniken sind erforderlich. Ein standardisierter und transparenter Testprozeß ist planbar und wiederholbar. Insbesondere die höhere Komplexität sowohl des Entwicklungsprozesses als auch des entstehenden Produktes bei immer kürzeren Releasezyklen (Time to Market) verschärfen die Testproblematik.

Der Leistungsumfang und die Qualität eines IT-Produktes wird auch daran bewertet, inwieweit nachweisbar Tests definiert und durchgeführt wurden. Die ANSI/IEEE-Norm 829 *Standard for Software Test Documentation* dient dabei häufig als Meßlatte im Streitfall. Sie legt ganz klar fest, welche Dokumente im Testen erstellt werden sollten und bestimmt dadurch den Testprozeß. Jeder Vorschlag für ein Testverfahren muß sich heute daran messen lassen, ob er modernen Ansprüchen – wie sie beispielsweise in der Norm 829 formuliert sind – genügt.

Die Literatur zum Thema Testen ist fast unüberschaubar. In diesem Kapitel geht es nicht darum, die Literatur aufzuarbeiten. Vielmehr wird ein Vorschlag zur Gestaltung der Tests gemacht, der auf den vorgestellten Kernprozeß zugeschnitten ist. Gleichwohl können der Ansatz als Ganzes oder auch Aspekte daraus angewendet werden, wenn ein anderes Modell zur Anwendungsentwicklung zugrunde liegt.

11.1 Orientierung

Verbessert das Testen die Qualität des Produktes? Zunächst ein klares Nein. Denn stellen wir uns einen Menschen vor, der abnehmen möchte. Durch das Wiegen allein wird er nicht abnehmen. Aber er braucht die Waage als Meßgröße bzw. als Kontrollgerät, ob er auf dem richtigen Weg ist. So verhält es sich auch mit dem Testen. Es liefert ein Maß für die Qualität und ist somit eine wichtige Maßnahme zur Qualitätssicherung in der Entwicklung von IT-Systemen. Es begleitet den gesamten Entwicklungsprozeß, ist Grundlage der Abnahme durch den Auftraggeber und Teil des Betriebes in der Wartung und Weiterentwicklung.

11.1.1 Ziele

Mittels Testen wird überprüft, ob ein IT-System den festgelegten Anforderungen genügt. Das Testen liefert eine genaue *Leistungs- und Qualitätsbeurteilung* des Produktes. Dabei werden die folgenden Ziele berücksichtigt:

- Der Leistungsumfang gemäß der funktionalen und nichtfunktionalen Anforderungen ist geprüft.

- Die Qualität des IT-Systems ist überprüft.

- Der Testumfang ist stets transparent.

- Das System ist auch für weitere Releasezyklen gut und effizient testbar.

- Die Wiederverwendbarkeit von Komponenten ist gesichert (bei entsprechender Zielstellung des Auftragnehmers).

11.1.2 Voraussetzungen

Folgende Aspekte sind als Voraussetzung für das Testen zu beachten:

- Um Testen erfolgreich durchführen zu können, ist die Benennung eines Testverantwortlichen und in größeren Projekten eines Testteams unabdingbar.

- Es besteht ein intensiver Kontakt zwischen Auftraggeber, Projektleiter und Testteam, um Testobjekte, Prioritäten und Testfälle festzulegen.

- Grundsätzlich kann nur dann getestet werden, wenn die erwarteten Ergebnisse bekannt sind. Das Testen besteht dann darin, zu überprüfen, ob und ggf. in welcher Weise die tatsächlichen Ergebnisse von den erwarteten Ergebnissen abweichen.

- Das System muß testbar sein, d.h. die Ergebnisse der einzelnen Phasen des Entwicklungsprozesses liegen vor. Insbesondere muß eine vollständige Konzeption des Systems inkl. der funktionalen und nichtfunktionalen Anforderungen vorliegen.

Falls diese Voraussetzung nicht erfüllt sind, müssen sie – meist in Zusammenarbeit mit den Business-Experten – nachgearbeitet werden.

11.1.3 Ergebnisse

Während des Testens werden folgende Ergebnisse produziert:

- Eine detaillierte Beschreibung der Testziele, Testszenarien und Testfälle.

- Ein Testplan, der das gemeinsame Verständnis über Testvorgehen und Testergebnisse zwischen Projektleiter, Auftraggeber, Entwicklern und Testteam beschreibt.

- Eine bereitgestellte Testumgebung bzw. ein Testsystem mit Testdaten, Testprozeduren und evtl. Automatisierungsmechanismen.

- Testprotokolle und –auswertungen, insbesondere ein Testabschlußbericht, der den Testumfang und die Bewertung der Qualität des IT-Systems transparent darstellt.

11.1.4 Ablauf

Das Testen kann aus sehr unterschiedlichen Perspektiven betrachtet werden. In diesem Kapitel konzentrieren wir uns auf drei Sichtweisen, die jeweils in einem Abschnitt dargelegt sind.

Systematisches Testen

Dieser Abschnitt behandelt das Thema Testen generisch; denn die Test-problematik findet sich bei beliebigen Systemen, nicht nur bei IT-Systemen. Hier werden Begriffe zum Thema Testen beispielhaft erklärt und ein allgemeiner Testablauf vorgestellt. Die zugehörigen Phasen werden im Detail spezifiziert.

Testen im Entwicklungsprozeß

In diesem Abschnitt wird das Testverständnis konkretisiert auf IT-Systeme. Die Anwendung des allg. Testprozesses auf den Kernprozeß wird erläutert. Anschließend werden die Testaktivitäten je Phase detailliert dargestellt.

Organisation des Testens

Hier geht es um organisatorische Aspekte, z.B. die Einbettung des Test-prozesses in den Entwicklungsprozeß oder auch die Dienstleistungen des zugehörigen Supportprozesses. Anschließend werden die verschiedenen Rollen und Aufgaben vorgestellt. Den Abschluß bildet die Vorstellung von einigen Testansätzen und Testwerkzeugen.

11.2 Systematisches Testen

Das Testen läßt sich auf beliebige Systeme anwenden, dies kann beispielsweise ein privates Küchensystem sein, es kann ein Unternehmen sein, es kann ein IT-System sein. In diesem Kapitel wird das Thema Testen generisch dargestellt.

11.2.1 Begriffe

Im Mittelpunkt des Testens steht das System, beispielsweise das Küchensystem. Um den Leistungsumfang und die Qualität des Systems zu testen und damit zu messen, lassen sich aus den spezifischen Anforderungen Testziele ableiten. Z.B. alle geforderten Programme der zur Küche gehörenden elektrischen Küchengeräte arbeiten innerhalb der jeweils festgelegten Leistungsmerkmale, wie beispielsweise Dauer, Strom- und Wasserverbrauch.

Die Testziele werden verifiziert durch *Testfälle*. Durch Testfälle wird festgelegt, wann eine oder mehrere Anforderungen erfüllt sind. Deshalb haben sie vertragliche Relevanz. *Testfälle machen Anforderungen meßbar.* In unserem Beispiel kann ein Testfall lauten: Stelle 30 leichtverschmutzte Gläser in die Spülmaschine, fülle dem Wasserhärtegrad entsprechend Spülmittel ein und aktiviere das Ökosparprogramm mit einer Wassertemperatur von 50 Grad.

Die Problematik der *Testfallermittlung* liegt einerseits darin, die *richtige Menge* an Testfällen zu finden, um hier ein geeignetes Kosten/Nutzen Verhältnis zu erzielen. Auf der anderen Seite müssen die *richtigen Testfälle* spezifiziert werden, um mit möglichst wenig Testfällen eine hohe *Testabdeckung* zu erreichen. Beim Beispiel der Spülmaschine macht es keinen Sinn, alle Spülprogramme mit allen möglichen Wassertemperaturen zu testen. Hier kann es beispielsweise ausreichen, jedes Spülprogramm mit einer spezifischen Wassertemperatur zu testen. So werden alle möglichen Werte der *Einflußgrößen* Spülprogramm und Wassertemperatur getestet, aber nicht alle Kombinationsmöglichkeiten. Eine solche *systematische Testfallermittlung* hilft, die Testqualität zu bewerten bzw. zu messen.

Die Testfälle beziehen sich immer auf ein oder mehrere *Testobjekte*. Die Testobjekte sind Gegenstände des Systems, in unserem Beispiel die Spülmaschine. In einem IT-System können beispielsweise ein Prozeß, ein Use Case, eine Klasse, ein Subsystem mögliche Testobjekte sein.

Zu jedem Testfall muß ein *Testendekriterium* gehören. Es legt fest, ob der Test bestanden wurde. In unserem Beispiel könnten die Testkriterien Wasserverbrauch, Stromverbrauch, Dauer und Sauberkeit (Qualität) sein. Das Testendekriterium könnte lauten: Der Wasserverbrauch liegt unter 5 Liter, der Stromverbrauch liegt unter 2 KwH, die Dauer unter 20 Minuten, 100 % Sauberkeit. Wird der Test durchgeführt, wird das *Testergebnis* protokolliert und diese Istwerte mit den Sollwerten des Testendekriteriums verglichen.

Testfälle können zu *Testszenarien* kombiniert werden; z.B. können die Testfälle „Gläser spülen" und „Besteck spülen" parallel durchgeführt werden. Oder zuerst wird ein Menü gekocht (Testfälle für Herd), dann alles gespült (Testfälle für Spülmaschine). Testszenarien beschreiben die genaue Abfolge der Testfälle und der vorbereitenden Schritte.

11.2.2 Der Testprozeß

Die Durchführung verschiedenster Testaktivitäten kann in gleicher Weise strukturiert werden. In diesem Abschnitt geht es also darum, *wie* die Tests gestaltet werden können. Abb. 100 gibt einen Überblick über die Testphasen mit ihren wesentlichen Ergebnissen:

- Testinitialisierung

- Testplanung

- Testdurchführung

- Testauswertung

- Testabschluß

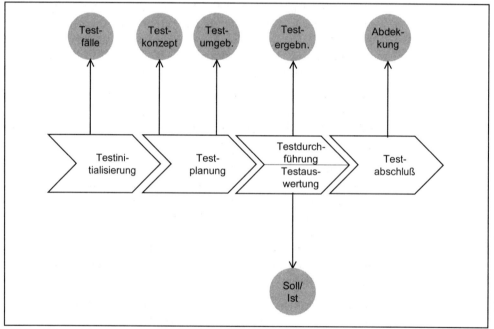

Abb. 100:   **Testphasen und –ergebnisse**

Die Phase *Testinitialisierung* stellt zusammen, *was* getestet werden soll. Hier wird der Testplan mit den wesentlichen Zielen, Testobjekten, Testfällen, Ergebnissen, Terminen und Aktivitäten erarbeitet. Die Phase *Testplanung* entwickelt das *Wie?*. Hier werden *Testszenarien* zusammengestellt, Testmethoden ausgewählt und die Testumgebung bereitgestellt.

Die *Testdurchführung* umfaßt die eigentliche Umsetzung mit einer entsprechenden Protokollierung des Ablaufs und der Ergebnisse.

In der *Testauswertung* wird im wesentlichen ein Soll/Istabgleich erarbeitet. Es werden die Testendekriterien geprüft und der *Testfortschritt* ermittelt.

Jeder Test findet Abweichungen und Fehler, die an den Kernprozeß zurückgemeldet werden und nach einer Systemänderung eine *Testwiederholung* nach sich ziehen. Die Testdurchführung und Testauswertung werden dann erneut durchlaufen, bei einer größeren funktionalen Änderung müssen auch die Testprozeduren angepaßt werden.

Am Ende des Testprozesses erfolgt der *Testabschluß*, der einen *Testabschlußbericht* erstellt. Dieser bewertet die gemessene Qualität bzw. den gemessenen Funktionsumfang und stellt die Testaufwände und Ergebnisse transparent dar. Hier wird insbesondere die *Testabdeckung* berechnet.

Im folgenden werden die einzelnen Phasen des Testprozesses detailliert beschrieben.

11.2.3 Testinitialisierung

Am Anfang des Testprozesses steht die Testinitialisierung. Es geht zunächst darum, unter allen Beteiligten ein gemeinsames, klares Bild über die Tests insgesamt zu erarbeiten. Insbesondere wird hier das *Was* spezifiziert, d.h. welche Testobjekte werden auf Basis welcher Testfälle im Rahmen welcher Testziele mit welchen Endekriterien geprüft.

Voraussetzungen

Der Projektplan muß vorliegen und gibt beispielsweise wesentliche Ecktermine und Rahmenbedingungen für den Testplan vor.

Die wesentlichen funktionalen und nichtfunktionalen Anforderungen aus der Konzeptionsphase müssen vorliegen.

Ergebnisse

Das zentrale Ergebnis der Testinitialisierung ist der *Testplan*. Dieses Dokument enthält:

- Testziele, Rahmenbedingungen und -ergebnisse

- Benennung der Testobjekte und zugehöriger Testansätze

- Detaillierte Festlegung der Testfälle, Testendekriterien und zugehöriger Testmetriken.

- Definition der zu verwendenden Ergebnisstrukturen

- Erste Spezifikation des Testprozesses inkl. Testorganisation und Testplattform

- Erste Meilensteine und Aufwände.

Aufgaben

Testziele und Rahmenbedingungen spezifizieren

Zunächst werden die *Testziele* definiert. Sie beschreiben im allgemeinen, was durch die Tests erreicht werden soll. Ein Ziel für einen Test während der Realisierung einer Komponente kann z.B. sein: „Wir möchten testen, ob die Komponente ihrer funktionalen Spezifikation entspricht und ob sie die Performanzvorgaben erfüllt." Testziele geben also die große Linie vor und werden mit dem Auftraggeber abgestimmt.

Testobjekte identifizieren und priorisieren

Weiterhin sind die *Testobjekte* zu identifizieren, d.h. die Einheiten, die getestet werden sollen. In den frühen Phasen der Anwendungsentwicklung können Testobjekte Dokumente sein, später sind es in der Regel ein Stück ausführbarer Code oder ganze Programme, Klassen oder Komponenten.

Beim funktionsorientierten Test kann je nach Umfang ein Use Case als Testobjekt identifiziert werden. Anforderungen, die nicht getestet werden sollen, werden ebenfalls explizit aufgeführt.

Testobjekte werden nach ihrer *Kritikalität* und *Komplexität* bewertet. Die Kritikalität bewertet die Wichtigkeit der Funktionalität für das Geschäft und wird von den Businessexperten festgelegt. Aus technischer Sicht bewertet der Entwickler die Komplexität des Testobjektes. Die Skala und die entscheidenden Kriterien sind im Vorfeld festzulegen. Entwickler und Businessexperten kommen so an einen Tisch und priorisieren die Testobjekte. Ausgehend von dieser Priorisierung werden die Testansätze und zugehörige Testendekriterien entsprechend hoch oder niedrig angesetzt.

Testansätze spezifizieren

Es muß auch bestimmt werden, welche Techniken beim Testen zum Einsatz kommen werden, d.h. welche *Testansätze* (s. Abschnitt 11.4.3) verfolgt werden sollen. Diese Testansätze werden in Abhängigkeit von den Testzielen und Testobjekten ausgewählt. Beispielsweise kann bei sehr komplexen und kritischen Testobjekten eine *systematische Testfallermittlung* notwendig, bei einfachen Testobjekten ein *intuitiver Test* ausreichend sein. Die Anforderung an eine evtl. Testautomatisierung wird festgelegt.

Testfälle spezifizieren

Je Testobjekt werden Testfälle gemäß des gewählten Testansatzes spezifiziert. Ein Testfall ist die Zusammenstellung von Datenwerten und Aktionen, um eine bestimmte Funktionalität eines Testobjekts auszulösen und zu prüfen.

Testendekriterien und zugehörige Testmetriken festlegen

Die *Testendekriterein* müssen bestimmt werden. Sie legen fest, ob der Test bestanden wurde oder nicht. Beispielsweise könnte für eine Komponente als Testendekriterium der Nachweis verlangt sein, daß alle spezifizierten Anforderungen, die bisher realisiert sind, an der Schnittstelle der Komponente abrufbar sind und korrekt ausgeführt werden.

Die Testendekriterien müssen nachprüfbar sein. Sie quantifizieren in der Regel die *Testabdeckung*. Die Testabdeckung ist eine Kennzahl für die Vollständigkeit des Tests, beispielsweise 100 % aller Schnittstellenmethoden einer Komponente müssen erfolgreich getestet sein Die Bedeutung von Testendekriterien sollte nicht unterschätzt werden. Sie legen die Linie fest, ab der das Release freigegeben werden kann. Ohne Testendekriterien wäre der Test endlos, und ein endloser Test ist kein Test. Es muß begründet werden, warum die gewählte Testabdeckung ausreicht bzw. erforderlich ist.

Zu den Testendekriterien müssen zugehörige *Testmetriken* spezifiziert werden. Dies sind die Maßzahlen zur Messung der Endekriterien. Sehr aussagekräftig ist der *Testabdeckungsgrad*, beispielsweise bezüglich Methoden, Schnittstellen, UseCases oder Objektzuständen.

Ergebnisstruktur festlegen

Sodann muß klar sein, welche Dokumente nach Abschluß der Tests vorliegen müssen, also welche *Ergebnisse* die Tests produzieren. Das können beispielsweise eine Zusammenfassung der Tests mit einer Liste der gefundenen Abweichungen oder Dateien sein, die den Output der Komponente protokollieren.

Testplattform festlegen

Schließlich sind die technischen Rahmenbedingungen zu klären. Tests können nur dann durchgeführt werden, wenn die technischen Voraussetzungen dazu gegeben sind. Es muß also geplant werden, in welcher Umgebung die Tests spezifiziert und durchgeführt werden sollen. Je Testphase werden hier entsprechende Werkzeuge ausgesucht und

Templates zur Verfügung gestellt. Alle Aktivitäten zur Bereitstellung werden geplant und initiiert.

Testprozeß spezifizieren

Hier wird die Projektorganisation festgelegt mit Rollen und Verantwortlichkeiten. Der Testprozeß wird spezifiziert beispielsweise anhand von Life Cycles. Wichtig sind die Kommunikationswege, insbesondere mit dem Kernprozeß. Die Anforderungen an die vom Software Configuration Management (SCM) bereitgestellte Umgebung zur Unterstützung des Testprozesses werden abgeleitet mit Hilfe des SCM-Managers. Relevante Fragestellungen sind:

- Wie sieht die Ergebnisstruktur aus? Wie erfolgt die Versionierung des Testsystems und der Testergebnisse und Berichte?

- Wie erfolgt das Zusammenspiel der Testplattform mit der SCM-Umgebung?

- Wie erfolgt die Kommunikation mit der Realisierung, z.B. welche Anforderungen hat die Realisierung zum Test freigegeben?

- Wie starte ich das Testsystem? Was ist mein Arbeitsbereich?

- Wie stelle ich Testabweichungen ein? Wie sieht deren Life Cycle aus? Wie kann ich diese Testabweichungen verfolgen?

- Wie gebe ich Anforderungen frei?

Testprojekt planen

Es kommt darauf an, bei allen Beteiligten ein gemeinsames Verständnis darüber zu erzielen, daß Testen als ein eigenes Teilprojekt zu betrachten ist. Außerdem werden die Eckpunkte dieses Projektes festzulegen. Näheres dazu findet sich im Abschnitt 11.4. In dieser Aktivität werden die üblichen Projektmanagement-Aktivitäten durchgeführt, d.h. Meilensteine werden festgelegt und mit dem Gesamtprojekt koordiniert. Besondere Risiken oder Erfolgsfaktoren werden identifiziert. Außerdem werden die Schulungsbedarfe ermittelt, sowohl bezogen auf die Anwendung als auch auf evtl. Testwerkzeuge. Bei großen Projekten kann auf Basis des Testplans ein *Testauftrag* vereinbart werden.

Hinweise

Die Festlegungen zu den Zielen und Ergebnissen der Tests müssen zwischen Auftraggeber und den Testverantwortlichen vereinbart werden. Das gleiche gilt für die Testendekriterien.

Für das Gelingen des Tests ist es von großer Bedeutung, daß in der Initialisierungsphase alle Beteiligten ein gemeinsames Verständnis erzielen. Daher ist stets darauf zu achten, daß auch tatsächlich alle Beteiligten in angemessener Weise am Prozeß der Erarbeitung des Testplans teilhaben.

11.2.4 Testplanung

Die Testplanung dient dazu, die Umsetzung der geplanten Tests zu ermöglichen, und schafft die detaillierten inhaltlichen und technischen Grundlagen für die Durchführung des Tests. Es geht also um das *Wie*.

Ergebnisse

Die Testplanung hat zwei wesentliche Ergebnisse. Zum einen wird auf Basis des Testplans das *Testkonzept* erstellt mit

- detaillierten *Testszenarien* und

- auf das IT-System umgesetzten Testfällen.

- In einer technischen Vorbereitungsaktivität wird das *Testsystem* bereitgestellt mit

- realisierten, getesteten und versionierten Testabläufen zur Umsetzung der Testfälle und

- physikalischen Testdaten.

Aufgaben

Testszenarien beschreiben

In einem *Testszenario* ist genau beschrieben, in welchen Schritten der Test durchgeführt wird. Um beispielsweise eine Anwendung zu testen, die Kundendaten verwaltet und dabei auf eine Datenbank zugreift, muß zunächst getestet werden, ob Kunden neu angelegt werden können. Erst auf dieser Grundlage kann überprüft werden, ob bestehende Kundendatensätze verändert werden können. Im Testszenario können auch die Rahmenbedingungen oder notwendigen Voraussetzungen für die Durchführung der einzelnen Schritte des Tests festgehalten sein.

Testfälle spezifizieren

Nachdem das Szenario für den Test und die Schritte festgelegt sind, müssen die einzelnen Testfälle im Detail auf Basis des Systemdesigns spezifiziert werden. Ggf. muß die Spezifikation um weitere Angaben, beispielsweise zu Abhängigkeiten zu anderen Testfällen, ergänzt werden. Spezifiziert werden die *Primärdaten*, die die Eingangsdaten eines Testfalls beschreiben. Sie umfassen die direkt steuernden Daten wie Eingaben in der Oberfläche oder Parameterwerte an Funktions- oder Methodenaufrufe. Ebenso müssen die *Sekundärdaten* beschrieben werden, die als permanente Datenbasis einen bestimmten Zustand des Systems herstellen, und die Sollergebniswerte.

Testsystem bereitstellen

Die Testwerkzeuge und das IT-System in seiner Anwendungsumgebung werden in eine separate Testumgebung integriert. Die Bereitstellung von neuen (Teil-)Systemreleases aus dem SCM-Werkzeug ist festgelegt.

Testdaten physisch bereitstellen

Die Testdaten werden in der realen Anwendungsumgebung bereitgestellt. Hierzu müssen die logischen Testdaten auf das Zielsystem transferiert und geladen werden.

Testabläufe verfeinern und realisieren

Die Testszenarien werden unter technischen Aspekten verfeinert. Hier werden beispielsweise Zeitpunkte für das Einspielen und Zwischensichern von Testdatenbeständen festgelegt.

Die Testabläufe werden je nach Automatisierungsgrad in Ablaufscripte bzw. Testprozeduren umgesetzt, die die Kombination der Testwerkzeuge steuern, die Sekundärdaten einstellen und die Ausführung der Testfälle anstoßen.

Das Testsystem selbst muß auf Funktionsfähigkeit geprüft werden. So wird sichergestellt, daß die eigentlichen Tests korrekt verlaufen und aussagefähige Ergebnisse erbringen.

Testfallspezifikation

Im folgenden wird die Testfallermittlung am Beispiel einer vereinfachten Sparzulagenberechnung dargestellt. Stellen wir uns einen Use Case *Sparzulage berechnen* vor, der unterhalb einer gewissen Einkommensgrenze in Abhängigkeit von der Anzahl Kinder eine Sparzulage in Prozent berechnet.

Ein Testfall könnte folgendermaßen spezifiziert werden:

Testfallname:	Systemtest_SparzulageBerechnen_KeineBewilligung
Kennung:	T_4711
Ziel:	Die Anforderung „Sparzulage berechnen" ist geprüft. Testfall: Keine Bewilligung der Sparzulage.
Zweck:	Fachlicher Systemtest
Testobjekt:	Use Case „Sparzulage berechnen"
Argumente:	Einkommen=50001 Euro Anzahl Kinder= 1
Sollergebnis:	Sparzulage = 0 %
Umgebung:	Standard
Bedingungen:	Wohnsitz ist Deutschland
Beschreibung:	Es wird getestet, ob die Sparzulage korrekt berechnet hier. Hier wird geprüft, daß bei Überschreiten der Einkommensobergrenze von 50000 Euro keine Sparzulage bewilligt wird.

Tab. 33:   Testfallspezifikation (Beispiel)

Mit folgenden Inhalten:

- Testfallname/Kennung
  Der Testfallname wird gemäß Namenskonventionen vergeben und gibt eine grobe Orientierung. Eine eindeutige Kennzeichnung des Testfalls hilft, den Testfall von allen anderen zu unterscheiden.

- Ziel/Zweck/Testobjekt
  Der Kontext des Testfalls wird dargestellt. Eine eindeutige Zuordnung zum zugehörigen Testobjekt erfolgt.

- Testfallargumente
  Testfallargumente charakterisieren die Eingabedaten für den jeweiligen Testfall. Dabei legen sie die Wertebereiche der Eingabedaten fest, die der Überprüfung der Funktionalität dienen.

- Testfallergebnis
  Im Ergebnis ist festgehalten, welches Verhalten erwartet wird. Im Beispiel wird eine Sparzulage von 0 Prozent erwartet.

- Testumgebung
  Die Beschreibung der Testumgebung ist dann besonders wichtig, wenn bestimmte Hardwareanforderungen oder eine bestimmte Softwarekonfiguration notwendig ist, um das Verhalten zu erreichen. Im obigen Beispiel sind keine besonderen Anforderungen an die Testumgebung angegeben.

- Testbedingungen
  Testbedingungen beschreiben zusätzliche Voraussetzungen an die Daten. Im obigen Beispiel muß der Wohnsitz des Antragstellers in Deutschland sein.

- Testbeschreibung
  Die Beschreibung erläutert kurz den Sinn des Tests. Im obigen Beispiel wird die Herleitung des Ergebniswertes kurz beschrieben.

Testfallermittlung

Testfälle lassen sich aus verschiedenen Unterlagen gewinnen, z.B.:

- Die Prozeßketten und Use Cases geben eine gute Grundlage zur Definition von Testfällen, welche die fachlichen Anforderungen abdecken.

- Aus Sequenzdiagrammen lassen sich Testfälle zur Überprüfung komponenteninterner bzw. komponentenübergreifender Abläufe ableiten.

- Das Objektmodell hilft bei der Gewinnung von Tests auf Klassenebene.

Einerseits gilt es die Anzahl der Testfälle möglichst gering zu halten, um den Aufwand für die Testdurchführung und –auswertung zu minimieren. Andererseits sollen möglichst viele Testfälle identifiziert werden, damit die Funktionalität umfassend getestet wird. Umfassend bedeutet, eine möglichst hohe Abdeckung zu erreichen. Bei einem intuitiven Test kann man beispielsweise die Codeabdeckung schwer einschätzen. Vielleicht verdoppelt man seine Testanstrengungen, ohne die Testabdeckung wesentlich zu erhöhen. Systematisches Vorgehen ist erforderlich, insbesondere für kritische Testobjekte.

Einen Ausweg aus diesem Aufwand/Nutzen-Dilemma bilden die *Äquivalenzklassen*. Eine Äquivalenzklasse faßt die möglichen Werte eines Attributs zusammen, die dieselbe *Wirkung* haben.

In unserem obigen Beispiel der Sparzulagenberechnung detaillieren wir die Einflußgröße Anzahl Kinder und leiten drei Äquivalenzklassen ab: Bei kinderlosen (Anzahl Kinder=0) Familien wird keine Sparzulage bewilligt, bei 1-2 Kindern eine Sparzulage von 10 %, ab 3 Kindern eine Sparzulage von 20 %. Hier könnte man sich beispielsweise auf drei Testfälle beschränken, die jeweils einen Repräsentanten der Äquivalenzklasse bilden:

- Testfall 1: Anzahl Kinder = 0 mit der Wirkung Sparzulage = 0%

- Testfall 2: Anzahl Kinder = 2 mit der Wirkung Sparzulage = 10%

- Testfall 3: Anzahl Kinder = 4 mit der Wirkung Sparzulage = 20%.

In vielen Fällen haben aber erst mehrere Eingaben gemeinsam eine eindeutige Wirkung. Die Abhängigkeiten zwischen verschiedenen Attributen und deren Äquivalenzklassen werden spezifiziert und Kombinationen mit gleicher Wirkung wiederum zusammengefaßt. So kann die Anzahl der Testfälle minimiert, der Abdeckungsgrad quantifiziert und einer erneuten Kosten/Nutzen-Analyse unterzogen werden.

Die Kunst der Äquivalenzklassenbildung besteht darin, herauszufinden, welche Testfallargumente *unabhängig* voneinander sind und welche Werte die einzelnen Testfallargumente annehmen können. Insbesondere für Tests, welche fachliche Anforderungen überprüfen, liegen diese Informationen beim Business-Experten.

Praktischerweise werden Testfälle nicht separat aufgeschrieben, sondern sie können übersichtlich in einer *Testfallmatrix* zusammengefaßt werden.

Im Beispiel der Sparzulagenberechnung errechnet sich zwar die Prämie in Abhängigkeit der Anzahl Kinder, allerdings wird ab einer Obergrenze von 50000 Euro keine Sparzulage bewilligt.

Die Testfallmatrix Tab. 34 zeigt alle sechs möglichen Testfälle. Da die Äquivalenzklasse AnzahlKinder=0 unabhängig vom Einkommenskriterium zu einer Sparzulage von Null führt, kann hier die Kombinatorik mit den Einkommensäquivalenzklassen entfallen. Es wird also nur einer der Testfälle eins oder zwei benötigt. Genauso verhält es sich mit der Äquivalenzklasse Einkommen>50000. Im obigen Beispiel wird Testfall sechs geprüft, Testfall vier ausgelassen.

Die hier vorgestellte *Äquivalenzklassenanalyse mit Einschränkungsverfahren* ist ein sehr effizientes Verfahren zur Begrenzung des Testaufwands. So kann erreicht werden, daß mit möglichst wenig Testfällen das Testziel bzw. das Testendekriterium erreicht wird. Im obigen Beispiel kann das

Testziel, alle notwendigen Kombinationen zu testen, mit vier Testfällen erfüllt werden.

Einflußgröße/ Äquivalenzklasse	Wirkung (direkt)	Testfälle Einschränkung: nur notwendige Kombinatorik					
		T1	T2	T3	T4	T5	T6
Anzahl Kinder							
0	0 %	X	X				
1-2	10 %			X	X		
>2	20 %					X	X
Einkommen							
0 bis 50000 Euro		X		X		X	
>50000 Euro	0 %		X		X		X
Sollergebnis							
Sparzulage		0%	0%	10%	0%	20%	0%

Tab. 34:   **Testfallmatrix (Beispiel)**

Hinweise

Durch die Testfallermittlung werden die Ergebnisse aus Konzeption und Design einem fundierten Review unterzogen. Die konkrete Ermittlung von Einflußgrößen, Äquivalenzklassen und Ergebniswerten erfolgt mit Unterstützung der Business-Experten. Oft werden hier fehlende oder unvollständige Spezifikationen erkannt.

Entwickler bekommen durch dokumentierte Testfälle zusätzlich verbesserte Vorgaben zur Entwicklung der Software.

11.2.5 Testdurchführung

Nachdem die Testfälle im Detail spezifiziert und auf das Testsystem umgesetzt sind, kann deren Durchführung beginnen. Die Ergebnisse dieser Testläufe werden protokolliert und für die Auswertung bereitgestellt.

Ergebnisse

In der Testdurchführung werden innerhalb des Testsystems folgende Ergebnisse erzeugt:

*   durchgeführte und protokollierte Testläufe

*   bereitgestellte Testergebnisse.

Aufgaben

Testläufe durchführen

Je nach Automatisierungsgrad werden die Testprozeduren gestartet, gesteuert und mit manuellen Eingaben ergänzt. Die Durchführung wird protokolliert, auch beim manuellen Test.

Test nachbereiten

Die Ergebnisdaten werden aufbereitet zum Soll/Istabgleich. Das Testsystem und die Ergebnisse werden versioniert.

Hinweise

Das gesamte Testsystem ist der Versionskontrolle zu unterziehen. Testdaten und zugehörige Testfälle und Ergebnisse müssen zu bestimmten Meilensteinen, z.B. beim Systemtest vor Releasefreigabe, vollständig versioniert werden. Bei der Ablage der Testdaten ist unter Umständen die große Datenmenge zu beachten.

11.2.6 Testauswertung

Die Testergebnisse müssen geprüft und Abweichungen verwaltet werden. Die Testauswertung liefert wichtige Informationen an den Führungsprozeß über die Testproduktivität bzw. den Testfortschritt, beispielsweise über die Anzahl ausgeführter Testfälle oder Anzahl Fehlermeldungen. Sie prüft insbesondere, ob die Testendekriterien erreicht sind.

Ergebnisse

Die Testauswertung liefert folgende Ergebnisse:

1. Ein Test- bzw. Mängelbericht ist erstellt und an das Problemmanagement überstellt.

2. Der Testfortschritt ist dokumentiert.

Aufgaben

Test- bzw. Mängelbericht erstellen

Die Ergebnisse des Tests werden in einem Testbericht zusammengestellt. Ermittelte Abweichungen werden an das Problem- bzw. Changemanagement gemeldet. Hier werden beispielsweise Requests im SCM-System eingestellt, falls möglich wird der Fehler bereits klassifiziert. Die

Klassifizierung beschreibt, wo der Fehler vermutet wird, beispielsweise in den Testprozeduren zur Testautomatisierung, in den Testdaten, in den Vorgaben, im Design oder in der Konstruktion. Das Problemmanagement priorisiert und plant die Abweichungen und weist entsprechende Verantwortlichkeiten zu. Wurden keine Fehler ermittelt, gibt der Tester die getesteten Anforderungen frei.

Testfortschritt messen

Im Testplan sind die Testmetriken definiert, d.h. die Meßkriterien, die den Testfortschritt bzw. die Testproduktivität messen. Ein *Testabdeckungsbericht* beispielsweise auf Methoden- (Klassentest), Schnittstellen- (Integrationstest) oder Use Case-Ebene (Systemtest) kann den Fortschritt belegen und die Erfüllung der Testendekriterien prüfen. Die Testabdeckung bei Use Cases kann beispielsweise manuell über eine Checkliste ermittelt werden, die Objektabdeckung kann mit Werkzeugen ermittelt werden. Eine *Abweichungsstatistik* ermittelt die Anzahl aufgetretener Fehler über die Zeit hinweg, beispielsweise gruppiert nach Schwere des Fehlers. Denn manchmal werden bei der Behebung des einen Fehlers neue Fehler eingebaut und die Abweichungsstatistik steigt wieder an.

11.2.7 Testabschluß

Der Testprozeß wird mit einem Testabschlußbericht beendet. Insbesondere wird dargelegt, inwieweit die Testendekriterien und die Testziele erfüllt wurden. Der Abschlußbericht des Systemtests beispielsweise geht an das Produktmanagement als Entscheidungsgrundlage für die Freigabe des Produktes bzw. Verlängerung der Testphase.

Ergebnisse

Es wird ein *Testabschlußbericht* erstellt mit z.B. folgenden Inhalten:

- durchgeführte Testaktivitäten
- Erfüllung der Testendekriterien (Testmetriken)
- Erfüllung der Testziele
- Aufwände.

Aufgaben

Abschlußbericht erstellen

Die einzelnen Ergebnisse der Phase Testauswertung werden zusammengeführt, um ein ganzheitliches Bild von der Qualität und dem umgesetzten Leistungsumfang des IT-Systems zu geben. Der bisher erbrachte Testaufwand wird transparent dargestellt.

11.3 Testen im Entwicklungsprozeß

11.3.1 Testfälle und Testobjekte im Entwicklungsprozeß

In diesem Abschnitt werden nun die zuvor erarbeiteten generischen Aspekte auf das Testen im Entwicklungsprozeß angewendet.

Das Testen begleitet die Anwendungsentwicklung in allen Phasen. Die Ergebnisobjekte des Kernprozesses sind Kandidaten für Testobjekte, die je nach Priorität und Komplexität im Testprozeß noch gebündelt oder aufgesplittet werden können.

Phase	Testobjekt	Testfall
Geschäftsanalyse	*Prozeß* „Einkommensteuererkärung abwickeln"	• Angestellter mit Familie,... • Angesteller, ledig, ... • Selbständiger, ... • Landwirt, ...
Konzeption	*Use Case* „Sparzulage berechnen"	• Kinderreiche Familie mit geringem Einkommen • Kinderloses Ehepaar mit geringem Einkommen • ...
Design	*Komponente* „Prämienberechnung" – Schnittstellentest	• berechneSparzulage (fuerKunde: 4711, jahr: 2000) • getSparzulage (fuerKunde: 4711, jahr: 2000) • pruefeBewilligung(...)
Realisierung	*Klasse* „Kunde" – Methodentest	• getAnzahlKinder (fuerKunde: 4711, jahr: 2000) • getEinkommen (...) • berechneSparzulage (..)
	Komponentenintegration Kundenmanagement / Prämienberechnung	• Lege einen neuen Kunden an (Kinderreiche Familie mit geringem Einkommen) und berechne die Sparzulage
Realisierung/ Einführung	*Teilsystem* „Einkommensteuerabwicklung"	• Angestellter mit Familie,... • Angesteller, ledig, ... • Selbständiger, ... • Landwirt, ...

Tab. 35: Testfälle im Entwicklungsprozeß

Zu diesen Testobjekten werden Testfälle spezifiziert, die in den vorderen Phasen auf Basis der Spezifikationsdokumente *simuliert* werden. Ab der Phase Realisierung erfolgt der Test am lauffähigen System. Die folgende Tabelle zeigt beispielhaft einige phasenorientierte Testobjekte und -fälle.

Wichtig ist, daß man deutlich macht, welches Testobjekt gegen welche Vorgaben getestet wird, d.h. auf welcher Basis die Testfälle ermittelt wurden. Mögliche Zusammenhänge zeigt beispielhaft Abb. 101. Die Kanten in der Abbildung haben die Bedeutung: „wird getestet gegen". Bspw. wird die Spezifikation gegen die Ziele/Requirements getestet.

Die Testobjekte aus dem Kernprozeß sind auf sehr grober Ebene die Spezifikation und das System. Die Spezifikation kann in einem *statischen Dokumententest* auf methodische Konsistenz und Vollständigkeit geprüft werden. Die Spezifikation wird gegen diese Regeln geprüft. Ein ähnlicher Konsistenztest kann für die Realisierungsobjekte, hier vereinfacht als System dargestellt, erfolgen. Diese Checks werden in der Regel vom Spezifikations- bzw. Entwicklungswerkzeug unterstützt.

Auf der anderen Seite erfolgt ein Test gegen Testfälle und Testszenarien, um die fachlichen Anforderungen (Ziele, Requirements) gegen den spezifizierten Leistungsumfang zu prüfen. Hier erfolgt der Test anhand von Abläufen und wird auch *dynamischer Test* genannt. Die Testfälle werden ‚durchgespielt' auf Basis der Modelle.

Der Systemtest kann auch auf Basis der Spezifikation des Designs erfolgen, beispielsweise, ob die Schnittstellenmethoden der Klassen bzw. Komponenten entsprechend der Designvorgabe implementiert wurden. Andererseits kann hier ein fachlicher Test auf Basis der Requirements durchgeführt werden oder auf Basis der Benutzerdokumentation.

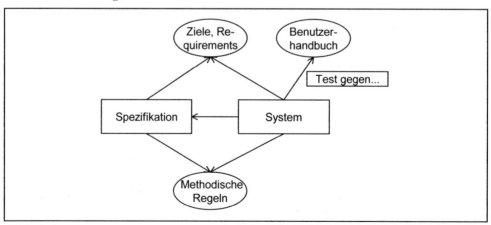

Abb. 101: **Was wird gegen was getestet?**

11.3.2 Testaktivitäten im Entwicklungsprozeß

Abb. 102 zeigt die *Testobjekte*, die im Kernprozeß in den einzelnen Phasen entstehen und die zugehörigen *Testaktivitäten*, die auf diese Testobjekte angewandt werden. Im folgenden werden zunächst nur die *Test-Durchführungsaktivitäten* dargestellt.

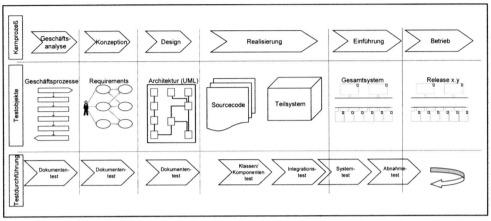

Abb. 102: **Testobjekte und Testaktivitäten im Kernprozeß**

In allen Phasen des Entwicklungsprozesses wird getestet. Die Testobjekte sind die jeweiligen Ergebnisobjekte des Kernprozesses. Die vorderen Phasen Geschäftsanalyse, Konzeption und Design liefern Modelle als Ergebnisse, die einem *Dokumententest* unterzogen werden. Ab der Phase Realisierung liegt der Schwerpunkt auf dem Test von ausführbaren Programmen und Systemen.

Die dargestellten Testdurchführungsaktivitäten müssen entsprechend vorbereitet werden. Der Zeitablauf der Testplanung ist je Testaktivität genau umgekehrt zur Testdurchführung; d.h. die zuletzt spezifizierten Testfälle werden als erstes durchgeführt. Beispielsweise werden bereits in der Phase Konzeption die Testfälle für die Abnahme vorbereitet, die Testfälle für den Klassentest zum Ende der Designphase.

Im folgenden werden die spezifischen Testaktivitäten innerhalb der Phasen des Entwicklungsprozesses detailliert. In diesem Abschnitt wird dargelegt, *was* getestet werden muß. Auf die Frage *wie* die Tests zu gestalten sind, wurde im Abschnitt 11.2 eingegangen.

11.3.3 Geschäftsanalysetest

Während der Geschäftsanalyse werden Dokumententests durchgeführt, die auch *statische* Tests genannt werden. Bei einem statischen Test wird kein Code ausgeführt, sondern bestehende Dokumente werden inspiziert oder ihre Ausführung *simuliert*. Sie werden daher manchmal auch *Schreibtischtests* genannt. Als Ergebnis wird ein Protokoll zu den gefundenen Abweichungen und den offenen Fragen erstellt. Dieses wird den zuständigen Projektbeteiligten zur Verfügung gestellt, die entsprechende Korrekturen veranlassen bzw. vornehmen. Die Dokumente werden auf Basis von Testfällen und methodischen Regeln geprüft.

Die Testfälle werden auf Basis der Requirements und Projektziele erarbeitet und simulieren Beispiele für die Abwicklung der spezifizierten Prozesse. Diese Beispiele sollen die Projektziele widerspiegeln und meßbare Kenngrößen spezifizieren, wie beispielsweise die Durchlaufzeit.

Folgende Prozeßfragen können helfen:

- Sind die Ziele präzise formuliert, d.h. prüfbar?

- Sind die drei wichtigsten Stärken und Schwächen identifiziert?

- Sind die Stärken und Schwächen als Wenn-dann-Satz formuliert?

- Sind die Prozesse vollständig spezifiziert mit Name, Typ, Auslöser, Ergebnis bzw. Leistung und Leistungsmerkmalen?

- Werden die Geschäftsziele erreicht, wenn die Geschäftsprozesse mit der definierten Leistungsfähigkeit zur Verfügung stehen?

- Werden durch die Geschäftsprozesse die Stärken geeignet genutzt bzw. die Schwächen kompensiert?

- Wo leistet die IT einen wesentlichen Beitrag zur Optimierung der Geschäftsprozesse?

- Werden für die Ermittlung von Kategorien für Kunden, Märkte, Produkte und Dienstleistungen marktgängige Begriffe verwendet?

- Welche Testfälle verifizieren die Erreichung der Projektziele? Welche Testendekriterien verifizieren die Leistungsmerkmale der involvierten Prozesse?

11.3.4 Konzeptionstest

Während der Konzeption werden ebenfalls Dokumententests durchgeführt, mit folgenden Schwerpunkten:

Prozeßhierarchiediagramme und Prozeßketten sind vor allem darauf zu testen, ob sie das Geschäft tatsächlich vollständig abbilden. Es muß überprüft werden, ob sich alle Prozeßmodellierungen, die in der Geschäftsanalyse formuliert wurden, in den Prozeßhierarchiediagrammen wiederfinden. Die Prozeßketten müssen alle Prozesse enthalten, die vom IT-System unterstützt werden sollen.

Die Use Cases und Use Case Diagramme, die in der Konzeption erarbeitet werden, sind in der Regel noch nicht vollständig ausgearbeitet. Allerdings sollten die groben Strukturen klar sein. Daher kann folgendes bereits in dieser frühen Phase getestet werden:

- Werden die Prozeßketten mit den definierten Use Cases komplett unterstützt?

- Decken die Use Cases in ihrer Gesamtheit die fachlichen Anforderungen an das System ab?

- Gibt es Ringschlüsse in den Use Case Diagrammen? Es darf nicht sein, daß ein Use Case A einen anderen Use Case B benutzt, der wiederum direkt oder indirekt den Use Case A aufruft. Die Überprüfung der Modellierung auf solche Zirkel wird von den meisten CASE-Tools unterstützt.

- Sind alle wesentlichen Businessobjekte und ihre Beziehungen untereinander im Business Objekt Modell enthalten?

- Werden alle Informationsflüsse im Kontextdiagramm von Use Cases erzeugt bzw. verarbeitet?

- Welche Testfälle prüfen den geforderten Leistungsumfang der Use-Cases für die Standard- und die Ausnahmebehandlungen?

11.3.5 Designtest

In der Designphase werden zunächst die Use Cases verfeinert und vervollständigt. Im Ergebnis liegt eine vollständige Beschreibung darüber vor, wie das System die Geschäftsprozesse unterstützt. Es muß also insbesondere getestet werden, ob alle möglichen elementaren Geschäftsprozesse inklusive der Ausnahmefälle abgedeckt sind. D.h. beispielsweise, daß es am Ende des Designs in keinem Use Case mehr einen undefinierten *alternate Course* geben darf.

Die Sequenzdiagramme zu den Use Cases sind ebenfalls daraufhin zu untersuchen, ob sie den Use Case voll abdecken. Dies kann mit fachlichen Testfällen erfolgen. Es ist außerdem zu überprüfen, ob alle Komponenten, die in diesen Diagrammen festgelegt werden, ebenfalls vollständig und konsistent definiert sind. Dasselbe gilt für die Klassenmodelle in den Komponenten.

Für den Test der Designergebnisse sind u.a. folgende Fragen sinnvoll:

- Sind alle UseCases im Detail spezifiziert einschließlich der alternate Courses?

- Werden die UseCases vollständig im Systemdesign implementiert?

- Sind alle Komponenten detailliert spezifiziert?

- Finden sich die Objekte des Businessobjektmodells wieder in der Architektur?

- Gibt es nicht aufgerufene Methoden?

- Gehören alle Attribute wirklich zu dieser Klasse, ist diese Klasse wirklich der richtige Container für die definierten Methoden?

- Werden die Namenskonventionen eingehalten?

- Können die fachlichen Testfälle aus der Konzeption simuliert werden auf dem Systemdesign? Existieren beispielsweise entsprechende Eingabeattribute aus Dialogen und/oder Schnittstellen?

Hinweise

Die Tests der Designdokumente behandeln also vor allem eine detaillierte Überprüfung der Vollständigkeit und Konsistenz des Systementwurfs. Sie können sehr aufwendig sein. Allerdings sind sie die letzte Möglichkeit, Defizite im Entwurf vor der Realisierung festzustellen. Es ist in jedem Fall kostengünstiger, zu diesem Zeitpunkt Korrekturen vorzunehmen, als später bereits realisierte Komponenten nachträglich anzupassen oder sogar wegzuwerfen. Außer Frage steht auch, daß eine nachträgliche Anpassung stets ein qualitativ schlechteres Ergebnis bringt, als die saubere Realisierung eines guten Designs.

11.3.6 Klassentest

In der Realisierung liegt der Schwerpunkt auf dem Test von lauffähigen Programmteilen. Testfälle prüfen, ob das Verhalten der Anwendung und die gelieferten Ergebnisse der Spezifikation entsprechen.

Während der Realisierung werden sowohl die funktionalen als auch die nichtfunktionalen Anforderungen auf verschiedenen Ebenen getestet.

Ein *Klassentest* überprüft die Funktionalität einer Klasse als kleinste Einheit im Prozeß der Realisierung. Sie werden in der Regel vom Entwicklerteam durchgeführt (*Entwicklertest*) und auch *Unittest* genannt. Es ist sicherzustellen, daß jede einzelne Methode ihrer Spezifikation entspricht (*Methodentest*). Dazu kann diese Methode isoliert getestet werden, indem Vorbedingungen, Eingangsparameter, Ausgangszustand, evtl. Eingaben bereitgestellt werden und die Ergebnisse bzw. Ausgaben festgehalten und gegen die Spezifikation geprüft werden.

Klassentestfälle werden aus der Klassenspezifikation abgeleitet.

Es soll auch getestet werden, ob mehrere Methoden einer Klasse direkt hintereinander ausgeführt werden können (*Methodenkettentest*). Beachtet werden muß der jeweilige Zustand des Objektes vor und nach der Ausführung der Methode.

Sind Klassen beispielsweise über eine Hierarchie sehr eng miteinander verzahnt, kann es sinnvoll sein, diese Klassenmenge gemeinsam zu testen.

Zu Beginn der Phase Realisierung liegt der Schwerpunkt auf dem Test der bereitgestellten *Basisklassen*. Denn diese müssen für eine effiziente Realisierungsphase möglichst stabil sein.

Für den Klassentest werden oft sogenannte *Build-In*-Testmethoden erstellt; dazu wird eine separate Testklasse erzeugt, die die Testdaten bereitstellt, die zu testenden Klassen und Methoden aufruft und die Ergebnisse mit vorgegebenen Solldaten vergleicht. Es handelt sich um *Testtreiber*. Dies sind Klassen bzw. Programme, die nur zur Unterstützung des Testens implementiert werden. Sie stellen die Umgebung für den Test eines Testobjektes bereit. Je nach Entwicklungsumgebung werden entsprechende *Testklassen* mitgeliefert. In der Regel ist die Testlogik in eigenen Testklassen komplett separiert.

Die Durchführung von Klassentests und Bereitstellung von Testklassen sind abhängig von der jeweiligen Architekturschicht. Dialogobjekte können beispielsweise über Eingaben getestet werden; Business Objekte müssen mit Testklassen arbeiten, die die benötigten Eingaben liefern.

Hilfreich auch für den Entwicklertest ist eine frühzeitig bereitgestellte, aussagekräftige Testdatenbank.

11.3.7 Komponententest

Der Komponententest sichert, daß alle Methoden der Interfaceklasse ihrer Spezifikation entsprechend arbeiten und überprüft dabei das Zusammenspiel der Klassen in einer Komponente. Er wird in der Regel vom Entwicklerteam durchgeführt.

Komponenten begrenzen die Komplexität eines Systems. Sie sind *gute Testobjekte*, weil sie isoliert testbar sind und damit die Testbarkeit des Gesamtsystems enorm verbessern. Komponenten haben eine definierte Schnittstelle, die getestet wird. Die Komplexität im innern ist begrenzt, da beispielsweise keine Vererbungshierarchie über Komponentengrenzen hinaus existieren.

Zum Test von Komponenten kann es – ebenso wie bei Klassentests – notwendig sein, spezielle Programme ausschließlich zum Testen zu schreiben. Diese Aufgabe tritt immer dann auf, wenn die Umgebung, in der die Komponente eingesetzt wird, noch nicht fertiggestellt ist, bzw. durch die Herauslösung aus dem Gesamtsystem die Komplexität eingeschränkt werden soll. Es werden dann Platzhalter, sogenannte *Stubs*, erzeugt, die die Funktionalität noch nicht integrierter Bausteine simulieren.

11.3.8 Integrationstest

Die Integration von Teilsystemen erfolgt in einem *Build-Prozeß*, der im Kapitel 10 Software Configuration Management behandelt wird.

Der *Integrationstest* prüft das Zusammenspiel von Komponenten, Teilsystemen und Schnittstellen. Er wird in der Regel vom Testteam durchgeführt, insbesondere wenn die Entwicklung verteilt erfolgt. Das Testteam erhält eine erste, wichtige Gesamtsicht des Systems.

Sukzessive werden die Komponenten in einem *Komponentenintegrationstest* zusammengeführt – step-by-step. Die Kommunikation zwischen den Komponenten muß verifiziert werden. Dabei wird zunächst das Zusammenspiel der Komponenten in einem Teilsystem getestet. Die Testfälle können aus den Schnittstellenbeschreibungen bzw. aus Sequenzdiagrammen ermittelt werden, also auf Basis der Architektur. Es handelt sich hier um interne Testfälle.

Bei einer mehrschichtigen Architektur müssen ebenfalls die Kommunikation bzw. die Schnittstellen zwischen den Schichten geprüft werden. Hier erfolgt auch der *Architekturtest* oder *Umgebungstest*, der die Interaktion zwischen den Applikationsobjekten und den Objekten der Systemumgebung testet, beispielsweise das Zusammenspiel von Komponenten und der zugehörigen Middleware, z.B. ein Application Server.

Insbesondere in heterogenen und verteilten Umgebungen ist der Integrationstest sehr aufwendig, beispielsweise für die vielfältigen Synchronisierungsaspekte wie Nebenläufigkeit und mögliche Ausnahmesituationen.

Die Testumgebung muß bereits alle Komponenten der Zielumgebung enthalten. Beispielsweise wird die Datenbank nun mit systemweiten Testdaten gefüllt. Wichtig ist, daß die Komponentenintegration auf den Komponenten- und Klassentests aufsetzt, d.h. es werden step-by-step die Platzhalter und Testtreiber aus dem Klassen- und Komponententest ersetzt. Protokolliert werden nicht mehr die inneren Abläufe der Komponenten und Klassen, sondern nur die Schnittstelleninhalte. Eine vollständige Integration mit allen Komponenten gleichzeitig ist bei größeren Systemen nicht zu empfehlen. Der Integrationstest hilft auch bei der Vermeidung von Integrationsfehlern bei dem Releasewechsel einzelner Teilsysteme.

11.3.9 Systemtest

Der Systemtest schließlich betrifft die Anwendung als Ganzes. Alle Komponenten werden zusammengeschaltet, und es wird getestet, ob das System die beschriebenen Leistungen erbringt, sowohl funktional als auch nichtfunktional. Das System wird beispielsweise von außen über die Benutzeroberfläche betrachtet.

Fachlich kann die Verifikation auf Basis von *Funktionstests* erfolgen, die in der Regel auf Use Cases oder Geschäftsprozessen aufsetzen. Im ersten Schritt ist hier für jeden elementaren Geschäftsprozeß zu überprüfen, ob alle definierten Use Cases korrekt umgesetzt wurden. Dabei sollten auch die anfangs als *alternate Courses* eingestuften Fälle nicht vernachlässigt werden. Sodann kann getestet werden, ob die Prozeßkette insgesamt korrekt umgesetzt wird in einem *Prozeßkettentest*. Bewertungsmaßstab ist bei diesem Test, ob bei einem anliegenden auslösenden Ereignis das erwartete Resultat erreicht wird (Soll/Ist Abgleich).

Im *technischen Systemtest* wird die technische Leistungsfähigkeit des Systems getestet. Die Vorgaben liefert der Anforderungskatalog der nichtfunktionalen Anforderungen der Phase Konzeption. Den Schwerpunkt bilden *Belastungstests*, die teilweise nur mit Hilfe von Werkzeugen effizient durchgeführt werden können. Hier werden beispielsweise hohes Transaktionsvolumen, Paralleltransaktionen, große Datenmengen, Netzsicherheit, Transaktionssteuerung, Stabilität, Recovery-Fähigkeit und Bedienbarkeit geprüft unter echten Produktionsbedingungen. Zur Vorbereitung des Betriebs werden z.B. Installationsroutinen und das Funktionieren der Datensicherung getestet.

Zum Systemtest können auch der *Oberflächentest* und der *Datenbanktest* gehören. Der Oberflächentest kann bei grafischen Oberflächen sehr umfangreich sein, wenn man nahezu alle Kombinationen von Eingabewerten und Aktionen testen möchte. Insbesondere die Robustheit bei Fehleingaben muß getestet werden. Für einen systematischen Test benötigt man hier Werkzeuge zur Automation.

Der Datenbanktest überprüft beispielsweise die Datenkonsistenz und Datensicherheit. Integritätsregeln müssen geprüft werden, ebenso wie datennahe Anwendungslogik, die beispielsweise in Stored Procedures oder Triggern implementiert ist.

Die Systemtests bilden häufig den Abschluß der Testaktivitäten, weil zu ihrer Durchführung die Realisierungsarbeiten weitgehend abgeschlossen sein müssen. Diese Tests erfordern zudem den höchsten Aufwand an technischen Ressourcen und Projektkoordination und stellen die Basis für den Abnahmetest dar.

11.3.10   Abnahmetest

Eine der wichtigsten Aufgaben in der Einführungsphase ist die Abnahme des Systems durch den Auftraggeber. Zu diesem Zweck werden in der Regel bei Projektbeginn *Abnahmetests* vereinbart. Diese Vereinbarung sollte den Umfang der Tests hinreichend beschreiben und insbesondere festlegen, welche Kriterien darüber entscheiden, ob das System abgenommen wird oder nicht (siehe dazu auch Abschnitt 11.2.3).

Von den Eingabe- und Ergebnisdaten her sind die Abnahmetests den Systemtests während der Realisierungsphase sehr ähnlich. Allerdings ist die Perspektive hier ganz eindeutig die *Auftraggebersicht*, die u.U. andere Bewertungsmaßstäbe beinhaltet als die Sicht des Auftragnehmers auf die Systemtests. Während beispielsweise den Auftragnehmer interessieren sollte, ob das System konform zu seinen Standards realisiert ist (und somit kompatibel zu anderen Lösungen von ihm), steht für den Auftraggeber einzig und allein die optimale Unterstützung seines Geschäftes entsprechend der vereinbarten Konzeption im Mittelpunkt.

Detailliert wird dieser Punkt im Kapitel 6 Einführung.

11.3.11   Betriebstest

Im Betrieb erfolgt zunächst eine tatsächliche *Nutzenermittlung*, um die Erreichung der Soll-Geschäftsziele zu verifizieren.

Tests während des Betriebs einer Anwendung fallen bei ihrer Wartung an. Sie unterscheiden sich im wesentlichen nicht von den bisher betrachteten Tests. Je nach der Art der Tests kann so wie oben beschrieben verfahren werden.

Ein gut testbares System hilft in der Wartung bei der Fragestellung: Welche Tests müssen erneut durchlaufen werden bei der durchgeführten Änderung?

Ein wichtiges Thema ist hier die *Testwiederholung*, die mit Verfahren zur Testautomatisierung effizient die Funktionsfähigkeit des Systems sicherstellt. Denn es muß getestet werden, ob bei einer Umsetzung einer Änderungsanforderung die restliche Anwendung sich noch so verhält wie vorher ohne ungewünschte Seiteneffekte. Dieser *Regressionstest* macht beispielsweise den Abgleich zwischen zwei Systemreleases.

Testwiederholung ist ebenfalls ein wichtiges Thema für den Betrieb. Das System muß regelmäßig auf seine Funktionsfähigkeit getestet werden. Entsprechende Testklassen sind ein wichtiger Input für den Betrieb (s. Kapitel 7).

11.4 Organisation des Testens

Dieser Abschnitt beschreibt, wie das Testen organisiert werden kann. Dabei wird zunächst die Prozeßsicht eingenommen, d.h. es wird vorgestellt, wie der Testprozeß mit dem Gesamtprojekt koordiniert werden kann. Ein Teilaspekt behandelt hier die Dienstleistungssicht des Supportprozesses Testen. Anschließend werden die Rollen im Testprojekt anhand einer aufgabenorientierten Sicht dargestellt. Abgeschlossen wird dieser Abschnitt mit einer Erläuterung von Testansätzen und Testwerkzeugen.

11.4.1 Koordination mit dem Gesamtprojekt

Früher lag der Schwerpunkt des Testens in der Realisierungsphase. Traten Engpässe in der Realisierung auf, wurden die Testressourcen in die Entwicklung gesteckt. Heute beginnen die Testaktivitäten *frühzeitig* aufbauend auf die Ergebnisse der Konzeption und des Designs. Außerdem trennt man häufig die Personal- und Ressourcenplanung vom Entwicklungsprojekt und initiiert ein *eigenständiges Testprojekt*. Eine frühzeitige Ressourcen- und Budgetplanung im Projektplan des Entwicklungsprojektes ist notwendig.

Abb. 103 zeigt die Koordination des Testprozesses mit dem Entwicklungsprozeß am Beispiel des Systemtests.

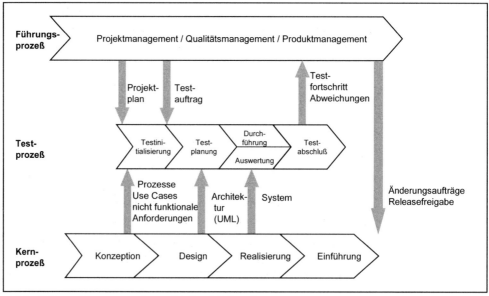

Abb. 103: Testprozeß am Beispiel des Systemtests

Die Phasen des Testprozesses laufen zeitlich nachgelagert zu den Phasen des Kernprozesses.

Der Projektplan des Entwicklungsprojektes gibt die Rahmenbedingungen für den Testplan, beispielsweise zu Budget, Terminen und Ressourcen, vor. In der Projektinitialisierung muß bereits eine Sensibilisierung für das Thema Testen erfolgen; entsprechende Budgets und Ressourcen müssen eingeplant, ein Testmanager bzw. eine erste Testorganisiation benannt werden.

Für die Testinitialisierung müssen für die Testfallermittlung die Vorgaben aus der Konzeption vorliegen. Hier werden die groben Vorgaben aus der Projektinitialisierung detailliert und verifiziert.

Für die Phase Testplanung müssen neben den funktionalen und nicht-funktionalen Anforderungen der Konzeption ebenfalls die Designergebnisse vorliegen. Auf Basis der Architektur wird das Testsystem mit den umgesetzten Testfällen erstellt.

Oft erfolgt auch eine Mitarbeit am Design im Kernprozeß, um die Testbarkeit der gewählten Systemarchitektur zu bewerten bzw. zu verbessern.

Je nach Testaktivität erarbeitet der Testprozeß mit der Realisierungsvorbereitung wichtige Konventionen und Rahmen, um die Testbarkeit zu verbessern und ein effizientes und tranparentes Testen zu ermöglichen. Hier ist eine enge Zusammenarbeit mit der Realisierung sinnvoll.

Sobald die zugehörigen Systemobjekte in der Phase Realisierung erstellt werden, können die Tests durchgeführt und die Testergebnisse ausgewertet werden. Evtl. Abweichungen werden an das *Produktmanagement* zurückgemeldet und ziehen nachbearbeitende Aufträge im Kernprozeß und eine Testwiederholung im Testprozeß nach sich.

Der Testmanager leitet seinen Fortschrittsbericht an den Führungsprozeß, der auf Basis dieser Auswertung die weiteren Schritte steuert. Beim Systemtest entscheidet beispielsweise der Projektleiter auf Basis des Testabschlußberichtes über eine Releasefreigabe oder eine evtl. Verlängerung der Testphase.

Der Supportprozeß Testen

Der Supportprozeß Testen konzentriert sich auf die Einführung eines standardisierten Testprozesses mit einheitlichen Verfahren, Templates und Werkzeugen, orientiert am Bedarf des Projektes. Dabei geben Testberater methodische Unterstützung in allen Phasen des Testprozesses auf Basis von Standards.

Testplattformexperten führen Testwerkzeuge im Testprojekt ein. Unter Umständen ist es sinnvoll, eine zentrale Testplattform zu betreiben und als Full-Service anzubieten.

11.4.2 Rollen im Testprojekt

Je Systemrelease wird ein neues Testprojekt aufgesetzt. Folgende Rollen bzw. Aufgaben lassen sich ableiten:

Der *Testmanager* ist der Testprojektleiter und steuert das Testprojekt. Er stellt das Testteam zusammen. Außerdem erstellt er den Testplan, schreibt ihn fort und übernimmt alle steuernden und kontrollierenden Projektmanagement-Tätigkeiten. Er berichtet in der Regel an den Projektleiter. Der Testplan wird vereinbart mit dem Auftraggeber des Projektes oder dem Projektleiter. Der Testmanager wertet die Testergebnisse aus und berichtet an den Projektleiter. Er erstellt ebenfalls den Testabschlußbericht. Der Testmanager muß die funktionalen und nichtfunktionalen Anforderungen an das System kennen. Außerdem muß er den Testprozeß beherrschen und die Qualifikation eines Projektleiters besitzen.

Das *Testteam* sollte eine gute Mischung aus Fachexperten und Testexperten sein. Häufig gehören auch Pilotanwender des Kunden zum Testteam. Es übernimmt in der Regel die Verantwortung für den Integrations- und Systemtest. Das Testteam trägt damit die Verantwortung für das Ganze, der Entwickler hingegen jeweils nur für einen Ausschnitt wie eine Klasse oder eine Komponente. Der *Entwicklertest* sichert eine Basisqualität ab. Ihm fehlt aber in der Regel der notwendige Abstand für einen ganzheitlichen Test. In sehr kritischen Projekten kann auch der Unittest bereits vom Testteam durchgeführt werden. Das Testteam wird in der Regel zwei Kernkompetenzen aufweisen. Die eine Kompetenz liegt mehr in der fachlichen Testfallermittlung, die andere mehr auf der technischen Umsetzung und Durchführung.

In der Regel gibt es *Testplattformexperten*, die für die Lauffähigkeit der Testumgebung verantwortlich sind.

Hinweise

In kleinen Projekten können alle Rollen von einer Person wahrgenommen werden.

Kontinuität der Personen über alle Phasen ist sehr wichtig.

In sehr kritischen Projekten kann je Entwickler ein Tester notwendig sein, der auch schon den Unittest übernimmt.

11.4.3 Testansätze

Im Testplan wird spezifiziert, welcher Testansatz je Testaktivität eingesetzt werden sollen. Im folgenden werden unterschiedliche Testansätze vorgestellt. Dazu zählen zum Beispiel:

Black-, Grey- oder White-Box-Tests

Bei *Black-Box-Tests* betrachtet man das Testobjekt als eine geschlossene Box, in die nicht hineingeschaut werden kann. Die einzige Möglichkeit zu testen besteht darin, Eingabedaten einzuspielen und Ausgabedaten abzugreifen. Dieser Output wird dann mit dem erwarteten Output verglichen. Daher werden Abnahmetests eines Auftraggebers klassischerweise als Black-Box-Tests durchgeführt, denn aus seiner Sicht muß das Testobjekt vor allem der Spezifikation entsprechen. Wie das Testobjekt diese Spezifikation intern umsetzt, ist für den Auftraggeber in der Regel zweitrangig.

Bei *White-Box-Tests* dagegen besteht die Möglichkeit, auch die internen Zustände des Testobjekts zu analysieren. Er wird auch *struktureller Test* genannt. Ein White-Box-Test einer Komponente beispielsweise würde es ermöglichen, die in der Komponente enthaltenen Klasseninstanzen näher zu untersuchen, beispielsweise hinsichtlich ihrer Attributwerte und der Funktionalität ihrer Methoden. White-Box-Tests gehen also tiefer und sind daher auch aufwendiger. Sie vereinfachen allerdings die Fehlersuche ganz erheblich.

Grey-Box-Tests erlauben eine eingeschränkte Sicht in das Testobjekt. Beispielsweise könnte es möglich sein, die Kommunikation der Klasseninstanzen in der Komponente zu inspizieren, nicht aber die Instanzen selbst. Systemtests werden häufig als Grey-Box-Tests durchgeführt, um zu untersuchen, ob die einzelnen Komponenten ein richtiges Ein-/Ausgabe-Verhalten haben ohne den internen Zustand der Komponenten näher zu betrachten.

Top-Down- oder Bottom-Up-Tests

Es muß geklärt werden, ob man top-down oder bottom-up vorgehen möchte. Bei *Top-Down-Tests* wird mit dem Test des Objektes als Ganzen begonnen. Dann wird immer mehr verfeinert und es werden die Bestandteile des Objekts untersucht. Die *Bottom-Up* Methode ist genau gegenteilig: man beginnt bei den elementaren Bestandteilen und testet dann immer größere Teile des Objektes. Für den Test der Komponente bedeutet dies festzulegen, ob mit den Tests der enthaltenen Klassen begonnen werden soll und dann immer größere Teile der Klassenhierarchie untersucht werden sollen (Bottom-Up-Test). Oder ob umgekehrt zunächst die Komponente als Ganzes und dann ihre Klassen überprüft werden sollen (Top-Down).

Inkrementelle Tests oder Tests in einem Testrahmen

Als *inkrementelle Tests* werden solche Tests bezeichnet, bei denen die ausreichend getesteten Objekte (oder deren Bestandteile) nach und nach freigegeben werden. *Testrahmentests* hingegen sehen vor, daß der gesamte Test beendet sein muß, bevor das Testobjekt als fertig getestet angesehen werden kann. Für das Beispiel des Komponententests wäre eine inkrementelle Vorgehensweise wohl nicht denkbar, weil sich eine Komponente ja gerade als ein ganzheitliches Objekt aufgefaßt wird und sich durch die Kapselung der in ihr enthaltenen Klassen auszeichnet.

Live-Test

Häufig wird der Systemtest als Parallelbetrieb zur Produktion gefahren. Bei diesem *Live-Test* bzw. Pilotbetrieb werden alle relevanten Geschäftsvorfälle zusätzlich im Testbetrieb unter Produktionsbedingungen abgewickelt, in der Regel von *friendly usern*.

Hinweise

Die Wahl der Testansätze hängt stark von den Zielvorgaben ab: beispielsweise wird ein Entwickler im Klassentest eher White-Box-Tests durchführen, um möglichst detaillierte Informationen über ein Fehlverhalten zu bekommen, während beim Abnahmetest des Auftraggebers wie erwähnt eher Black-Box-Tests verwendet werden. In der Praxis wird die Auswahl der verwendeten Techniken auch von den technischen Voraussetzungen bestimmt. Es muß ggf. abgewogen werden, ob der Aufwand zum Aufbau einer umfassenden Testumgebung oder der Implementation von aufwendigen Testklassen gerechtfertigt ist.

11.4.4 Einsatz von Werkzeugen

Testwerkzeuge können die Standardisierung und die Transparenz im Testprozeß erhöhen. Sie sind insbesondere im Hinblick auf eine Testautomatisierung notwendig. Testwerkzeuge unterstützen ein oder mehrere Phasen des Testprozesses.

Ein *Testspezifikationswerkzeug* hilft bei der Spezifikation der Testobjekte und bei der systematischen Ermittlung von Testfällen, beispielsweise auf Basis von Äquivalenzklassen. Das Werkzeug kann nach Auswahl von konkreten Testfällen den fachlichen Abdeckungsgrad ermitteln. Anschließend hilft das Werkzeug bei der Spezifikation und Bereitstellung der konkreten Testdatenformate.

Für die Testautomatisierung gibt es sogenannte *GUI-Capture and Replay* Tools, die beispielsweise die Ein- und Ausgaben auf der Oberfläche aufzeichnen und so einen Nachweis für die Testausführung liefern. Die dabei erstellten Scripte ermöglichen anschließend eine Testwiederholung. Datenbankseitig gibt es Tools zur Bereitstellung von Testdaten und zum Soll/Istabgleich. Als Basis dienen spezielle Testsprachen, díe beispielsweise Konzepte zur Separierung der Testdaten umfassen.

Spezielle Tools untersuchen den *Abdeckungsgrad* im Code, z.B. bezogen auf Methoden oder Verzweigungen in den Methoden. Sie protokollieren die durchlaufenen Zweige und stellen diese ins Verhältnis zu der Gesamtheit aller Möglichkeiten.

Für *Belastungstests* zeichnen spezielle Werkzeuge beispielsweise die Kommunikation zur Komponente auf. Dieses Script wird dann vervielfältigt, indem entsprechend viele parallele Sessions erzeugt werden und jeweils einen Benutzer simulieren.

Hinweise

Ein wichtiger Aspekt bei dem Einsatz von Testwerkzeugen ist die *Integration*. Neben der Integration in die Entwicklungs- und SCM-Umgebung ist auch der fachliche Kontext wichtig. Die Verbindung zum Use Case bzw. zum Requirement, zur Änderungsanforderung oder zum Problem-Request, erhöht die Transparenz und Nachvollziehbarkeit.

Je höher der *Test-Automatisierungsgrad* ist, desto höher ist der Anfangsaufwand. Hier müssen Aufwand und Nutzen bewertet werden. Beispielsweise bei sicherheits- und geschäftskritischen Anwendungen oder bei einer langfristigen Produktenwicklung werden sich die Aufwände nach wenigen Releasezyklen amortisieren. Die Anforderungen, speziell die Oberfläche sollten aber vor Spezifikation der Testroutinen stabil sein. Die Testautomatisierung verringert Routinearbeiten; denn bei der x-ten Wiederholung eines manuellen Tests lassen in der Regel Motiviation und Sorgfalt nach.

Testwerkzeuge sind komplex und können nur von geschulten Werkzeugbenutzern effizient eingesetzt werden.

Glossar

Abstrakte Klasse

Ist ein wichtiges Element in Vererbungsstrukturen (→ *Vererbung*), wo sie die Gemeinsamkeiten von einer Gruppe von → *Unterklassen* definiert. Im Gegensatz zu einer → *Klasse* können von einer abstrakten Klasse keine → *Objekte* erzeugt werden. Zur Verwendung einer abstrakten Klasse muß von ihr zunächst eine → *Unterklasse* abgeleitet werden.

Abstrakte Methode

→ *Methode*, für die nur die → *Signatur* angegeben ist, die aber nicht spezifiziert bzw. implementiert ist. Enthält eine → *Klasse* mindestens eine abstrakte Methode, dann handelt es sich um eine → *abstrakte Klasse*. Die zugehörige Spezifikation bzw. Implementierung wird erst in den → *Unterklassen* angegeben.

Actor

Beschreibt die Rolle, die ein Benutzer des Systems spielt. Akteure befinden sich außerhalb des Systems. Sie können Personen oder externe Systeme sein.

Actor-Interaktionsdiagramm

Im Actor-Interaktionsdiagramm werden die Interaktionen eines Actors mit einem IT-System grafisch dargestellt. Es beschreibt in der Regel einen Haupt-Anwendungsfall.

Akteur

→ *Actor*

Aggregation

Ist ein Sonderfall der → *Assoziation*. Eine Aggregation liegt vor, wenn zwischen den → *Objekten* der beteiligten → *Klassen* eine „ist Teil von"-Beziehung bzw. „besteht aus"-Beziehung existiert.

Anforderungsanalyse

In der Anforderungsanalyse werden → *Anforderungen* identifiziert. Sie ist ein iterativer Prozeß mit dem Ziel, → *Anforderungen* an ein IT-System vollständig und konsistent zu erfassen. Die Anforderungsanalyse ist Teil der Phase → *Konzeption*.

Anforderung

Aussage über eine zu erfüllende qualitative und/oder quantitative Eigenschaft eines Produkts.

Anforderungskatalog

Auflistung, Kategorisierung und Bewertung (z. B. Priorisierung) der → *Anforderungen* an ein IT-System.

Anwendungsarchitektur

Beschreibt die Softwarearchitektur eines Anwendungssystems.

Anwendungsfall

→ *Use Case*

Assoziation

Modelliert Verbindungen zwischen → *Objekten* einer oder mehrerer → *Klassen*. Binäre Assoziationen verbinden zwei → *Objekte*. Jede Assoziation wird beschrieben durch Kardinalitäten und einen optionalen Assoziationsnamen oder Rollennamen. Sie kann um Restriktionen ergänzt werden. Sonderfälle der Assoziation sind die → *Aggregation* und die → *Komposition*.

Attribut

Attribute beschreiben die Eigenschaften von → *Objekten* einer → *Klasse*. Alle Objekte einer → *Klasse* besitzen dieselben Attribute, beinhalten jedoch unterschiedliche Attributwerte. Jedes Attribut ist durch einen bestimmten Typ gekennzeichnet und kann einen Anfangswert (default) besitzen. Jedes → *Objekt* muß Speicherplatz für alle seine Attribute reservieren. Der Attributname ist innerhalb der → *Klasse* eindeutig.

Behavior

→ *Verhalten*.

Business-Komponente

Funktionale Einheit für IT-Systeme, die aus Geschäftssicht zusammengehörige → *Objekte* kapselt und über eine definierte → *Schnittstelle* anderen → *Komponenten* zur Verfügung stellt. Business-Komponenten sind die Kernelemente für Wiederverwendbarkeit.

Business-Objekt

Ein Business-Objekt stellt Wissen und Funktionen für das Geschäft zur Verfügung. → *Business-Komponenten* beinhalten eine Menge von Business-Objekten.

CASE

Abkürzung für Computerunterstützte Software-Entwicklung (Computer Aided Software Engineering), welches den Einzatz von Werkzeugen zur Unterstützung der Entwicklungsarbeit beschreibt.

Class Diagram

→ Klassendiagramm.

Client/Server-Anwendung

Verteilung einer in logische Schichten gegliederten Anwendung auf ein Netzwerk, das aus mehreren Clients mit mindestens einem Server besteht. Nach erfolgter Anmeldung der Clients bei dem Server bleibt die Verbindung während der gesamten Sitzung bestehen.

Controlboard

Ein Controlboard ist ein Entscheidungsgremium, welches für die Steuerung von Projekten zuständig ist. Meistens setzt sich der Lenkungsausschuß aus Führungskräften der am Projekt beteiligten Organisationseinheiten zusammen. Seine Aufgaben bestehen in der Kontrolle der Berichte der Projektleitung, Genehmigung des Projektplans mit allen Teilplänen, Entscheidungen über Änderungen und Abnahme der Projektergebnisse.

Datenbank

Menge von Daten, die nach festgelegten Regeln in einem → *Datenbankmanagementsystem* konsistent verwaltet werden. Daten können zur Datenbank hinzugefügt, geändert, gelöscht und abgefragt werden.

Datenbankmanagementsystem (DBMS)

Softwaresystem zur Verwaltung von Daten. Bietet ein Datenmodell (relational, objektorientiert) zur Beschreibung von Daten sowie eine Datenmanipulations- und -abfragesprache.

Datenmodell

In einem Datenmodell werden die Informationsobjekte, die für das Unternehmen von Bedeutung sind, sowie die Beziehungen zwischen diesen, auf Ebene des Fachkonzepts beschrieben. Hierzu dient beispielsweise das Entity-Relationship-Modell

Elementarer Geschäftsprozeß

Baustein für → *Prozeßketten*: beschreibt eine unteilbare, in einem Zug ausführbare Tätigkeit.

Framework

→ *Rahmenwerk.*

Führungsprozeß

Der Führungsprozeß umfaßt alle Aktivitäten zur Leitung und Steuerung eines Projektes.

Geschäftsprozeß

Ein Geschäftsprozeß beschreibt die Erbringung einer Leistung in einem Geschäft mitsamt den Leistungsmerkmalen wie Durchsatz und Geschwindigkeit.

Infrastrukturkomponente

Eine Infrastrukturkomponente stellt ein technisches Softwaresystem (Datenbank, Transaktionsmonitor) oder externe →Komponenten über definierte → *Schnittstellen* zur Verfügung.

Inheritance

→ *Vererbung.*

Interface

→ *Schnittstelle.*

Instanz

Objektorientierte Bezeichnung für genau ein konkretes → *Objekt* einer → *Klasse*. Eine Instanz besitzt die in der → *Klasse* definierten → *Attribute* und → *Methoden*.

Kapselung

Die Kapselung als objektorientiertes Grundprinzip besagt, daß zusammengehörende → *Attribute* und → *Methoden* in einer Einheit zusammengefügt sind.

Kardinalität

Ist die Bezeichnung für die Wertigkeit einer → *Assoziation*. Sie spezifiziert die Anzahl der an der → *Assoziation* beteiligten → *Objekte*.

Klasse

Eine Klasse beschreibt die Eigenschaften und das → *Verhalten* einer Menge von → *Objekten* in Form von →*Attributen* und → *Methoden*. Alle → *Objekte* einer Klasse entsprechen der Klassendefinition.

Klassenbibliothek

Organisierte Sammlung von → *Klassen*. Entwickler nutzen Klassenbibliotheken bzw. Teile daraus, um → *Objekte* zu definieren, → *Methoden* darauf anzuwenden, sowie → *Unterklassen* zu bilden.

Klassendiagramm

Stellt die objektorientierten Elemente → *Klasse*, → *Attribut*, → *Methode*, sowie Beziehungen zwischen → *Klassen* in grafischer Form dar. (UML-Diagramm)

Komponente

Eine Komponente ist ein ausführbares Softwaremodul mit eigener Identität, welches über festgelegte → *Schnittstellen* eine definierte Leistung anbietet. Die Komponente wird mit Hilfe eines → *Klassendiagramms* entworfen, das die → *Schnittstelle* der Komponente und den inneren Aufbau definiert.

Komponentenbasierte Software-Entwicklung

Effektive Entwicklung von Anwendungen durch Kombination und Integration vorgefertigter, wiederverwendbarer → *Komponenten*.

Komponenten-Modell

Spezifiziert die Architektur, Struktur und Interaktion von Software-Bausteinen. Die Spezifikation kann auf der Ebene der Programmiersprache sowie auch auf binärer Ebene erfolgen. (UML-Diagramm)

Komposition

Eine Komposition ist eine strenge Form der → Aggregation, bei der die Existenz der Teile von der Existenz des Ganzen abhängig ist.

Konzeption

In der Konzeption werden alle → *Anforderungen* an ein IT-System aus Geschäftssicht erhoben und abgestimmt.

Message

→*Nachricht*

Methode

Funktion oder Algorithmus, die auf die internen Attributwerte eines → *Objekts* zugreift. Auf alle → *Objekte* einer → *Klasse* sind dieselben Methoden anwendbar. Externe Methoden werden von anderen Klassen aktiviert, interne Methoden dagegen immer von Methoden der eigenen → *Klasse* aufgerufen.

Nachricht

Botschaft mit einer Aufforderung eines Senders (→ *Objekt* oder → *Klasse*) an einen Empfänger (→ *Objekt* oder → *Klasse*), eine Dienstleistung zu erbringen. Der Empfänger interpretiert die Nachricht und führt eine → *Methode* aus.

Oberklasse

Umfaßt alle gemeinsamen → *Attribute*, → *Methoden* und Beziehungen ihrer → *Unterklassen*. Jede Oberklasse besitzt mindestens eine → *Unterklasse*. Ober- und → *Unterklassen* werden häufig zur Bildung von Generalisierungen verwendet.

Objekt

Zentraler Begriff der objektorientierten Programmierung. Aus abstrakter Sicht kann ein Objekt alles sein, was greifbar, sichtbar oder wahrnehmbar ist. Ein Objekt ist eine Instanz einer → *Klasse* und besitzt somit einen Status, ein → *Verhalten* und eine Identität. Die Eigenschaften von Objekten werden in → *Klassen* beschrieben.

Operation

→ *Methode.*

Paket

Strukturiert Modellelemente (z.B. → *Klassen*). Ein Paket kann selbst wieder Pakete enthalten. Zur übersichtlichen Darstellung der Paketstrukturen dienen Paketdiagramme.

Process Hierarchy

→ *Prozeßhierarchie.*

Process Thread

→ *Prozeßkette.*

Projektmanagement

Das Projektmanagement umfaßt alle Aktivitäten zur Initialisierung, Führung und Steuerung, sowie Abschluß eines Projekts. Das Projektmanagement ist ein wesentlicher Teil des Führungsprozesses von Projekten.

Prozeßhierarchie

Geschäftsprozesse werden in einer Hierarchie organisiert. Die Darstellung erfolgt in einem Process Hierarchy Diagram.

Prozeßkette

Eine Prozeßkette stellt detailliert die kontrollierte Abfolge von elementaren Geschäftsprozessen dar. Sie hat einen Auslöser und ein Ergebnis aus Geschäftssicht. Die Prozeßkette beschreibt und detailliert einen → *Geschäftsprozeß*. Eine Prozeßkette wird in einem Process Thread Diagram dargestellt.

Qualitätsmanagement

Das Qualitätsmanagement verantwortet die Definition und Einhaltung der Qualitätsziele in einem Projekt. Es ist Teil des Führungsprozesses.

Rahmenwerk

Besteht aus einer Menge von zusammenarbeitenden → *Klassen*, die einen wiederverwendbaren Entwurf für einen bestimmten Anwendungsbereich implementieren.

Realisierung

Ist die Phase des Kernprozesses, in dem die im Design erstellte Anwendungsarchitektur implementiert, integriert und so getestet wird, daß sie zu einer Abnahme durch den Auftraggeber zur Verfügung steht.

Requirement

→ *Anforderung.*

Roll Out

Das Roll Out ist die Menge der Aktivitäten, durch die ein realisiertes und abgenommenes IT-System in die Zielorganisation eingeführt wird, so daß es dort operativ den Anwendern zur Verfügung steht.

Schichtenarchitektur

Gliederung einer Softwarearchitektur in Schichten. Zwischen den Schichten kann eine lineare, strikte oder hierarchische Ordnung bestehen. Jede Schicht besteht aus → *Komponenten.*

Schnittstelle

Eine Schnittstelle beschreibt, wie auf → *Komponenten* von außen zugegriffen werden kann.

Sequenzdiagramm

Grafische Darstellung der dynamischen Kommunikation zwischen → *Objekten* auf Basis einer vertikalen Zeitachse. Methodenaufrufe werden durch horizontale Linien, → *Objekte* und → *Klassen* mit vertikalen Linien repräsentiert. (UML-Diagramm)

Signatur

Die Signatur einer → *Methode* besteht aus dem Namen der → *Methode*, den Namen und Typen aller Parameter, sowie dem Ergebnistyp der → *Methode*.

Software Configuration Management

Aufgabe des Software Configuration Management ist es, die Evolution eines Software-Produktes über den gesamten Produkt-Lebenszyklus hinweg zu kontrollieren.

State

→ *Zustand*

State Transition

→ *Zustandsübergang.*

State Transition Diagram

→ *Zustandsübergangsdiagramm.*

Szenario

Folge von Verarbeitungsschritten, die unter bestimmten Randbedingungen auszuführen sind. Ein → *Geschäftsprozeß* kann durch eine Sammlung von Szenarios dokumentiert werden.

Use Case

Anwendungsfall für ein IT-System. Im Use Case ist eine zusammengehörige Funktionalität eines IT-Systems beschrieben, wie sie zur Aufgabenerfüllung dem Nutzer an seinem Arbeitsplatz zur Verfügung stehen soll.

Use Case Diagramm

→ *Use Cases* werden in einem Use Case-Diagramm dargestellt und dort mit dem zugehörigen Actor verknüpft. (UML-Diagramm)

Überschreiben

Von Überschreiben bzw. Overloading spricht man, wenn eine → *Unterklasse* eine geerbte → *Methode* der → *Oberklasse* unter Verwendung des gleichen Namens neu implementiert.

UML

Die UML (Unified Modeling Language) ist der Standard für die objektorientierte Modellierung von Software-Systemen. UML ist eine visuelle Sprache, nach deren Regeln verschiedene Diagramme aufgebaut werden, die der Modellierung verschiedener Aspekte von Software-Systemen dienen.

Unterklasse

Unterklassen dienen der Bildung von Spezialisierungen. Sie erbt alle → *Attribute*, → *Methoden* und Beziehungen der zugeordneten → *Oberklasse(n)*. Sie besitzt zusätzlich eigene → *Attribute*, → Methoden und Beziehungen. Eine Unterklasse besitzt immer → *Oberklassen*.

Vererbung

Zurückführen eines Typs bzw. einer → *Klasse* auf einen anderen Datentyp, indem nur die neu hinzugekommenen Eigenschaften zusätzlich definiert werden, alle anderen Eigenschaften werden übernommen (geerbt).

Vererbung bietet die Möglichkeit, gemeinsame Eigenschaften verschiedener Objektarten zusammenzufassen und nur einmal zu implementieren.

Verhalten

Objekte zeigen ein für ihre Art typisches Verhalten, das durch die beobachtbaren Effekte der anwendbaren Methoden ausgelöst wird. Die das Verhalten bestimmenden Bestandteile werden als die dynamischen oder aktiven Bestandteile eines Objektes bzw. einer Klasse bezeichnet.

Vorgehensmodell

Ein Vorgehensmodell beschreibt ein allgemeines Verfahren zur Abwicklung von IT-Projekten.

Wartung

Teilaufgabe während des Betriebs zur Sicherstellung der Funktionsfähigkeit eines IT-Systems, z. B. nach aufgetretenen Fehlern.

Zustand

Der Zustand ist eine Situation im Leben eines → *Objektes*, während der eine bestimmte Bedingung erfüllt ist, Aktivitäten ausgeführt werden oder auf ein Ereignis gewartet wird. Er wird durch die Attributwerte des → *Objektes* definiert.

Zustandsübergang

Verbindung zweier → *Zustände*. Kann nicht unterbrochen werden und wird stets durch ein Ereignis ausgelöst. Ein Zustandsübergang kann auch auf den eigenen → *Zustand* erfolgen.

Zustandsübergangsdiagramm

Der Lebenszyklus von → *Objekten* einer → *Klasse* wird mit einem Zustandsübergangsdiagramm beschrieben. Dieses beschreibt die möglichen → *Zustände* des Objekts sowie die → *Zustandsübergänge*. (UML-Diagramm)

Literaturverzeichnis

[Alle98]   *Allen, Paul; Frost, Stuart:* Component-Based Development for Enterprise Systems. Cambridge University Press 1998.

[Balz96]   *Balzert, Helmut:* Lehrbuch der Software-Technik. Spektrum Akademischer Verlag, Heidelberg, Berlin, Oxford 1996.

[Balz98]   *Balzert, Helmut:* Lehrbuch der Software-Technik. – Software-Management, Software- Qualitätssicherung, Unternehmensmodellierung (Band 2), Heidelberg; Berlin 1998.

[Beck00]   *Beck, Kent:* Extreme Programming Explained: Embrace Change. Addison-Wesley, Amsterdam 2000.

[Becr00]   *Becker, J. ,Kugeler, M. , Rosemann, M. (Hrsg.)* : Prozeßmanagement, 2. Auf., Berlin 2000.

[Boehm76]   *Boehm, Barry W.:* Software Engineering. In: IEEE Transactions on Computers, Vol. C-25, 1976, S. 1226 – 1241.

[Boehm88]   *Boehm, Barry W.:* A Spiral Model for Software Development and Enhancement. In: IEEE Computer, Mai 1988, S. 61 – 72.

[Booc99]   *Booch, Grady; Rumbaugh, James; Jacobsen, Ivar:* Das UML-Benutzerhandbuch. Addison-Wesley, München 1999.

[Bran01]   *Brandt-Pook, Hans; Korzen, Bernd; Boidol, Joachim; Peyn, Hauke:* Anwendungsentwicklung in zeitrestriktiven dynamischen Projekten. Wirtschaftinformatik, 43. Jg., Heft 3, S. 247 – 254, 2001.

[Bröh93]   *Bröhl, Adolf-Peter; Dröschel, Wolfgang:* Das V-Modell. Oldenbourg Verlag, München, Wien 1993.

[DGQ95]   *DGQ-Schrift 11-04,* Begriffe zum Qualitätsmanagement, Berlin 1995.

[DGQ95]   *DGQ-Schrift 11-10*, Anleitung zur prozeßorientierten Betrachtung von Qualitätsmanagementsystemen nach DIN EN ISO 9001 bis 9003, Berlin 1996.

[DIN9000-3] *DIN EN ISO 9000-3*, Normen zum Qualitätsmanagement und zur Qualitätssicherung/QM-Darlegung - Teil 3: Leitfaden für die Anwendung von DIN EN ISO 9001:1994 auf Entwicklung, Lieferung, Installation und Wartung von Computer-Software, Berlin 1998.

[DIN9001]   *DIN EN ISO 9001*, Qualitätsmanagementsysteme - Anforderungen, Berlin 2000.

[DIN10011] *DIN ISO 10011* Leitfäden für das Audit von Qualitätssicherungssystemen, Teil 1 bis Teil 3, Berlin 1992.

[Gamm01]   *Gamma, Erich; Helm, Richard; Johnson, Ralph:* Entwurfsmuster: Elemente wiederverwendbarer objektorientierter Software. Addison-Wesley, München 2001.

ISO10006]   *ISO 10006* Quality Management - Guidelines to quality in project management, Berlin 1997.

[ISO12207] *ISO/IEC 12207* Informationstechnik - Prozesse im Lebenszyklus von Software, Berlin 1995.

[ISO15504] *ISO/IEC TR 15504* Informationstechnik - Bewertung von Software-Prozessen, Teil 1 bis Teil 9, Berlin 1998.

[ITIL2000] *CCTA*: Best Practise for Service Support. The Stationary Office, London 2000.

[ITIL2001] *CCTA*: Best Practise for Service Delivery. The Stationary Office, London 2001.

[JEN01]   *Jenny, B.:* Projektmanagement in der Wirtschaftsinformatik, 5. Auflage, Zürich 2001.

[Kapl97]   *Kaplan, Robert S.; Norton, David P.:* Balanced Scorecard. Strategien erfolgreich umsetzen. Schäffer-Poeschel Verlag, Stuttgart 1997.

[Kneu98]   *Kneuper, Ralf; Müller-Luschnat, Günther; Oberweis, Andreas:* Vorgehensmodelle für die betriebliche Anwendungsentwicklung. Teubner Verlag, Stuttgart, Leipzig 1998.

[Kruc00]   *Kruchten, Philippe:* The Rational Unified Process: An Introduction, English Edition. Prentice-Hall, New York 2000.

[Oest01]   *Oesterreich, Bernd:* Objektorientierte Softwareentwicklung: Analyse und Design mit der Unified Modeling Language. Oldenbourg Verlag, München 2001.

[PMB00]   A Guide to The Project Management Body of Knowledge, (PMBoK Guide) Project Management Institute (Ausgaben 1996, 2000).

[Robe00]   *Robertson, Suzanne und Robertson, James:* Mastering the Requirement Process. Addison-Wesley, Amsterdam 2000.

[WAL97]   *Walder, F.-P./Patzak, G.:* Qualitätsmanagement und Projektmanagement, Braunschweig/Wiesbaden 1997.

[ZEH01]   *Zehnder, C. A.:* Informatik-Projektentwicklung, 3.Auflage, Zürich 2001.

Index

3

3-tier 162

4

4-Schichtenarchitektur 130

A

Abbildung
    des Designs 170
    einer Assoziation 171
    in Visual Basic 171
Abbildungsregeln 167, 169
Abdeckung
    grobe Scope- 102
Abdeckungsgrad
    des Abnahmetests 187
Abfragewerkzeuge 167
Abhängigkeit
    von Datenbanksystemen 171
Abhängigkeiten
    der Arbeitspakete 265
Ablagestrukturen 337
Ablauforganisation 43, 49, 56
    grobe 43, 52, 53
    Optimierung 14
Ablaufumgebung 161
Abnahme 160, 184, 186, 192
    des Gesamtsystems 8, 178
    durch Auftraggeber 2
    formale 11
Abnahmebescheinigung 188
Abnahmegrad 188
Abnahmekriterien 108, 187
Abnahmekriterien 107
Abnahmeprotokoll 193
Abnahmetest 178, 387
Abnahmetests
    zeitliche Einordnung 186

Abstraktionsniveau 12
Actor 397
Actor-Interaktionsdiagramm 88, 397
Aggregation 121, 122, 171, 397
Alternate Courses 96
Altsysteme 57, 59
Änderung
    des Systemdesigns 178
Änderungen
    dynamische 164
    nachträgliche 168
Änderungsanforderung 336
    Life Cycle 335, 341
Änderungsanforderungen 215
Änderungsanträge 249
Änderungsmanagement 175, 270, 320, 329, 334
    Prozeß 340
Änderungsvorschläge 270
Anforderung 398
Anforderungen 95, 98
    an die Ablauforganisation 43
    an die Aufbauorganisation 17
    an die Systemleistung 98
    an Führungsprozesse 46
    an Supportprozesse 49
    des Geschäfts 2, 15
    des Marktes 1
    fachliche 96, 360
    funktionale 96, 108
    geschäftliche 56
    nicht-funktionale 96, 97, 108
    organisatorische 56
Anforderungsanalyse 7, 97, 100, 166, 398
    detaillierte 7
Anforderungskatalog 50, 71, 95, 97, 100, 189, 398

Abnahme des 96
Anforderungskatalog 106
Anwender
  ausgewählt 190
Anwenderbetreuung 213
Anwenderhandbuch 194
Anwendertests 178
Anwendungsarchitektur...162, 163,
  398
  Schichten der 166, 179
  Varianten 164
  Verteilungsstrategien 179
Anwendungsbetreuung 230
Anwendungsentwicklung 15
  Führungsprozeß der 9
  Kernprozeß der 3, 4
  komponentenbasierte 10
  Phasen der vi
  Praxis der 13
Anwendungsfall .... *Siehe* Use Case
Anwendungskontrollkomponenten
  127
Anwendungssystem
  Alternativen 102
  Qualität 225
Applikationsschichten
  verschiedene 59
Äquivalenzklassen 373
Arbeitsmodelle
  konkrete 257
Arbeitspakete 264
  grobe 61
  im Projektplan 265
  Reihenfolge 264
  Ressourcen 264
  Status 271
  Verantwortlicher 264, 265
Arbeitspläne 268
Architektur
  logische 147
  mehrschichtige 162
  prinzipielle 8
  Schichten- 110, 116

technische 147
technische 162
Architekturansätze 110
Assoziation 121, 398
Assoziationen 121
Attribut 119, 138, 150, 398
Aufbauorganisation 308
  Analyse 14
Auftraggeber 245, 248, 307
Aufwand
  kalkulieren 311
Auslieferung des Systems
  schrittweise 164
Ausrichtung
  internationale 242
Availability Management..203, 210,
  221

B

Balanced Scorecard...33, 291 *Siehe
  auch* BSC
Baselines 331, 352
Basistechnologie 246
Behavior .... *Siehe* Verhalten
Belastungstests 387
Benutzerdokumentation 99
Benutzeroberfläche 142
Benutzerschnittstelle 168
Benutzungsoberfläche
  Design der 143
Betreiber 207
Betrieb 9, 185, 201, 204
  interne Organisation 230
  Prozesse 208
  reibungsloser 168
  technischer 230
Betriebskonzept 204, 227
Betriebsteam
  Schulung 196
Betriebstest 388
Beziehungsebene 277
BOOTSTRAP 299
BSC

Analyse und Steuerung............ 40
Berichtswerte 39
Ergebnisse 33
Geschichte................................. 33
Kennzahl.................................... 34
Kennzahlen 36
Owner 34
Perspektiven.............................. 34
Planung 38
Buildmanagement...............320, 334
Buildprozeß............................. 328
Buildmanager 336
Buildprozeß............................. 353
Business Development Life Cycle
.... 14
Business- Objektmodell.............. 91
Business-Komponente 166
Business-Komponenten............ 127

C

Capability Maturity Model
Integration 297
Capacity Management.......203, 210,
224
CASE.. 399
CASE-Tools 167
Change Management 209, 215
Vorteile 217
Class Diagram.*Siehe*
Klassendiagramm
Client/Server-Anwendung 179, 399
Client/Server-Umgebung 179
Cluster-Darstellung...................... 25
CMMI.. 297
Controlboard.....189, 197, 248, 249,
269, 399
Zusammensetzung................. 250
Controlboard-Sitzung................. 269
Controlling 256

D

Daten
-schutz.. 99

-sicherheit.................................100
Datenaustausch 168
Datenbank....................................399
Datenbanken 8, 176
Datenbankmanagementsystem.149,
160, 168, 400
Datenbanksystem
objektorientiertes...................171
relationales 171
Datendienste................................179
Datenhaltung................................99
Datenhaltungssysteme
persistente 168
Datenmodell................................400
logisches 138, 147, 149, 152
physisches 152
Datenvolumina.............................. 7
DBMS..400
Deliverables 264
Deming-Kreis...............................251
Deployment........320, 329, 334, 353
Design... 8
Dialogdesign................................144
Diebold-Notation 28, 29
Dienstleistungen
der Systeme............................166
Dienstleistungsqualität...............288
DIN EN ISO 12207 296
DIN EN ISO 9000-3....................296
DIN EN ISO 9001 294
DIN EN ISO 9001:2000............294
Dokumentation
technische 234
Dokumententest 379
Drei-Dimensionen-Modell.........288
Dreieck
magisches 254
DV-Landschaft
heterogene...............................179

E

Einführung......................................8
Dimensionen............................182

zeitliche Einordnung 184
Einführungsphase 204
Einführungsplanung 165
Einführungsprojekte...................... 2
Einheiten
    funktionale.......................... 3
    interagierende........................... 28
Einsatzdiagramm................. 148, 149
Einzelkomponenten
    Bereitstellung 174
    Integration 173
Einzelkomponententest 172
Elemente
    grafische....................... 171
Entscheidungsfluß 53
Entscheidungskompetenz..250, 275
Entwicklerteam....................... 175
Entwicklertest 169
Entwicklung
    IT-System 54
Entwicklungspotential
    des Geschäfts........................... 13
Entwicklungssystem 264
Entwicklungsumgebung............ 167
Entwicklungswerkzeuge............. 167
Erfolgsfaktoren.......................... 62
Ergebnis
    abgesichertes 243
Ergebnistypen........................... 10
Eskalationsstufen 212
Experten-Team........................ 221
Expertenwissen......................... 285

F

Fehler
    -vermeidung........................... 334
Fehlererkennung........................ 168
Fehlerkontrolle 218
Fehlerliste 192
Fehlertabellen............................ 180
Filter 5
First Level Support 220
Fragestellung

technische 168
Fragestellungen 6
Framework......... *Siehe* Rahmenwerk
Freigabeverfahren.....................333
Fremdschlüsselbeziehungen 172
Führungsprozeß.........vi, 3, 5, 9, 46,
    400
    Anforderungen an 46
    Beispiel 48
Führungs-Services 46
Funktionalität
    abdecken 102
    definierte 175
    der Methoden........................171
Funktionstest.............................388
Funktionstests 386

G

Gantt-Diagramme 264
Generalisierung...........................121
Generator...................................169
Generatoren...............................167
Gesamtleistung...........................242
Gesamtprojekt............................165
Gesamtprozeß............................204
Gesamtsystem
    Abnahme.................................. 8
    Integration 173
    Test des 8, 178
    Zerlegung................................161
Geschäft.....................................14
Geschäftsanalyse.................. 2, 7, 13
    problembezogene 15
    Ziele 15
Geschäftsereignis.........................79
Geschäftsexperten16, 22, 100, 101,
    249
Geschäftsfeldanalyse............. 17, 19
Geschäftsprozeß........................400
    elementarer............................400
Geschäftsprozeßanalyse
    grobe......................................17
Geschäftsprozesse 11, 17, 75, 81

elementare 77
Leistungsmerkmale 27
notwendige 13
Strukturierung.......................... 14
Überprüfung 214
Geschäftsregeln 49, 179
Geschäftssicht.......................82, 115
Geschäftsverantwortung........... 275
Geschäftszyklus......................... 54
Going live 226
Going Live...........................184, 198
GPM.. 284
Großrechner............................. 179
Guidelines............................... 257

H

Help Desk............................... 202
High Level Requirements 59
Hinweise 350

I

Implementierung
inkrementelle........................... 97
Methoden in VB................... 172
Incident Management.......203, 210,
219
Individualentwicklung 2, 7, 54
Infrastruktur............................. 147
Bereitstellung 167
Realisierung............................ 160
technische.............................. 202
Infrastrukturkomponente ..166, 400
Infrastrukturschicht 129
Inheritance............. *Siehe* Vererbung
Innovationen
technologische 202
Instanz.................................... 401
Instrumente
der Projektleitung.................. 244
Integration
Aspekte der 174
Komponenten 173
Supportleistungen 5

Integrationsmanager...................175
Integrationsplattform.................173
Integrationsprozeß 173, 174
Integrationssystem.....................173
Integrationstest 385
Integrationsumgebung....... 174, 176
Bereitstellung..........................176
Integrität
des Systems.............................222
Interaktionspartner.....................205
festlegen 229
Interface 400
-Objekt 171, 176
Interface-Methoden 139
IPMA 284
ISO/IEC TR 15504 (SPICE)....296
Ist-/Soll-Abgleich.........................17
IT-Controlling...............................67
strategisches...............................65
Iteration 6
Iterationen........................... 164, 165
Iterationsschritte 165
ITIL...203
IT-Investition
Sinnhaftigkeit............................55
IT-Investitionsentscheidung........59
IT-Lösung................................ 71, 73
IT-Lösung..................................101
IT-Plattform
definierte 15
IT-Plattformen
strategische...............................65
zugehörige 13
IT-Projektportfolio............... 13, 54
priorisiertes 65
IT-Strategie 2, 15
ableiten 13
ausrichten 17, 65
definieren 65
Definition...................................14
gestalten...................................67
IT-System
Anforderungen.........................106

Realisierung............................ 160
unterstützendes........................ 45
Ziele...................................... 15

K

Kapselung................................ 401
  Prinzip der............................ 128
Kardinalität............................. 401
Kardinalitäten........................... 121
Kategorisierung 215
Kernprozeß 11
  Anwendertraining..................... 11
Kick-Off Workshop 260
  Vorbereitung........................... 259
Klasse .120, 138, 140, 144, 150, 401
  abstrakte................................ 397
Klassenbibliothek...................... 401
Klassendiagramm........................ 401
Klassendiagramme 161
Klassenmodell......93, 127, 137, 138,
  139, 144
Klassentest............................... 383
Klassentests............................. 172
Know-how-Transfer
  sicherstellen............................ 233
Know-How-Transfer.................. 219
Knowledgemanagement............. 244
Kommunikation
  zielgruppengerechte.............. 243
Kommunikationspartner 202
Kommunikationswege 229
Komponent................................ 160
Komponente
  Business-............................... 132
Komponente......................125, 401
  Anwendungskontroll............. 146
  Anwendungskontroll-....117, 142
  -architektur............................ 111
  Architektur 145
  Business 399
  Business-................ 116, 118, 139
  -entwurf 137
  Infrastruktur........................... 151

Infrastruktur-................. 117, 128
  logische........................... 146, 147
  logische Architektur.............. 132
  physische 146, 150
  -umsetzung 111
Komponenten............................ 161
  abhängige 165
  Implementation..................... 162
  Integration 162
  Realisierung.......................... 164
  zu System konfigurieren........ 177
Komponentenansatz.................. 242
Komponentenarchitektur..........114,
  130, 136
  objektorientierte..................... 116
Komponentenbasiert 3
Komponentendiagramm............ 151
Komponenteneinbindung.......... 175
Komponentenentwurf............... 155
Komponentenimplementierung169
Komponentenintegration........... 173
Komponentenmanagement.......328
Komponenten-Modell.............. 402
Komponententest............. 172, 385
Komponentenumsetzung.. 146, 156
Komposition 121, 122, 402
Konfiguration...................... 331, 353
Konfigurationsmanagement10,
  328, 334
Kontextdiagramm................. 27, 57
  für Geschäftsprozesse 28
  Systemsicht 94
Kontrollgremien 97
Kontrollstrukturen 79
Konzept
  fachliches..................... 70, 72, 74
  organisatorisches................... 187
Konzeption............................... 402
  Ablauf.................................... 71
  Ergebnisse....................... 70, 73
Kosten 15
Kosten-/Nutzen
  -analyse 97

-verhältnis 106
Kostenentwicklung
   Darstellung 64
Kostenvergleich
   Ist/Soll 65
Kriterien
   Beurteilung des IT-Betriebes.
   316
   Beurteilung von Dokumenten
   316
   Beurteilung von Software 315
Kritikalität 303
Kritischer Pfad 165, 178, 264
Kunde 207
Kundenbindung 287
Kundenmanagement 276
Kundenzufriedenheit 287

L

Lastspitzen 225
Lasttests 177
Laufzeitfehler 169
Leistungsbeschreibung
   von Geschäftsprozessen 32
Leistungserbringung 246
   des Geschäfts 32
   im IT-Projekt 4
Leistungsfortschritt 271
Leistungskatalog 49
Leistungsmerkmale 29, 45, 60
   der Geschäftsprozesse 18
   der Prozesse 17
   geschäftsrelevante 31
Leistungsumfang 107
Leistungszentren
   Identifikation 43
Leistungszentrum 50
Lessons Learned 286
Life Cycle 216
Life Cycle: 141
Linien-Organisationen 282
Lösung
   Client-Server 103

hybride 66, 103
Internet-basierte 103
Lösungsalternativen 102
   ermitteln 101
   grobe 101
Lösungsansätze
   Zusammenstellung 61
Lösungsidee 56
Lösungsszenarien 105
   bewerten 103
Lösungsszenario 104, 107
Lösungsszenario 104, 106

M

Machbarkeit
   *b*ewerten 59
   IT-Investition 55
   prüfen 62
Machbarkeitsanalyse 106
Management
   der Ressourcen 295
   Verantwortung 295
Management Kick Off 260
Management Kick-Off 259
Marktanalysen 101
Marktstandard 62
Maßnahmen
   strategische 40
Meilensteine 18, 45, 55, 264
Methode 141, 402
   abstrakte 397
   Aufrufe 123
   Interface-Objekt 138
   Objektorientierung als 119
Methoden .... vi, 5, 9, 10, 67, 136,
   161, 165, 171, 172, 273
   zur Navigation 172
Methodentraining 10
Methodenunterstützung 10
Middleware 175
Migration 212
   Service Provider 240
Mitarbeiter 242

Rollen 306
Mitarbeitermanagement 276
Mitglieder
    Austausch 175
Modell
    durchgängiges vi
    ganzheitliches............................vi
Moderationstechniken............... 100

N

Nachricht.................................... 402
Namenskonventionen 167
Notfallplanung....................202, 224
Nutzen
    des Systems 15

O

Oberklasse 402
Objekt 402
    Business 128, 399
    Interface- 139
    Interface-116, 125, 132, 138, 139
    life-cycle 141
    Prozeß-...................117, 127, 134
    visuelle(s) 117
    visuelles 143
    visuelles..127, 134, 135, 142, 171
Objekte
    verteilte 179
    visuelle.................................... 171
Objektmodell 91
    logisches.................................. 149
Objektreferenz............................ 171
Objektreferenzen 171
ODBC... 178
Operation...................*Siehe* Methode
Optimierung
    der Anwendung...................... 177
    der Geschäftsprozesse............. 56
    von Prozessen......................... 43
Organigramme............................ 260
Organisation
    Anpassung............................... 182

des Projekts 247
Konzept...................................183
projektorientierte 282
prozeßorientierte 49
Organisation 14
Organisationseinheit 287
    prozeßübergreifende...............49
Organisationsentwicklung............ vi
    Strategie..................................18
Organisationskonzept.................195
Organisationsoptimierung...........15
Organisationsredesign.................43
Organisationssicherheit 287
Organisatorische Einbindung..8, 13

P

Paket 403
Parameter 28
Performanz 177
Persönliche Ebene......................277
Phasen
    des Betriebes.................. 204, 225
Pilotbetrieb 184, 190
Planänderungen 269
Plattformstandards 61
Plattformunabhängigkeit............109
PM Community 285
PM Knowledge 285
PMI 284
Polymorphie 172
Portabilität................................. 8
    Verlust von 178
Priorisierung
    der IT-Projekte 13
    der Projekte 65
    von Zielen..............................164
Problem Management.......203, 209, 217
Problemkontrolle.......................218
Problemmanagement...................329
Problemvermeidung
    proaktive 218
Process Assessment 299

Process Hierarchy.....*Siehe* Prozeßhierarchie
Process Thread .... *Siehe* Prozeßkette
Produktionsbetrieb 236
   Aufbau 231
   Beendigung............................... 239
   professioneller 201
Produktionseinsatz...................... 198
Produktionssystem...................... 264
Produktionsumgebung.....176, 177, 194
Produktkomplexität 345
Produktlebenszyklus..................... 20
Produktmanagement 320, 329
Produktportfolio 19, 20, 21
Produktqualität 288
Programme................................... 169
   objektorientierte 170
Programmeinheit
   lauffähige 169
Programmierleitfäden................. 171
   plattformspezifische 160
Programmierung
   objektbasierte.......................... 170
   objektorientierte 169
Projekt
   Abnahmekriterien 304
   -abschluß................................. 256
   Abwicklung 246
   Begriffsbestimmung 244, 245
   Controlling 256
   Erfolgsfaktoren....................... 250
   Gegenstand 245
   Infrastruktur........................... 266
   Initialisierung 255
   Komplexität 246, 303
   Kritikalität............................... 303
   Leitung..................................... 243
   Liefergegenstände 304
   Meilensteine 304
   Organisation............................ 247
   Phasenschwerpunkt............... 246
   Planung.................................... 255

-Qualität 302
-Qualitätsorganisation............301
Qualitätsplanung....................300
-Qualitätsziele.........................301
Rahmenbedingungen 302
Stand des..................................269
Ziele 254
Projektablauf 264
Projektabschluß..................... 9, 271
Projektabschnitten........................10
Projektabwicklung........................66
Projektaktivitäten.........................268
Projektauftrag..................... 255, 259
   erstellen 261
Projektaufwand 265
Projektbeteiligte 243
Projektcontrolling...... 186, 198, 267
Projekterfolg.................................245
Projektergebnisse
   Abnahme...................................100
Projektführung...................... 9, 267
Projektfunktionen.........................247
Projektgremien..................... 17, 248
Projektinitialisierung........9, 65, 258, 260
Projektinstrumente......................253
Projektkommunikation..............249
Projektleiter..........66, 108, 244, 249, 259, 266, 268, 269, 274
   des Auftraggebers..................307
   Fachkompetenz.......................277
   Handlungskompetenz............279
   persönliche Kompeenz..........279
   Prozeßkompetenz...................278
   seine Rollen............................280
Projektleitung................................248
Projektlenkung.............................253
Projektmanagement 9, 244, 403
   Definition.................................252
   Phasen 255
   Prozeß......................................244
   Wertschüpfungsprozeß 281
   Ziele 242

Projektmanagementprozeß........ 247
Projektmarketing......................... 270
Projektorganisation.......10, 54, 247,
    248, 253, 254
    grob.................................... 61
Projektphasen
    Überlappung 256
Projektplan 7, 261, 269
    aktueller................................. 267
Projektplanung........................... 263
Projektprozeß 243
Projekt-Qualitätsmanagement .. 289
Projekt-Qualitätsmanager 307
Projekt-Qualitätssicherung 311
Projekt-Qualitätssteuerung........ 313
Projektrahmen 251
Projektstatus............................... 271
Projektteam 248
    Kommuniktion..................... 262
Projekttypen................................ 245
Projektumfeld 244
Projektverantwortung................. 274
Projektwissen
    sichern.................................. 273
Projektziele 60
    Änderungen........................... 164
    Beziehungen der.................... 254
    Umsetzung 275
Prototyp.......................144, 168
Prototype 144
Prozeß
    Bewertung 299
    Verbesserung 299
Prozeßbeschreibung 47
Prozesse
    als Ablauforganisation........... 308
    des Vorgehensmodells 5
    in Organisation..........................3
Prozeßgrenzen 44
Prozeßhierarchie........27, 28, 30, 96,
    403
Prozeßhierarchiediagramm.......... 75
Prozeßimplementierung

optimierte....................................6
Prozeßkette..................... 43, 403
    Grenzen................................. 81
    Kennzahlen............................ 81
    Zusammenhang mit Use Cases
    83
Prozeßketten........................... 77, 80
Prozeßkettentest 386
Prozeßmanagement.................... 334
Prozeßobjekt
    als Durchstich 166
Prozeßobjekte.................... 128, 166
Prozeßoptimierung....................... 45
Prozeßqualität............................ 288
Prozeßtabelle 27, 30
Prozeßverbesserung
    kontinuierliche 47
Pseudo-Code 161

Q

Qualitätsaufzeichnung 311
Qualitätsmanagement 9, 287, 403
    Normen................................. 294
Qualitätsmanagement-Maßnahmen
    analytische 309
    konstruktive 309
Qualitätsorganisation
    des Projektes........................... 306
Qualitätsplan............................. 290
Qualitätsplanung........................ 290
Qualitätsrahmenbedingungen....301
Qualitätssicherung.....249, 270, 290,
    360
    Maßnahmen........................... 301
Qualitätssteuerung............. 271, 290
Qualitätsziele
    festlegen 304
Quality Gates
    identifizieren......................... 310

R

Rahmenbedingungen
    der Realisierung..................... 161

Rahmenwerk 404

Realisierung 404

   plattformspezifisch 160

Realisierungskonzept 151

Realisierungsphase 159

Realisierungsstufen

   Identifikation 58

Realisierungsumgebung............. 161

Regelkreis

   äußerer 249

   innerer 249

Regressionstest 388

Reifegrade

   eines Prozesses 299

Reifegradprofil............................ 299

Release.. 331

Releaseanforderungen

   neue 215

Release-Anpassungen 176

Releasemanagement............320, 329

Releasemanager 322

Releasenotes................................ 192

Release-Planung.......................... 165

Releases...................................... 352

Reporting.................................... 212

Requirement....... *Siehe* Anforderung

Ressourcen 265

Ressourcenplanung..................... 265

Revision

   betriebliche 338

Revisionspflichtig....................... 339

Risiko Monitoring 271

Risikoanalyse.....................202, 223

Risikobetrachtung 272

Risikomanagement..................... 223

Risikomonitoring........................ 243

Roll Out 184, 193, 404

Rollenwechsel 280

S

Sachebene 277

Schichtenarchitektur 404

   komponentenbasierte................8

objektorientierte..................... 118

Schnittstelle........109, 114, 117, 125, 138, 140, 160, 404

Schnittstellen 8, 57

   existierende Systeme 176

   Kompatibilität.......................176

Schnittstellenmethoden

   Aufrufe...................................173

Schulungsunterlagen 195

SCM

   Ablagestruktur.......................325

   Anforderungen......................347

   Aufgabenbereiche..................326

   Auftrag....................................349

   Einführung............................343

   Konzept..................................322

   Koordinator...........................350

   Objekt....................................330

   Produkt..................................330

   Produktkomplexität 345

   Produktstruktur 320

   Prozeßkomplexität 345

   Prozeßmamgement 321

   Prozeßmanagement................327

   Spezifikation 323

   Supportprozeß 349

   System............................ 354, 356

   Systemmodell 330, 351

   Werkzeuge 349

Second Level Support........202, 220

Sequenzdiagramm......133, 139, 142, 144, 404

Sequenzdiagramme.... 122, 131, 141

   für Use Cases.........................135

Serverkomponenten...................168

Service.. 19

Service Continuity 203, 210, 223

Service Desk......203, 206, 209, 213, 220

Service Level...............................202

   Attribute................................211

   definieren 229

   Nichteinhaltung....................212

Service Level Management.......203, 209, 211, 234
Service Level Report.................. 207
Sicherheit
    der Anwendung..................... 222
Signatur.. 404
Skalierbarkeit................................ 98
Software
    existierende................................8
Software Configuration
    Management...................319, 405
    Supportprozeß...................... 324
Softwarearchitektur..........................8
Softwarebibliotheken................. 160
Software-Entwicklung
    komponentenbasierte........... 401
Softwareverteilung..............177, 179
Softwareverteilungsplan............. 162
Soll-Anforderungen 7
Soll-Ergebnisse 172
Soll-Leistungsmerkmale
    der Teilprozesse...................... 45
Spezialisierung 121
Standardeinführung 66
Standardsoftware................7, 59, 98
    Eignung................................ 31
    Nutzung................................ 66
Standard-Software...................... 129
Standardsoftwarekomponenten 129
State Transition.Siehe
    Zustandsübergang
Steuergremien 66
Störungen............................213, 217
Strukturqualität 288
Supportleistungen
    ermitteln................................ 51
    identifizieren 50
Supportprozesse.................3, 10, 52
System 208
    Abschaltung 201, 239
    Übergabe 274
Systemabnahme
    Verlauf 190

Systemanbieter 208
Systemarchitektur 7
Systemdesign
    Änderungen...........................178
Systeme
    einbinden...............................175
    hybride 2
    integrieren 167
Systemexperten 101
Systemhandbuch........................194
Systemklassen 179
Systemkonfiguration 59
Systemleistung
    Anforderungen........................98
Systemplattform.........................159
Systemsicht 82, 115
Systemstabilität............................237
Systemtest 386
    technischer..............................387
Systemumgebung
    beschreiben............................228
Szenario.......................................405

T

Tagesarbeit...................................245
Team
    kleines 165
    Selbständuigkeit 165
Team Kick Off.............................261
Teamentwicklung........................270
Teammitglieder
    Rollen.....................................262
Technologie
    Anforderungen........................67
Technologien
    neue...224
Teilprozesse 45, 46
    aus Geschäftsprozessen...........43
    sinnvolle 43
Teilprozeßgrenzen......................44
    finden.......................................46
Teilsysteme
    identifizieren.................. 17, 57

Test
  Design 382
  fachlicher 169
  Geschäftsanalyse 381
  Konzeption 381
  Produktqualität 360
Testabdeckung 363, 367
Testabdeckungsbericht 376
Testabschluß 365
Testabschlußbericht 377
Testaktivitäten 379
Testansätze 366, 392
Testauftrag 368
Testauswertung 365, 375
Testautomatisierung 367
Testautomatisierungsgrad 395
Testdaten
  bereitstellen 167
  generierte 221
Testdurchführung 365, 375
Testen 11, 221, 359
  Supportprozeß 391
Testendekriterien 367
Testendekriterium 363
Testfall
  Primärdaten 370
  Sekundärdaten 370
Testfälle 363, 367
  vordefinierte 174
Testfallermittlung 363, 372
  systematische 363
Testfallmatrix 373
Testfallspezifikation 370
Testfortschritt 375
Testinitialisierung 364, 365
Testkonzept 369
Testläufe 375
Testmanager 391
Testmetriken 367
Testobjekte 363, 366
Testorganisation 389
Testplan 365
Testplanung 364, 369

Testplattform 368
Testprojekt 389
Testprozeduren 370
Testprozeß 364, 368
  im Kernprozeß 390
Testsystem 369
Testszenarien 363, 369
Testteam 391
Testtreiber 384
Testumgebung 186, 187
Testwerkzeuge 394
Testwiederholung 365, 388
Testziele 362, 366
  gemeinsame 361
Toolunterstützung 216
Training 184, 195
Trainingsbedarf 8
Trainingskonzept 195
Trainingsorganisation 11
Trainingsumgebung 193

Ü

Übergabeprotokoll 198
Überschreiben 405
Überwachung 212
  automatische 221
Umfeld
  des Unternehmens 241
Umfeldorganisation 281
UML 83, 138, 148, 152, 161, 405
  Design 170
  Sequenzdiagramm 123
Unterklasse 406
Use Case 133, 143, 165, 405
  Beschreibung 87, 90
  -Beschreibungen 131
  Definition 83
  Diagramm 85
  Main course 91
  Main Course 87
  User Interface 89
  Zusammenhang mit EBP 92
Use Case Diagramm 405

Use Cases.................................... 7, 82
    Komponentenableitung............8
    Liste 96
    Zusammenhang mit Prozeßkette
    83
User 206
User Helpdesk 354
User Interface 127, 137
User Interface-Design 142
User-Helpdesk 349

V

Variante 331
Varianten 352
Verbesserung
    kontinuierliche 251
    permanente............................ 238
Verbesserungsprozeß
    kontinuierlicher 1, 293
Vererbung..................122, 170, 406
    in VB 172
Verfahrensebene.......................... 277
Verfolgung
    des Projektstatus..................... 271
Verfügbarkeit 99, 222
Verhalten 406
Verhaltenskodex.......................... 263
Version...................................... 332
Versionen
    der Anwendung...................... 179
    diverse 10
    in VB 170
Versionsmanagement........320, 327, 334
Versionsverwaltung 184
Verteilung 8
Verteilungsarchitektur 176
Verteilungsaspekt
    in Architekturen 162
Verteilungskonzept..................... 174
Vertraulichkeit
    der Daten............................... 222
Visibility

Rules of 128
Visual Basic..............................170
Visual Basic Projekt...................171
Vorgehensmodell................. 10, 406

W

Wartbarkeit 164, 222
Wartung....................................406
Wartungsprojekte 224
Werkabnahme 184, 186
Werkzeuge
    des Projektleiters....................258
    marktübliche 176
Wettbewerbsanalyse 20
Wettbewerbsvorteil
    durch IT..................................241
Wiederverwendbarkeit........... 8, 164
Wirtschaftlichkeit... 74, 99, 103, 183
    bewerten............................ 15, 59
    darlegen 63
    darstellen 55
    prüfen 7
    Überprüfung...........................228
Wirtschaftlichkeitsanalyse 63
Working Model................... 7, 161
    angepaßtes...............................264
Workspace Management ... 328, 352
Workspacemanagement.............334

Z

Zielbaum 25, 27
Ziele
    realisierungsrelevante 164
Zielumgebung 161, 162
Zugriffspfade..............................168
Zustand 124, 142, 406
Zustandsübergang 407
Zustandsübergangsdiagramm...142, 161, 407
Zustandsübergangsdiagramme..124
Zuverlässigkeit
    der Anwendung 221
Zwangssequenzen

für Arbeitspakete 264

Zwischenfällen 213

Zyklen

kurze 165, 166

Der Projektkompass Softwareentwicklung spiegelt die jahre-
lange Erfahrung und das umfangreiche Wissen von Bertelsmann
mediaSystems im Bereich der professionellen Softwareentwicklung wider. Der im Buch dargestellte Entwicklungsprozess und
die dazu parallel ablaufenden Führungs- und Supportprozesse
gehören zu unserer Kernkompetenz. Dabei beschränken wir uns
nicht nur auf die geschäftsorientierte Entwicklung von IT-Systemen in den Bereichen CRM, SCM und E-Solutions, sondern wir
stehen für den gesamten Lebenszyklus eines Projektes: angefangen von der Vision, über die Planung, Konzeptionierung und
Entwicklung bis hin zum Hosting in einem unserer Rechenzen-
tren rund um die Uhr, sieben Tage in der Woche.

Bertelsmann mediaSystems (BmS) ist ein Unternehmen des Unter-
nehmensbereiches Bertelsmann arvato AG der Bertelsmann AG
(Gütersloh). Als langjähriger internationaler Anbieter von qualifizierten
und maßgeschneiderten IT-Services realisiert Bertelsmann mediaSystems die weltumspannenden IT-Aktivitäten von Bertelsmann und vielen
anderen namhaften Kunden.

Bertelsmann mediaSystems
An der Autobahn 18
33311 Gütersloh
Tel.: +49 (0) 5241 / 80 80 888
info@mediasystems.bertelsmann.de
www.mediasystems.bertelsmann.de

Weitere Titel aus dem Programm

Abraham-Lincoln-Straße 46
65189 Wiesbaden
Fax 0611.7878-400   Stand 1.10.2001. Änderungen vorbehalten.
www.vieweg.de   Erhältlich im Buchhandel oder im Verlag.

vieweg